Karsten Müller

Typisch Damengambit

Abtauschvariante

Effektives Mittelspieltraining

Joachim Beyer Verlag

ISBN 978-3-95920-196-4

1. Auflage 2023

Ein Imprint des Schachverlag Ullrich, Zur Wallfahrtskirche 5, 97483 Eltmann

Bildnachweis: S. 177 (Harald Fietz)

Herausgeber: Robert Ullrich

Inhaltsverzeichnis

Vorwort

Wenn jemand beschließt, Spanisch zu lernen (die *Sprache* wohlgemerkt - und nicht die Eröffnung!), wird er sich zweckmäßigerweise Lehrbücher zulegen, in denen *Spanisch* behandelt wird – und nicht etwa solche, die sich mit *allen* romanischen Sprachen oder sogar allen *europäischen* Sprachen beschäftigen.

Führen wir diesen Vergleich ruhig noch etwas weiter: Wenn ein Wörterbuch in etwa einem Eröffnungsbuch entspricht, so kommt eine Grammatik in etwa einem Lehrbuch fürs Mittelspiel gleich. Nun könnte man zwar mit Eröffnungsbüchern allein zum Thema *Spanisch* ganze Bibliotheken füllen, aber wie steht es mit einer entsprechenden 'Grammatik'? – Natürlich gibt es in jedem Mittelspiel-Lehrbuch die ein oder andere Stellung, die eindeutig als *Spanisch* zu erkennen ist, allerdings ist deren Zahl verschwindend gering im Umfeld von Französisch, Englisch, Russisch, Italienisch, Holländisch und so weiter und so fort. Und somit von all diesen anderen europäischen Sprachen – nein Pardon: von all diesen anderen *Eröffnungen*, deren Mittelspielbehandlung der Leser eigentlich gar nicht erlernen will.

Ist beispielsweise die Behandlung der Themen Isolani, Hängebauern und Minoritätsangriff für einen e4–Spieler nicht ebenso verzichtbar, wie sie für einen d4–Spieler unerlässlich ist? – Warum sollte ein eingefleischter Anhänger indischer Eröffnungen sich für die strategischen Feinheiten von Stellungen interessieren, die aus all diesen komplizierten Damengambit–Systemen resultieren? Und natürlich auch umgekehrt: Was kann ein Spieler mit all diesen Feinheiten indischer Stellungen anfangen, der um Fianchetto–Eröffnungen prinzipiell einen großen Bogen macht?

Und genau dieses ebenso auffällige wie verblüffende Vakuum im Bereich der Mittelspiel–Literatur hat mich zu einem entsprechenden Verbesserungsversuch inspiriert: Wer *Spanisch* lernen will (die *Eröffnung* wohlgemerkt und nicht die Sprache!), der bekommt ein Lehr- und Übungsbuch, in dem ausschließlich *Spanisch* 'gesprochen' bzw. gespielt wird.

Allerdings wird in diesem Buch ausschließlich das *Damengambit* behandelt – genauer gesagt: die Abtauschvariante mit weißen Bauern auf e3 und d4 gegen schwarze auf c6 und d5 – also die sogenannte 'Karlsbader–Struktur'. Die zumeist entstehenden und in den Beispielen behandelten Bauernstrukturen werden im Anschluss an das Vorwort anhand einiger Diagramme aufgezeigt.

Und noch einen wichtigen Hinweis möchte ich vorwegschicken. Für jeden Schachautor besteht eine enorme Herausforderung darin, einer Leserschaft mit einem möglichst breiten Spielstärke–Niveau gerecht zu werden. So wäre es im Bereich der Eröffnungs- bzw. Endspiel–Literatur absurd, beispielsweise 'Französisch' bzw. 'Turmendspiele' für Spieler zwischen 1400 und 1600, zwischen 1600 und 1800, zwischen 1800 und 2000 usw. anzubieten. Entsprechend schreibt man nur *ein* Buch zum jeweiligen Thema und bemüht sich, alle wichtigen Dinge möglichst genau und verständlich zu erklären – und dann liegt es an jedem einzelnen Leser, wie intensiv er mit den Büchern zu arbeiten bereit ist, um einen größtmöglichen Nutzen zu erzielen.

Ungleich schwieriger wird die Aufgabe bei einem Buch wie diesem, das ausschließlich aus Übungsaufgaben besteht. Denn wählt man als Autor durchweg sehr einfache bzw. durchweg etwas schwierigere, so scheuen im ersten Fall weiter fortgeschrittene Spieler zurück, weil sie sich unterfordert – im zweiten Fall weniger fortgeschrittene Spieler, weil sie sich überfordert fühlen.

Und darum ein guter Rat – ganz gleich, welche Spielstärke Sie auf die Matte bringen. Nehmen Sie die Beschäftigung mit jeder einzelnen Aufgabe ernst, aber lassen Sie diese auf keinen Fall in Folter ausarten! Sobald Sie auf allzu große Hindernisse bzw. Widerstände stoßen, schlagen Sie einfach die Lösung auf und funktionieren Sie das Testbuch in ein Lehrbuch um.

Karsten Müller

Hamburg, im August 2023

Zeichenerklärung

!	ein sehr guter Zug
!!	ein ausgezeichneter Zug
?	ein schwacher Zug
??	ein grober Fehler
!?	ein beachtenswerter Zug
?!	ein Zug von zweifelhaftem Wert
+−	Weiß hat entscheidenden Vorteil
−+	Schwarz hat entscheidenden Vorteil
±	Weiß steht besser
∓	Schwarz steht besser
⩲	Weiß steht etwas besser
⩱	Schwarz steht etwas besser
=	ausgeglichen
∞	unklar, mit beiderseitigen Chancen
=∞	mit Kompensation für den materiellen Nachteil
Δ	mit der Idee
⌓	besser ist
x	schlägt
+	Schach
#	matt
+++	und viele andere
~	tendenziell, ungefähr
V	Variante

Behandelte Bauernstrukturen

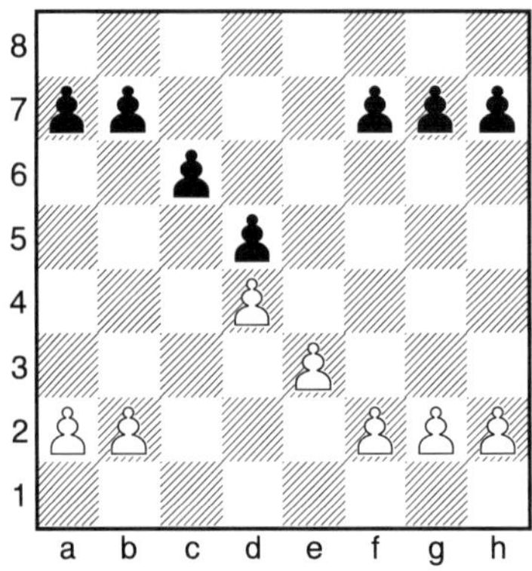

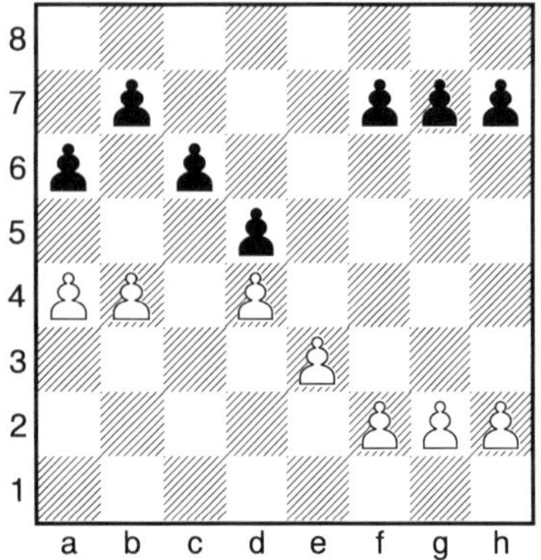

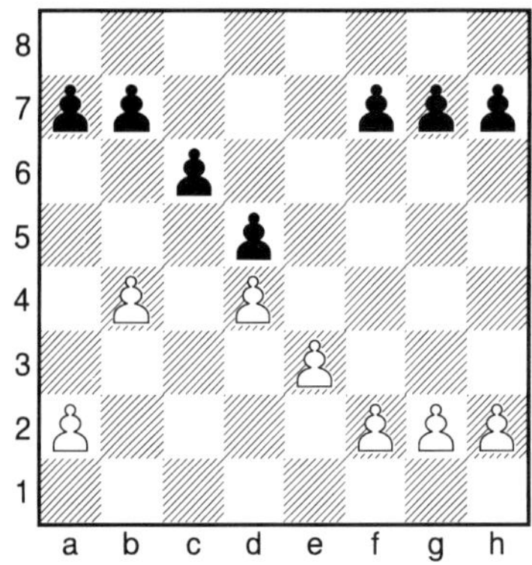

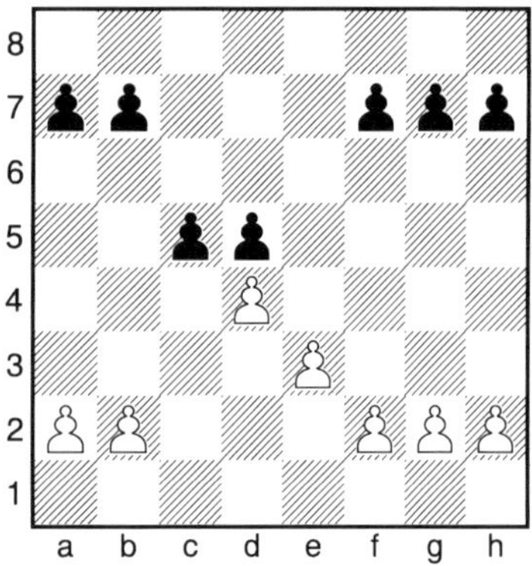

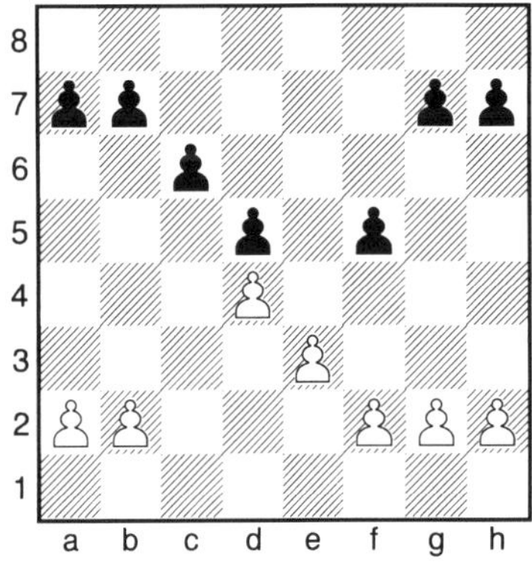

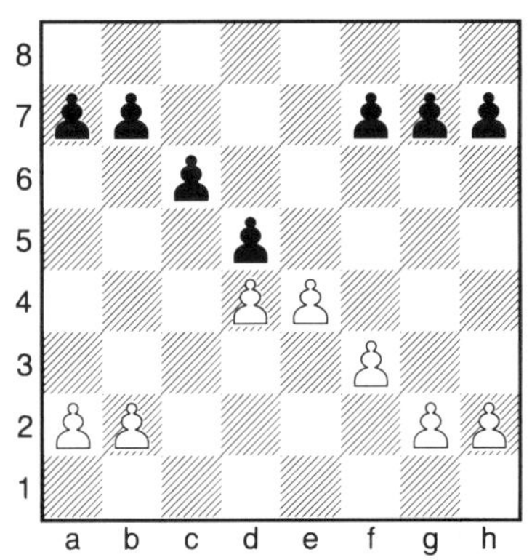

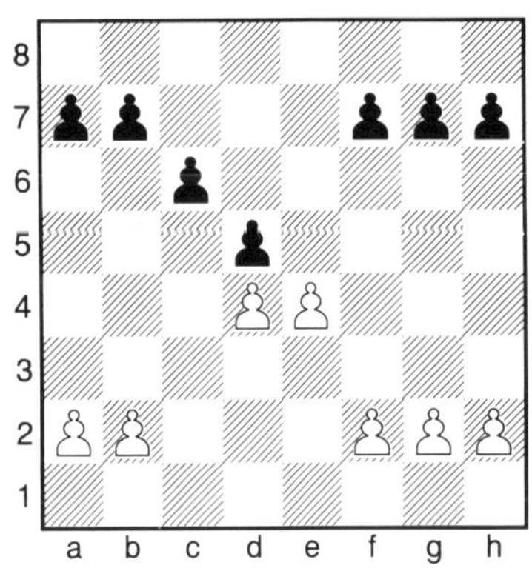

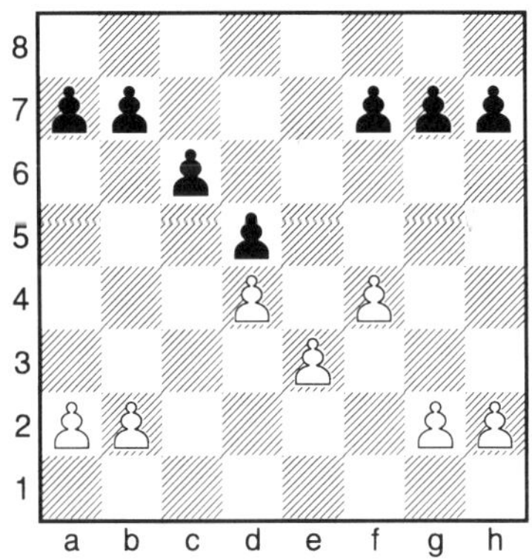

Aufgaben

Konkrete Frage (Lösungen ab Seite 46)

1

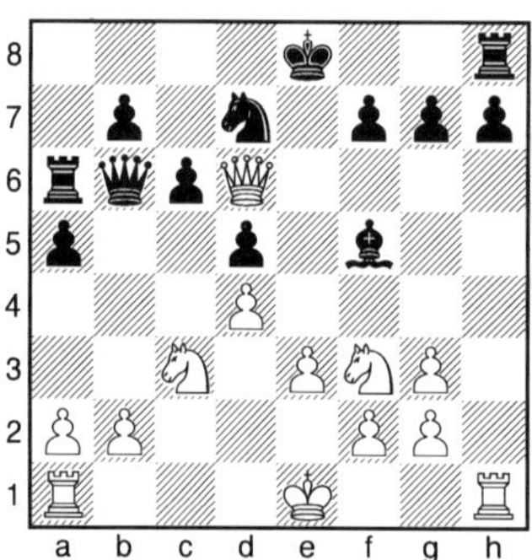

Woran scheitert die 'Patentlösung' 14.0-0-0?

Welche Alternative bewahrt den Vorteil?

2

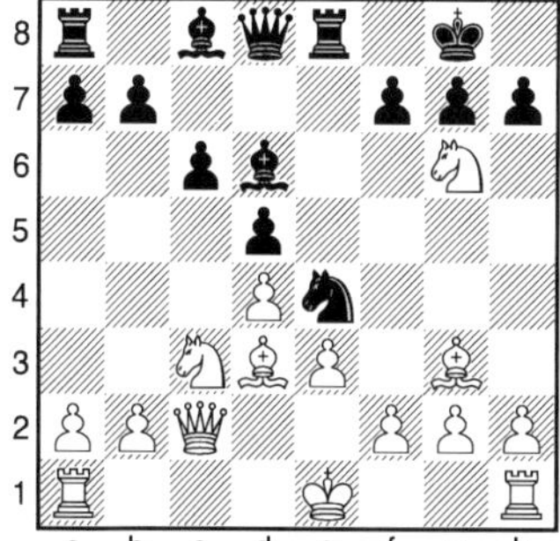

Ist das Bauernopfer 13...hxg6 korrekt?

3

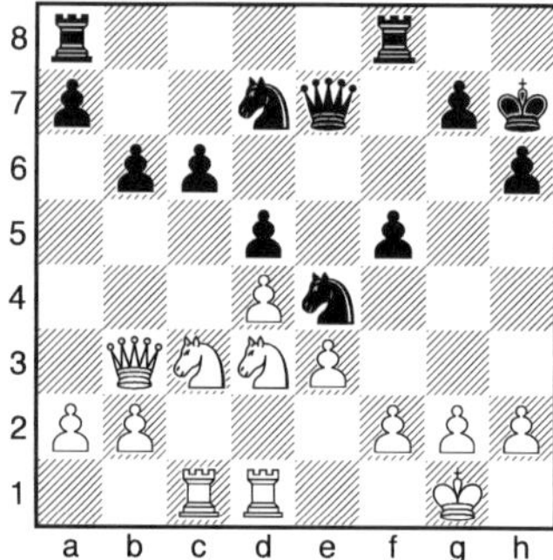

Gewinnt 17.♘b4 einen Bauern?

4

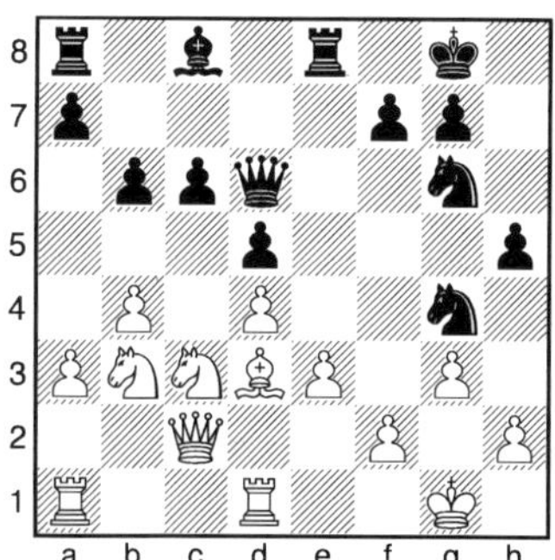

Kann der h-Bauer seinen Vormarsch konsequent fortsetzen?

Kandidaten (Lösungen ab Seite 51)

5

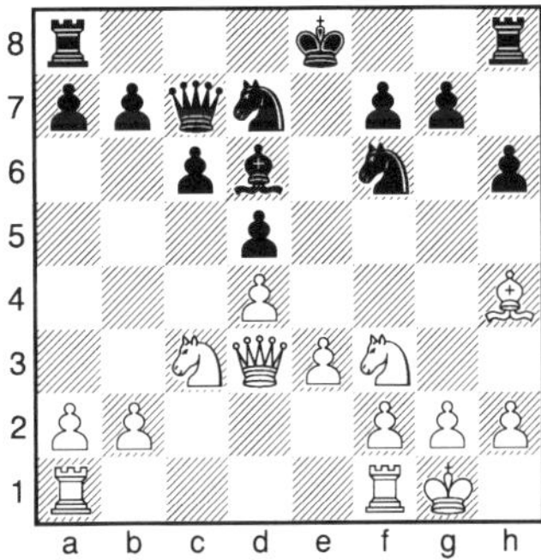

Spiel am Flügel mit 12.a3 bzw. 12.♖fc1 – oder im Zentrum mit 12.e4?

6

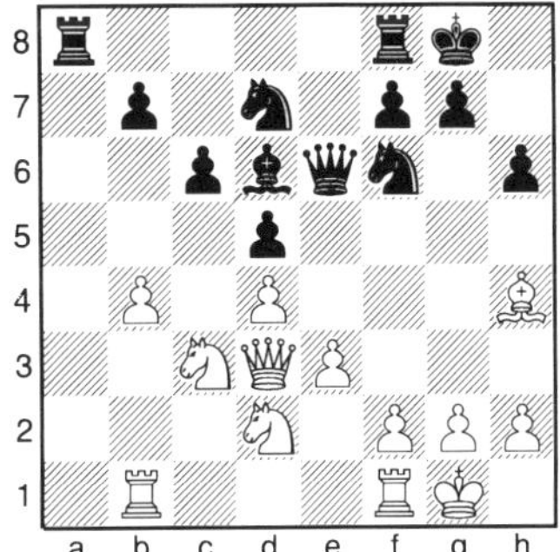

16...♖fe8, 16...b5, 16...♖a3

Welcher Kandidat passt nicht recht ins Bild?

7

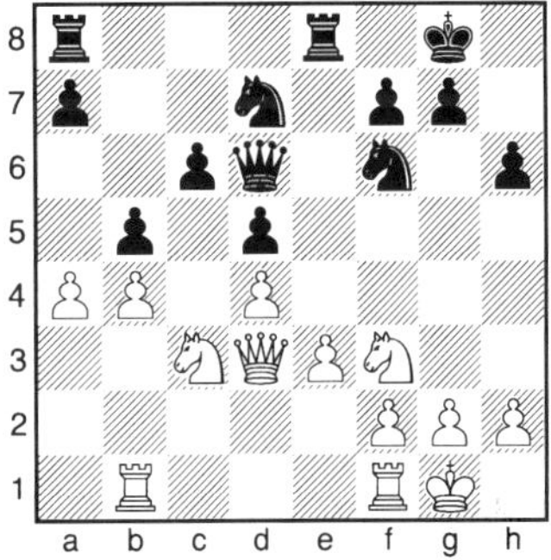

Die beste Reaktion auf a2–a4 ist 15...a6, 15...a5 oder 15...bxa4?

8

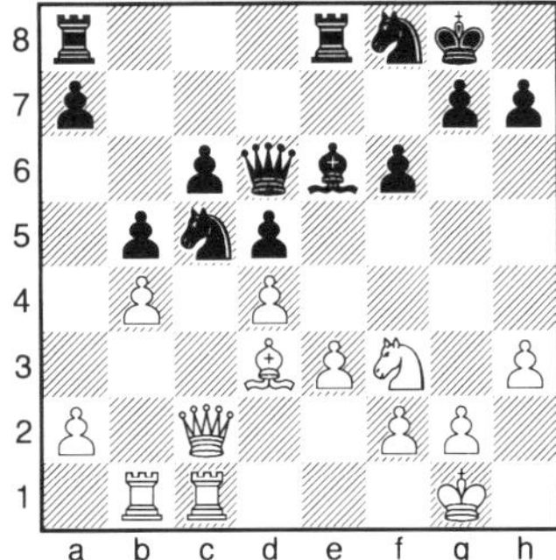

Welcher Kandidat ist am besten: 18.bxc5, 18.dxc5 oder 18.♕xc5?

Drucksteigerung oder konkrete Aktion? (Lösungen ab Seite 54)

9

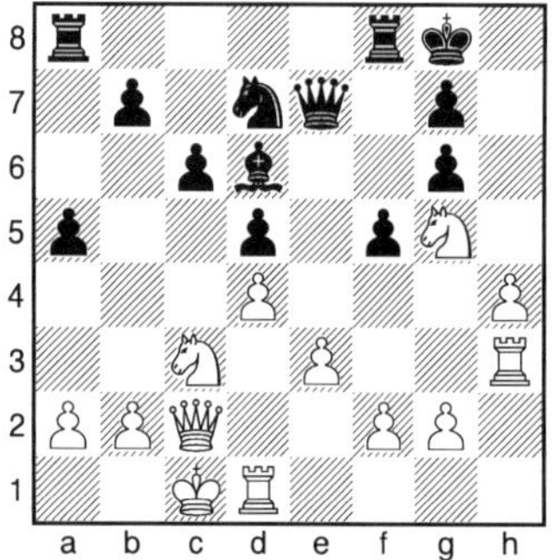

Ist die ramponierte Rochadestellung bereits sturmreif oder noch nicht?

10

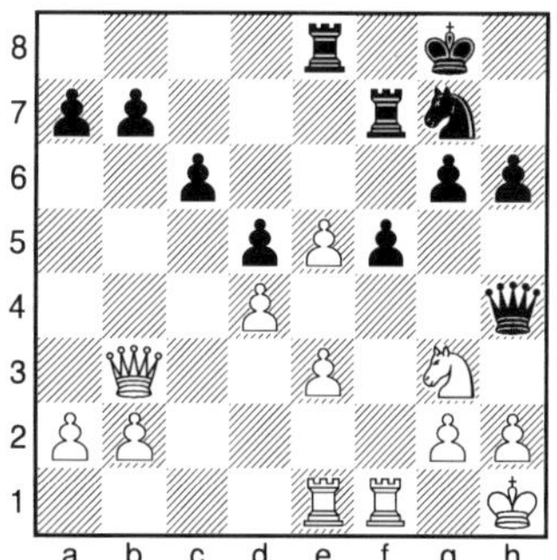

Weiß am Zug

11

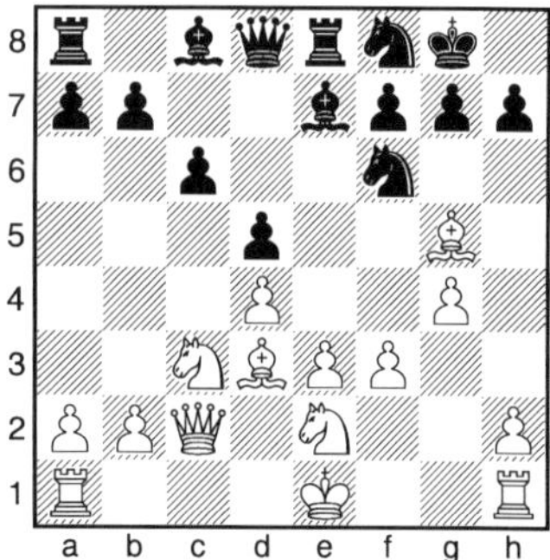

Schwarz am Zug

12

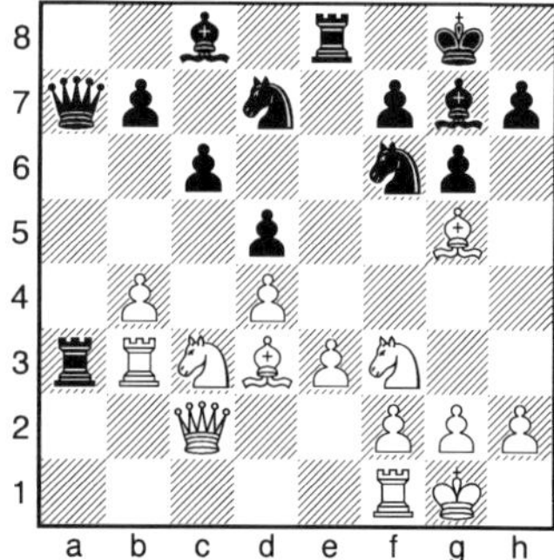

Ist dies der richtige Moment für den Standardangriff b4-b5?

Konkrete Frage (Lösungen ab Seite 58)

13

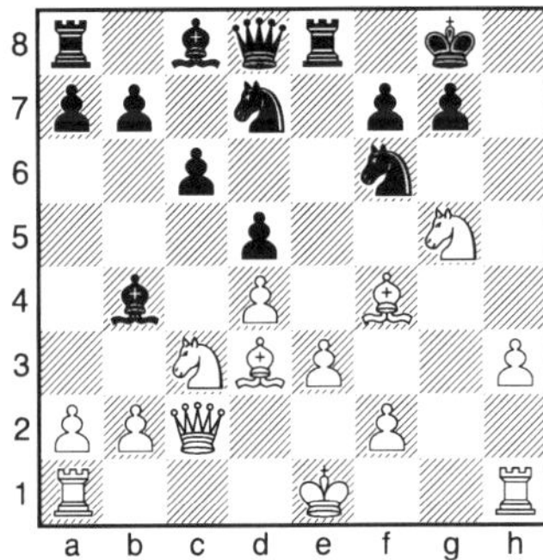

Wie ist das allzu stürmische weiße Herangehen zu widerlegen?

14

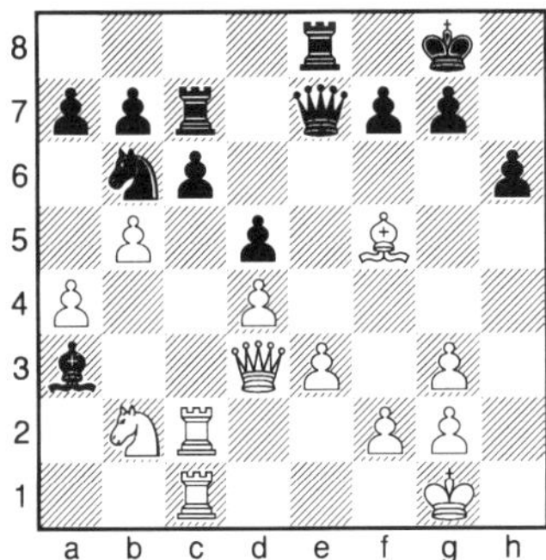

Was kann Weiß noch gegen den drohenden Totalausgleich tun?

15

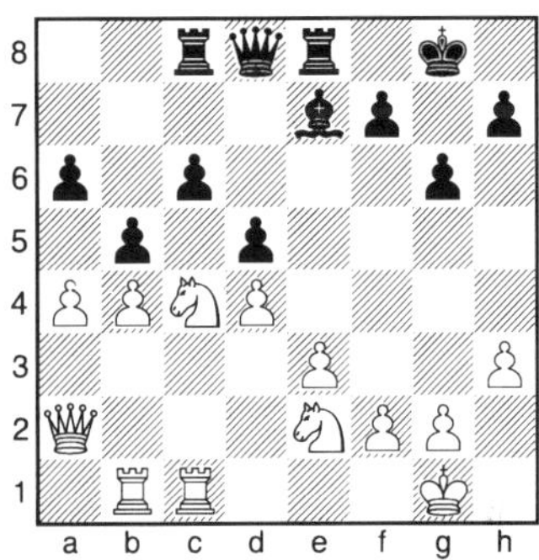

Ist einer der Schlagzüge bxc4/dxc4 besser als der andere?

16

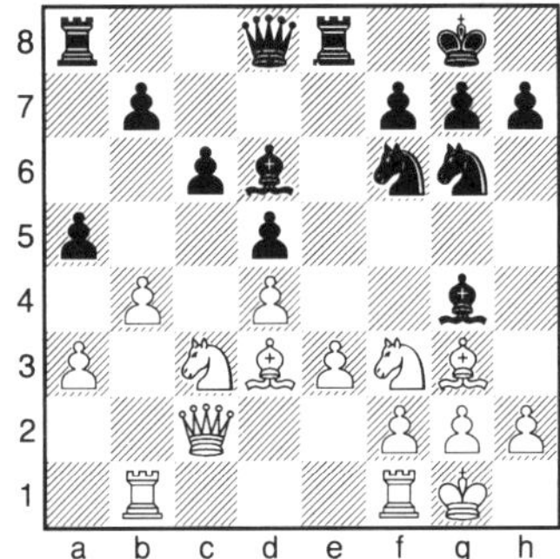

Wie reagiert Weiß am besten auf den scheinaktiven Zug ♗g4?

Einziger Zug (Lösungen ab Seite 61)

17

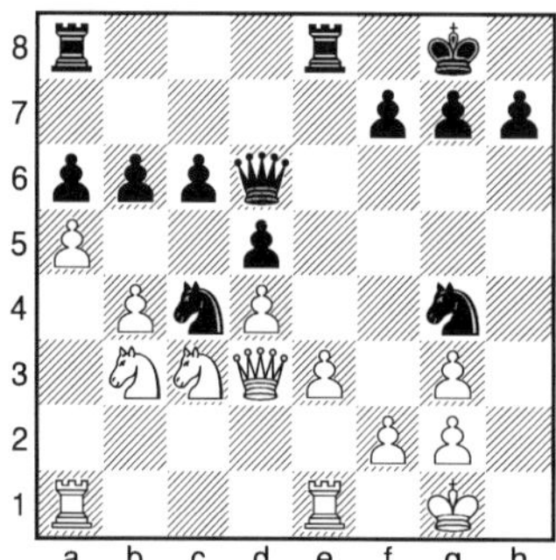

Was hatte Weiß bei der versuchten Unterminierung 23.e4 übersehen? Was war der einzige Zug?

18

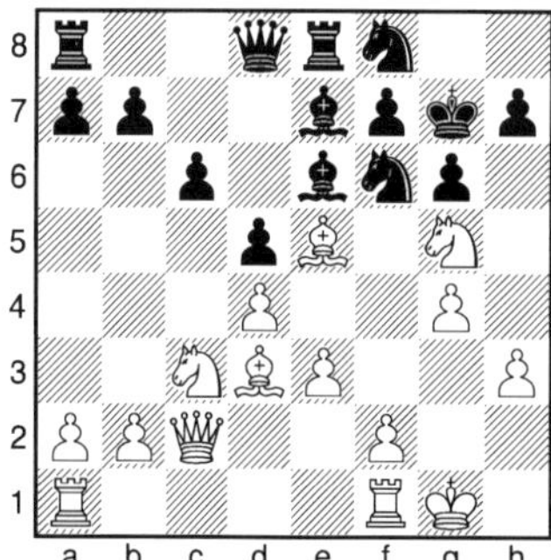

Schwarz am Zug

19

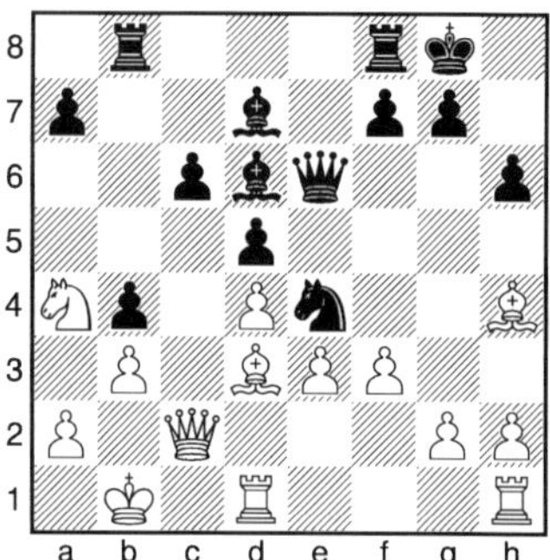

Schwarz am Zug

20

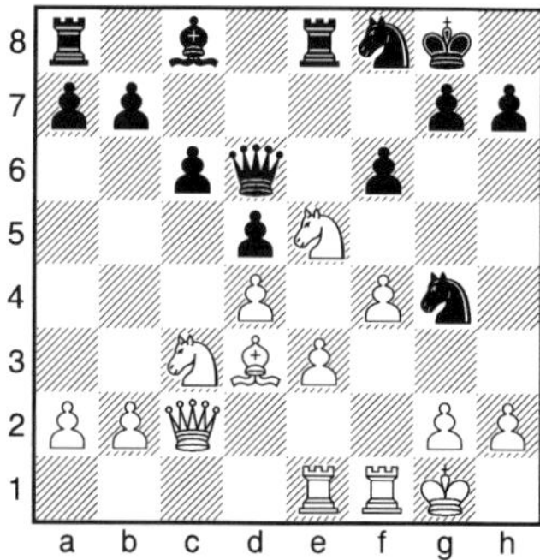

Gesucht ist der einzige (Trick–) Zug, der die Initiative am Leben erhält.

Konkrete Frage (Lösungen ab Seite 65)

21

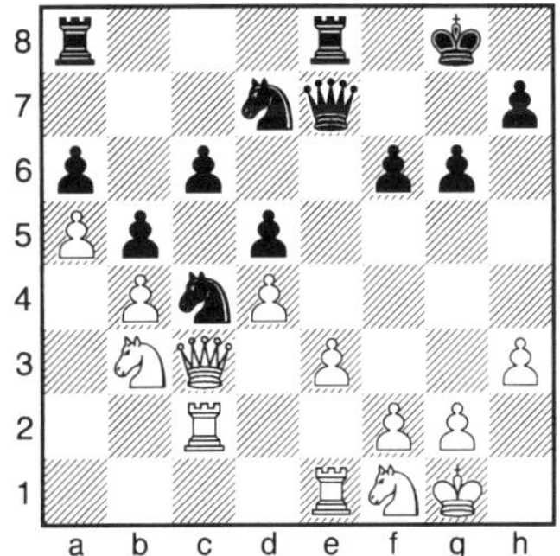

Wie könnte Weiß weitere Blockademaßnahmen vereiteln?

22

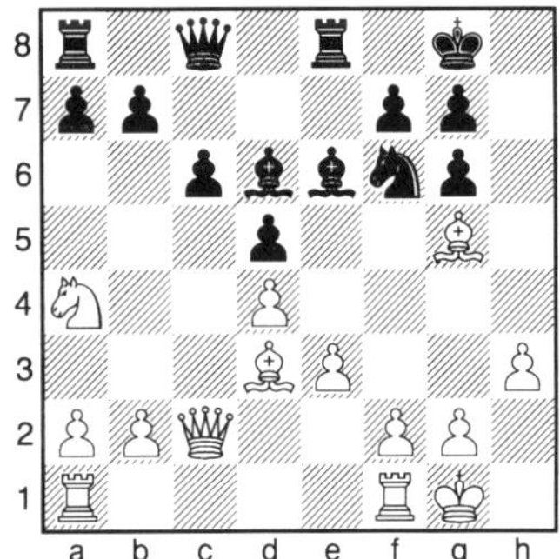

Was ist von dem Überfallversuch 16.♗xf6 nebst ♗xg6 zu halten?

23

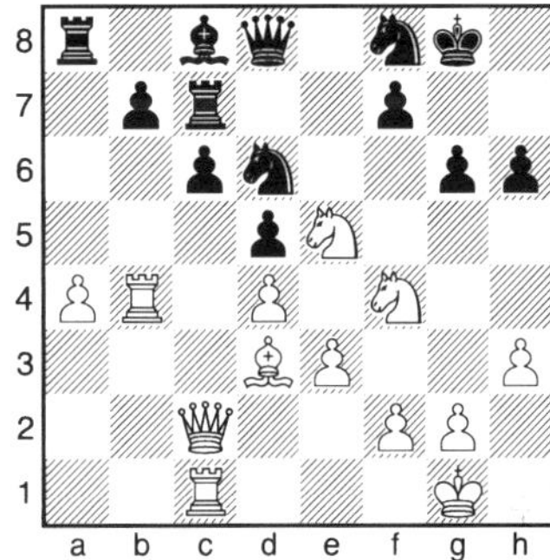

Bringt 30...♘e6 die erhoffte Entlastung?

24

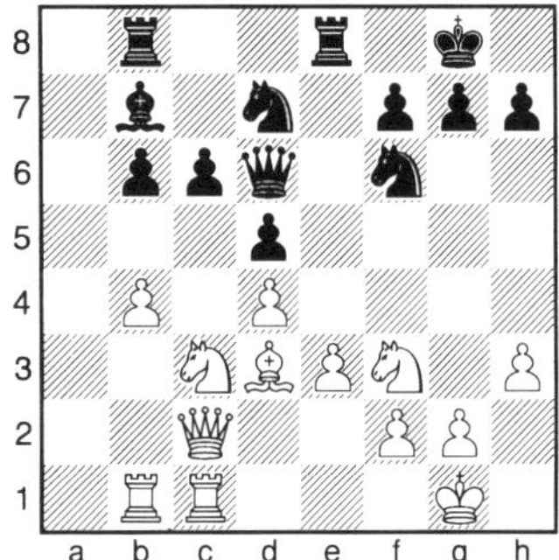

Wozu führt 20.e4?
± oder ⩲ oder =

Wie schmeckt eigentlich ...? (Lösungen ab Seite 69)

25

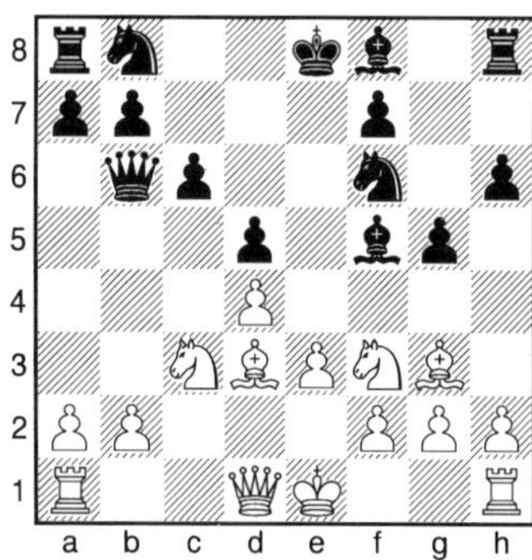

... der Bauer b2?

26

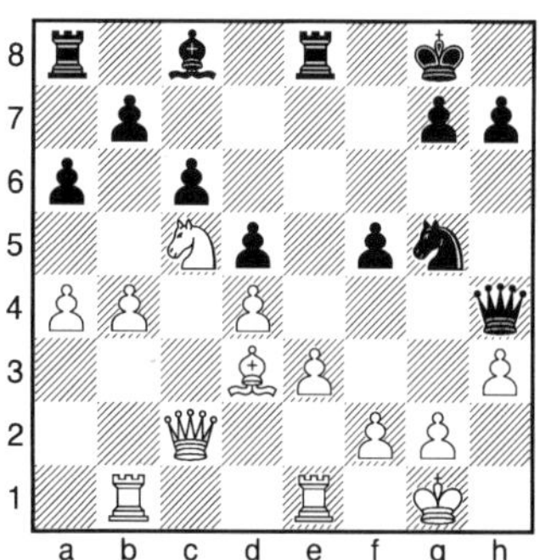

... der Bauer f5?

27

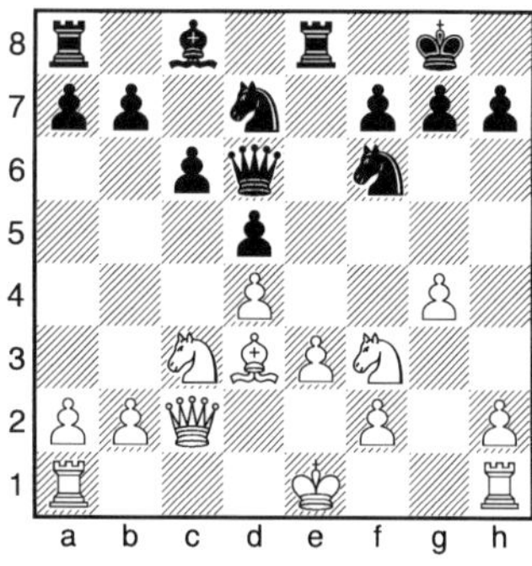

... der Bauer g4?

28

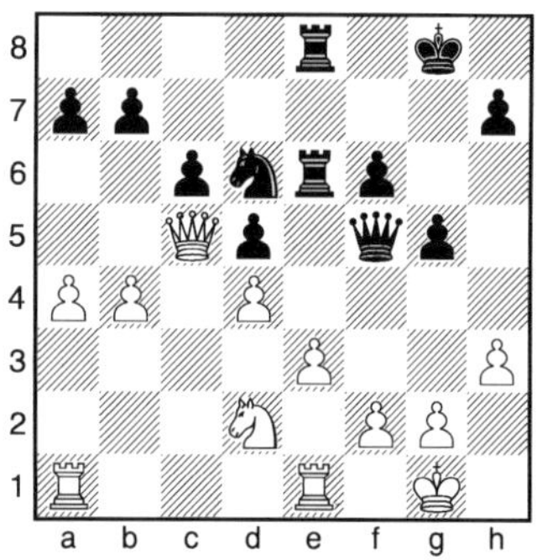

... der Bauer a7?

Konkrete Frage (Lösungen ab Seite 75)

29

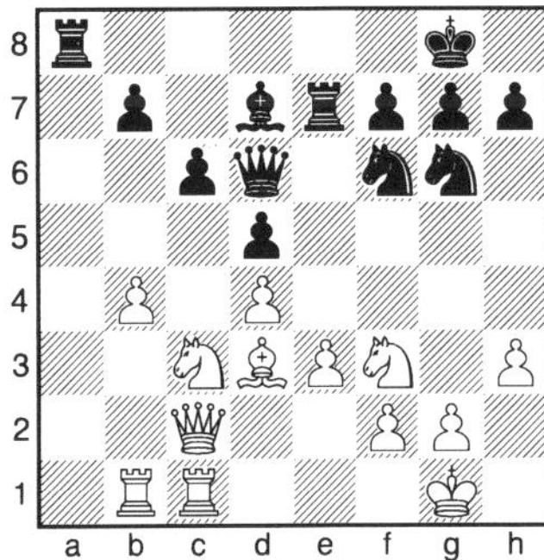

Wie kann Schwarz sich am zähsten verteidigen?

30

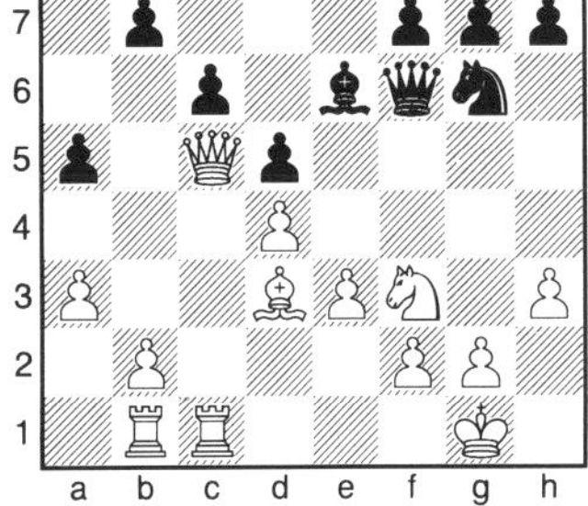

Muss Weiß dem Gegenspiel am Königsflügel Beachtung schenken?

31

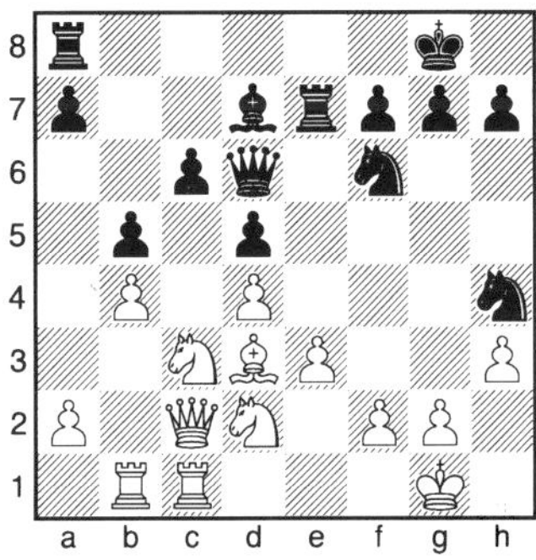

Ist der Moment für den Standardangriff a2–a4 gekommen?

32

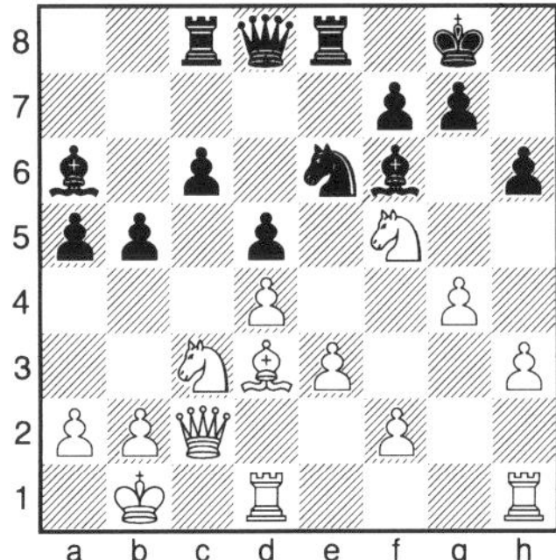

Weiß zieht und setzt dann quasi mit einem 'premove' fort.

Kandidaten (Lösungen ab Seite 79)

33

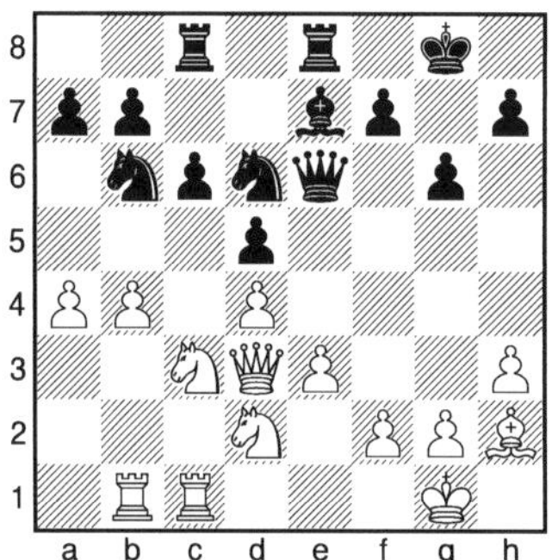

Die konsequente Angriffsfortsetzung ist 22.a5, 22.b5, 22.♘b3 oder 22.♗xd6?

34

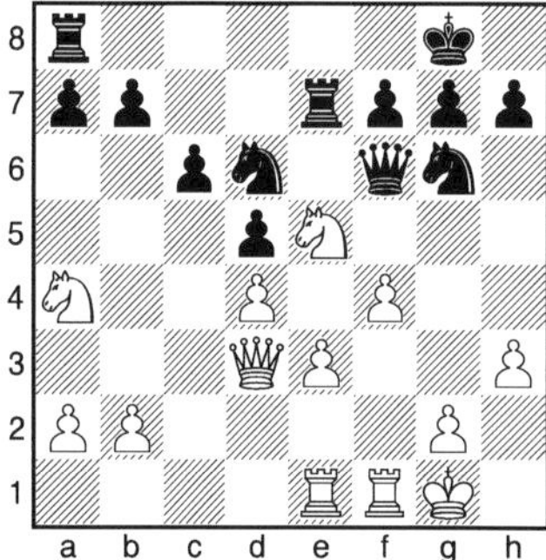

20...♖ae8, 20...♕f5, 20...♕h4
Welcher Kandidat ist deutlich schlechter?

35

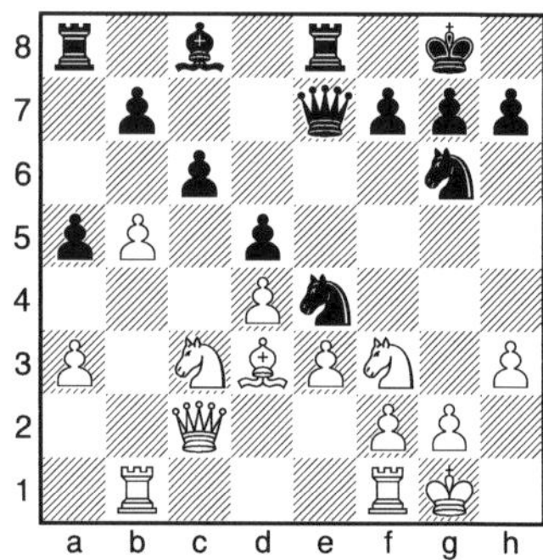

Der Schutzspringer f3 muss weg. Also ♘h4? Oder ♘g5?

36

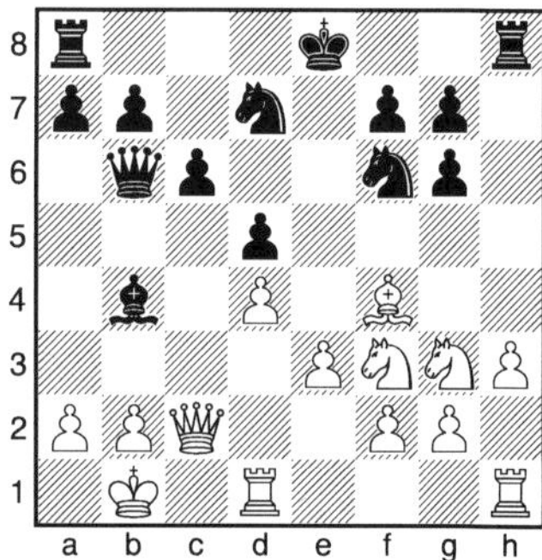

Kurz, lang oder gar nicht? Das ist hier die Frage.

Konkrete Frage (Lösungen ab Seite 84)

37

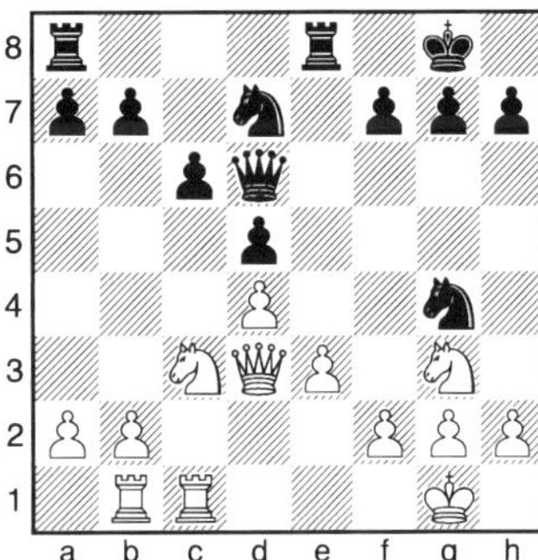

16.h3 ist ein böser Fehler – oder eine böse Falle?

38

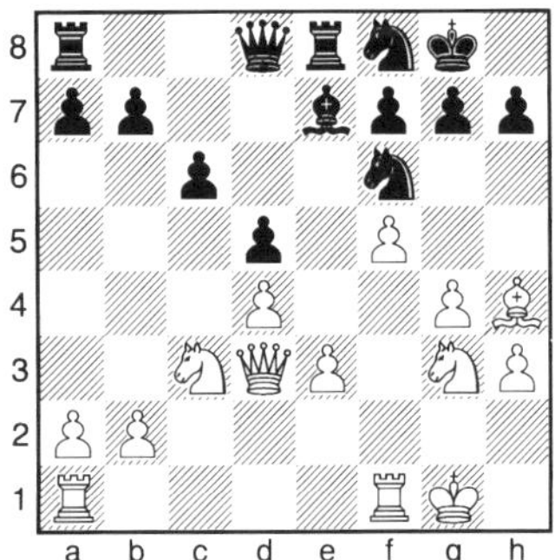

Wie kann Schwarz die Stellung der weißen Leichtfiguren am Königsflügel ausnutzen?

39

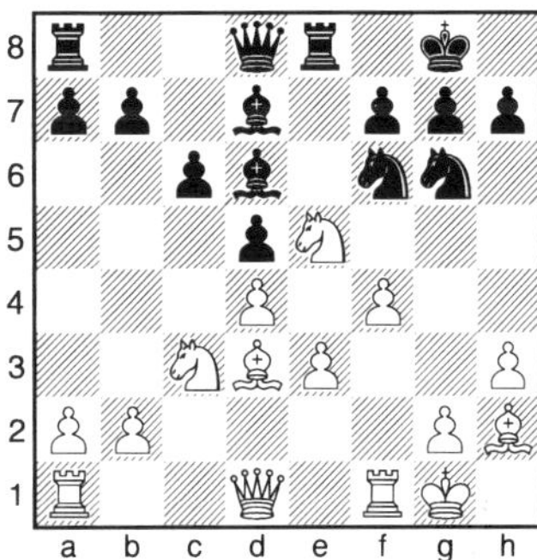

Geht der Konter 18...c5 sofort oder erst nach Vorbereitung mit 18...a6?

40

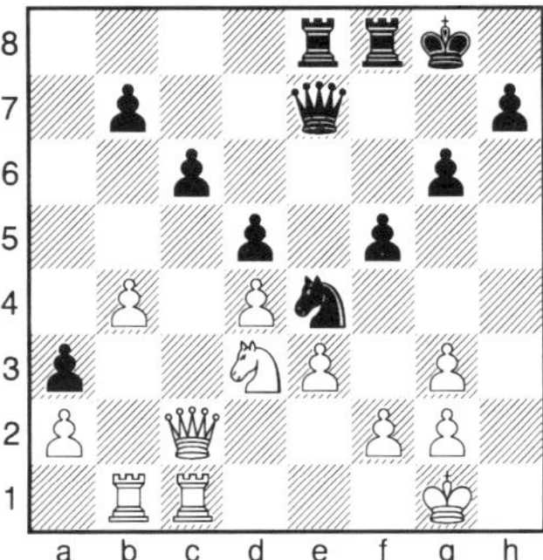

Sollte Schwarz geordnete Defensive oder den Einsatz von Gewaltmitteln wählen?

Abstiegskandidat (Lösungen ab Seite 87)

41

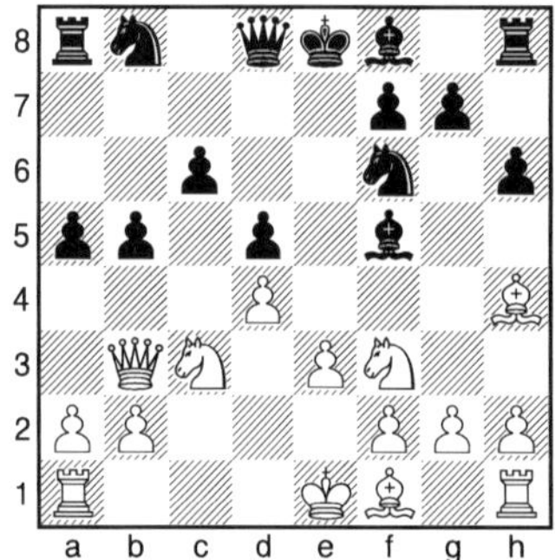

Welcher der Züge ♗xf6 und ♘e5 hat katastrophale Folgen?

42

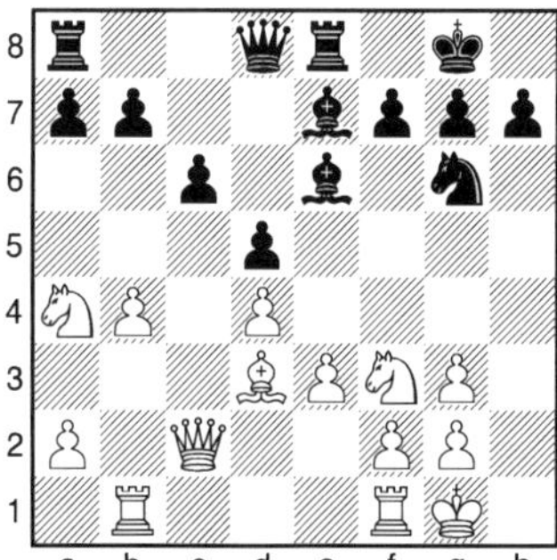

15...a6, 15...b6, 15...b5

Welcher Kandidat ist der schlechteste?

43

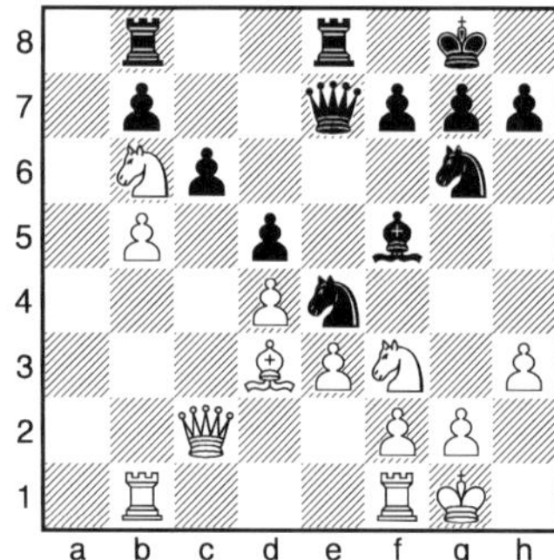

20...♖bd8, 20...♘h4, 20...♕f6

Ist ein Zug deutlich schlechter?

44

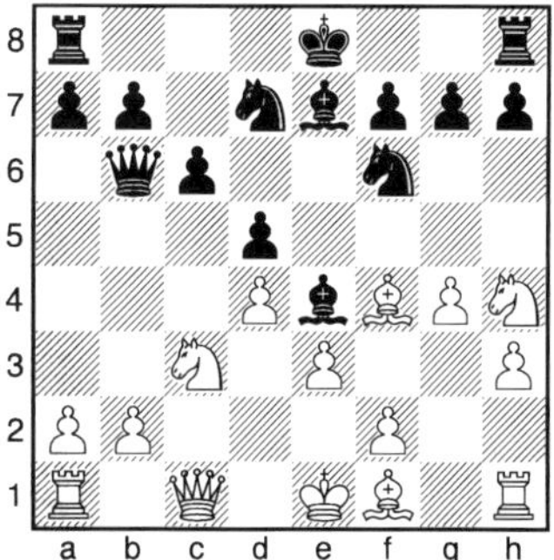

12.f3, 12.♖g1, 12.♘xe4, 12.♗g2

Hier gibt's *zwei* Abstiegskandidaten.

Konkrete Frage (Lösungen ab Seite 91)

45

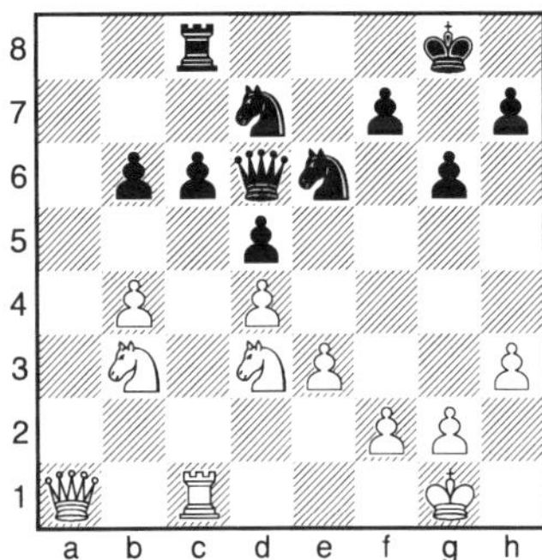

Warum ist 31.b5 der beste Versuch, die Initiative festzuhalten?

46

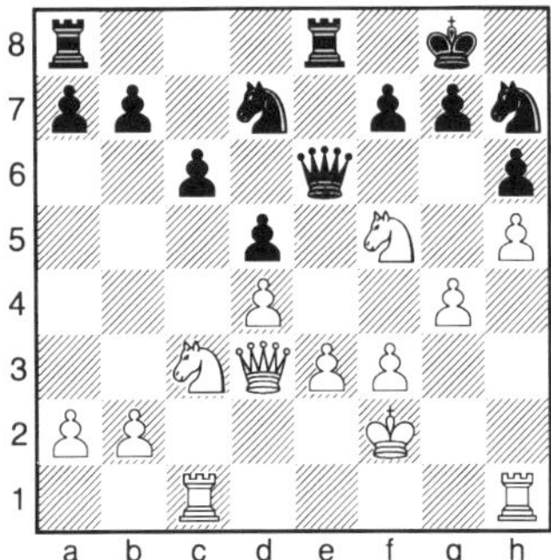

Wie ist die Dezentralisation 18...♘f6–h7 zu bestrafen?

47

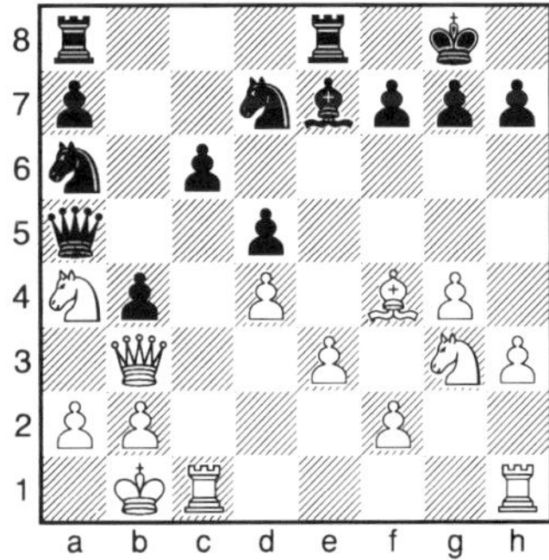

Hatte Weiß bei 17.♖dc1 einen drohenden Figurenverlust übersehen?

48

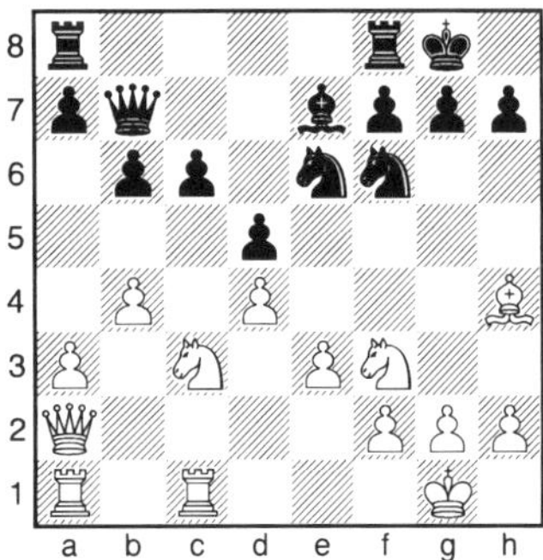

Welche Standardverteidigung hat der zweifelhafte Zug 18.♕a2 ermöglicht?

Scherzartikel (Lösungen ab Seite 95)

49

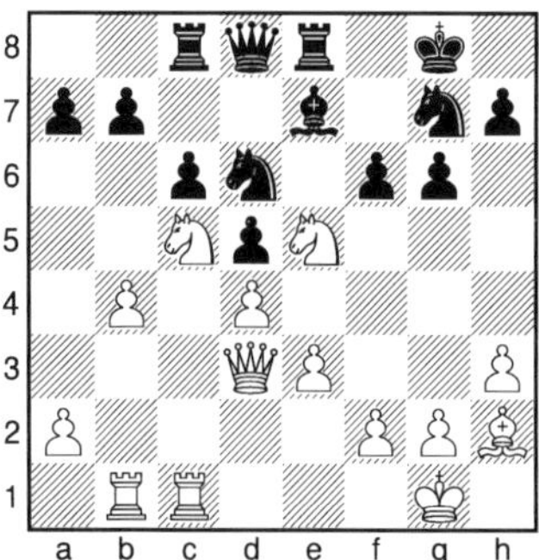

Wie kann Weiß eine dröge Schiebestellung vermeiden?

50

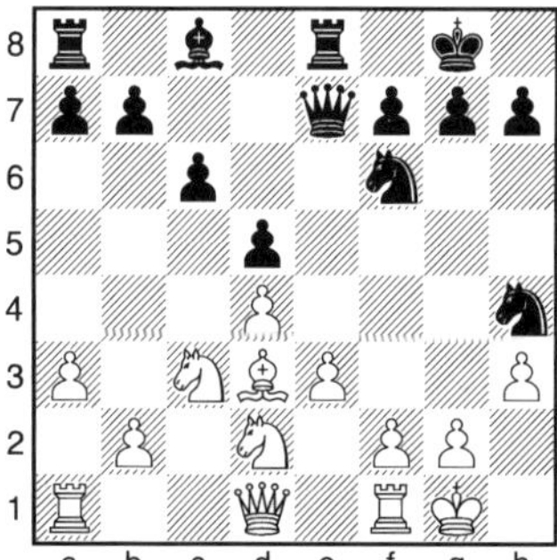

Welcher schwarze Zug bekommt 2 '??' für die Fehlerhaftigkeit und ein '!' für die Unverfrorenheit?

51

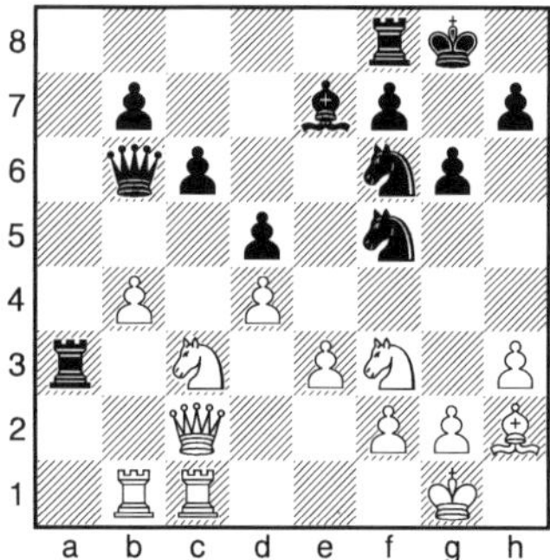

Außer dem Standard 20.b5 hat Weiß auch einen tiefgründigen Scherzartikel auf Lager.

52

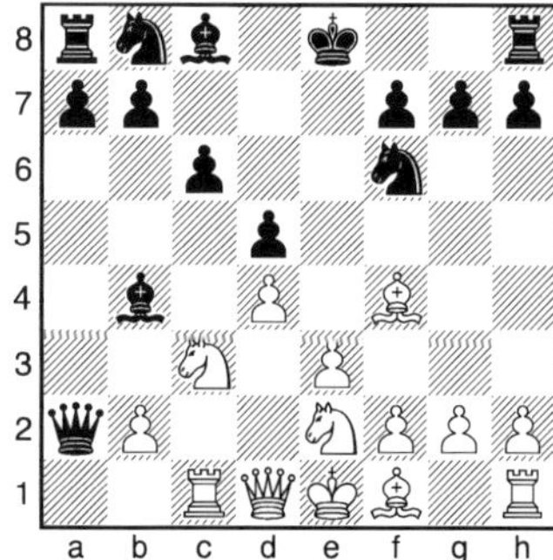

Ist 9.♕d2 angesichts von 9...♘e4 womöglich ein Druckfehler?

Kandidaten (Lösungen ab Seite 98)

53

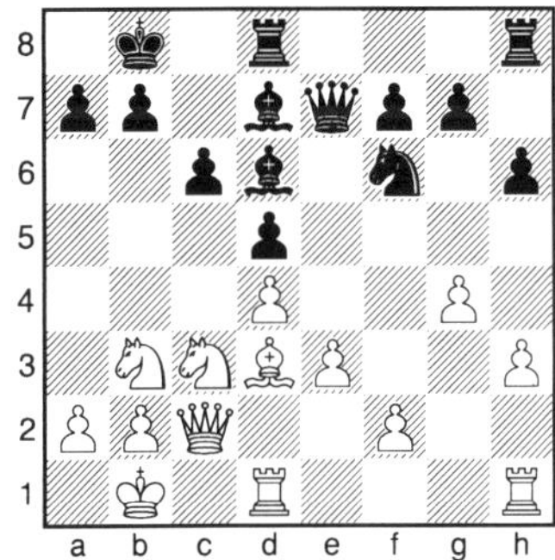

17...h5, 17...g5, 17...♖de8
Welcher Kandidat ist am besten?

54

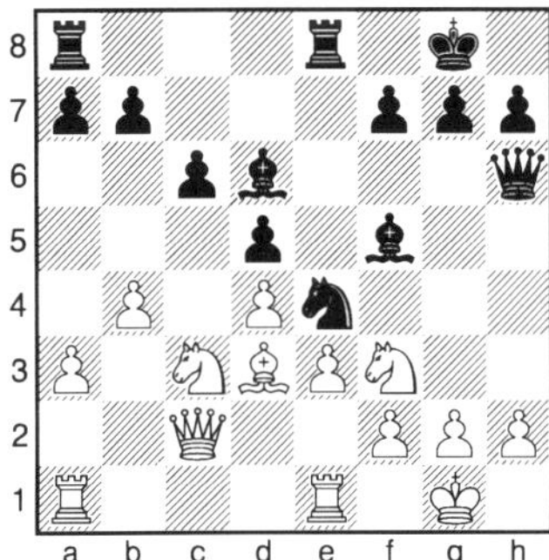

Ist einer der Kandidaten 18.g3 und 18.h3 schwächer als der andere?

55

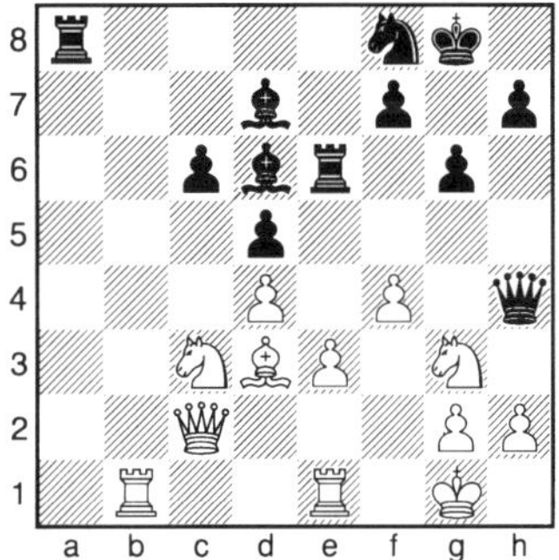

Nach ♘f1 oder ♘a4 gibt's taktische Mittel.

Welche Variante ist gefährlicher für Weiß?

56

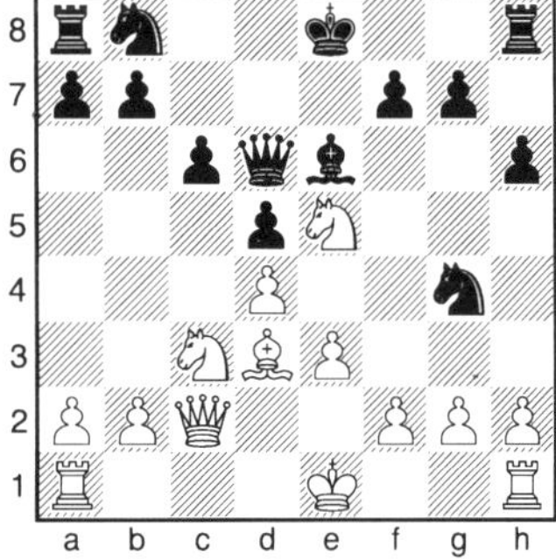

Ist einer der Kandidaten 12.♘xg4, 12.♘f3 oder 12.f4 ein grober Fehler?

Konkrete Frage (Lösungen ab Seite 104)

57

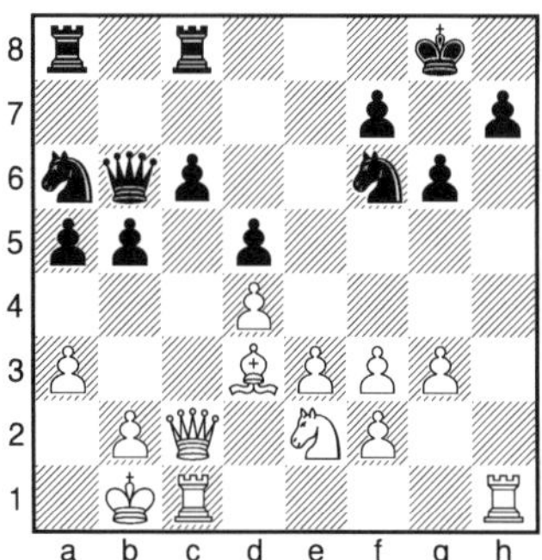

Hat Weiß nichts Besseres, als mit 19.b3 eine Auffangstellung anzustreben.

58

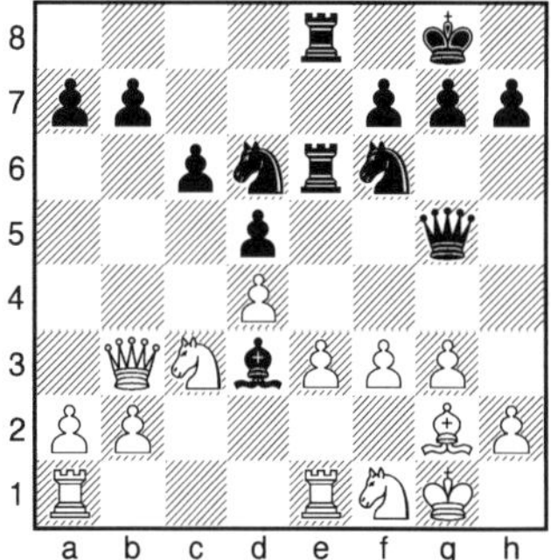

Gegen die Drohung ♗xf1 folgte 19.♘xd5.

Woran würde 19.♘e2 scheitern?

59

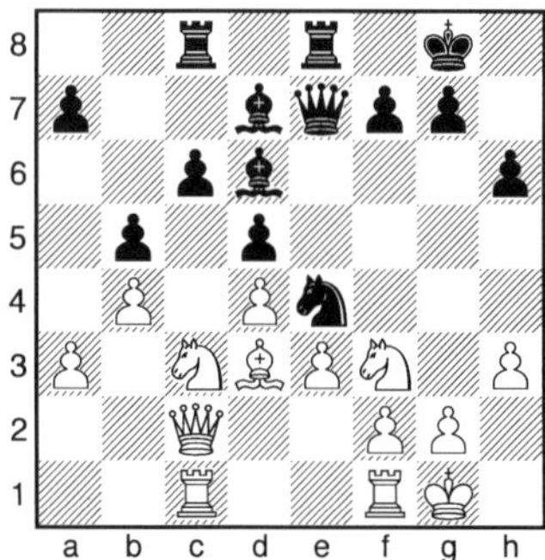

Wie kann Weiß die mit dem letzten Zug (17...b5?) einhergehende Schwächung zum Ausgleich nutzen?

60

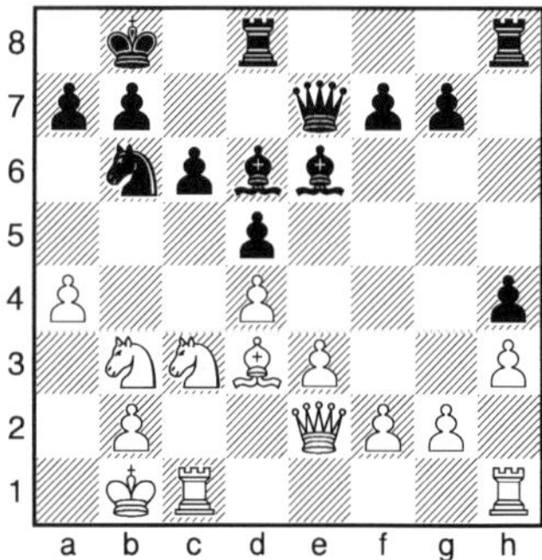

Verliert der Partiezug 17...♘c4 nicht forciert und ersatzlos einen Bauern?

Schnellschuss (Lösungen ab Seite 109)

61

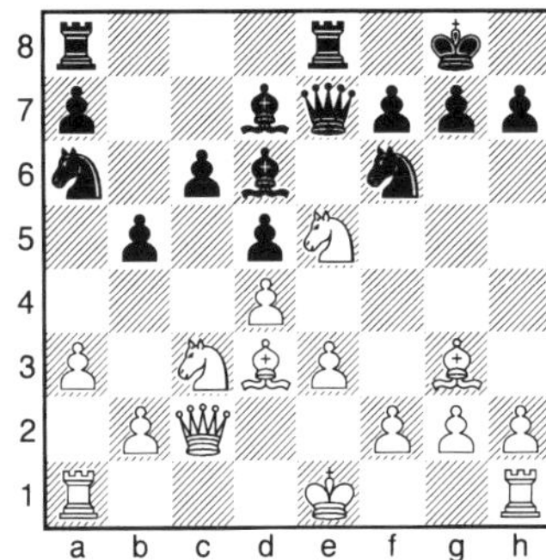

Schwarz steht wie Kraut und Rüben, aber wo ist der sofortige Fangschuss?

62

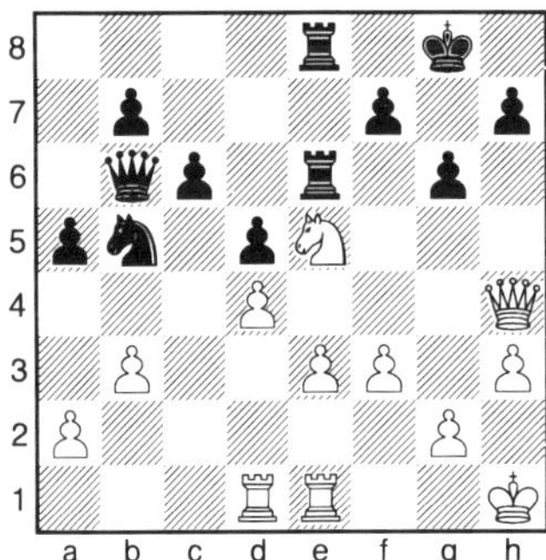

Kann die Idee 34.♘g4 nicht verbessert werden?

63

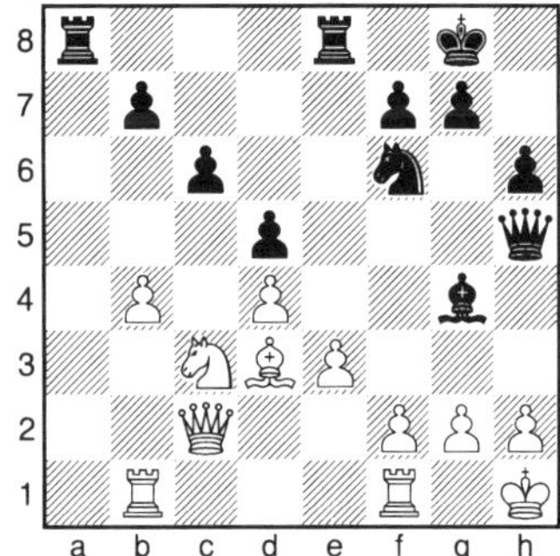

Hat Schwarz keine Lust, den Kampf weiter fortzusetzen, spielt er einfach ...

64

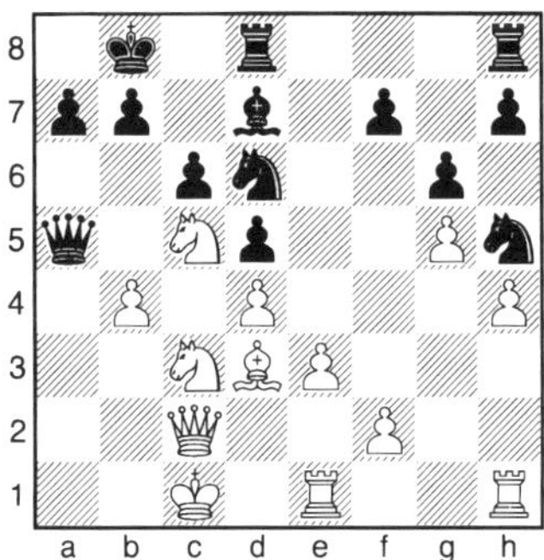

Woran scheitert ♕xb4?

Kandidaten (Lösungen ab Seite 112)

65

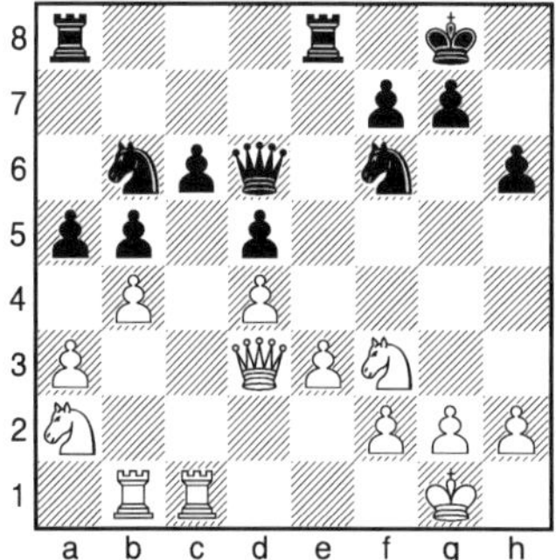

17.♘e5 und 17.bxa5 sind seriöse Kandidaten.

Derweil ist 17.a4 ein Druckfehler – oder?

66

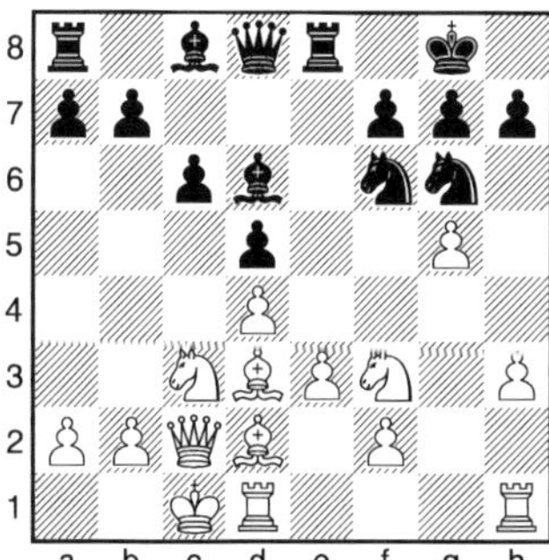

Wohin mit dem Springer?

Nach d7, e4 oder h5?

67

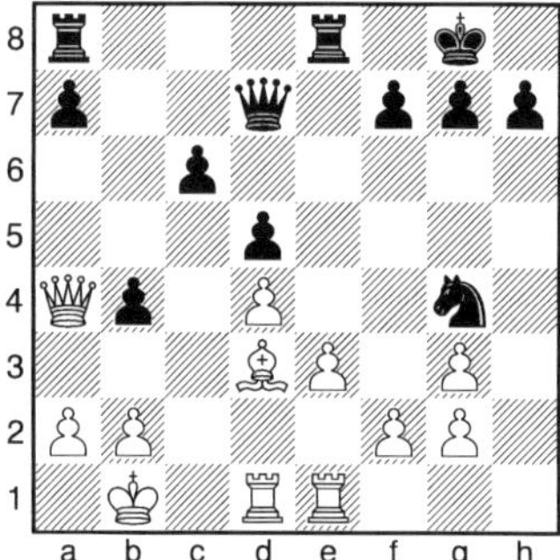

19.♖d2 oder 19.♖e2?

Ist das Jacke wie Hose?

68

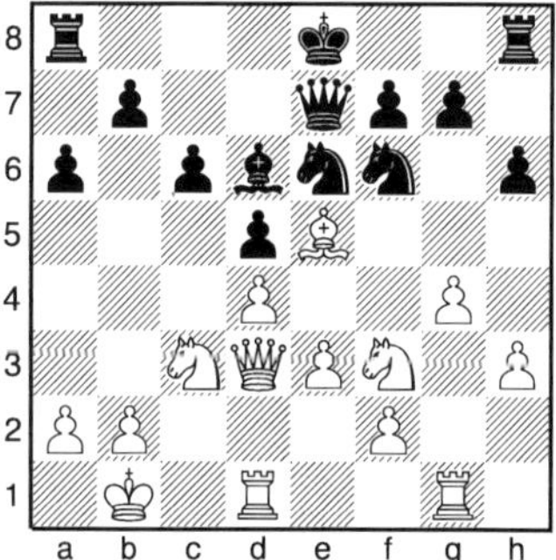

Die stärkste Angriffsfortsetzung ist 16.h4, 16.♘h4 oder 16.♗xf6?

Konkrete Frage (Lösungen ab Seite 117)

69

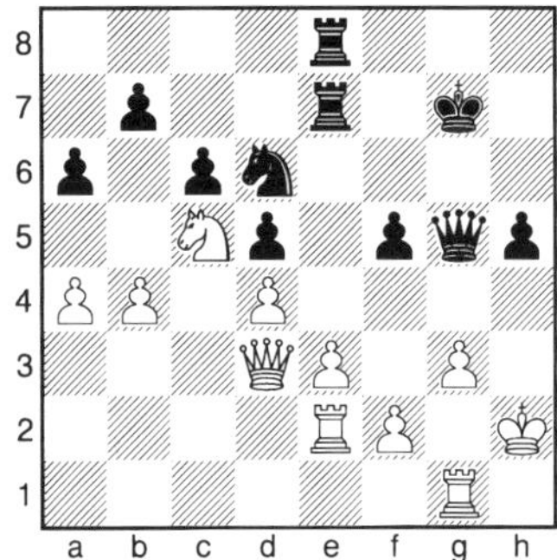

Gewinnt hier sowieso jeder Zug? Beispielsweise auch 31...Kf6?

70

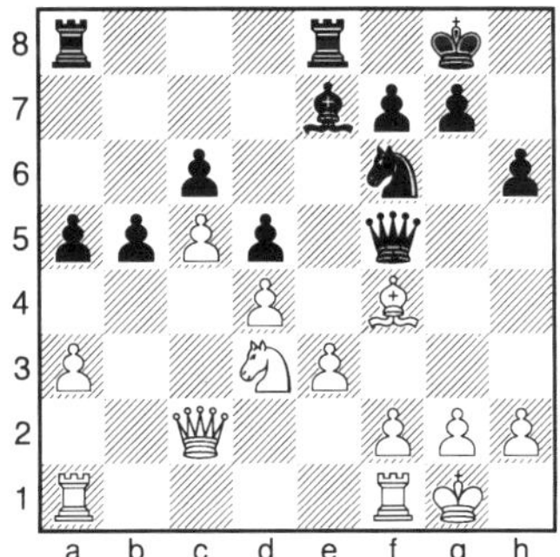

Warum war der letzte Zug 19...♕f5 eine bedenkliche Ungenauigkeit?

71

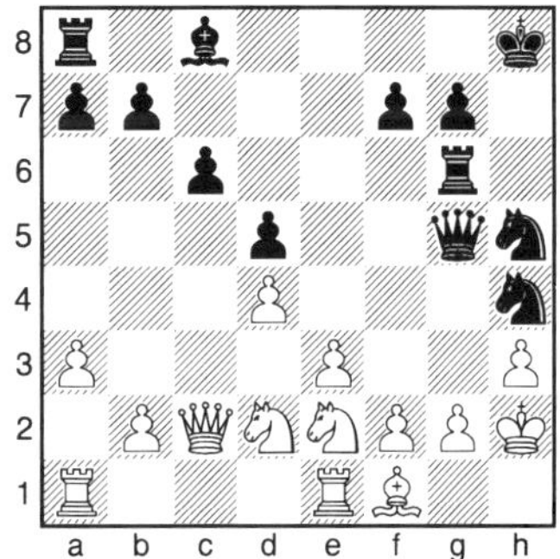

Woran scheitert der Konter 22.f4? Was ist deutlich besser?

72

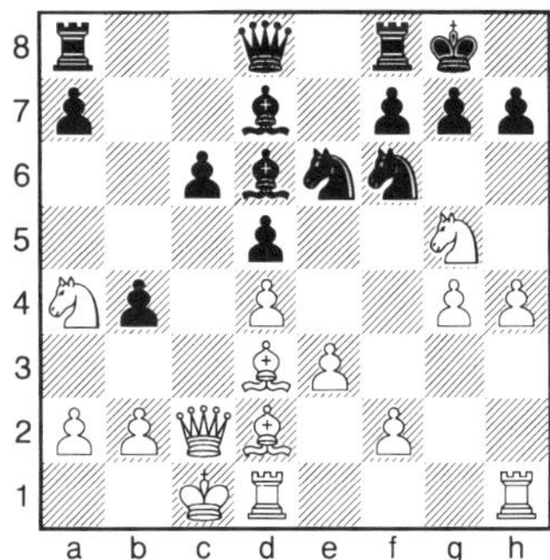

Kann Schwarz hier den Hebel 16...c5 einsetzen?

Drucksteigerung oder konkrete Aktion? (Lösungen ab Seite 122)

73

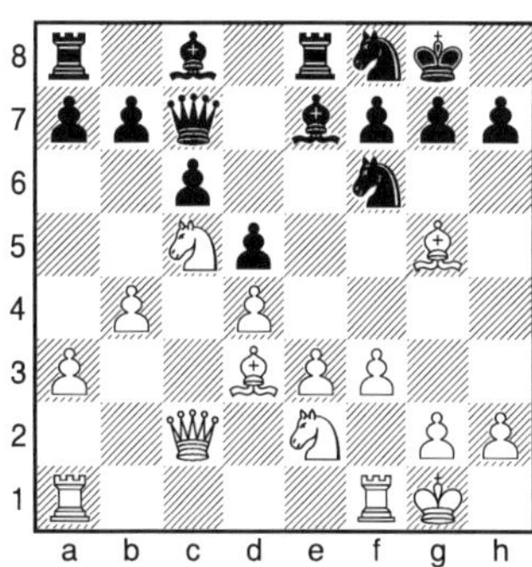

Weiß am Zug

74

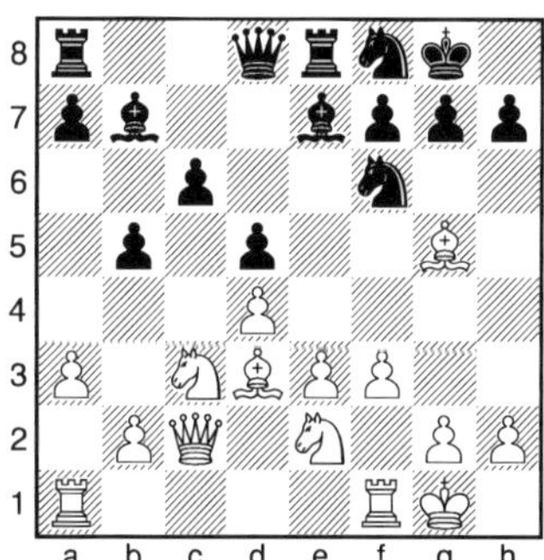

Weiß am Zug

75

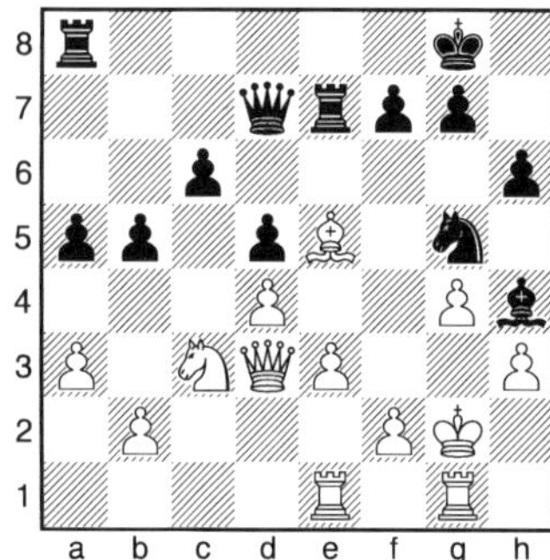

Schwarz am Zug

Einziger Zug (Lösungen ab Seite 125)

76

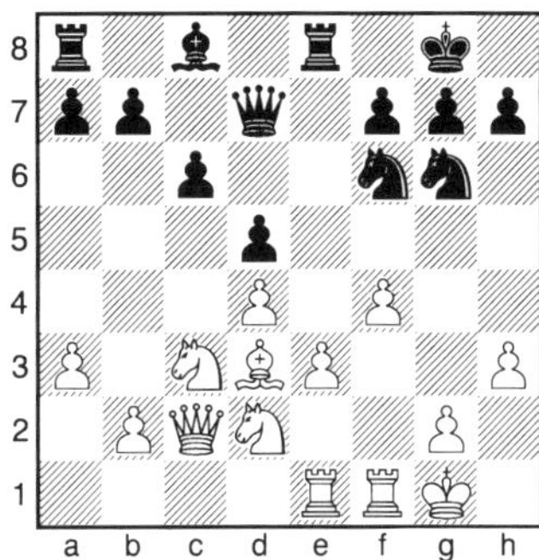

Nach dem letzten Zug ♕c7-d7 hält nur welcher Zug das Gleichgewicht?

77

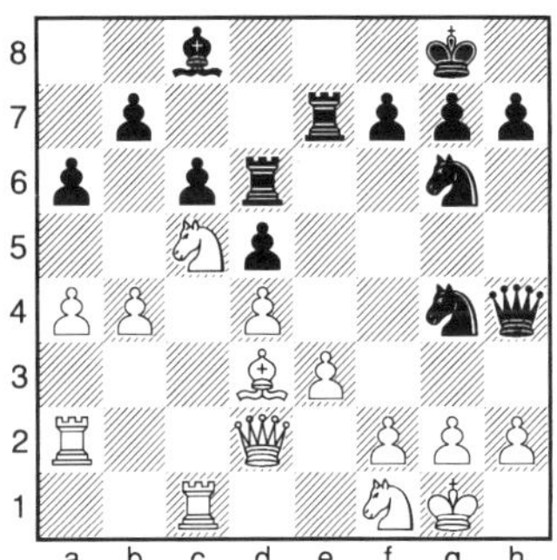

Schwarz hat nur einen Ausgleichszug.

78

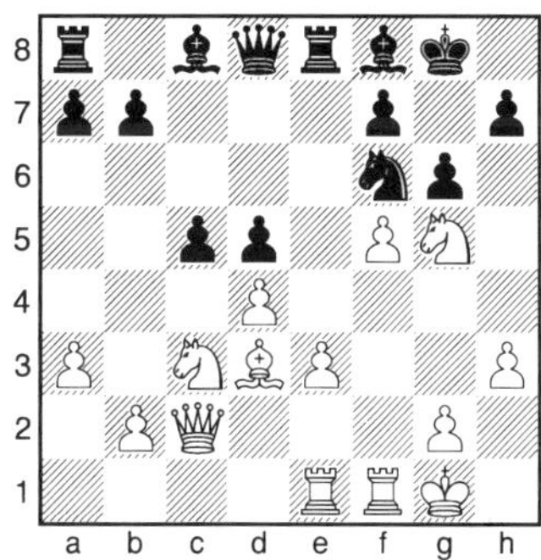

Nur ein einziger Zug hält den schwarzen Schaden in Grenzen.

Konkrete Frage (Lösungen ab Seite 128)

79

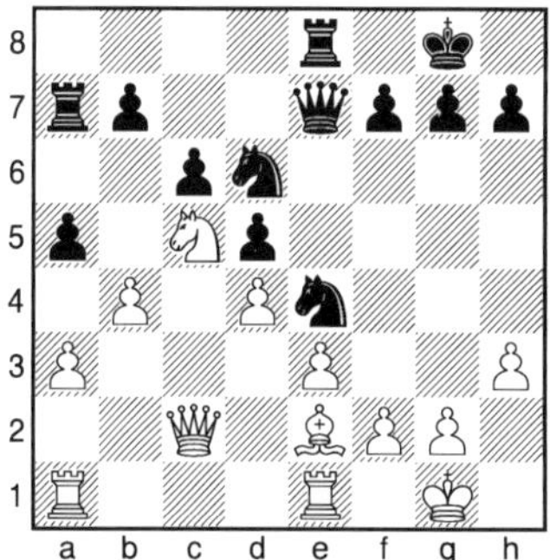

22.Sc5 war positionell tadellos. Aber was ist mit der Taktik?

80

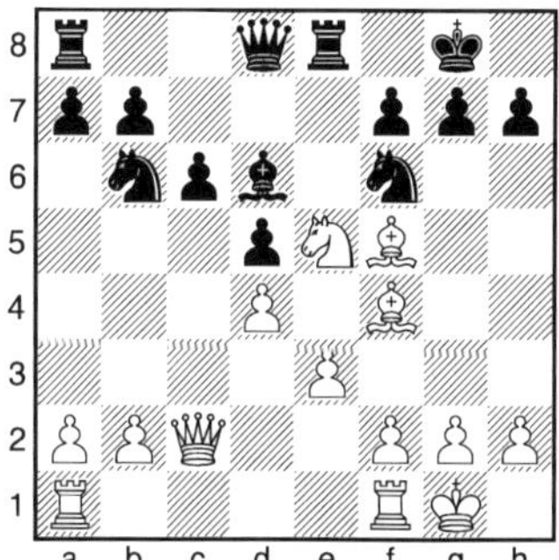

Wie ist das Bauernopfer 15...♘c4 zu beurteilen?

81

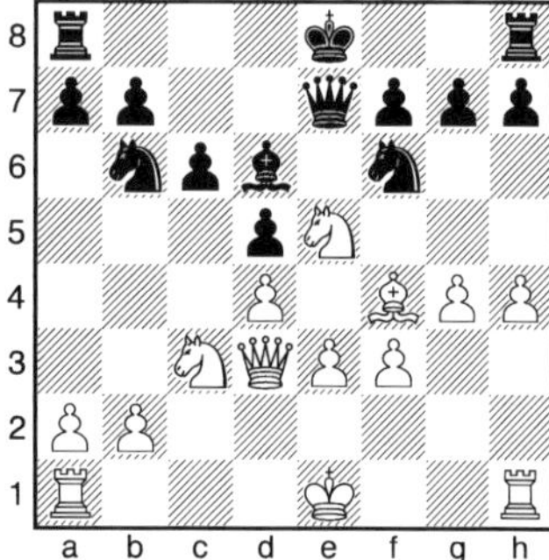

Hat 14.f3 die Drohung ♘xg4 wirklich pariert?

Und war das überhaupt die einzige Drohung?

82

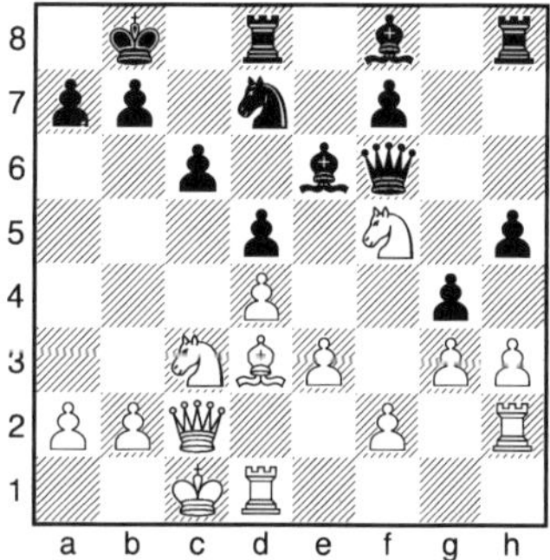

Ist die Zeit reif für den Gegenangriff 17...c5?

Scherzartikel (Lösungen ab Seite 132)

83

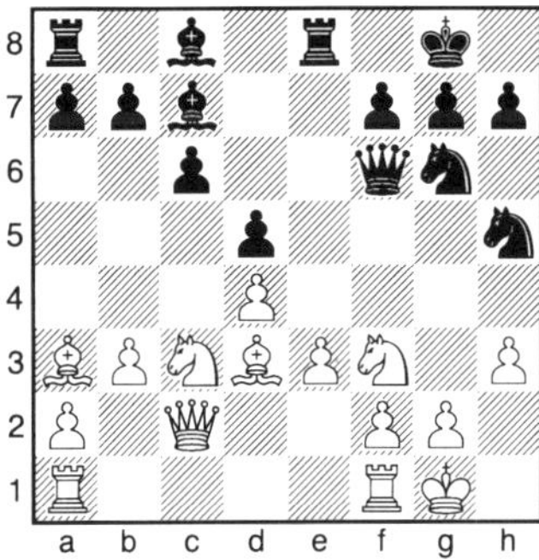

Die weiße 'Kombination' ist lächerlich einfach, aber wer lacht zuletzt?

84

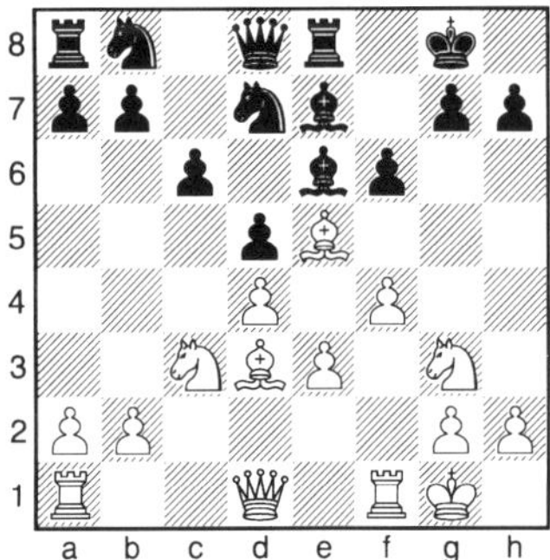

Hat Weiß nichts Besseres als den Scherzartikel 13.♗c7?

85

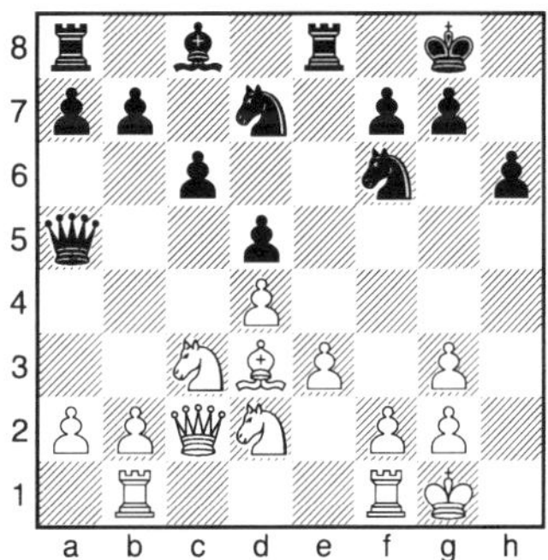

Wie kann Schwarz den Vorstoß b2–b4 verhindern?

86

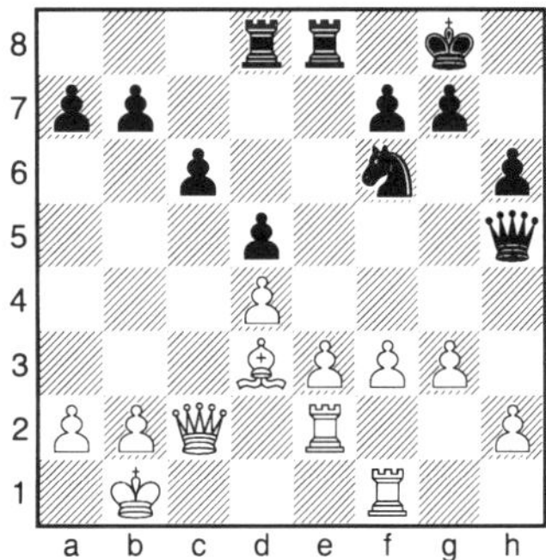

Warum war der letzte Zug 21...♖ad8 zu positionell gedacht?

Spitzenkandidat (Lösungen ab Seite 137)

87

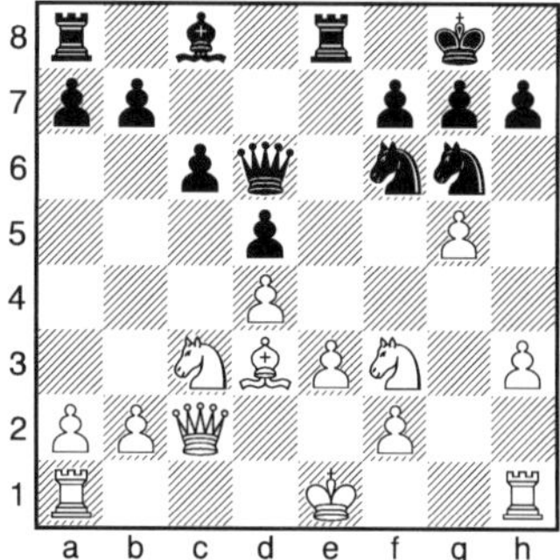

14...♘e4, 14...♘h5, 14...♘d7

Welcher Zug ist eindeutig der beste?

88

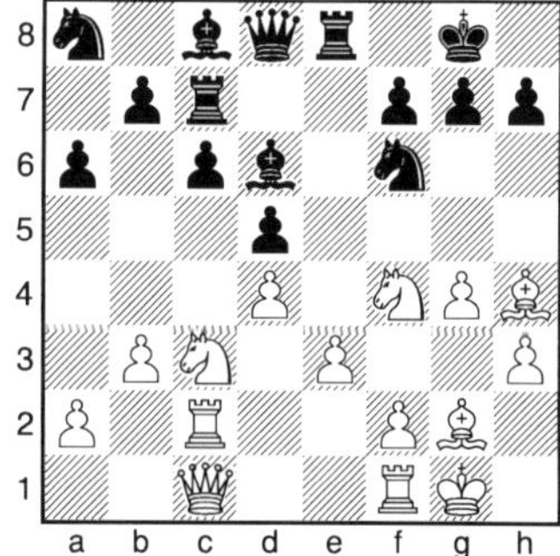

Gibt es einen noch besseren Zug als 19.Sh5?

Wie schmeckt eigentlich ... (Lösungen ab Seite 139)

89

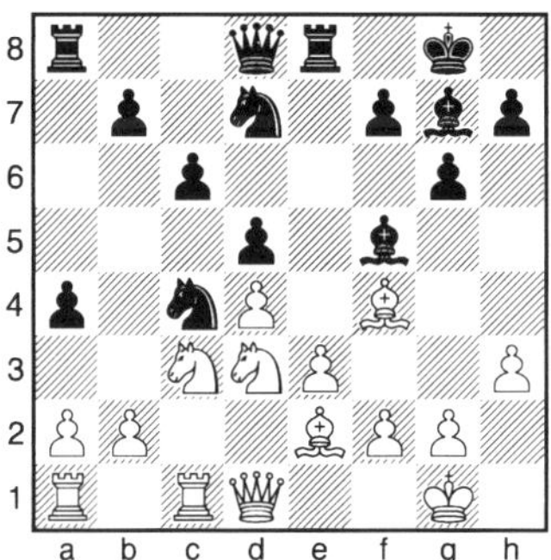

.. der Bauer a4?

90

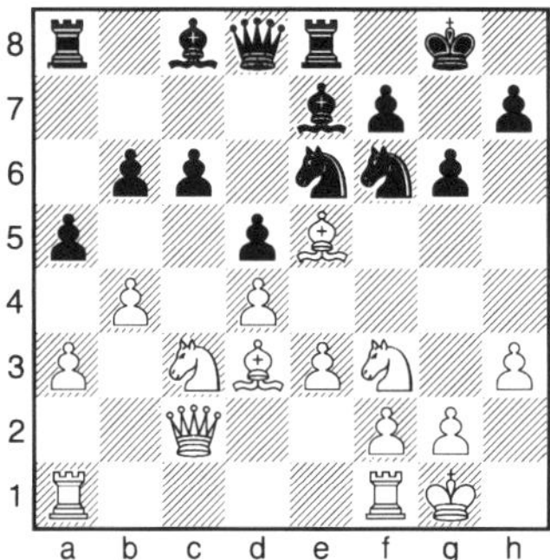

... der Bauer b4?

konkrete Frage (Lösungen ab Seite 141)

91

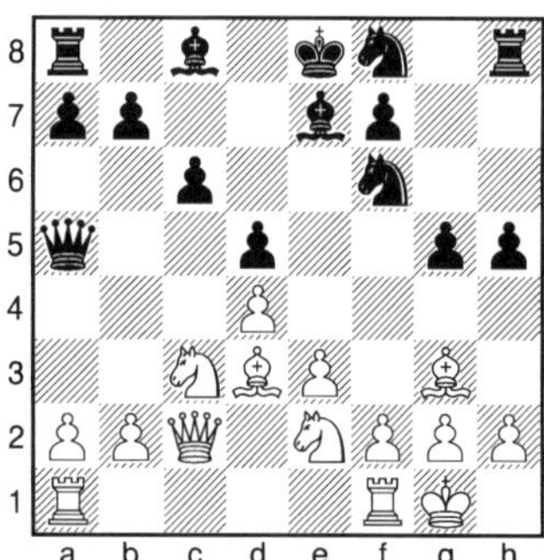

Wie reagiert Weiß am besten auf die antipositionelle Flügeloffensive?

92

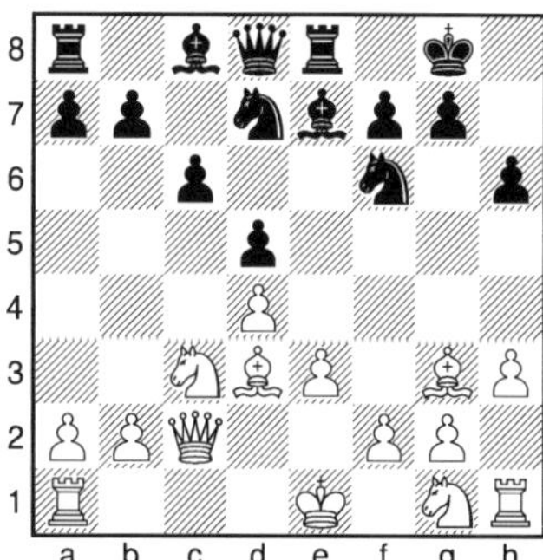

Führt das Bauernopfer 11...♘e4 zu genügend Kompensation?

93

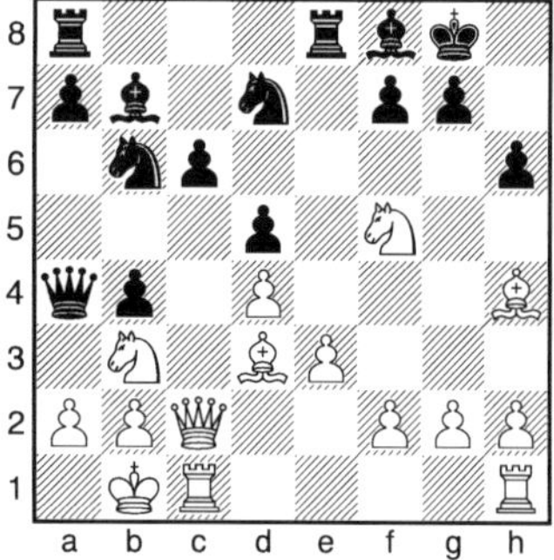

Warum nicht positionell ♗g3? Welcher taktische Ansatz ist besser?

94

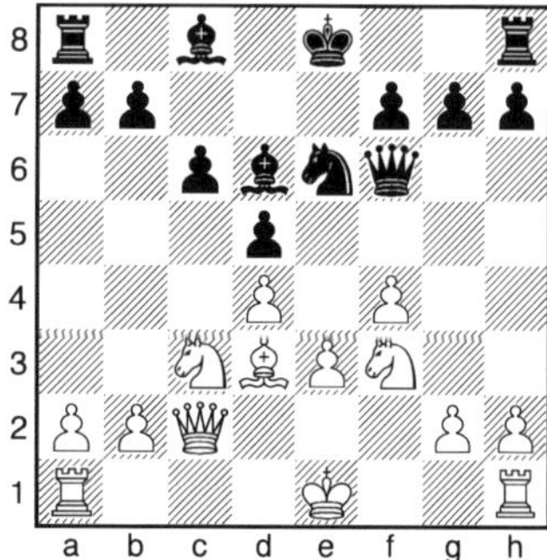

Was ist von der Gewaltmaßnahme 11...g5 zu halten?

Konkrete Frage (Lösungen ab Seite 145)

95

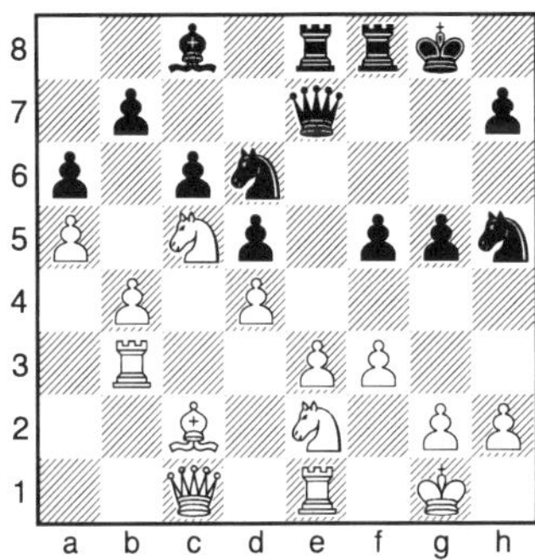

Wie kann Weiß den positionellen Druck abschütteln?

96

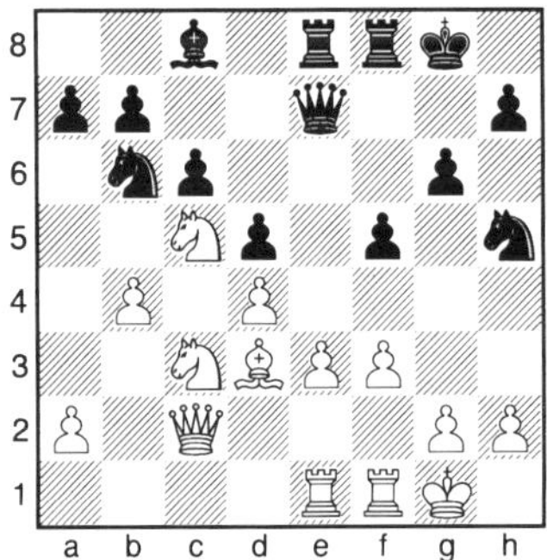

Hat Schwarz auf 16.b4 nichts Besseres als das passive 16...a6?

97

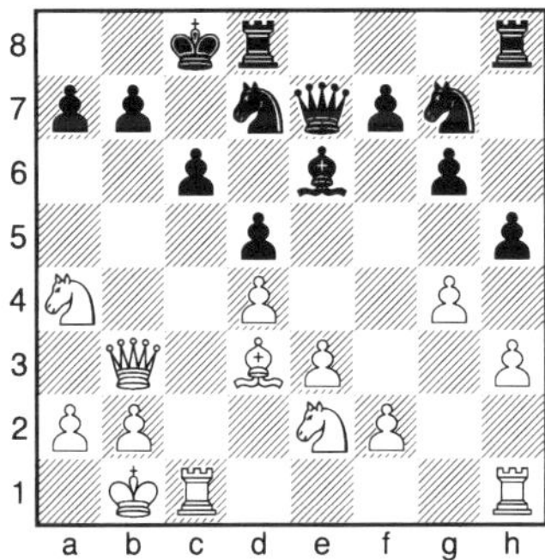

Stimmt die Behauptung, dass Schwarz verloren ist?

98

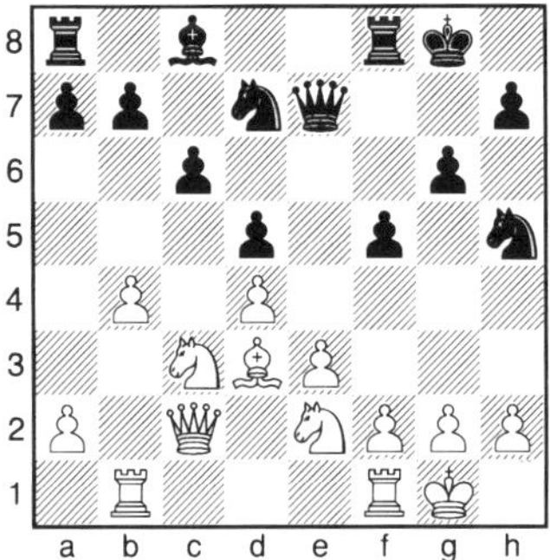

Wie ist die aktive Verteidigung 13...f4 zu bewerten?

Konkrete Frage (Lösungen ab Seite 150)

99

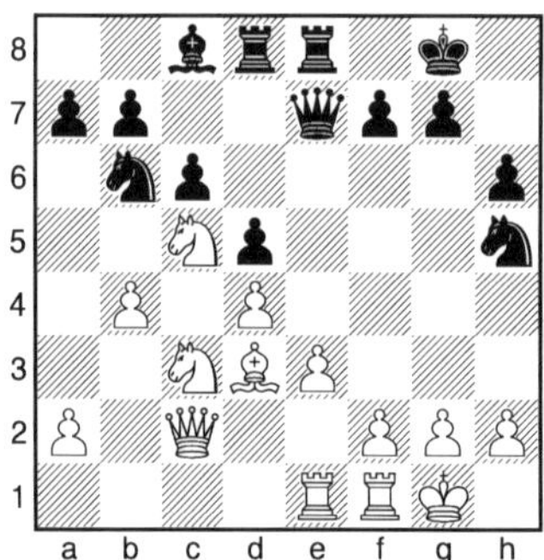

Gegen den Minoritätsangriff geschieht am besten 17...a6 oder was sonst?

100

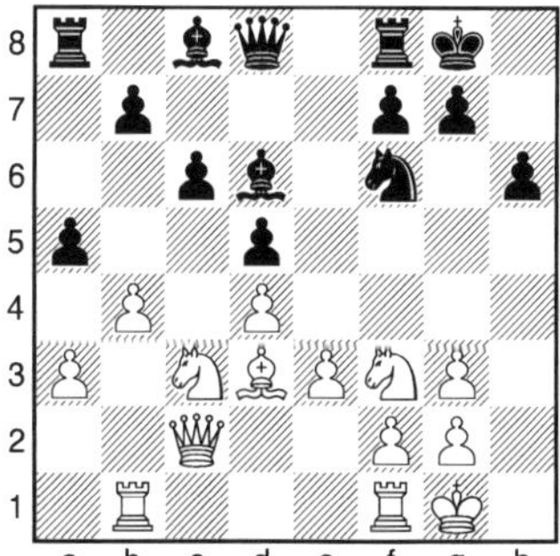

Warum war der Vorstoß b2–b4 verfrüht?

101

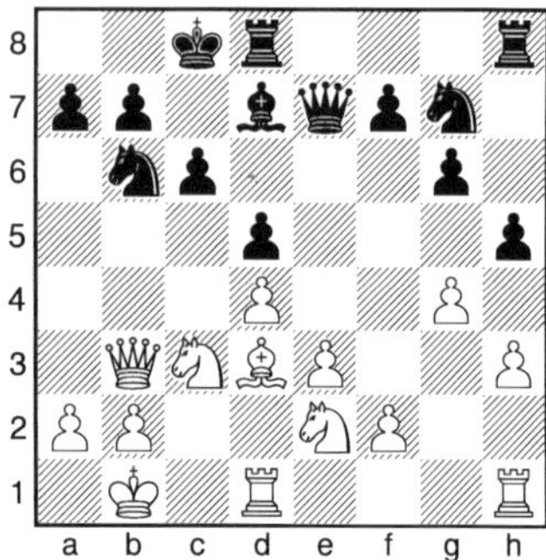

Muss Weiß sich um seinen g–Bauern kümmern?

102

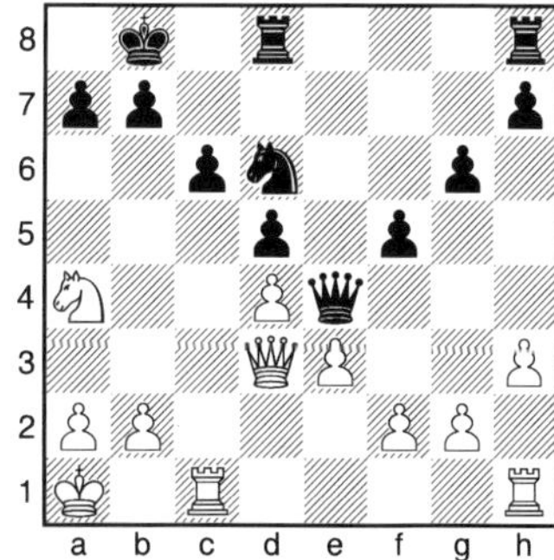

Wie sollte Weiß auf das Damentauschangebot reagieren?

Kandidaten (Lösungen ab Seite 154)

103

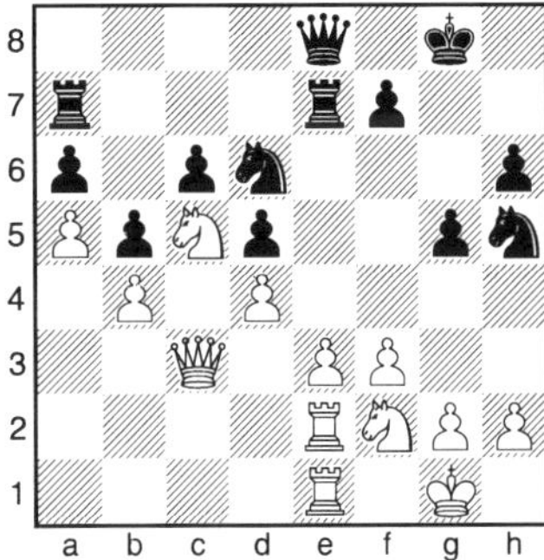

Warum ist der Kandidat 29.♘g4 schwächer als 29.g3 oder 29.♕d3?

104

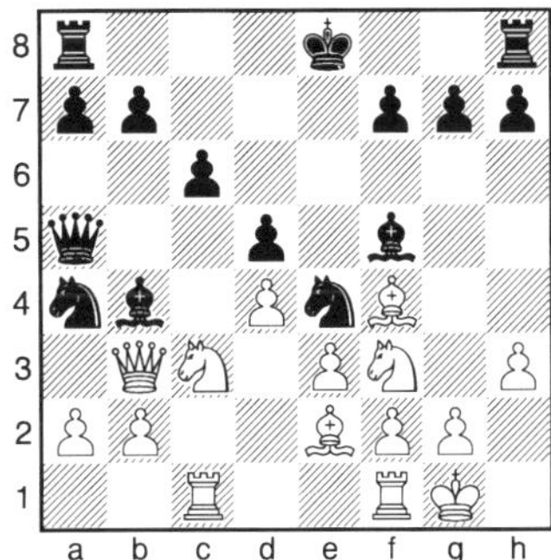

Welche Figur muss auf c3 schlagen, um den Schaden zu begrenzen?

105

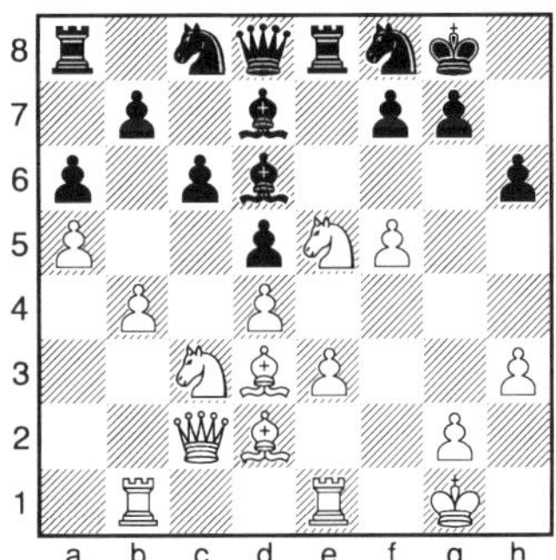

Welcher Kandidat ist am schwächsten?

22.e4, 22.f6, 22.♘xd7, 22.♘a4

106

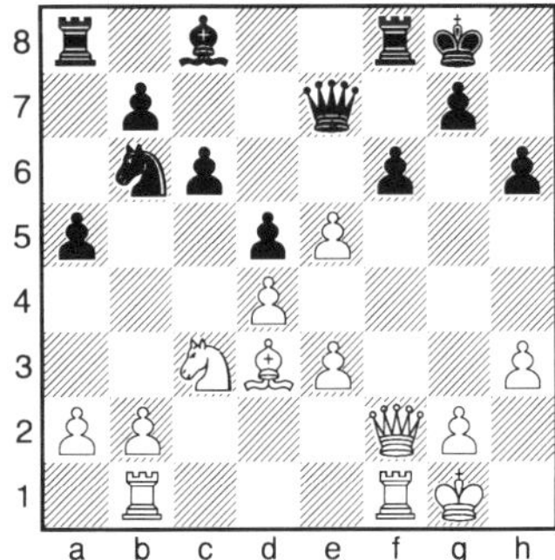

Besser 18...♗e6 oder 18...♗d7?

Konkrete Frage (Lösungen ab Seite 159)

107

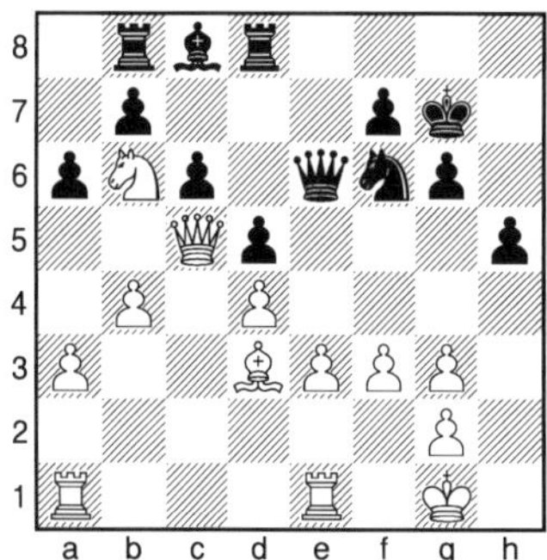

Verdient der Vorstoß e3–e4 tatsächlich ein Fragezeichen?

108

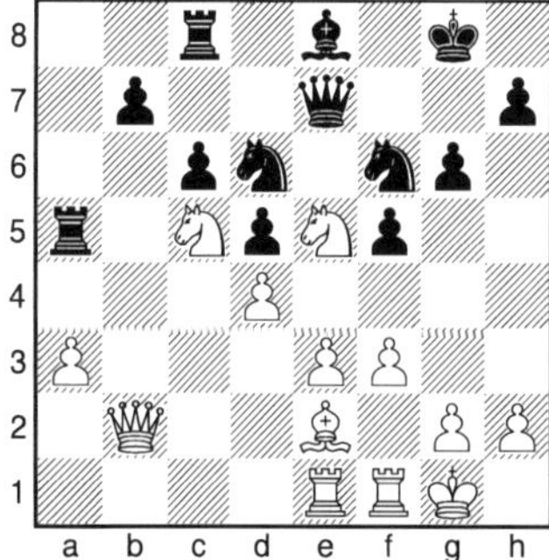

Ist der Trick 24.Db4 wirklich das Beste, was die weiße Stellung zu bieten hat?

109

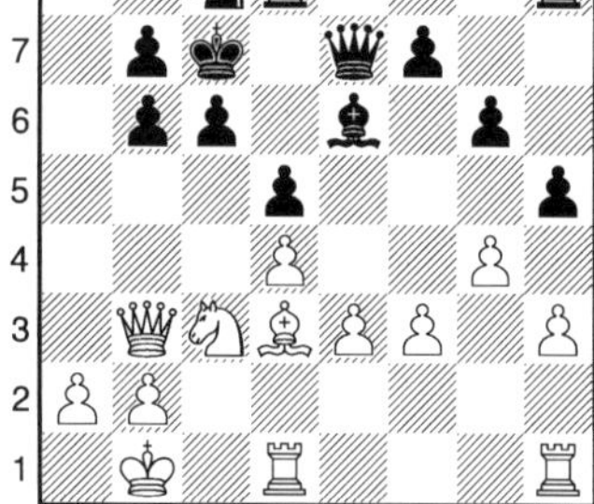

Mit welchem Zug stellt Schwarz soliden Minimalvorteil sicher?

110

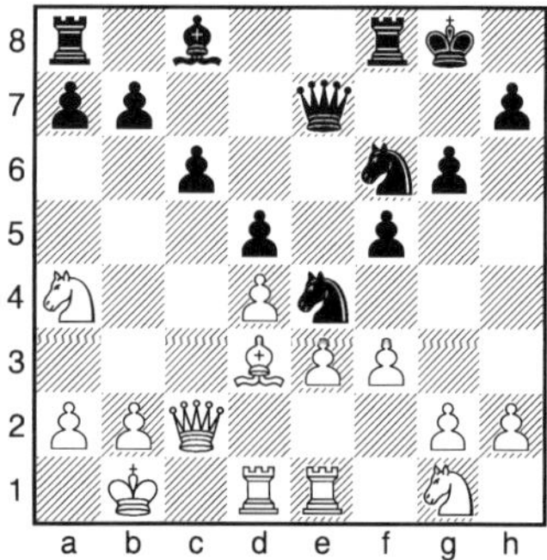

Muss der angegriffene Springer den Rückzug antreten?

Konkrete Frage (Lösungen ab Seite 164)

111

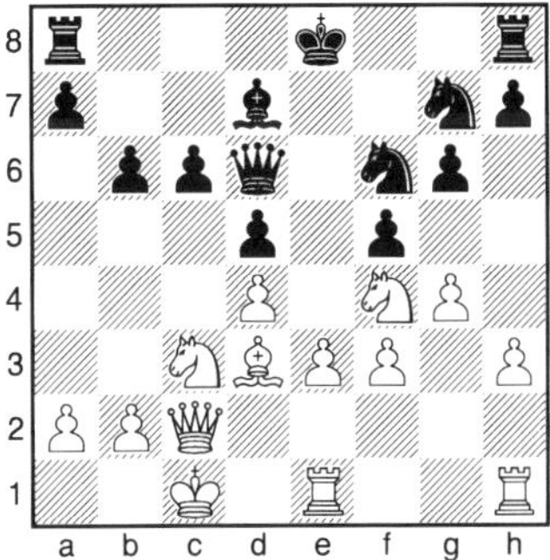

♔b1 ist ein anständiger Positionszug, aber hat Weiß nichts Besseres?

112

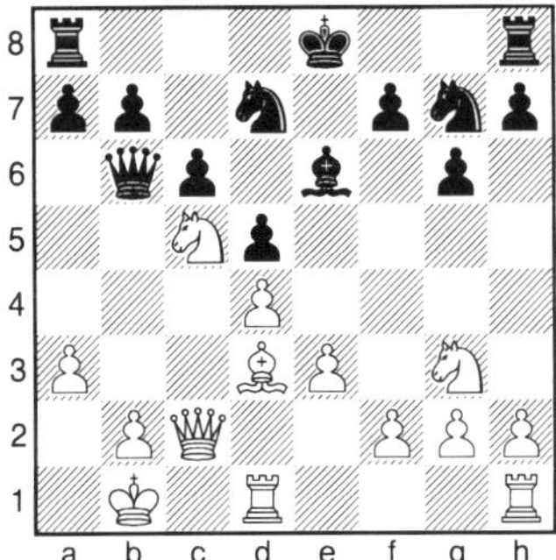

Was macht in diesem Aufbau mehr Sinn als ein Abtausch auf d7 oder e6?

113

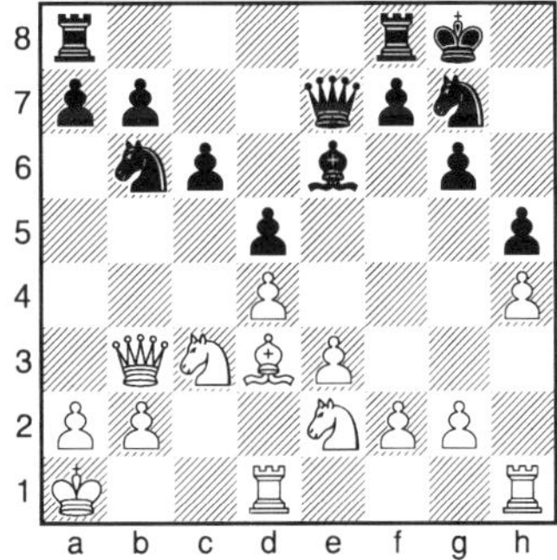

Wie ist der Vorstoß 17...c5 zu bewerten?

114

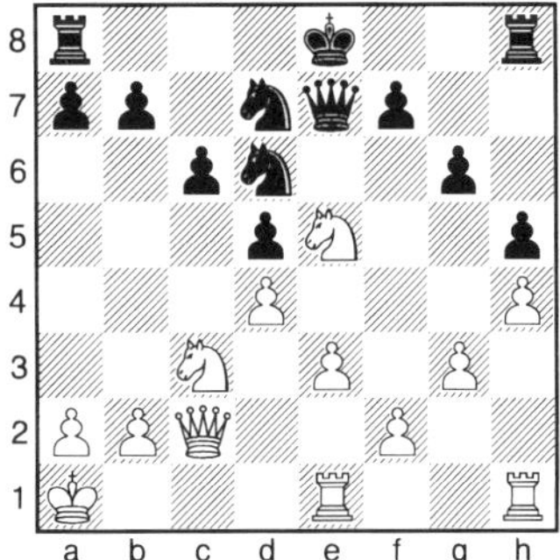

Warum verdient der letzte Zug ♘f6–d7 ein Fragezeichen?

Konkrete Frage (Lösungen ab Seite 168)

(Lösungen ab Seite 168)

115

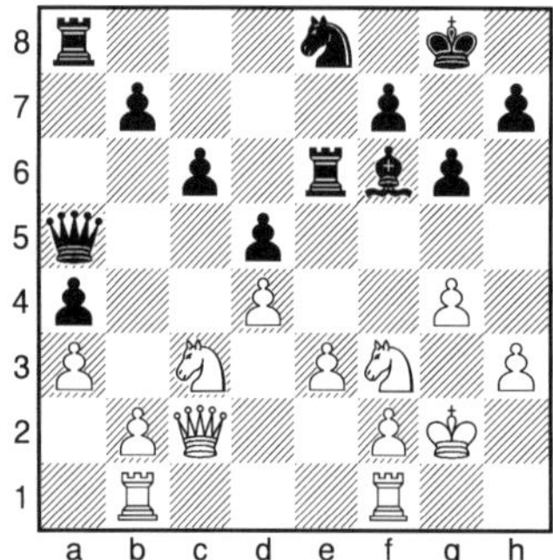

Wie macht Weiß das Beste aus seiner gelockerten Königsstellung?

116

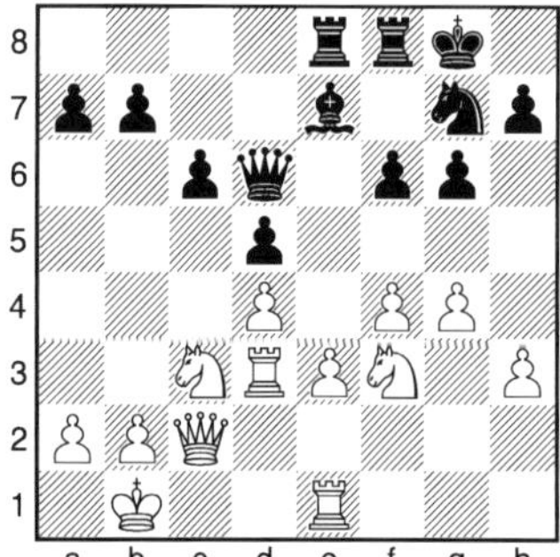

Hier besteht die letzte Gelegenheit wozu?

117

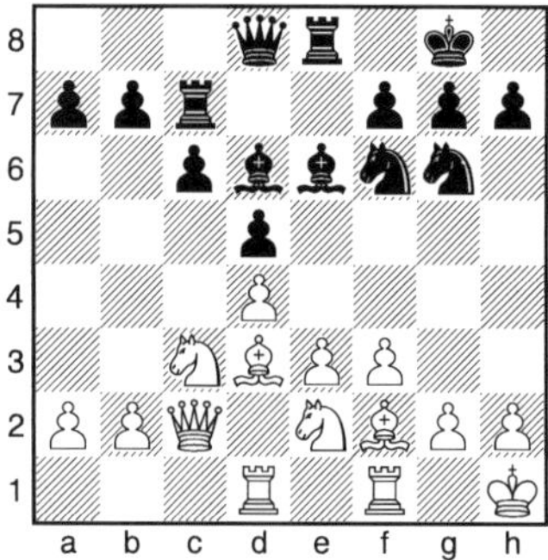

Müsste e3-e4 erst vorbereitet werden? Falls ja – wie am besten?

118

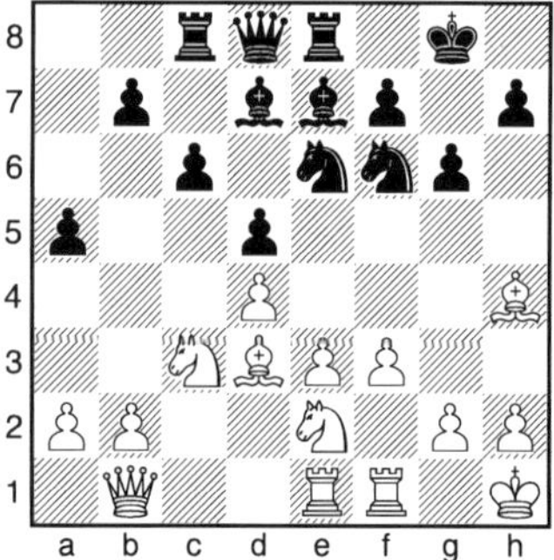

Hat der Vorstoß 16.e4 ein taktisches Loch?

Scherzartikel (Lösungen ab Seite 174)

119

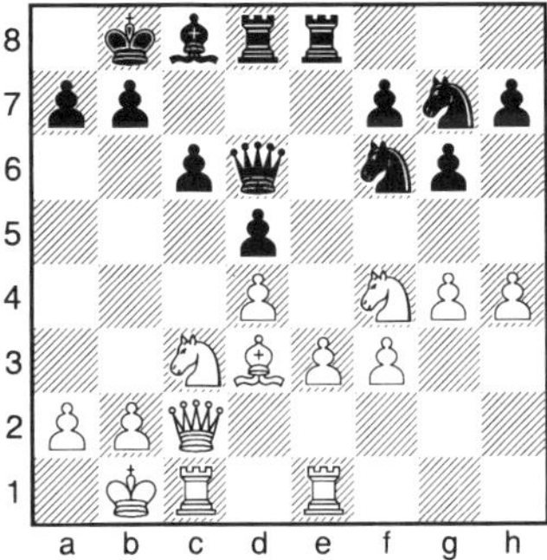

Welche Falle stellt Weiß mit 20.g5?
Wie kann man diese entkräften?

120

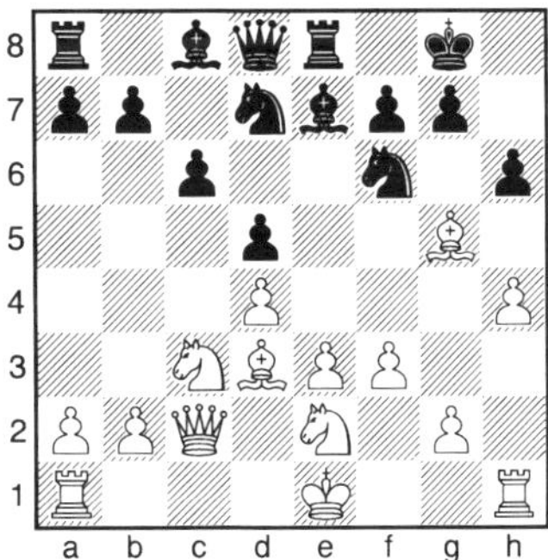

Kann man die Abtauschvariante mit h2–h4
'im Stil alter Meister' behandeln?

Lösungen

1

Anastasian - Grabliauskas

Frunze 1989

1.d4 d5 2.c4 c6 3.♘c3 e6 4.cxd5 exd5 5.♗f4 ♗d6 6.♗g3 ♘f6 7.e3 ♗f5 8.♕b3 ♗xg3 9.hxg3 ♕b6 10.♕a3 a5 11.♘f3 ♘a6 12.♗xa6 ♖xa6 13.♕d6 ♘d7

Einem möglichen Angriff auf seinen in der Mitte festgehaltenen König versucht Schwarz durch eine Gegenaktion am Damenflügel zuvorzukommen.

1) In der Partie ließ Weiß darauf den geradezu aufdringlichen Verteidigungszug **14.0-0-0??** folgen – vielleicht ja, um dem Gegner unmissverständlich vor Augen zu führen, dass *sein* König problemlos rochieren kann.

14...♕b4!

Damit wendet sich das Blatt, denn Weiß kann weder die diagonale Rochadesperre aufrechterhalten, noch darf er sich auf Damentausch einlassen.

15.♕f4

Denn nach 15.♕xb4 axb4 16.♘e2 ♖xa2 geht ja kein x-beliebiger Bauer verloren.

15...♖b6

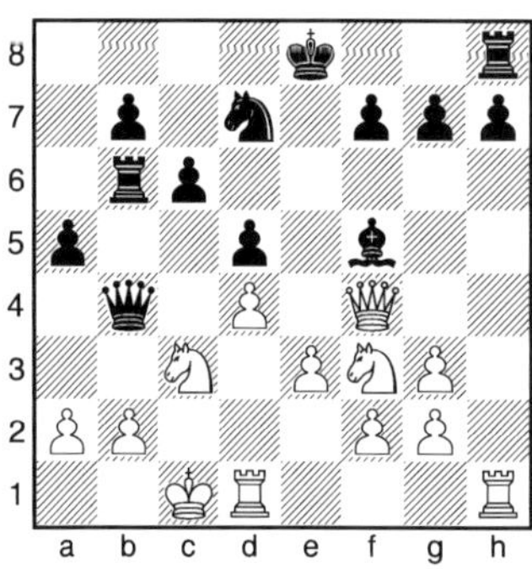

16.♘a4

Spätestens angesichts dieser offenkundigen Notlösung wird es dem Weißen gedämmert haben: Der wiederum aufdringliche Verteidigungszug 16.♖d2 gestattet das böse 'Damenopfer' 16...♕xc3+!.

16...♕c4+!

Schwarz darf die Zügel nicht schleifen lassen, denn nach sofort 16...♕xa4? 17.♕xf5 ♕xa2∓ hält sich sein Vorteil in Grenzen.

17.♔d2 ♕xa4 18.♕xf5 ♖xb2+ 19.♔e1 g6–+

2) Auf das Opferangebot **14.0-0** darf Schwarz nicht mit **14...♕xb2??** hereinfallen. (⌓14...♕b4)

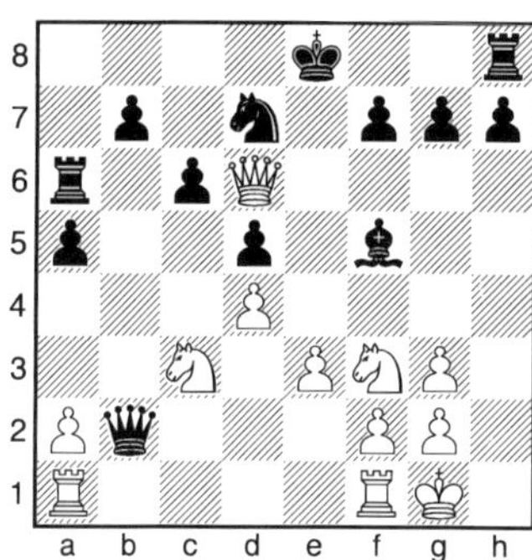

Denn nach dem Riesenzug **15.♖ab1!!**+– kann Weiß doch noch auf das Thema 'unrochierter König' zu sprechen kommen.

(Eine nicht minder kräftige Nebenlösung besteht allerdings in 15.♘a4!?+– Δ♕b4 16.♘c5 Δ17.a3 nebst ♘xa6.)

Nach der möglichen Folge **15...♗xb1** (15...♕xc3 16.♖xb7) **16.♖xb1 c5 17.♕xd7+ ♔xd7 18.♖xb2** sind die schwarzen Türme verglichen mit den Springern regelrechte Witzfiguren.

3) Einzig mit dem beherzten Herangehen **14.♘e5!±** kann Weiß etwas Eröffnungsvorteil erzielen; z.B. **14...♕b4**

(Nach der vermeintlich gewitzten 'Klärung' 14...f6? und der Folge 15.♘xd7 ♗xd7 16.♕b8+ ♕d8 17.♕xb7 ♖b6 18.♕a7 ♖xb2 19.0-0 kommt Schwarz zwar zur Rochade, aber nach ♖ab1 geht es dann trotzdem auf der b-Linie und mit einer tendenziellen weißen Gewinnstellung weiter.)

15.♕c7

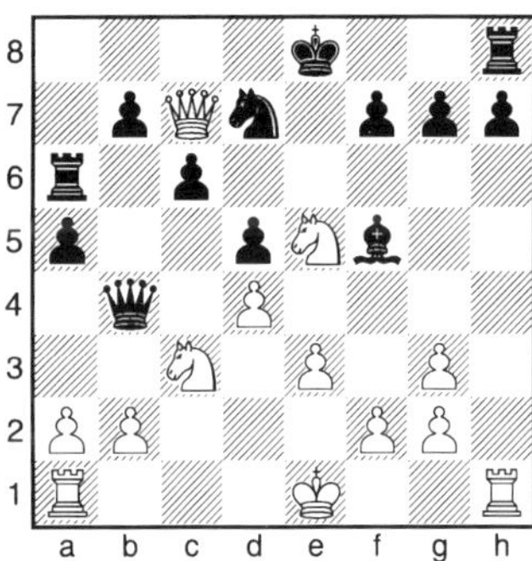

15...♖a8

(– 15...♕xb2? 16.0-0 0-0 17.♘xd7 ♗xd7 18.♘a4~+– Δ♘c5

– 15...0-0? 16.♘xd7 ♗xd7 17.♕xd7 ♕xb2 18.0-0 ♕xc3 19.♕xb7~+–)

16.0-0-0 (16.g4!?) **16...♕b6 17.♕xb6 ♘xb6 18.g4** Δg5

2

Lorson - Vul

St. Ingbert 1991

1.d4 d5 2.♘f3 ♘f6 3.c4 e6 4.♘c3 c6 5.cxd5 exd5 6.♕c2 ♗d6 7.♗g5 ♘bd7 8.e3 ♘f8 9.♗h4 ♘g6 10.♗g3 0-0 11.♗d3 ♖e8 12.♘h4 ♘e4 13.♘xg6

1) Das Bauernopfer **13...hxg6?! 14.♘xe4 dxe4 15.♗xe4** hätte in der Partie durch aufmerksames und energisches Spiel zu weißem Vorteil führen können.

15...f5

Auf diesem Tempovorstoß, mit dem Schwarz die Gegenüberstellung ♔e1/♖e8 ausnutzen will, beruht der ganze Ansatz.

Nach der Alternative 15...♕a5+?! 16.♔f1 würde sich der Rochadeverlust als ziemlich belanglos herausstellen und der Mehrbauer würde voll ins Gewicht fallen.

16.♗xd6

Statt mit diesem eher artigen Ansatz hätte Weiß auch nach der Materialverschiebung 16.♗d3!? f4 gefahrlos auf die Verdichtung seines Minimalvorteils spielen können.

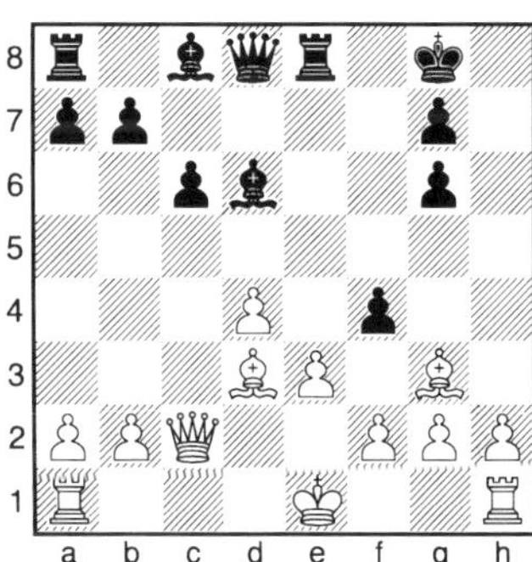

– 17.0–0–0!? fxg3 18.hxg3⩲

– 17.♗xg6 fxg3 18.hxg3±

16...♕xd6 17.♗f3

⌓17.♗d3 ♕xd4 18.♗c4+ (18.0-0-0) 18...♔h7 19.0–0±; 19.♖d1

17...♕xd4 mit eher unklarer Stellung, in der Weiß höchstens noch auf die Ausnutzung der strukturellen Schwächen am Königsflügel hoffen kann.

2) Mit **13...♘xc3** hätte Schwarz die Partie deutlich sorgenfreier gestalten können.

a) Und zwar sowohl nach **14.bxc3 hxg6**

als auch nach **14.♗xd6 ♕xd6** (14...hxg6?! 15.♗f4±; 15.♗e5) **15.♘e5 ♘e4**.

b) Hingegen sollte Weiß sich das Abenteuer **14.♘e7+ ♕xe7 15.♗xh7+?!** lieber verkneifen (⌓15.bxc3∞; 15.♗xd6); z.B. **15...♔f8 16.bxc3 g6 17.♗xg6 fxg6 18.♕xg6 ♗b8∓; 18...♗xg3 19.hxg3 ♕g7∓**.

3

Mirzoeva - Frolova

Moskau 2011

1.d4 d5 2.♘f3 ♘f6 3.c4 c6 4.♘c3 e6 5.cxd5 exd5 6.♗g5 h6 7.♗h4 ♗f5 8.♕b3 b6 9.♘e5 ♗e7 10.e3 0-0 11.♗d3 ♗xd3 12.♘xd3 ♘bd7 13.0-0 ♘e4 14.♗xe7 ♕xe7 15.♖fd1 f5 16.♖ac1 ♔h7

1) Der sehr direkte Partiezug **17.♘e2** ist in Ordnung, wenngleich Weiß danach auf unbestimmte Zeit mit dem gegnerischen Zentrumsspringer leben muss.

17...♖ac8

Auf 17...♖fc8 folgt der provokative weitere Angriff auf c6 18.♕a4

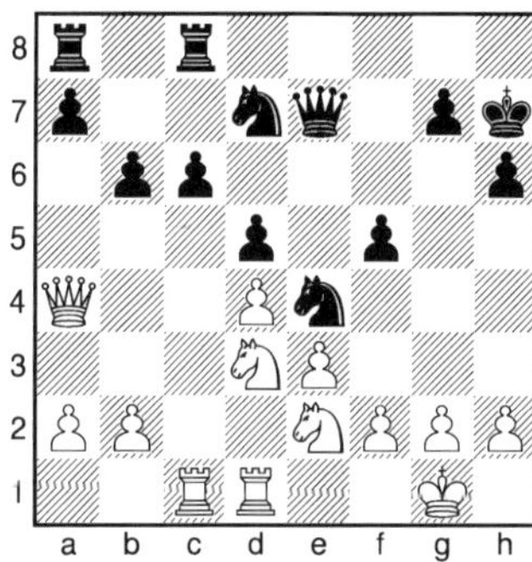

a) Nach 18...b5? 19.♕a6 Δ♖c2 nebst ♖dc1 hätte die Provokation zu einer tendenziellen Gewinnstellung geführt.

b) Nach 18...c5 19.♘df4 ♘df6 20.dxc5 muss Schwarz die starke Antwort 20...♘g4! finden, um den weißen Vorteil auf ± zu begrenzen.

c) Und nach 18...♕e8!? 19.♖c2 nebst ♖dc1 hätte Weiß kräftigen Minimalvorteil.

Dabei ist es am Rande bemerkenswert, dass der vermeintliche Verlustzug 19.♖xc6? nach der längeren und ziemlich forcierten Variante 19...♘b8 20.♖xc8 ♕xa4 21.♖dc1 ♕a6 22.♘df4 ♘c5 23.♖d8 g5 24.dxc5 gxf4 25.♘xf4 ♕b7 26.♘xd5 ♔g7 27.cxb6 ♘c6 28.♖xa8 ♕xa8 29.bxa7 ♘xa7 30.♖c7+ ...

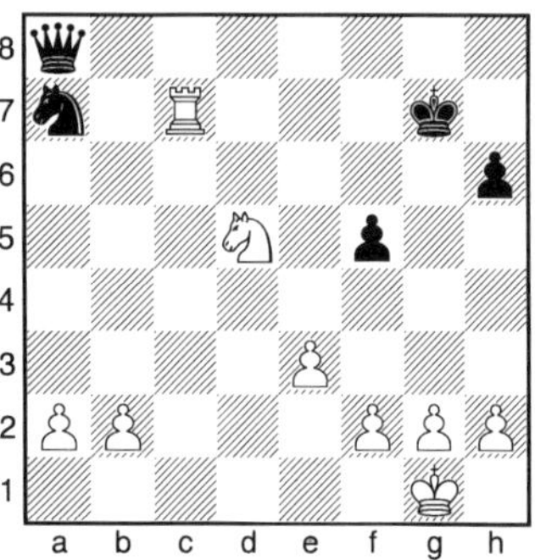

... zu einer äußerst seltenen Materialverteilung führt, die womöglich gar nicht verloren ist.

18.♖c2

Auch hier wäre 18.♕a4!? (diesmal sogar als Doppelangriff) stärker gewesen; z.B. 18...♕d6 19.♘b4 mit kräftigem Minimalvorteil. (19.♕xa7? ♖a8 20.♕b7 ♖fc8!= Δ21...♖ab8 22.♕a6 ♖a8 usw.)

18...♘df6 19.♖dc1 c5 und nachdem dieser Schlüsselzug solide ausgeführt werden konnte, befindet sich die Stellung in dynamischem Gleichgewicht.

2) Im Kommentar wird behauptet, dass **17.♘b4** angesichts des möglichen Zwischentauschs auf e4 forciert einen Bauern gewinnt. Diese Behauptung ist zwar richtig, aber nach **17...♖ac8** ...

a) ... würde **18.♘xe4? fxe4 19.♘xc6 ♕f6 20.♕xd5 ♕xf2+ 21.♔h1 ♘f6 22.♕e5** ...

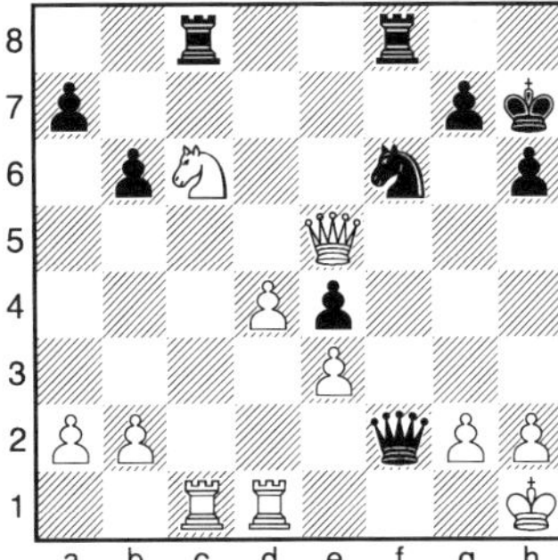

... und nun 22...♕xe3, 22...♕xb2 oder womöglich noch besser 22...♖fe8 zu einer völlig unklaren Stellung führen.

b) Tatsache ist jedoch, dass die Alternativen **18.♕a4**, **18.♖c2** und **18.♘e2** zu jeweils kräftigem Minimalvorteil führen würden.

3) Und der Vollständigkeit halber sei noch erwähnt, dass der systematische Ansatz **17.♖c2** nebst ♖dc1 die erstgenannten Alternativen sogar noch geringfügig übertreffen mag.

4

Mira - Makropoulou

Pula 1997

1.d4 d5 2.c4 c6 3.♘c3 ♘f6 4.♘f3 e6 5.cxd5 exd5 6.♗f4 ♗e7 7.♕c2 0-0 8.e3 ♕a5 9.♘d2 ♘a6 10.♗e2 ♘b4 11.♕b1 ♕d8 12.a3 ♘a6 13.0-0 ♘c7 14.♖d1 ♖e8 15.♕c2 ♘e6 16.♗g3 ♗d6 17.♗xd6 ♕xd6 18.♘f3 ♘f8 19.♘e5 ♘6d7 20.♘d3 ♘g6 21.b4 ♘f6 22.♘c5 b6 23.♘b3 ♘g4 24.g3 h5 25.♗d3

Den eklatant mangelnden Figurenschutz des gegnerischen Königs hat Schwarz korrekterweise zum Anlass genommen, den h-Bauern als Mauerbrecher auf den Weg zu schicken.

1) Der lahme Rückzug **25...♘f8?** ist allein deshalb schon unangebracht, weil dieser Springer gar nicht der gefährlichere ist und weil dessen Eliminierung ja den weißfeldrigen Läufer und somit den Bewacher sämtlicher weißer Felderschwächen kosten würde.

26.e4

Weiß nutzt die Verschnaufpause, um sich schleunigst Gegenspiel im Zentrum zu verschaffen. Damit werden auch sämtliche Opferdrohungen auf e3 aus der Welt geschafft, auf die Schwarz in vielen der besseren Varianten zurückgreifen kann.

26...h4

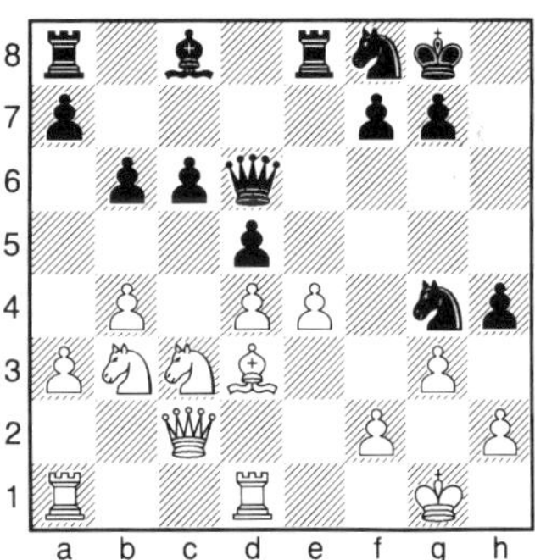

27.exd5??

Ganz so schleunig durfte das Gegenspiel allerdings nicht vonstatten gehen. Zwar behielte Schwarz nach 27.e5 ♕h6 28.♕d2 hxg3 29.fxg3 ♕h5! Δf6; Δ♘e6-g5 noch etwas Restangriff, aber eine sichere Option bestand in 27.h3 ♘e3 28.fxe3 ♕xg3+ mit absehbarer Zugwiederholung.

27...hxg3!-+ 28.fxg3

28.hxg3 ♕h6

28...♘e3

2) Zwar ist **25...♘h4?** eine harmlose Spielerei, obwohl von dem enormen schwarzen Angriffspotenzial zeugt, dass Weiß sich selbst darauf sehr präzise verteidigen müsste; z.B. **26.d2**

Nach 26.♕e2 f5 bzw. 26.♗e2 ♘f5 oder ♗f5 würde Schwarz zumindest minimale positionelle Vorteile erzielen.

26...♘xf2!

Vergleichsweise harmlos wäre 26...♕f6 27.♖f1 ♘xh2 28.♔xh2 ♕e6 29.gxh4 ♕h3+ nebst Dauerschach.

27.♔xf2 ♕f6+ 28.♔g1 ♖xe3 29.gxh4 ♕xd4

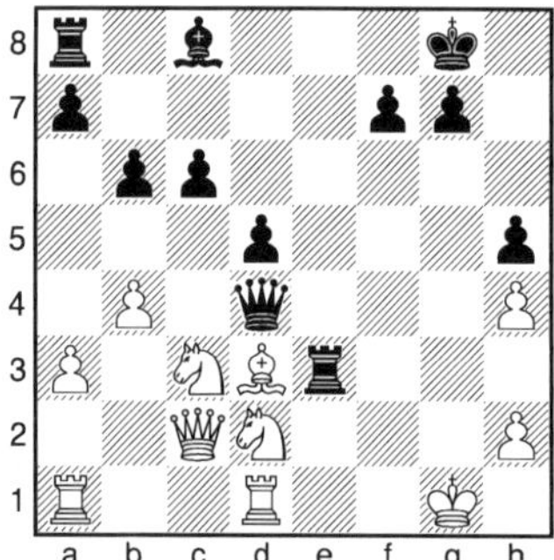

30.♘e2

Dieser nicht einfach zu findende Zug ist tatsächlich der einzige, denn 30.♔h1?? wäre nach 30...♗g4 glatt verloren.

a) Nun würde **30...♖xe2+ 31.♔h1 ♖xh2+ 32.♔xh2 ♕xh4+** wieder zum Dauerschach führen.

b) Und nach **30...♕xd3 31.♕xd3 ♖xd3 32.♘f1 ♖h3** hätte Schwarz zumindest noch gute Kompensation.

3) Nach der konsequenten Fortsetzung **25...h4!** gerät Weiß an den Rand des Abgrunds. Dies geht aus folgenden Varianten hervor, in denen Schwarz übrigens in fast jedem Zug etliche Nebenlösungen zur Wahl stehen:

a) Zunächst dringt Schwarz nach dem Abtausch **26.♗xg6 fxg6**−+ und der Eventualfolge **27.♖e1 ♖f8 28.f4** ...

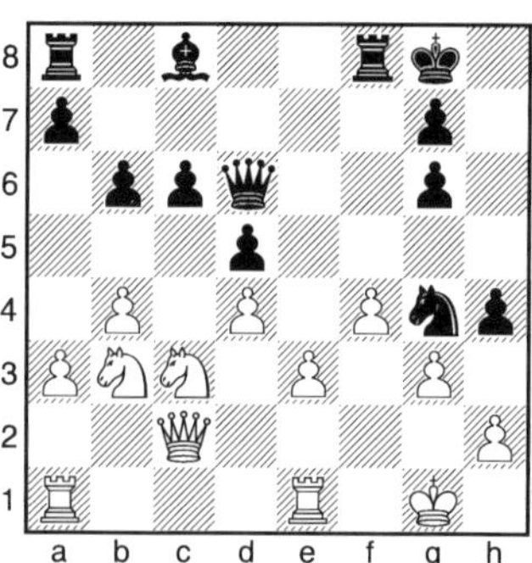

... **28...g5** nahezu mühelos am Königsflügel durch.

Und in den beiden Varianten, in denen Weiß auf die Überdeckung der Schwachstelle e3 setzt, kommt dann doch noch das oben als ‘harmlose Spielerei’ abgetane Motiv ♘h4 zu seinem Recht.

b) 26.♕d2 hxg3−+ **27.fxg3 ♖xe3** bzw. eben **27.hxg3 ♘h4!**

c) 26.♖e1 hxg3

– 27.fxg3 ♖xe3 (27...♘xe3?? 28.♕f2+−) 28.♖xe3 ♘xe3 29.♕e2 ♘g4~−+ (29...♘c4)

– 27.hxg3 ♘h4! (27...♗d7)

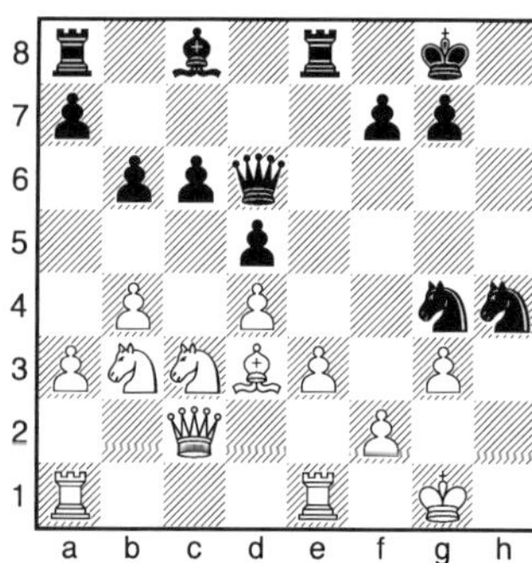

28.♘d2 (28.♕e2?! ♖xe3!−+) 28...♖xe3 29.♖xe3 ♘xe3~−+; z.B. 30.♕b3 ♘ef5 (30...♘g4)

5

Olhovik – Guseinov

Herculane 1994

1.d4 d5 2.c4 e6 3.♘c3 c6 4.cxd5 exd5 5.♘f3 ♗d6 6.♗g5 ♘f6 7.e3 h6 8.♗h4 ♗f5 9.♗d3 ♗xd3 10.♕xd3 ♘bd7 11.0-0 ♕c7

1) Die Konstellation ♕c7/♗d6 lockt spontan einen Turm an, und zwar mit Blick auf konsequentes Spiel am Damenflügel wohl eher **12.♖fc1?!** (12.♖ac1?! 0-0!). Allerdings kann Schwarz die Springergabel ignorieren, denn nach **12...0-0! 13.♘b5 ♕b8 14.♘xd6** ...

(14.♗xf6 ♘xf6 15.♘xd6 ♕xd6 16.♘e5 z.B. 16...♘d7 17.f4?! ♘f6∓ Δ♘e4 nebst f6)

... **14...♕xd6** fehlt der weiße Damenspringer sowohl hinsichtlich der Bewachung des Zentrumsfeldes e4 als auch der eventuellen Umsiedlung nach c5; z.B. **15.b4 ♘e4** (15...♕xb4?! 16.♖ab1±).

2) Der sofortige Vorstoß **12.e4!** forciert wegen der Gabeldrohung die Folge **12...dxe4 13.♘xe4 ♘xe4 14.♕xe4+ ♔f8** mit Verlust des Rochaderechts.

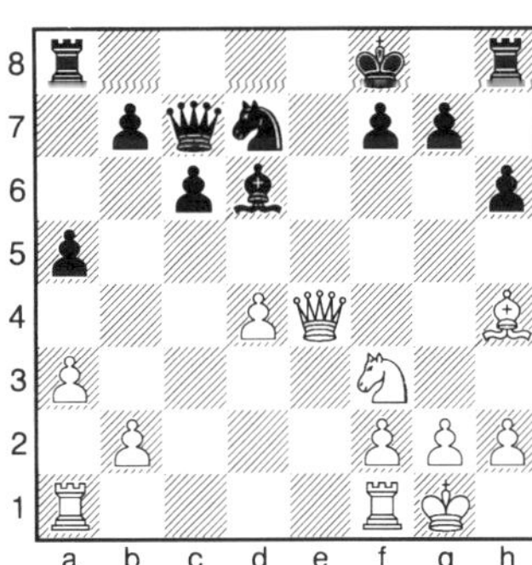

Nach **15.♖ae1!** Δ♘e5 nebst f4 (15.♖fe1; 15.d5!?) mit der möglichen Folge **15...♘b6 16.♗g3** hat Weiß kräftigen Minimalvorteil.

3) In der Partie hielt Schwarz nach **12.a3?!** die Investition des Tempos **12...a5?!** für erforderlich, um die 'Drohung' b2-b4 zu parieren.

(Dies konnte er besser mit 12...0-0 einsparen, denn der Standard-Angriff 13.b4 hätte sogar auf mehrere Arten abgefangen werden können; z.B. 13...♖fe8 Δ14.b5 ♖ac8; 14...c5!?; 13...a6; 13...a5!? 14.b5 c5.)

Nun hätte Weiß das Zugpaar a3 und a5 zu einem relativ bedeutungslosen Intermezzo erklären und mit **13.e4!** auf das korrekte Zentrumsspiel zurückkommen können; z.B. **13...dxe4 14.♘xe4 ♘xe4 15.♕xe4+ ♔f8 16.♖ae1** Δ♘e5 nebst f4 mit kräftigem Minimalvorteil.

Schlussbemerkung: Das beidseitig ungenaue Eröffnungsspiel mag in diesem Fall dadurch erklärt bzw. entschuldigt werden, dass es sich um eine Partie von der EU-Meisterschaft U10 handelte, und dass der spätere starke GM Guseinov gerade acht Jahre alt war.

6

Tan – Ju

Rapid, Doha 2016

1.d4 ♘f6 2.c4 e6 3.♘f3 d5 4.cxd5 exd5 5.♘c3 ♗d6 6.♗g5 c6 7.e3 h6 8.♗h4 ♗f5 9.♗d3 ♗xd3 10.♕xd3 ♘bd7 11.0-0 0-0 12.♖ab1 a5 13.a3 ♕e7 14.♘d2 ♕e6 15.b4 axb4 16.axb4

Da Weiß die Kontrolle über die einzige offene Linie verloren hat und den eigentlichen Sturmbauern b4 bewachen muss, darf das bisherige Vorgehen am Damenflügel zu Recht angezweifelt werden.

1) Der Partiezug **16...♖fe8?!** ist wenig effektiv, denn Schwarz will weder ♘e4 spielen, noch braucht f2-f3 verhindert zu werden. Nun hätte Weiß am einfachsten mit **17.♗xf6**

(17.b5?! c5∓ Δ18.♗xf6?! c4!∓)

17...♘xf6 18.b5 das Gleichgewicht wiederherstellen können, da die Konsequenzen von **18...c5** nach **19.dxc5 ♗xc5 20.♘b3** oder **20.♖a1** diesmal keinen Nachteil mit sich gebracht hätten.

2) Hingegen hätte **16...b5!** kräftigen Minimalvorteil gesichert (16...♖a3!?∓), weil b4 als echte Schwäche festgelegt und der Standard-Transfer ♘b6-c4 vorbereitet worden wäre. Und auf den Versuch, ungeachtet der Situation am Damenflügel tatsächlich mit **17.f3?** im Zentrum aktiv zu werden, wächst der schwarze Vorteil bereits an den Gewinnbereich heran – am eindrucksvollsten nach **17...♖a3 18.e4**

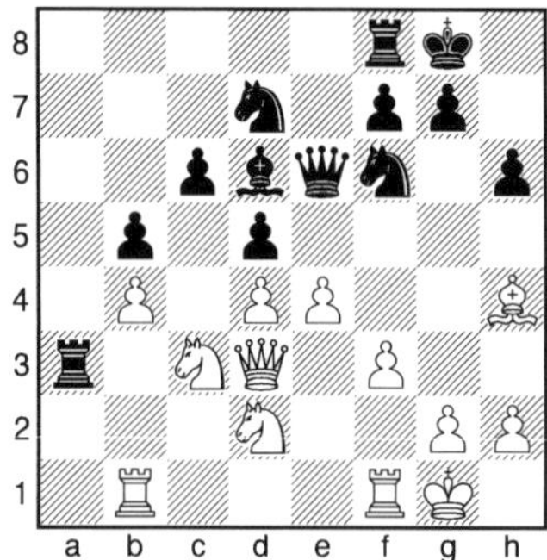

18...♖fa8! Δ**19.e5? ♘xe5 20.dxe5 ♕xe5**+−

7
Mikanovic – Gonda
Senta 2009

1.d4 ♘f6 2.c4 e6 3.♘f3 d5 4.cxd5 exd5 5.♘c3 c6 6.♗g5 h6 7.♗f4 ♗d6 8.♗xd6 ♕xd6 9.e3 ♗f5 10.♗d3 ♗xd3 11.♕xd3 ♘bd7 12.0-0 0-0 13.♖ab1 ♖fe8 14.b4 b5 15.a4

Noch gerade rechtzeitig vor dem Transfer b6–c4 hat Weiß den Flügelhebel des a-Bauern angesetzt.

1) In der Partie legte Weiß nach **15...a6** mit **16.a5** den Damenflügel still – oder besser gesagt: Er legte diesen bezüglich jeglicher Aktion von *schwarzer* Seite still, während er nach dem Wegzug des ♘c3 auf die Schwäche c6 zu sprechen kommen plant. Schwarz hat also nur wenige Züge Zeit, sich darauf einzurichten, wobei **16...♘e4** selbstverständlich den Einleitungszug bildet. Denn nach einem Damenzug kann Schwarz immerhin noch auf das Ersatzmanöver ♘d6-c4 hoffen.

a) Darauf hätte die eher harmlose Partiefolge **17.♘d2** am besten mit **17...♘df6** und kaum spürbarem Nachteil beantwortet werden sollen.

b) Mehr Druck war mit **17.♘e2±** zu erzeugen, beispielsweise gefolgt von einem Manöver wie ♕c2 nebst ♘f4–d3 usw.

2) Nach **15...bxa4** steht Weiß der interessante Zwischenzug **16.♕a6!?** zur Verfügung. (16.♘xa4 a5∞)

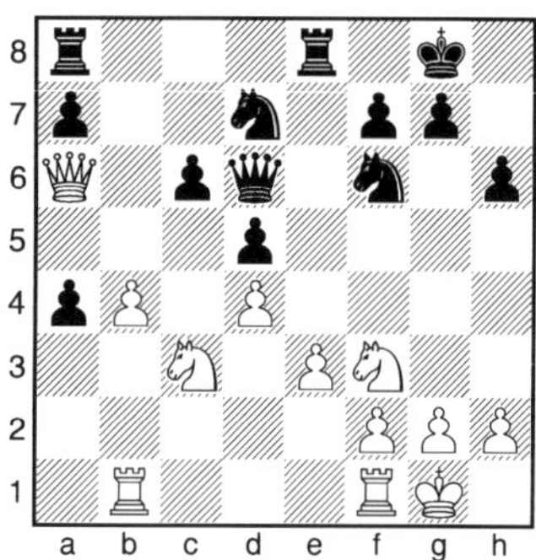

Nach der Eventualfolge **16...♖eb8 17.♘xa4 ♖xb4 18.♖xb4 ♕xb4 19.♕xc6±** verfügt er angesichts zweier schwarzer Bauernschwächen über Minimalvorteil.

3) Den besten Eindruck macht der aktive Gegenstoß **15...a5!?** mit der möglichen Folge **16.bxa5 b4!?** (16...bxa4 17.♘xa4 ♖xa5=) **17.♘a2 ♖eb8**

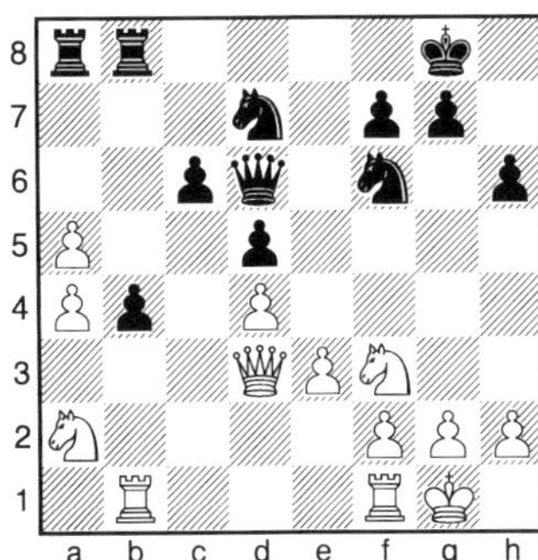

Und als Zugabe noch ein kleines Strohfeuer: **18.♖xb4!?** (18.♖b2) **18...♖xb4 19.♕a3 c5** (19...♖ab8 20.a6) **20.dxc5 ♖xa4 21.♕xa4 ♘xc5** mit verteilten Chancen im Endspiel.

8

Chuchelov – Defize

Belgien 1993

1.d4 d5 2.c4 e6 3.♘f3 ♘f6 4.♘c3 ♘bd7 5.cxd5 exd5 6.♕c2 ♗e7 7.♗f4 c6 8.h3 0-0 9.e3 ♖e8 10.♗d3 ♘f8 11.0-0 ♗d6 12.♗xd6 ♕xd6 13.♖ab1 ♗e6 14.b4 ♘6d7 15.♖fc1 f6 16.♘a4 b5 17.♘c5 ♘xc5

1) In der Partie erzwang Weiß mit **18.♕xc5!?** den Abtausch **18...♕xc5** und schlug dann korrekt mit **19.dxc5** zurück.

19.♖xc5? (19.bxc5? a5∞) 19...♗d7 (Δa5; Δ♘e6) Δ20.a4 ♘e6 (20...bxa4? 21.♖a5! Δ♗c2 nebst ♘e1–d3) 21.♖c2 bxa4∞

19...a5?

Damit macht Schwarz sich die Sache zu einfach, statt sich mit beispielsweise 19...♗d7 20.a4 a6 21.♖a1 auf die Hinterbeine zu stellen.

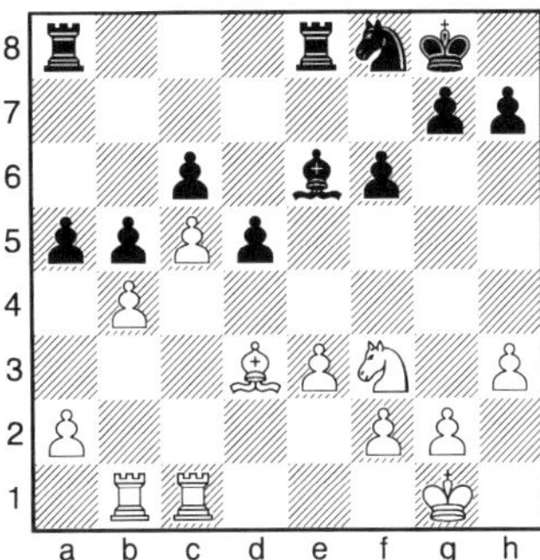

20.a4!+– axb4

20...bxa4 21.b5 ist nur geringfügig besser.

21.axb5 ♖a3 22.♗e2 b3 23.♘d4 mit baldigem Gewinn.

2) Die Alternative **18.bxc5?!** fällt in der Bewertung etwas ab, weil Weiß danach nur noch am Damenflügel weiterspielen kann; z.B. **18...♕d7 19.a4**

Dieser Hebel muss sofort angesetzt werden, weil Schwarz auf jeden anderen Zug mit 19...a5 die Totalblockade des Damenflügels gelingt.

19...a6 und jetzt beispielsweise **20.♖b2** Δ♖a1 mit nur noch kräftigem Minimalvorteil.

3) Stattdessen bringt **18.dxc5!** den offensichtlichen Vorteil mit sich, dass der
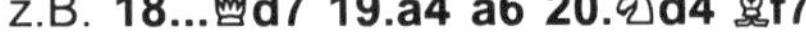
Hinzugewinn des Springerfeldes d4 nicht nur die Druckerhöhung am Damenflügel ermöglicht, sondern nach entsprechender Vorbereitung auch Spiel im Zentrum; z.B. **18...♕d7 19.a4 a6 20.♘d4 ♗f7**

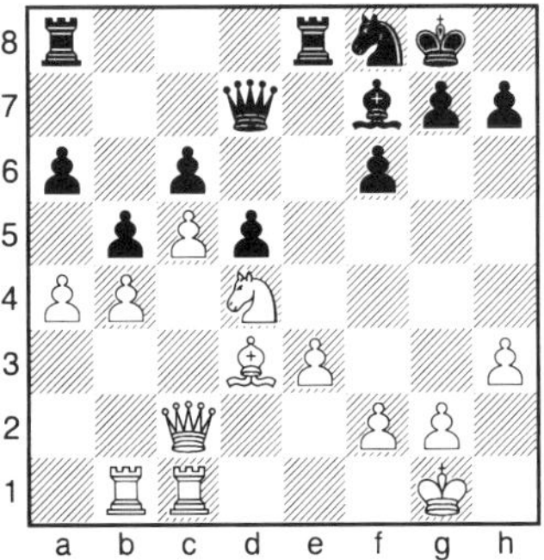

21.♘f5~+− Δ♘d6; 21.♖a1!? Δ♖a3 nebst ♖ca1.

9

Hakulinen – Karner

Kuopio 1995

1.♘f3 d5 2.d4 c6 3.c4 e6 4.♘c3 ♘f6 5.cxd5 exd5 6.♕c2 ♗g4 7.♗g5 ♗h5 8.e3 ♗g6 9.♗d3 ♘bd7 10.♘e5 ♗e7 11.♗xf6 ♘xf6 12.h3 ♗d6 13.♗xg6 hxg6 14.0-0-0 ♕e7 15.♘f3 0-0 16.♘g5 a5 17.h4 ♘d7 18.♖h3 f5

1) In der Partie wählte Weiß die Gewaltmaßnahme **19.g4??.**

a) Darauf reagierte Schwarz, indem er diese mit **19...a4?** schlicht ignorierte. Allerdings ließ auch Weiß die Chance **20.gxf5** ungenutzt, die nach **20...♖xf5 21.f4** Δ♖dh1 zu einer tendenziellen Gewinnstellung geführt hätte – nach **20...gxf5** und nun profan **21.♘xa4** oder subtil **21.♖f3!? g6 22.♖g1** immerhin noch zu kräftig ±.

b) Dabei wäre nach **19...fxg4! 20.♕xg6 ♘f6** gar nicht viel los gewesen, denn der zunächst erforderliche Tempoverlust **21.♖hh1** gibt Schwarz die Zeit für den Klärungszug **21...♕e8**.

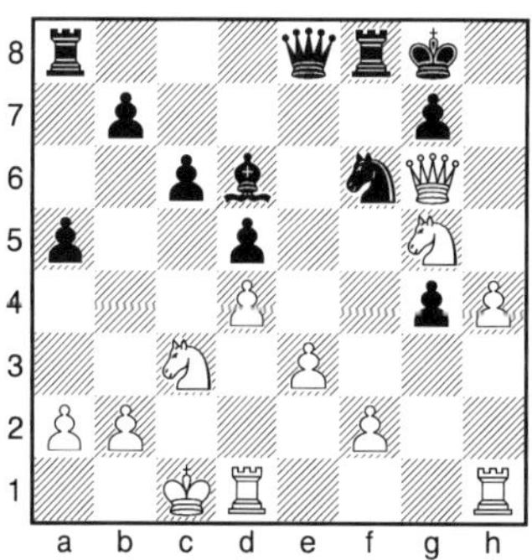

Zwar hätte Weiß noch den Giftpfeil **22.h5!** im Köcher (Δ22...♕xg6?? 23.hxg6+− Δ♘f7; Δ♖h4 nebst ♖dh1), aber wenn Schwarz darauf das Manöver **22...b5!** nebst ♖a7 folgen lässt, erhält nicht nur sein König einen weiteren Verteidiger, sondern u.U. droht auch das Gegenspiel ♖ae7 Δg3.

2) Zunächst besteht die immer noch ausreichend kräftige Nebenlösung in **19.f4+−** mit folgenden Abspielen:

a) 19...♘f6 20.h5 gxh5 (20...♘xh5) **21.♕xf5 ♕e8 22.♖dh1 g6 23.♕c2 b5** (23...♔g7 24.f5) **24.g4**; **24.f5**; **24.♘e6**

b) 19...♕e8 20.h5 gxh5 21.g4 ♘f6 22.gxf5

3) Noch deutlich stärker ist jedoch **19.♖dh1!+−** (Δf4 nebst h5) **Δ19...♘f6 20.h5**

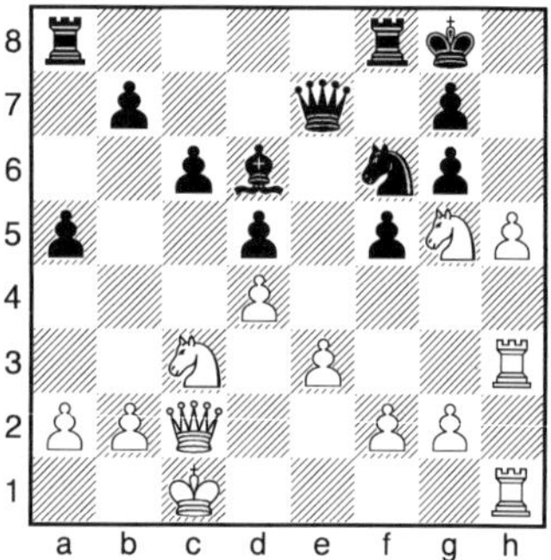

a) 20...♘xh5 21.f4 Δg4

b) 20...♘h7 21.♘xh7 ♔xh7 22.hxg6+ ♔xg6 23.g4

c) 20...♘g4 21.hxg6 ♘h6 22.♘h7 (22.♘f7) **Δ22...♖fe8 23.♖xh6 gxh6 24.♕xf5**

10

Gaboyan – S. Foisor

Sharjah 2017

1.d4 d5 2.c4 e6 3.♘c3 ♘f6 4.cxd5 exd5 5.♗g5 ♘bd7 6.e3 ♗e7 7.♗d3 c6 8.♕c2 h6 9.♗h4 ♘h5 10.♗xe7 ♕xe7 11.♘ge2 ♘b6 12.0-0 0-0 13.♖ae1 ♗d7 14.♔h1 ♖ae8 15.♘g1 g6 16.♘f3 ♘g7 17.♘e5 ♗f5 18.f4 ♕h4 19.♘e2 ♘c4 20.♘g3 ♗xd3

21.♕xd3 ♘xe5 22.fxe5 f5 23.♕b3 ♖f7

Unter etwas veränderten Rahmenbedingungen würde der gedeckte Zentrumsfreibauer natürlich auf einen mehr oder weniger großen Vorteil hindeuten. Hier jedoch steht nicht nur der weiße Springer verkehrt, sondern der schwarze Aufmarsch am Königsflügel stellt seriöses Gegenspiel in Aussicht, das auf dem Schlüsselzug f5–f4 beruht. Außerdem steht mit dem Springer die ideale Figur bereit, um bei Bedarf auf dem Blockadefeld e6 Platz zu nehmen.

1) Die ungestüme Partiefolge **24.e4** ist keineswegs schlecht, nur würde sie bei korrekter Verteidigung darauf hinauslaufen, dass dem Gegner die Arbeit abgenommen wurde, für eine Aufweichung des kompakten weißen Zentrumsblocks zu sorgen. Womöglich handelt es sich auch um eine positionelle Falle, in die Schwarz prompt hineinfiel.

24...f4?!

Schwarz sollte besser mit 24...♖d8 (Δf4) die Nerven bewahren, denn nach 25.exf5 gxf5 (Δf4) Δ26.e6 ♖e7 ...

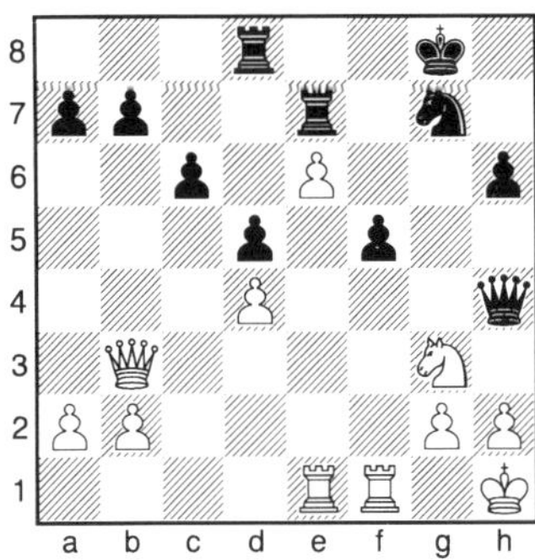

... hätte Weiß außer dem nunmehr schwachen Freibauern nicht viel vorzuweisen.

25.♘e2 ♖d8

Hier wiederum kam das aktive Herangehen 25...♖ef8!? stark in Betracht, welches nach 26.exd5 f3 27.gxf3 ♖xf3 28.♖xf3 ♕xe1+ 29.♘g1 ♖xf3 30.♕xf3 ♕d2! zu ausreichender Kompensation geführt hätte.

26.exd5 cxd5

Bestimmt war 26...♖xd5 27.♕d3⩲ geringfügig besser.

27.♕f3 Δg3

2) Von den soliden Alternativen macht **24.♘e2** den besten Eindruck, z.B. **24...g5** (24...♘e6 25.♘f4⩲) **25.♕c3 ♖ef8**

a) 26.♖f3 f4 27.exf4 gxf4 28.♖g1 ♘e6 29.♘xf4 ♖xf4 30.g3 ♕xh2+? 31.♔xh2 ♖xf3⩱

b) 26.b4 f4 27.exf4 gxf4 28.b5

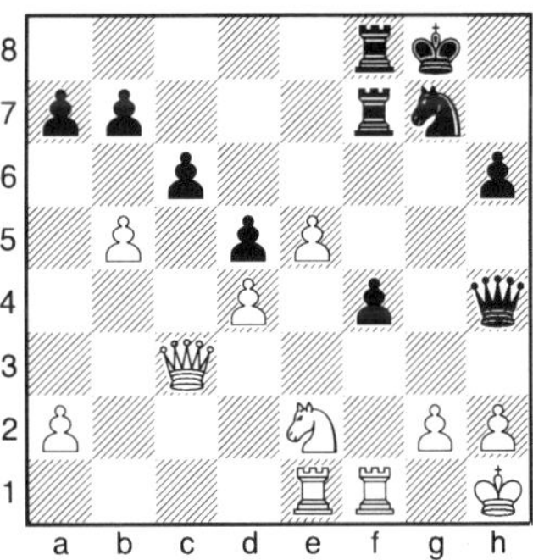

28...f3! (28...cxb5? 29.♕f3⩲) 29.gxf3 ♖xf3 30.♖xf3 ♖xf3 31.♕xf3 ♕xe1+ 32.♔g2 ♕d2

11

Svetushkin – Mastrovasilis

Budva 2009

1.d4 ♘f6 2.c4 e6 3.♘c3 d5 4.cxd5 exd5 5.♗g5 ♗e7 6.e3 c6 7.♗d3 ♘bd7 8.♘ge2 0-0 9.♕c2 ♖e8 10.f3 ♘f8 11.g4

Angesichts der Situation auf der e-Linie mitsamt dem unrochierten König findet man für den voraufgegangenen Vorstoß des g-Bauern wohl keine anderen Worte als höchst unsolide und unnötig provokativ (11.0-0=). Schwarz hat nun zu entscheiden, ob eine sofortige Strafmaßnahme angebracht ist, oder ob die Schwächung der gegnerischen Stellung besser langfristig ausgenutzt werden sollte.

Zunächst sei gesagt, dass der Begriff 'Strafmaßnahme' keineswegs auf die Erringung von Vorteil hindeuten soll, sondern auf sicheren Ausgleich und ausgezeichnetes Spiel. Auch ist dabei nicht etwa an die Opferversion 11...♘xg4?! 12.♗xe7 ♕xe7 13.fxg4 ♗xg4 nebst ♕xe3+ gedacht.

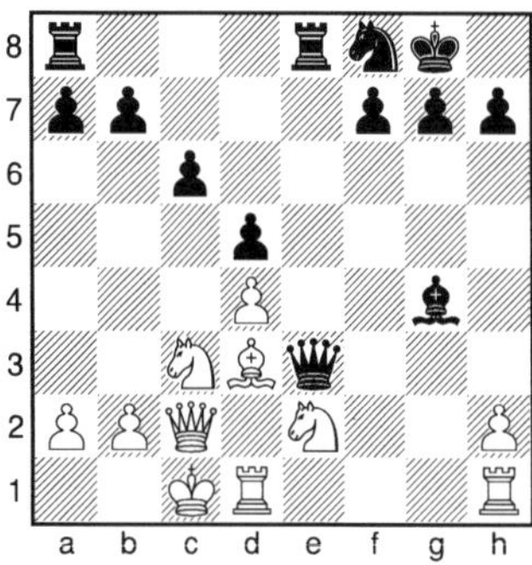

Obwohl Weiß selbst in diesem Fall kaum mehr als deutlichen Minimalvorteil beanspruchen dürfte.

Die richtige Version **11...♗xg4!?** ist nicht besser oder schlechter als ruhige Alternativen wie z.B. 11...♘e6 oder 11...♘6d7.

Dies galt in besonderem Maße, nachdem Weiß mit **12.fxg4?** erst gar keinen Versuch unternahm, die Sache mit 12.♗xf6 auf die Probe zu stellen.

1) 12...♗xf6? 13.fxg4 Δ13... ♖xe3 14.0-0-0 bzw. 13...♗h4+ 14.♔d2

2) 12...♗xf3 13.♗xe7 ♖xe7!

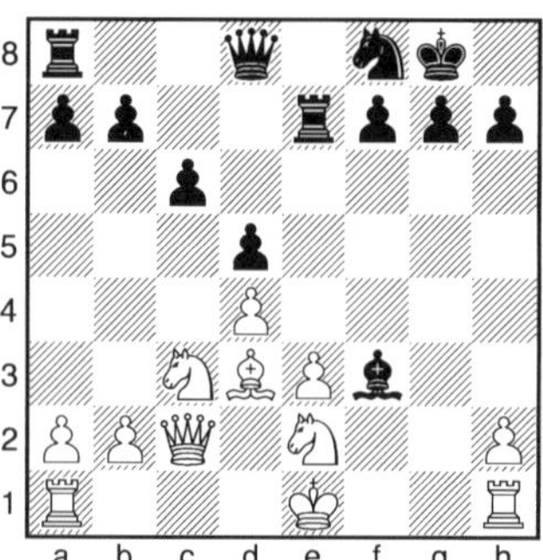

Behält der Dame auch eine Verwendung auf h4 vor – oder aber in einer Batterie *hinter* dem Turm.

(Nach 13...♕xe7?! 14.♖f1 ♕xe3 15.♕d2 gilt ähnlich wie bei der eingangs erwähnten Alternative 11...♘xg4?! – kaum mehr als Minimalvorteil.)

14.♖g1 ♖xe3 15.♔f2!? (15.0-0-0 ♕h4 Δ♖ae8) 15...♕e7!

a) Nach 16.♘d1 ♖e8 17.♘xe3 ♕xe3+ 18.♔f1 ...

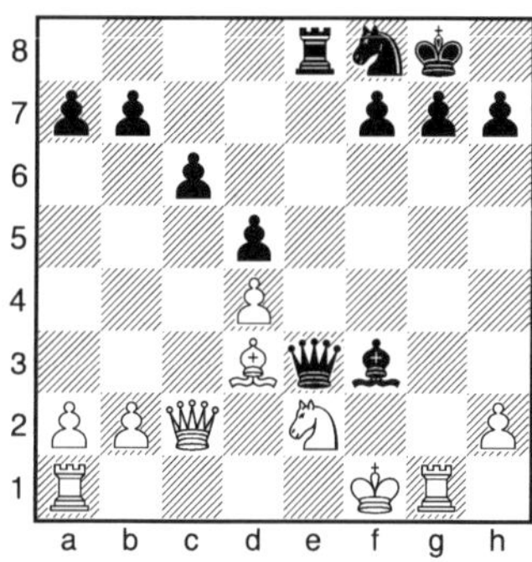

... reicht die schwarze Kompensation sogar für einen ganzen Turm.

b) 16.♖g3 ♖e8 17.♖xf3 ♕h4+ 18.♔g2 ♖xf3 19.♔xf3 ♕h3+ 20.♘g3 ♘e6 21.♕g2 (21.♗xh7+ ♔h8) 21...♕xg2+ 22.♔xg2 ♘f4+ nebst ♘xd3 und in diesem Fall sollten drei gesunde Bauern als Kompensation völlig ausreichen.

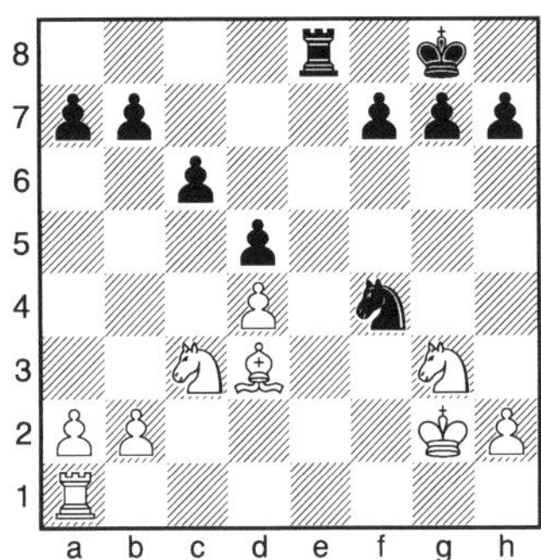

Denn zusätzlich beherrscht Schwarz zunächst die einzige offene Linie und seine Stellung weist keinerlei Schwäche auf, während Weiß langfristig die Bauern auf d4 und h2 zu betreuen hat.

12...♘xg4=∞ 13.h4

– 13.♗f4 ♗d6; ♗g5

– 13.h3 ♗xg5 14.hxg4 h6; 14...g6

– 13.♗xe7 ♕xe7 14.♘d1 ♕h4+ 15.♔d2 g6; 15...♖e7

13...♗xg5 14.hxg5 g6 15.e4 ♕xg5 16.♕d2 ♘e3??

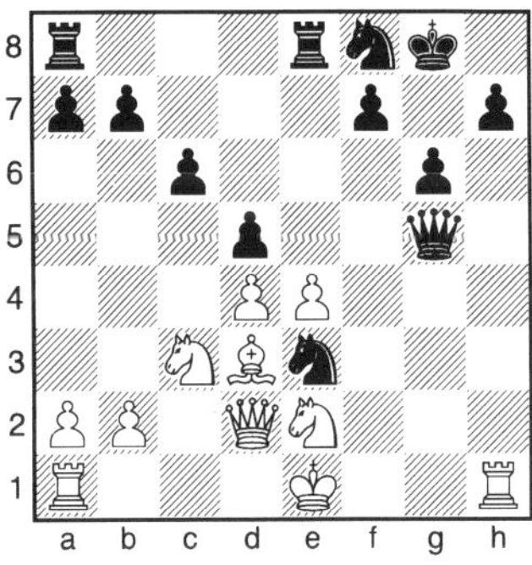

Schwarz schätzt die Konsequenzen dieses Angriffsversuchs vollkommen falsch ein – wobei dies allerdings keineswegs der *letzte* schwere Fehler dieser Partie ist.

– 16...♘e6 17.♕xg5 ♘xg5 18.exd5 ♖ad8=∞ (18...♖e3

– 16...♕xd2+ 17.♔xd2 dxe4 18.♘xe4 ♖ad8; 18...♘e6

17.♖h3!+– dxe4

17...♘g2+ 18.♔d1 ♕xd2+ 19.♔xd2 ♘e6 20.♖h2+–; 20.exd5

18.♗c4??

18.♘xe4+–; 18.♗xe4

18...♕e7??

17...♘g2+ 18.♔d1 ♕f5–+; 18...e3

19.♕xe3 1-0

12
Siekierski – Grabarczyk
Polen 1998

1.d4 d5 2.♘f3 ♘f6 3.c4 c6 4.♘c3 e6 5.cxd5 exd5 6.♗g5 ♕b6 7.♕c2 ♘bd7 8.e3 g6 9.♗d3 ♗g7 10.0-0 0-0 11.♖ab1 a5 12.a3 ♖e8 13.b4 axb4 14.axb4 ♖a3 15.♖b3 ♕a7

In der Partie beantwortete Weiß diese Frage mit ‘nein’ und wählte den Verstärkungszug **16.♖fb1?**.

Obwohl es sich genau genommen nur um eine *vermeintliche* Verstärkung handelt, zumal sie dem Gegner erlaubt, in beengter Stellung Material zu tauschen und den Schlüsselzug des Minoritätsangriffs ein für allemal zu verhindern.

Die Kraft von dessen sofortiger Ausführung 16.b5! liegt darin, dass Schwarz nicht auf übliche Weise nachteilige Linienöffnung vermeiden kann. Denn 16...c5? ...

(⌓16...♖xb3 17.♕xb3 Δc5? 18.♘xd5+–)

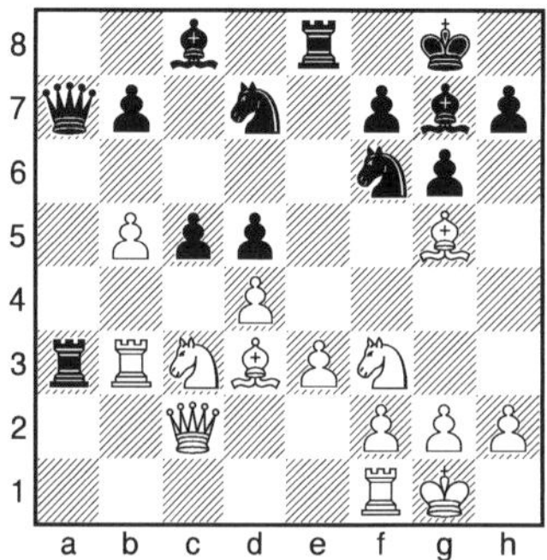

... scheitert an dem Trick 17.b6! ♕a5 (17...♘xb6? 18.♘b5) 18.♖xa3 ♕xa3 19.♘b5 ♕a5 20.dxc5 mit kompletter Gewinnstellung.

16...b5?

Ein Kuriosum! Während Weiß b5 spielen *musste*, durfte Schwarz *auf keinen Fall* b5 spielen.

Nach der korrekten Fortsetzung 16...♖xb3 17.♖xb3 b5! hätte die endgültig entlastende Versiegelung der c-Linie mit ♘b6-c4 folgen können.

17.♖xa3 ♕xa3 18.♕b3?

Schade! Denn mit 18.♗xb5! cxb5 19.♘xb5 hätte sich ♖fb1 wegen der Deckung des b-Bauern doch noch als Verstärkung rehabilitieren können.

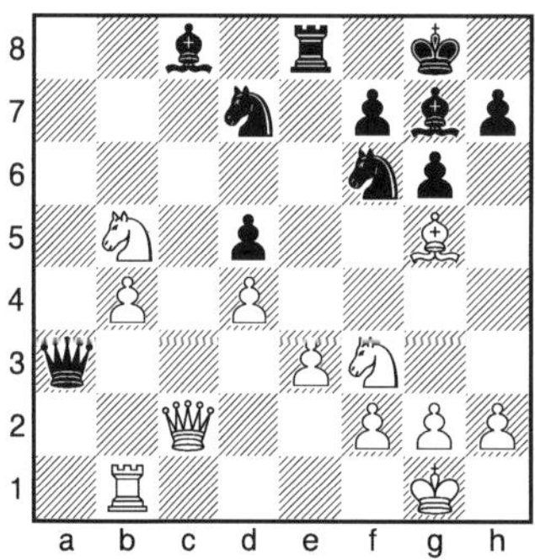

Hier ein Blick auf die mehr oder weniger schlimmen Folgen:

1) 19...♕a8? 20.♘c7

a) 20...♕b7 21.♘xe8 ♘xe8 22.♖c1+– ♘d6 (22...♘b6 23.♕c6) 23.♕c6 (23.♕c7!?)

b) 20...♕b8 21.♘xe8 ♘xe8 22.♕c6+– (22.♗f4!?)

2) 19...♕a6 20.♘c7 ♕c4 (20...♕b7?! siehe 19...♕a8) 21.♕xc4 dxc4 22.♗xf6 ♘xf6 23.♘xe8 ♘xe8 24.b5

18...♕a8=

18...♕xb3!? 19.♖xb3 ♗f8!? Δ♗b7, ♖a8

13

Gozzoli – Ragot

Frankreich 2003

1.d4 d5 2.♘f3 ♘f6 3.c4 e6 4.♘c3 ♗e7 5.cxd5 exd5 6.♕c2 0-0 7.♗f4 c6 8.e3 ♖e8 9.♗d3 h6 10.h3 ♘bd7 11.g4 ♗b4 12.g5 hxg5 13.♘xg5

1) Mit diesem verfehlten Bauernopfer **13...♘e4??** (um die Gegenüberstellung ♔e1/♖e8 auszunutzen) gewährt Schwarz dem Gegner ebenso großen Vorteil, wie er bei besserem Spiel selbst hätte erzielen können.

14.♘gxe4?!

Allerdings lässt Weiß sich ins Bockshorn jagen. Deutlich besser war 14.h4± mit der möglichen Folge 14...♘df6 15.0-0-0, denn die Besorgnis um die Sicherheit der Königsstellung war unbegründet.

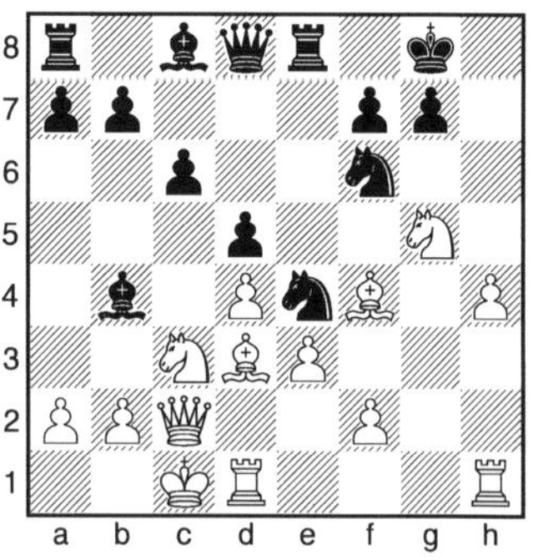

– 15...♗xc3 16.bxc3 ♕a5 17.♔b2 Δf3

– 15...♘xc3 16.bxc3 ♗a3+ 17.♔b1 Δ♖dg1, h5 usw.

14...dxe4 15.♗xe4 ♘f6

Und jetzt hätte 16.♗d3 Δ16...♕xd4 17.0–0–0 ♕c5 18.♖hg1 zumindest noch Minimalvorteil gesichert.

2) Mit **13...♘h5!∓** war viel direkter Kapital aus der erwähnten Gegenüberstellung auf der e–Linie zu schlagen. Vermutlich halluzinierte Schwarz jedoch irgendwelche mit der Schwäche h7 einhergehenden taktischen Gefahren, die sich allerdings als vollkommen unbegründet herausstellen, wie aus den folgenden Varianten hervorgeht:

a) Zunächst wird der Überfallversuch **14.♗h7+ ♔f8 15.♘xf7** mit **15...♕f6** abgefertigt.

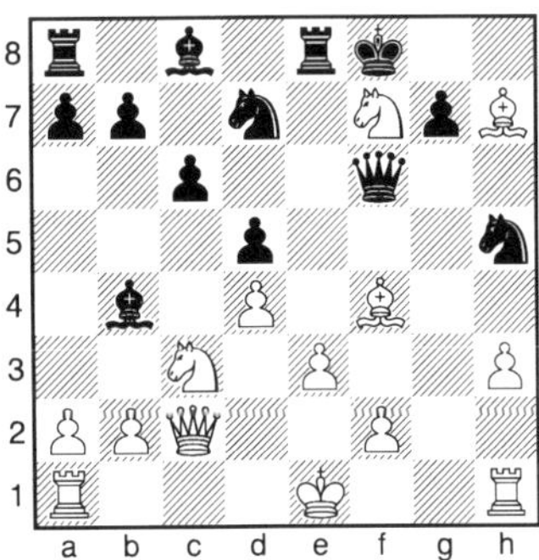

Nach der möglichen Folge **16.♗d6+ ♗xd6 17.♘xd6 ♕xd6 18.♗g6 ♘df6 19.♗xe8 ♘xe8** verfügt Schwarz über eine tendenzielle Gewinnstellung.

b) Ganz ähnlich läuft die Version **14.♘xf7 ♕f6 15.♘d6 ♗xd6 16.♗xd6 ♕xd6 17.♗g6** (17.♗h7+ ♔f8 siehe a) **17...♘df6 18.♗xe8 ♘xe8**

c) Und nach **14.0-0-0 ♘xf4 15.exf4 ♗d6** wäre die Schwäche f4 schon kaum noch zu halten gewesen.

14

Smokina – Baltac

Eforie Nord 1998

1.c4 e6 2.♘f3 d5 3.cxd5 exd5 4.d4 ♘f6 5.♘c3 c6 6.♕c2 ♗e7 7.♗f4 ♘bd7 8.e3 ♘h5 9.♗g3 ♘xg3 10.hxg3 ♘f6 11.♗d3 h6 12.♘h4 ♗f8 13.♖c1 ♕a5 14.a3 ♗e6 15.0-0 ♕d8 16.♘a4 ♘d7 17.b4 ♖c8 18.♕e2 ♗e7 19.♘f5 ♗xf5 20.♗xf5 ♖c7 21.♖c2 0-0 22.♖fc1 ♘b6 23.♘b2 ♖e8 24.♕d3 ♗d6 25.b5 ♕e7 26.a4 ♗a3

1) In der Partie zeigte Weiß kein Interesse an einer womöglich lebendigeren Spielfortsetzung, sondern gestattete mit **27.♖a1** die Folge **27...♗xb2 28.♖xb2 ♘c4** und nahm somit von jeder Hoffnung auf Vorteil Abschied.

2) Ein interessanter Versuch, den Gegner doch noch aufs Glatteis zu locken, besteht in dem trickreichen Scheinopfer **27.a5!? ♘c4** (27...♗xb2?? 28.axb6+–) **28.♘xc4** mit den Abspielen:

a) 28...♗xc1? 29.♘e5

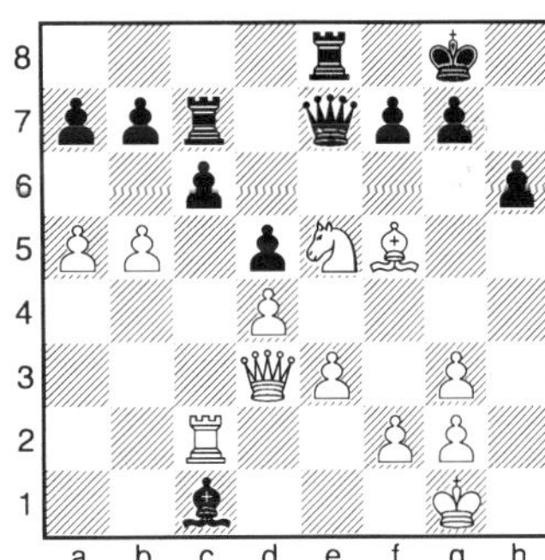

29...♗a3 (29...♕a3 30.a6!) **30.♘xf7** (30.♗h7+ ♔h8 31.♗g6!) **30...♔xf7 31.b6 axb6 32.axb6 ♖d7 33.♗xd7 ♕xd7 34.♕xa3**

b) 28... dxc4 29.♕xc4 ♗xc1 30.b6 axb6 31.axb6 ♖cc8 32.♗xc8 ♗xe3 33.♗g4

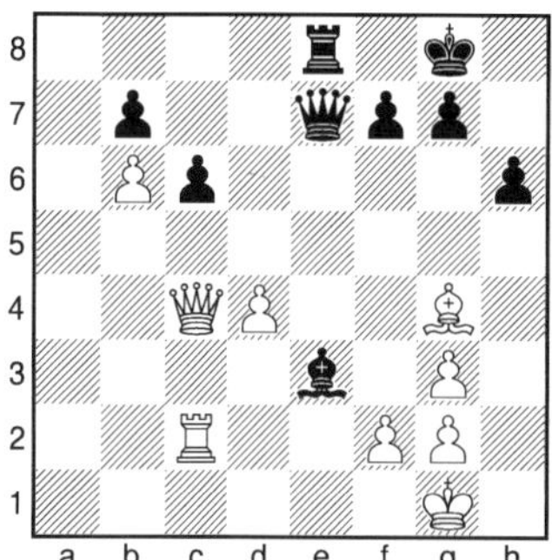

33...♖a8! 34.fxe3 (34.♔h2 ♖a1 35.♕e2 ♗g5∞) **34...♕xe3+ 35.♔h2 ♖a1 36.♗h5 ♔h7 37.♗xf7 ♕g1+ 38.♔h3 ♕e3 39.♔h2 ♕g1+** mit friedlicher Zugwiederholung.

15

Biolek – Bilguun

Pardubice 2015

1.d4 d5 2.c4 e6 3.♘c3 c6 4.cxd5 exd5 5.♗f4 ♘f6 6.e3 ♗e7 7.♗d3 ♘bd7 8.h3 0-0 9.♘f3 ♖e8 10.♕c2 ♘f8 11.a3 ♘e6 12.♗e5 g6 13.b4 a6 14.♖b1 ♘g7 15.a4 ♗f5 16.0-0 ♖c8 17.♖fc1 b5 18.♗xf5 ♘xf5 19.♕a2 ♘d6 20.♗xf6 ♗xf6 21.♘e2 ♘c4 22.♘d2 ♗e7 23.♘xc4

1) In der Partie wählte Schwarz die weniger starke Version **23...dxc4.**

a) Danach kam die Stilllegung des Damenflügels mit **24.a5?** einer positionellen Bankrotterklärung gleich. Denn nach **24...♗d6∓** nebst ♕e7 belagert Schwarz die Schwäche b4, verhindert eine Expansion des weißen Zentrums und hat somit ideale Bedingungen geschaffen, konkrete Angriffsmaßnahmen zu treffen.

b) Ähnliches gilt auch für den Ansatz **24.♘c3 ♗d6 Δ25.e4 ♕e7 26.axb5** (26.♕b2? a5!–+) **26...axb5 27.♕b2 ♗c7** Δ♕d6; Δ♖cd8, ♗b6 usw.

c) Auf die logische Expansion **24.e4!?** kann Schwarz mit der Provokation **24...♗g5!** die Lockerung **25.f4** erzwingen.

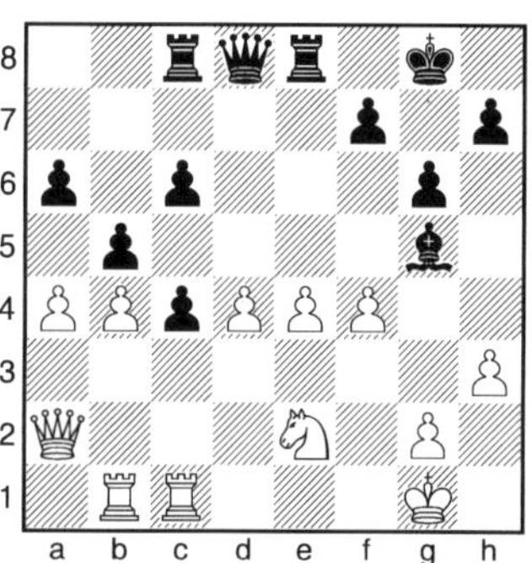

25...♗h6!

25...♗xf4? 26.♘xf4 ♕xd4+ oder 26...♖xe4 reicht nur für ausreichende Kompensation.

Und nach **26.e5** wird die mehr der Not gehorchende Expansion mit **26...f6!∓** angeknabbert, wonach Weiß sich auf eine lange Verteidigung ohne rechtes Gegenspiel einrichten muss.

2) Nach **23...bxc4!** muss Weiß sofort etwas gegen die Drohung ♖b8 unternehmen, um einer Belagerung der potenziellen Schwäche b4 zuvorzukommen.

a) 24.♘c3?

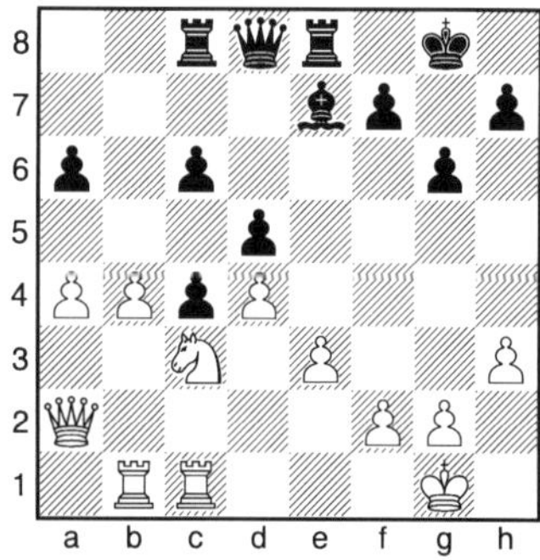

24...a5!∓ (24...♖b8? 25.b5∞) **25.b5 ♗b4**; **25.bxa5 ♕xa5**

b) 24.b5 a5∓ Δ25.bxc6 ♗b4

16

Usachyi – Jakovenko

St. Ingbert 1995

1.♘f3 d5 2.d4 ♘f6 3.c4 e6 4.♘c3 ♗e7 5.cxd5 exd5 6.♗f4 0-0 7.e3 c6 8.♗d3 ♘bd7 9.♕c2 ♖e8 10.0-0 ♘f8 11.♖ab1 ♘g6 12.♗g3 a5 13.a3 ♗d6 14.b4 ♗g4

1) Mit der schablonenhaften Partiefolge **15.♘a4?** ist kein Vorteil zu erzielen, weil Schwarz bei korrektem Spiel die einzige offenen Linie am Damenflügel beherrscht und außerdem mit dem Vorposten e4 arbeiten kann.

15...♘e4?!

Das ist allerdings verfrüht. Stattdessen hätte die korrekte Zugfolge 15...axb4 16.axb4 und erst dann 16...♘e4 zu einer unklaren Stellung geführt.

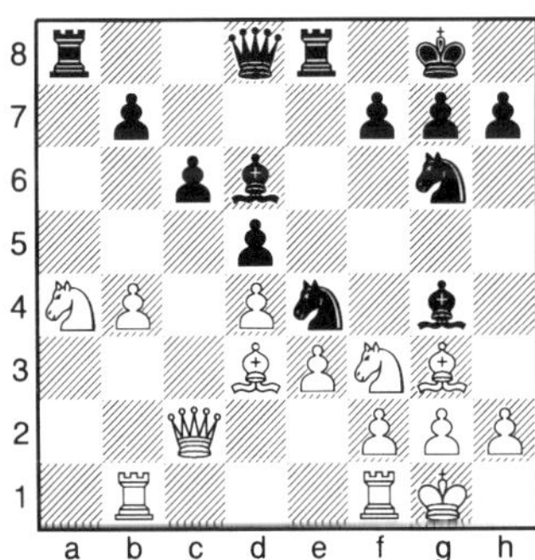

Z.B. 17.♘c5 ♘xg3 18.hxg3 ♕e7 usw.

16.♗xe4?

Weiß revanchiert sich mit einem echten Fehler, der nach **16...dxe4∓** zu minimalem Nachteil führt – statt zu minimalem Vorteil, wie es nach der korrekten Folge 16.♘c5± der Fall gewesen wäre.

a) 16...♘xg3 17.hxg3± Δ17...axb4? 18.♘xb7 ♕d7 19.♘xd6 ♕xd6 20.axb4+-

b) 16...♗xg3 17.hxg3 axb4 18.axb4±; 18.♖xb4!?

2) Der schablonenfreie Abtausch **15.bxa5** (15.♖fc1±) hätte zu bedeutendem Vorteil geführt, weil Weiß nach der Abschaffung der a- und b-Bauern bereits ideal aufgestellt ist, um die programmgemäße Schwäche c6 zu belagern und früher oder später zu erobern; z.B. **15...♗xg3**

15...♖xa5 16.♖xb7 ♖xa3 17.♘b1

16.hxg3

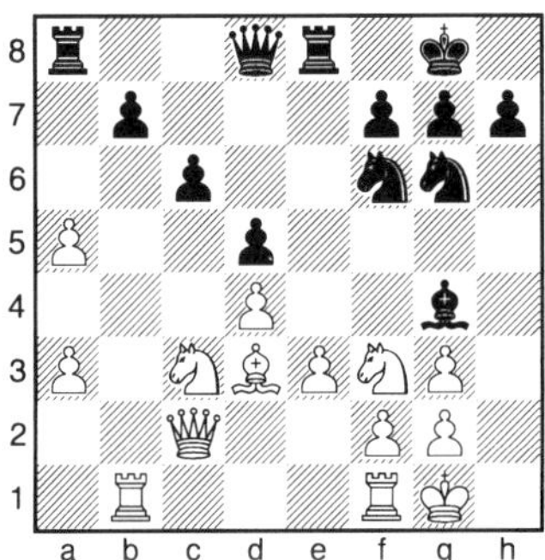

16...♖xa5

– 16...♕xa5 17.♖xb7 ♕xa3 18.♖fb1

– 16...♕e7 17.a6!

17.♖xb7

– 17...♖xa3 18.♘b1; 18.♖c1

– 17...♕a8 18.♖fb1; 18.♖c7

17

Saidy - Kaidanov

Philadelphia 1992

1.d4 d5 2.c4 e6 3.♘c3 c6 4.cxd5 exd5 5.♕c2 ♗d6 6.♘f3 ♘f6 7.♗g5 ♗e6 8.e3 ♘bd7 9.♗d3 ♕c7 10.♗h4 0-0 11.♗g3 ♗g4 12.0-0 a6 13.b4 ♖fe8 14.♘d2 ♗h5 15.♘b3 ♗xg3 16.hxg3 ♗g6 17.♘c5 ♘b6 18.a4 ♘c4 19.♖fe1 b6 20.♘b3 ♕d6 21.a5 ♗xd3 22.♕xd3 ♘g4

1) Bei dem unbedarften Gegenspielversuch **23.e4??** wird Weiß wohl kaum den Damenschwenk **23...♕h6–+** übersehen haben (23...♕xb4?∓), wohl jedoch nach der vermeintlich zuverlässigen Verteidigungsmaßnahme **24.♕f3** die noch zuverlässigere Angriffsmaßnahme **24...f5!**.

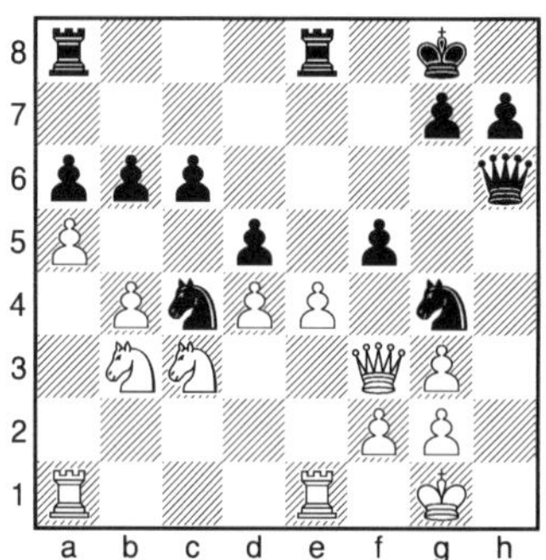

a) 25.♕xf5 ♕h2+ 26.♔f1 ♘ce3+ 27.♖xe3 ♘xe3+ 28.fxe3 ♖f8 und **0–1** in der Partie.

b) Und da **25.e5** einer Aufenthaltsgenehmigung für den ♘g4 gleichkäme, könnte Schwarz die Sache nahezu beliebig angehen – am überzeugendsten jedoch mit **25...bxa5**

– 26.♘xa5 ♘d2; 26...♕h2+ 27.♔f1 ♘d2+

– 26.bxa5 ♕h2+ 27.♔f1 ♖ab8

2) Nach dem einzigen Zug **23.♕f5** ...

a) ... sollte Schwarz sich mit dem materialistischen Ansatz **23...♕xb4 24.♕xg4 ♕xb3** Minimalvorteil sichern.

b) Denn die kombinatorische Alternative **23...♘cxe3!? 24.fxe3 ♕xg3** reicht nach **25.♕f4 ♕h4** nur für ausreichende Kompensation.

18

A. L'Ami - Yildiz Kadioglu

Balatonlelle 2002

1.d4 d5 2.♘f3 ♘f6 3.c4 e6 4.♘c3 c6 5.cxd5 exd5 6.♕c2 ♗e7 7.♗f4 ♗e6 8.e3 ♘bd7 9.♗d3 0-0 10.h3 ♖e8 11.g4 g6 12.0-0 ♔g7 13.♘g5 ♘f8 14.♗e5

Die Zusammenballung von sechs Figuren auf engstem Raum, der sturmbereite weiße f-Bauer und natürlich vorneweg die Fesselung des Springers f6 geben nicht allein Anlass zur Sorge, sondern vorneweg zu hellwacher und äußerst präziser Verteidigung.

1) Mit **14...h6??** ignorierte Schwarz die Tatsache, dass der Angriff auf den Springer ja schlicht ignoriert werden kann und verschlief somit die letzte Rettungschance.

Hier ein Blick auf einige Alternativen, die alle zu einem Stellungsurteil zwischen 'deutlich ± und +–' führen und bei denen Weiß in fast jedem Zug etliche Nebenlösungen zur Verfügung stehen.

– 14...♗c8? (14...♗d7? 15.f4 läuft ähnlich) 15.f4 ♘8d7 und jetzt zunächst 16.♖f3! nebst ♖af1 zur Vorbereitung von f4–f5 - und nicht überstürzt 16.f5?? ♘xe5 17.dxe5

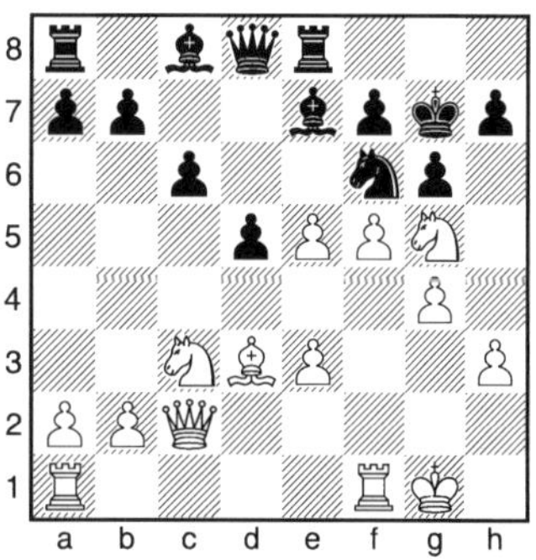

17...♘xg4! 18.♘xf7 (16.f6+? ♗xf6) 18...♕b6 19.hxg4 ♕xe3+ mit völlig unklarer Stellung.

– 14...♗d6? 15.f4 ♗xe5 16.dxe5 ♘6d7 17.♘f3 und die unparierbare Drohung f5 sollte früher oder später zu Materialgewinn führen.

– 14...♘8d7? 15.♘xe6+ fxe6 16.g5 ♘xe5 17.gxf6+ ♗xf6 18.dxe5 ♗xe5 19.f4 und nach Vorbereitung von e3-e4 bieten die zwei Bauern angesichts des weißen Angriffs keine ausreichende Kompensation für die Figur.

15.f4!+–

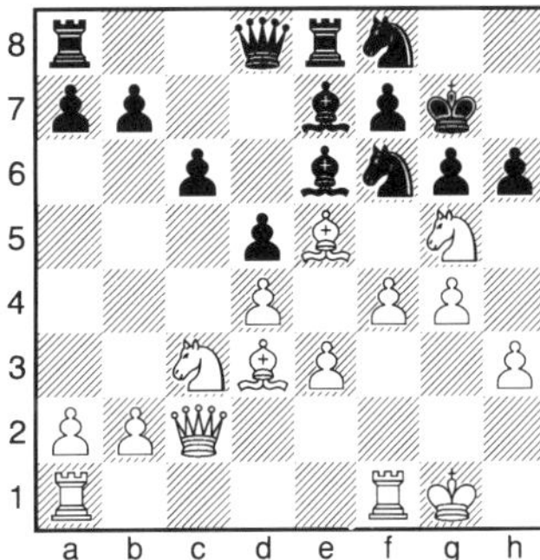

15...hxg5?!

Statt dieser schicksalsergebenen Fortsetzung konnte Schwarz mit beispielsweise 15...♗d6 zumindest noch symbolische Gegenwehr leisten.

16.fxg5 ♘8d7?! 17.gxf6+ ♗xf6 18.♖xf6

2) Nach dem einzigen Zug **14...♔g8** hätte Weiß höchstens noch symbolischen Minimalvorteil davontragen können; z.B. **15.f4**

15.♗g3?! ♗d6 Δ16.f4 ♗xg4! 17.hxg4 ♖xe3⩱

15...♘6d7 16.♘xe6 ♘xe6 17.f5⩲

19
Lanchava – Sharevich
Dresden 2004

1.d4 d5 2.♘f3 ♘f6 3.c4 e6 4.♘c3 ♗e7 5.cxd5 exd5 6.♗f4 c6 7.♕c2 0-0 8.e3 ♗d6 9.♘e5 ♕e7 10.♗d3 ♘bd7 11.♘xd7 ♗xd7 12.♗g5 h6 13.♗h4 ♕e6 14.0-0-0 b5 15.♔b1 b4 16.♘a4 ♖ab8 17.b3 ♘e4 18.f3

18...♘c3+ ist klarerweise der einzige Zug, wie ein Blick auf die beiden Alternativen verdeutlicht:

1) Nach 18...♘f6?? 19.e4~+– Δe5; Δ♖he1 kann Schwarz die gegnerische Zentrumsexpansion nicht mehr unter Kontrolle bekommen. Und zu allem Überfluss ist auch ein späteres Anrennen gegen die Angriffsmarke h6 noch längst nicht vom Tisch.

2) Nur geringfügig weniger schlecht ist 18...♘g5? 19.♘c5! (19.♖he1).

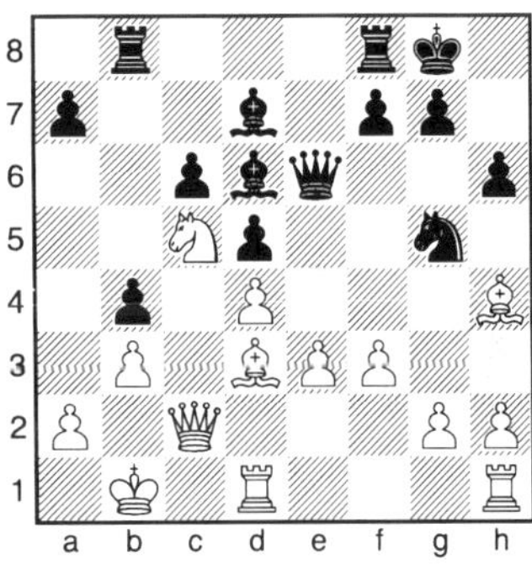

a) 19...♕e8? 20.♘xd7 ♕xd7 21.♗xg5 hxg5 22.♗h7+ ♔h8 23.♗f5+–

b) 19...♗xc5 20.♕xc5± (20.dxc5) Δ20...♕xe3? 21.♖he1 ♕f4 22.♗g3+–

19.♘xc3 bxc3 20.e4?

Da dieser Vorstoß hier keinerlei Drohung mit sich bringt, kann Schwarz sofort zum Gegenangriff übergehen.

Mit folgenden zwei Alternativen war das Spiel im Gleichgewicht zu halten:

1) 20.♕xc3 b4≅ z.B. 21.♕b2 a5!; 21...♕xe3 22.♗g3∞

2) 20.♗g3

a) 20...♗xg3 (20...a5) 21.hxg3 ♕xe3; 21...a5

b) 20...♗b4!? 21.♗xb8 ♖xb8≅

20...a5 21.exd5 ♕xd5 22.♕xc3

Besser war 22.♗h7+ ♔h8 23.♗e4 ♕c4∓ (Δ24...a4; Δ24...f5) 24.♔a1 ♕a6! Δa4.

22...a4 23.♗c4 ♕f5+?!

Hier verpasst Schwarz die bessere Fortsetzung 23...♕h5!? gefolgt von 24.♗g3.

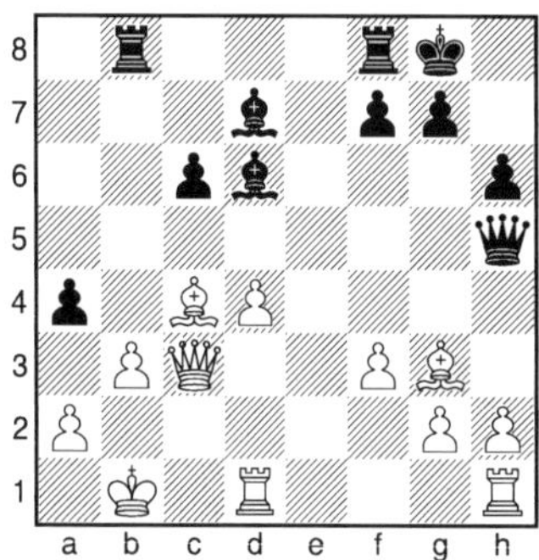

1) 24...♗xg3?! 25.hxg3 ♕g6+ 26.a1 axb3 27.♗xb3 ♕xg3∓

2) 24...♗b4!∓ z.B. 25.♕e3 ♖fe8 26.♗e5 axb3

a) 27.♗xb3 ♕g6+ 28.♔a1 ♔h8 Δf6; 26...♖a8 Δ♗e6

b) 27.axb3 ♖a8; 27...♗e6

24.♔b2 axb3∓

25.♗xb3?? ♗b4–+ Δ♕a5

20

Winants - Van Maaren

Amsterdam 1987

1.d4 ♘f6 2.♘f3 d5 3.c4 e6 4.♘c3 ♘bd7 5.cxd5 exd5 6.♗f4 c6 7.e3 ♗e7 8.♗d3 0-0 9.♕c2 ♖e8 10.0-0 ♘f8 11.♖ae1 ♗d6 12.♗xd6 ♕xd6 13.♘e5 ♘g4 14.f4 f6

In der Partie warf Weiß mit **15.♗xh7+!?** beherzt einen Zug aufs Brett, der bei korrekter Verteidigung zwar keinen Vorteil verspricht, jedoch allerlei Stolpersteine mit sich bringt.

– Hingegen bringt die Normalfortsetzung 15.♘xg4 ♗xg4 höchstens Sorgen um den rückständigen Bauern e3 mit sich – und nach dessen eventueller Ausstülpung e3–e4 mit dem auf d4.

– Zwar ist auch 15.♘e4 ein Trickzug ...

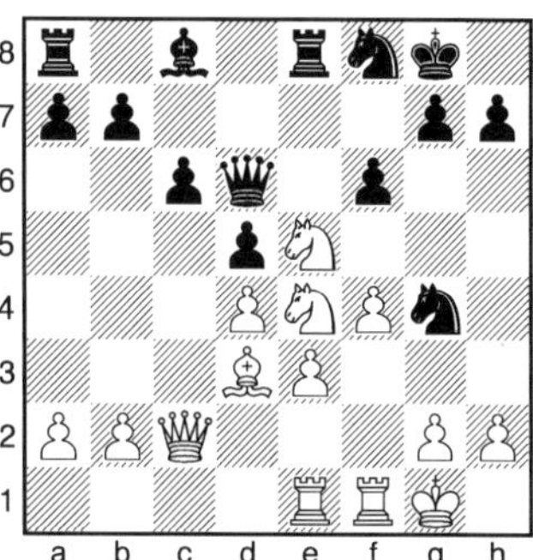

... allerdings bringt dieser nach 15...dxe4 16.♗c4+ ♗e6 17.♘xg4 höchstens den Erfolg mit sich, dass die latente Schwäche e3 versiegelt wurde.

15...♘xh7 16.♕g6

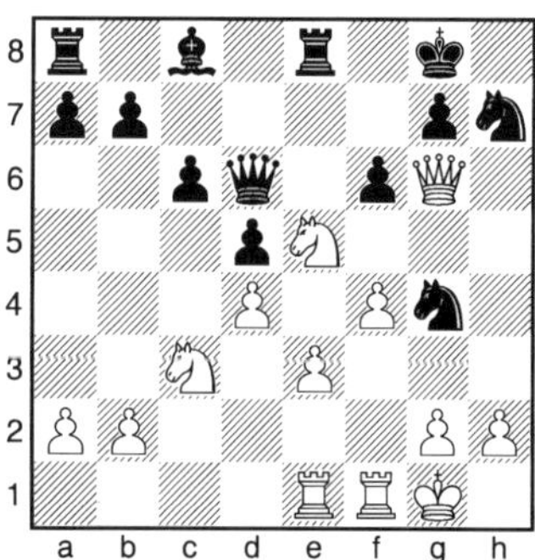

16...♗f5??

Und schon ist es passiert: Der überraschte Verteidiger übersieht die simple Kombination **17.♕f7+ ♔h8 18.♕xe8+**

♖xe8 **19.♘f7+** und gibt – jetzt erst recht überrascht – auf der Stelle auf.

Und dabei wäre es nach dem auch nicht gerade schwer zu findenden Gegenzauber 16...♖xe5! 17.fxe5 (17.dxe5? ♕d8∓) für Weiß bei einem Trick*versuch* geblieben.

21

Volkov – Belozerov

Krasnoyarsk 2003

1.d4 d5 2.c4 e6 3.♘c3 ♗e7 4.cxd5 exd5 5.♗f4 ♘f6 6.e3 0-0 7.♘f3 c6 8.♕c2 ♘bd7 9.♗d3 ♖e8 10.h3 ♘f8 11.0-0 ♘h5 12.♗e5 g6 13.♖ab1 ♘g7 14.b4 a6 15.♘a4 ♗f5 16.♖fc1 f6 17.♗h2 ♗d6 18.♘c5 ♗xh2+ 19.♘xh2 ♕e7 20.a4 ♖ec8 21.♘f1 b6 22.♘b3 ♗xd3 23.♕xd3 ♘f5 24.a5 b5 25.♕c3 ♘d6 26.♖c2 ♘d7 27.♖bc1 ♘c4 28.♖e1 ♖e8

In der Partie verzichtete Schwarz nach dem 'Normalzug' **29.♖ce2** unverständlicherweise auf die naheliegende Blockademaßnahme **29...f5**, die nach den weiteren Zügen ♘f6, ♕d6, ♖e7 nebst ♖ae8 zu einer Stellung geführt hätte, die wohl zutreffend der Kategorie 'verriegelt und verrammelt' zugeordnet werden dürfte.

Das dynamische Bauernopfer **29.e4!** ist mittelfristig nur vorübergehender Natur. Seine Stärke liegt darin, dass nach **29...dxe4** die Teilentwurzelung des Springers c4 die Freilegung der Schwäche c6 in Aussicht steht; z.B. **30.♘bd2**

30.♘fd2 ♘xd2 31.♘xd2 läuft nur auf Zugumstellung hinaus.

30...♘xd2

Von dem Trickversuch 30...♘d6? Δ♖ac8 ist dringend abzuraten.

1) Selbiges gilt auch für das überstürzte Herangehen 31.♕xc6?, das auf verschiedene Weise zu unklaren Verhältnissen führen könnte.

a) Nach dem direkten Ansatz 31...♖ac8 32.♕d5+ ♕f7 ...

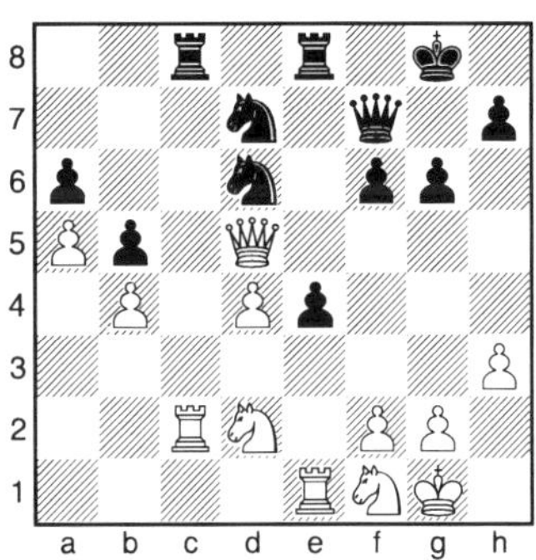

... könnte Weiß sich mit 33.♕xf7+ ♔xf7 34.♖ec1 f5 friedlich – oder mit 33.♕xd6!? ♖xc2 34.♘xe4⩱ weiter kämpferisch geben.

b) Und nach 31...♕e6 (Δ♖ac8–+) Δ32.d5 ♕e7 würde sich die Folge 33.♘xe4 ♘xe4 34.d6 ♕e6 35.f3 ♘e5 36.♕xe4 ♕xd6 letztlich nur als Strohfeuer herausstellen.

2) Hingegen würde Weiß nach dem kleinen Ausweichmanöver 31.♕b3+!± nebst ♖xc6 (31.f3!? f5 32.♕b3+) doch schon deutlichen Vorteil erzielen.

31.♘xd2 f5

Erneut wäre 32.♕xc6? ein Schritt vom Wege, weil Weiß nach 32...♔g7!∓ Δ♘f6 nebst ♖ed8 usw. die Schwächen b4 und d4 bewachen müsste.

32.♕b3+ ♔g7 33.♖xc6 ♘f6 34.♖ec1

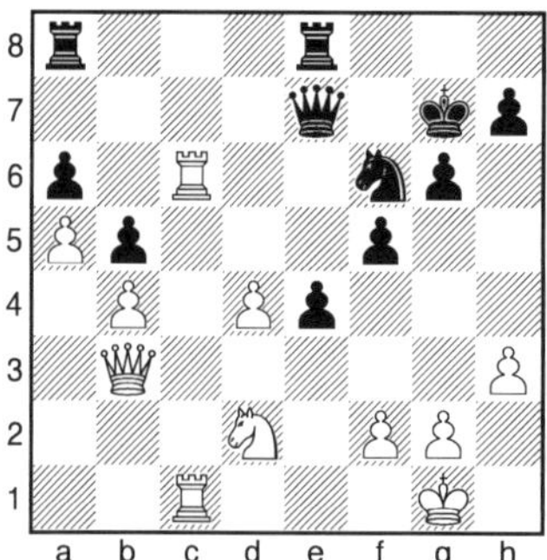

Auch wenn Weiß noch keinen Vorteil haben mag, so gibt ihm die Beherrschung der einzigen offenen Linie sowie die latent gefährdete Situation des gegnerischen Königs doch zumindest das angenehmere Spiel.

22

Tregubov – Lugovskoy

Rapid, Sotschi 2015

1.d4 d5 2.c4 e6 3.♘f3 ♘f6 4.♘c3 ♗e7 5.cxd5 exd5 6.♕c2 c6 7.♗f4 ♘bd7 8.h3 0-0 9.e3 ♖e8 10.♗d3 ♘f8 11.0-0 ♘g6 12.♘e5 ♗d6 13.♘xg6 hxg6 14.♗g5 ♗e6 15.♘a4 ♕c8

Während Weiß es bislang nicht geschafft hat, seinem Spiel eine Spitze zu geben, kann Schwarz positionell an der Besetzung des Vorpostens e4 arbeiten und taktisch auch bereits mit dem Einschlag auf h3 liebäugeln.

16.♗xf6?

Dieser Ansatz, der nur in Verbindung mit dem nächsten Zug Sinn macht, ist sehr suspekt, wenn man bedenkt, dass selbst die absurde Antwort 16...♗xh3? mit der Hauptvariante 17.♗e5 ♗xe5 18.dxe5 ♗xg2 19.♗f5 gxf5 20.♔xg2 f4 21.f3 fxe3 ...

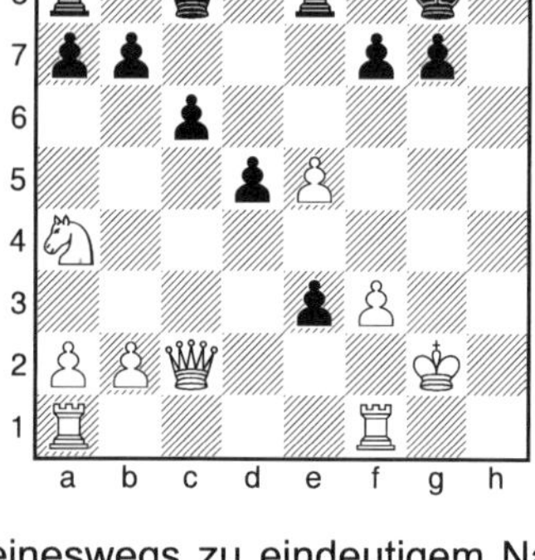

... keineswegs zu eindeutigem Nachteil führt.

Als Verbesserungsversuch kommt höchstens 16.♖ad1 in Betracht, ein Zug der keinerlei aktive Funktion hat, sondern durch die Überdeckung des Materials auf der d-Linie den eventuellen Einschlag auf h3 pariert; z.B. 16...♗xh3 (16...♘h7!?) 17.gxh3 ♕xh3 18.f3 ♘h7 19.♗f4 ♗xf4 20.exf4 ♕g3+ 21.♔h1 ♕xf4⩱

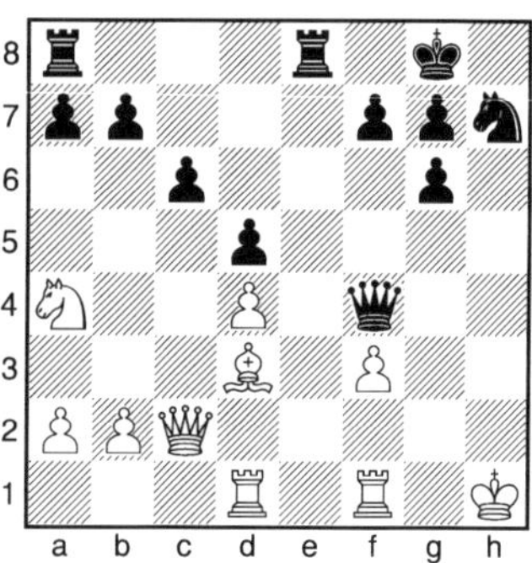

22.♕h2 Δ♕xd4?? 23.♗xg6+-.

16...gxf6 17.♗xg6

Denn sonst wird mit ♔g7, ♖h8 usw. auch noch der Turm in den Angriff integriert.

17...♔g7!

17...fxg6? wäre schlecht, obwohl Weiß nach 18.♕xg6+ nicht mehr als Dauerschach hätte.

18.♗d3?!

Der alternative Rückzug 18.♗h5 war etwas besser. Darauf könnte der Verstärkungsversuch 18...♖h8? (◯18...♗xh3 19.f4 ♗f5∓) mit 19.♕d1 ausreichend pariert, denn 19...♗xh3?? 20.gxh3 ♕xh3 scheitert an 21.♕g4+ +−.

Nach dem thematischen Einschlag **18...♗xh3! ...**

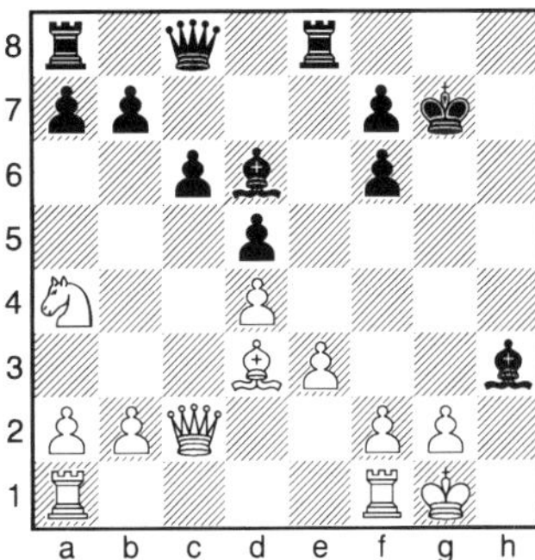

... kam die Textfortsetzung **19.f4??** wegen **19...♖xe3**−+ der vorweggenommenen Aufgabe gleich.

Zwar war auch 19.gxh3? ♕xh3 20.f3 ♔h8 21.♔f2 ♖g8 22.♔e1 ♖ae8 vollkommen hoffnungslos, aber mit 19.f3 ♖xe3 war der Schaden noch auf eine 'tendenzielle Verluststellung' einzugrenzen.

23

Erdos – Stern

Bundesliga 2017

1.d4 ♘f6 2.c4 e6 3.♘f3 d5 4.♘c3 ♘bd7 5.♕c2 ♗e7 6.cxd5 exd5 7.♗f4 c6 8.h3 0-0 9.e3 ♖e8 10.♗d3 ♘f8 11.0-0 ♘g6 12.♗h2 ♗d6 13.♗xd6 ♕xd6 14.♖ab1 a5 15.a3 ♗e6 16.♖fe1 ♖e7 17.♘g5 ♖ae8 18.b4 axb4 19.♖xb4 ♖a8 20.♖eb1 ♗c8 21.a4 ♕d8 22.♕d1 ♘f8 23.♕c2 h6 24.♘f3 ♘e8 25.♘e2 ♘d6 26.♘g3 ♖e8 27.♘e5 g6 28.♘e2 ♖e7 29.♘f4 ♖c7 30.♖c1

Angesichts seiner deutlich unharmonischeren Figurenstellung steht Schwarz an beiden Flügeln unter Druck und muss aktuell auch die Drohung ♘xd5 parieren.

30...♘e6!?

Der Korrekturzug 30...♖e7 Δ♗f5 ist eher etwas schlechter; z.B. 31.♖a1 (31.g4!?) Δ31...♗f5

(31...♘h7!? Δ♘f6; 31...♘e6?! 32.♗xg6!)

32.♗xf5 ♘xf5 33.♕b1! und da Weiß nicht nur über Hauptdrohung ♖xb7, sondern auch über die positionelle Nebendrohung ♖b6! Δa5–a6 verfügt, ist sein Vorteil wohl schon aus dem Minimalbereich heraus.

31.♘xe6 ♗xe6 32.♗xg6 ♕g5

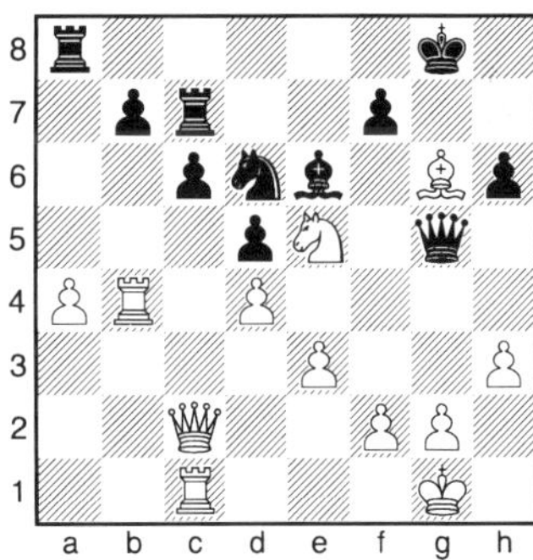

Allein durch die Thematisierung der Gegendrohung ♗xh3 kann Schwarz größeren Nachteil vermeiden.

33.♗h7+

– Nach 33.♗d3? ♗xh3 34.g3 h5∞ erhält Schwarz zu viel Gegenspiel.

– Und die Rückgabe des Bauern mit 33.h4?! ♕xh4 34.♗d3± Δ♕c5 unter Vermeidung der Schwächung g2–g3 würde nur für Minimalvorteil reichen.

33...♔h8

Nun droht die Abschneidung des eingedrungenen Läufers mit f7–f5 und der anschließende Druckaufbau auf der g-Linie mit sämtlichen Schwerfiguren.

34.♔h2

34.f4? ♕g3∓ Δ♗xh3, ♕xe3+

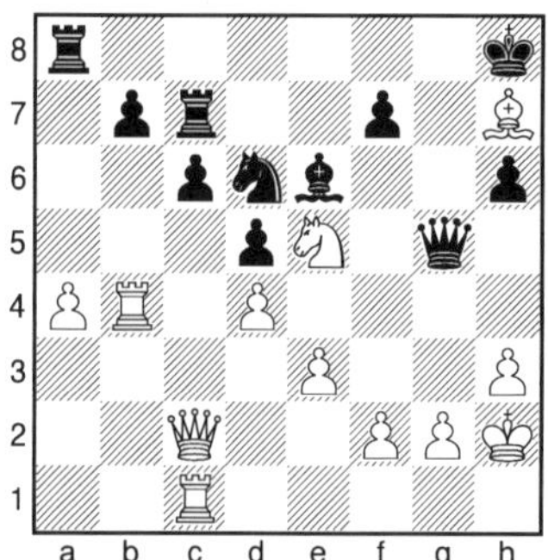

34...♕g7?

In der Folge übersehen beide Seiten eine gewinnträchtige Alternative am anderen Flügel.

1) Nach 34...f5? 35.f4 ♕f6 36.♗g6 Δ♗h5–f3 kann der Läufer wieder sicher heimkehren, wonach Weiß angesichts des gesunden Mehrbauern wohl schon über eine annähernde Gewinnstellung verfügt.

2) Schwarz musste unbedingt versuchen, mit 34...c5! im Trüben zu fischen.

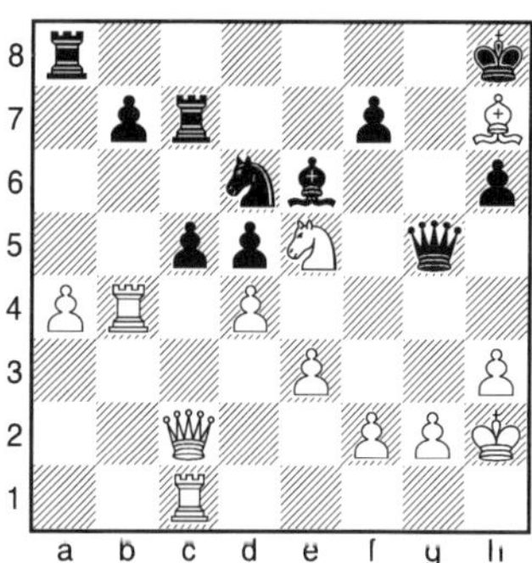

Danach scheint noch keiner der Kandidaten 35.f4, 35.♘f3 oder 35.♕b1 zu mehr als nur kräftigem Minimalvorteil zu führen.

35.♗d3?

Stattdessen hätte 35.♕c5 zu einer tendenziellen Gewinnstellung geführt.

24

Dorfman – Bellini

Mondariz 2000

1.c4 e6 2.d4 d5 3.♘c3 ♘f6 4.♘f3 ♘bd7 5.cxd5 exd5 6.♗f4 c6 7.♕c2 ♗e7 8.h3 0-0 9.e3 ♖e8 10.♗d3 ♘f8 11.0-0 ♘g6 12.♗h2 ♗d6 13.♗xd6 ♕xd6 14.♖ab1 b6 15.b4 ♗b7 16.a4 ♘f8 17.a5 ♖ab8 18.♖fc1 ♘8d7 19.axb6 axb6

Schwarz steht ausreichend solide, und wenn er noch zu b5 nebst ♘b6 und ♖a8 kommt, kann er früher später durch die Rezentralisation ♗c8–e6 vollen Ausgleich erzielen.

1) Um dem zuvorzukommen, griff Weiß in der Partie zu dem dubiosen Zentrumsvorstoß **20.e4?!**, vermutlich weil seine Berechnungen etwas zu sehr auf Wunschdenken beruhten.

20...dxe4 21.♘xe4 ♕f4!

Das besagte Wunschdenken mag auf dem verfehlten Abtausch 21...♘xe4?! 22.♗xe4 beruht haben, der zumindest auf kräftigen Minimalvorteil hinausliefe.

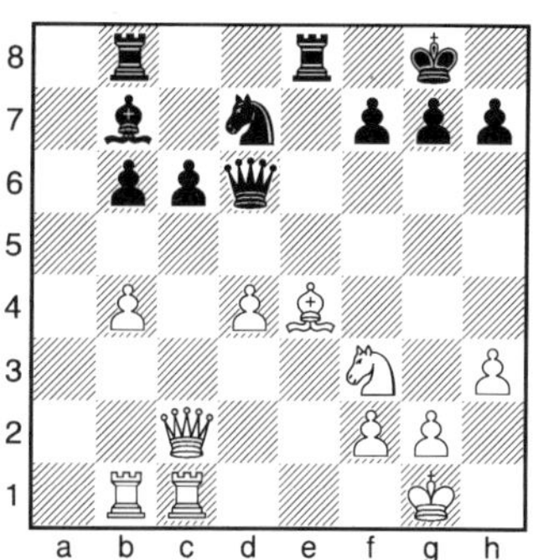

a) Nach 22...♘f6? 23.♗xc6 ♗xc6 24.♕xc6 ♕xc6 25.♖xc6± steht der schwarze Springer als reine Blockadefigur passiv.

b) Hingegen wirkt er nach 22...♘f8! 23.♗xc6 ♗xc6 24.♕xc6 ♖ed8! Δ♘e6 z.B. 25.b5 ♘e6 26.♖c4⩲ als entscheidender Angreifer mit.

22.♘e5

Dieser Ansatz kommt quasi einem unausgesprochenen Remisangebot gleich.

Offenbar schien die Fortsetzung des Kampfes mit 22.♖e1 dem Weißen speziell wegen der Möglichkeit 22...c5!? (22...g6; 22...h6; 22...♖bd8) mit der Folge 23.♘xf6+ ♘xf6 24.bxc5 ♗xf3 25.♖xe8+ ♖xe8 26.gxf3 bxc5 27.dxc5± suspekt.

22...♘xe5 23.♘xf6+ ♕xf6 24.♗xh7+ ♔f8 25.dxe5 ♕xe5 26.♗d3 nebst baldigem Remis.

Um den skizzierten Plan zu vereiteln und vielleicht doch noch etwas Vorteil zu erzielen, kam allenfalls ein Zug des Damenspringers infrage.

2) 20.♘a4 ♖ec8 21.♖a1± (21.♕b2) **21...♖a8** (21...♕xb4? 22.♖cb1~+-) **22.♕b2**

3) 20.♘e2± Δ20...b5 21.♘d2! ♘b6 22.♘b3 ♘c4

22...♕xb4?? 23.♘c5 ♕a5 24.♘xb7 ♖xb7 25.♕xc6+-

23.♖a1 ♖a8 (23...♕xb4?? 24.♘c5+-) **24.♘c5**

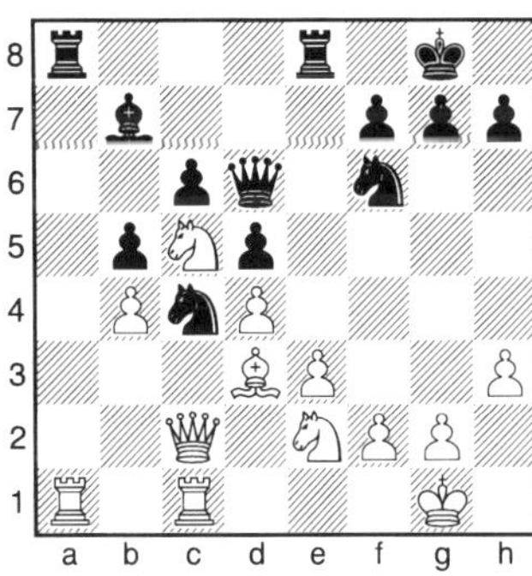

Die lange Reise der beiden Springer hat zu dem Resultat geführt, dass der auf c4 eigentlich nur Löcher in die Luft schießt und außerdem bei Bedarf eliminiert werden könnte, während der auf c5 mit dem Läufer b7 das schwarze Sorgenkind belästigt.

25

Stöber – D. Fridman

Deutschland 1998

1.d4 ♘f6 2.c4 e6 3.♘f3 d5 4.♘c3 c6 5.cxd5 exd5 6.♗g5 h6 7.♗h4 ♗f5 8.e3 g5 9.♗g3 ♕b6 10.♗d3

In der Partie beherzigte Schwarz mit **10...♕xb2** offenbar die Philosophie 'Wenn man schon schlecht steht, dann wenigstens nicht mit leerem Magen!'

Tatsächlich sind die Alternativen wenig erfreulich, aber wohl doch weniger nachteilig:

1) 10...♗xd3 11.♕xd3 und nach beispielsweise 11...♘bd7 kann Weiß mit 12.0-0 zunächst ruhig ans Werk gehen oder auch gleich aggressiver mit 12.♘e5 oder sogar 12.h4.

2) Und nach 10...♗e6 11.♕c2 ♘bd7 gilt Ähnliches: zunächst ruhig mit 12.0-0 bzw. 12.h3 oder auch gleich aggressiver mit 12.h4.

11.0-0

Die Königssicherung ist wohl sogar noch stärker als 11.♗xf5 ♕xc3+ 12.♘d2 (12.♔f1!?) 12...♗b4 13.♗e5 ♔e7 14.♖b1±.

11...♗e6

1) Nach 11...♗c8? folgt mit 12.♖c1 ein Sicherungszug, aber dann droht sofort der Durchbruch e3-e4; z.B. 12...♘bd7 13.e4 dxe4 14.♘xe4 ♘xe4 15.♗xe4+-

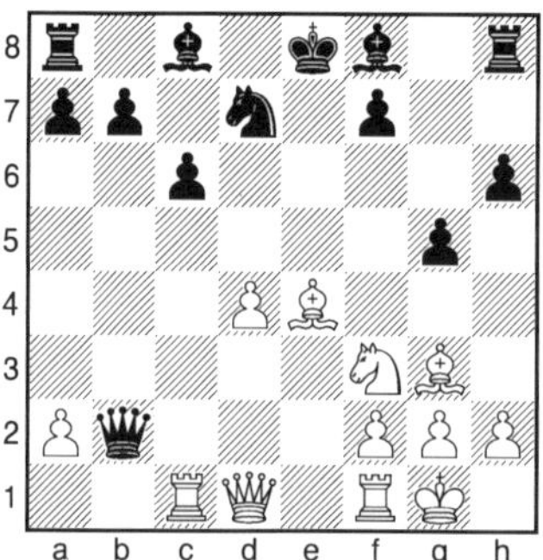

In der Folge stehen Weiß in jedem Zug etliche Nebenlösungen zur Wahl; z.B. 15...♗g7 16.♗d6 oder 15...♗e7 16.Te1 ♘f6 17.d5 bzw. 16...0–0 17.♗c2 Δ♕d3.

2) Und nach 11...♗xd3? 12.♕xd3+– sind die Türme verbunden und die Dame liebäugelt mit der Felderschwäche f5; z.B. 12...♕a3 13.♖ab1 Δ13...♘e4 und nun trocken 14.♖b3 ♕e7 15.♗e5 bzw. ♘e5 oder verspielt 14.♖xb7!?

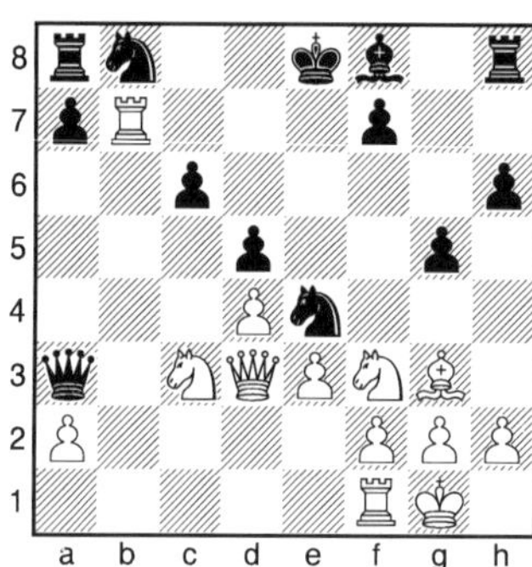

14...♕xc3 (14...♘xc3 15.♕f5+++) 15.♕b1! ♘a6 (15...♘d7 16.♖xd7) 16.♘e5 Δ16...♘b4 17.♕d1! Δ♕h5.

12.♘a4

Nicht minder stark ist 12.♘e2 Δ♖b1; Δ♘e5 nebst f4.

12...♕a3 13.♖b1 ♕e7?

13...b6 14.♕c2~+– Δ♘e5

13...b5 14.♘c5! ♗xc5 15.dxc5 Δ♗d6; Δ15...♕xc5 16.♘d4~+–

14.♘c5+– b6

Auf 14...♗c8 geht wiederum trocken 15.e4 oder verspielt 15.♘xb7 ♗xb7 16.♕b3 usw.

15.♕a4!

– 15.♗xb8 ♖xb8 16.♘e5

– 15.♘xe6 ♕xe6 16.♘e5

15...bxc5 16.♗xb8 ♗d7 17.♕a6 Δ♕b7 und bald **1-0**

26

Reshevsky – Shainswit

New York 1940

1.d4 ♘f6 2.c4 e6 3.♘c3 d5 4.♗g5 ♗e7 5.e3 0-0 6.♘f3 ♘bd7 7.cxd5 exd5 8.♕c2 c6 9.♗d3 ♖e8 10.h3 ♘f8 11.♗f4 ♗d6 12.♗xd6 ♕xd6 13.0-0 ♘g6 14.♖ab1 ♕e7 15.b4 a6 16.♘a4 ♘e4 17.♘c5 f5 18.♖fe1 ♘h4 19.♘xh4 ♕xh4 20.a4 ♘g5

I) Mit dem allzu optimistischen Herangehen **21.♗xf5? ♗xf5 22.♕xf5** vergibt Weiß seinen Vorteil, weil sich nach **22...♖f8** herausstellt, dass der Mehrbauer nicht zu halten ist.

A) Denn nach dem Versuch, dies mit **23.♕c2??** doch zu schaffen, hätte Schwarz bereits die Qual der Wahl zwischen zwei etwa gleichwertigen Gewinnfortsetzungen.

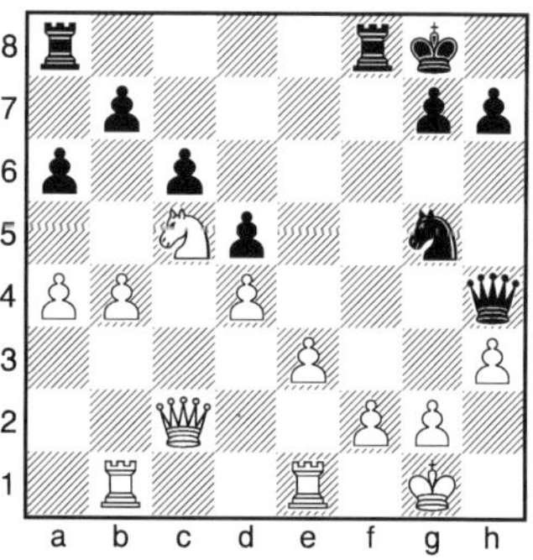

1) Da wäre zunächst 23...♘f3+ mit folgenden Abspielen:

a) Nach dem weiteren Fehler 24.gxf3? ♕xh3 (Δ♖f6) 25.♘d7 (25.♘e6 ♖f5!) hat Schwarz gleich noch einmal die Qual der Wahl.

– Denn außer der nun mal geplanten Gewinnfolge 25...♖f6!

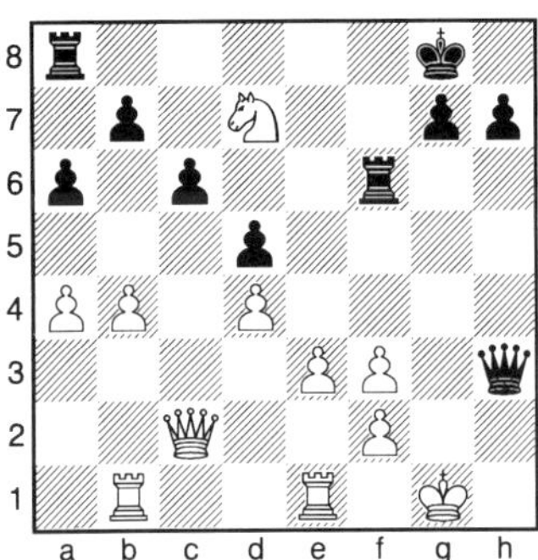

26.♘xf6+ gxf6 Δ♔f7 nebst ♖g8# gibt es mit 22...♖f7 und 22...♖f5 gleich noch zwei weitere.

– Nur nicht 25...♖xf3??, weil nach 26.♘e5= in gewissen Varianten die Räumung der zweiten Reihe mit f2–f4 droht, sodass Schwarz sich ins Remis durch Dauerschach flüchten müsste.

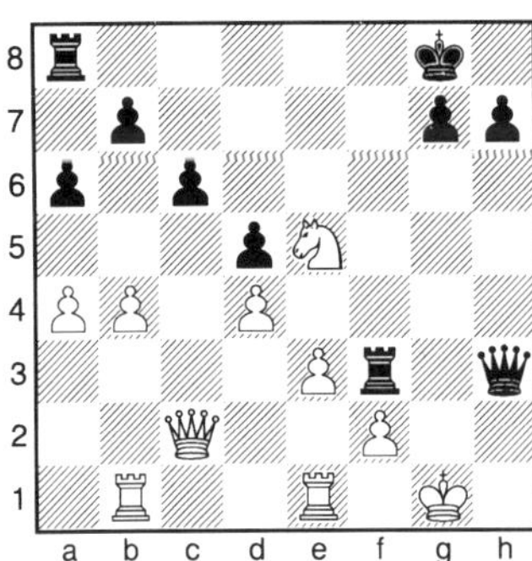

26...♖af8 einziger Zug! (26...♖f5?? 27.f4+−) 27.♘xf3 ♖xf3 28.♖e2! einziger Zug! 28...♕h4 (28...♕h5?? 29.e4! ♖h3 30.f3+−) 29.e4 (29.b5 ♖h3 30.♕f5; 30.f4) 29...♖h3 30.♖e3 usw.

b) Nach der korrekten Folge 24.♔f1 ♘xe1 25.♖xe1 (25.♔xe1? ♖ae8 26.♕e2 ♕g5 27.g3 ♕f5−+) 25...♖xf2+ 26.♕xf2 ♖f8 27.♕xf8+ ♔xf8 28.♘xb7 ...

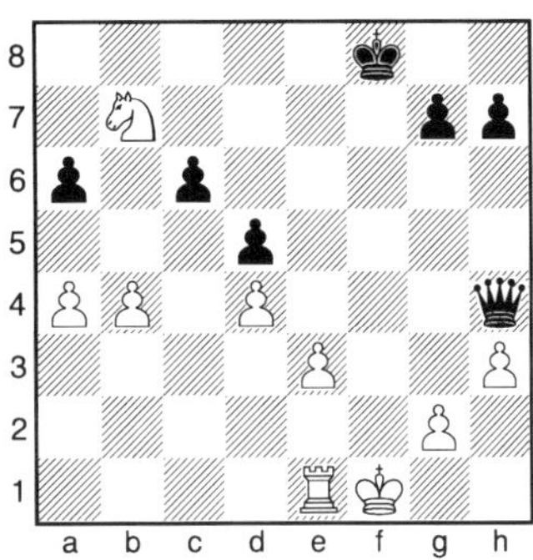

... stellt sich hingegen die bange Frage, ob man es hier nicht mit einer Festung zu tun hat.

2) Solche Unklarheiten kann Schwarz mit 23...♘xh3+! 24.gxh3 ♖f3! (mit der Hauptdrohung ♖xh3) vermeiden.

Nun pariert 25.♘d7 zwar die besagte Hauptdrohung (25...♖xh3?? 26.♕f5!+−) und auch die Nebendrohung 25...♖af8, aber nach 25...g6! ist Weiß angesichts der Erneuerung der Drohung ♖xh3 machtlos.

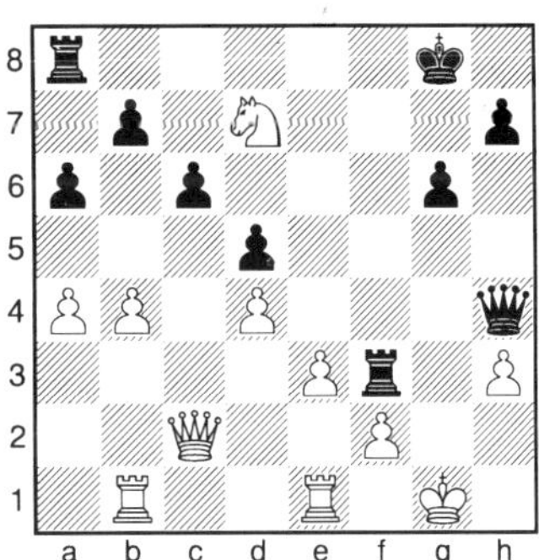

a) 26.♔f1? ♕xh3+ 27.♔e2 ♖xf2+ −+

b) 26.♖e2 ♖xh3 27.f4 ♕g4+ 28.♖g2 ♕xd7−+

c) Und 26.e4 ♖xh3 27.♖e3 führt zu einem Endspiel mit ♕+♖, in dem Schwarz in allen Varianten zumindest tendenziell auf Gewinn steht; z.B. 27...♕g4+ (27...♖xe3 28.fxe3 ♕g4+) 28.♖g3 ♖xg3+ (28...♕xd7 29.♖xh3 ♕xh3) 29.fxg3 ♕xd7

B) Korrekt ist also **23.♕g4 ♕xf2+ 24.♔h1** mit der möglichen Folge **24...h6 25.h4** (25.♘xb7? ♘e4∓) **25...♘h7** (25...♘e4) **Δ26.♘xb7 ♘f6⩲**.

II) In der Partie ging Weiß mit **21.f4** auf 'Nummer sicher'.

21.b5 axb5 22.axb5 f4!∞ wollte er nicht unbedingt auf die Probe stellen.

Und nach **21...♘e4 22.♗xe4 fxe4** ...

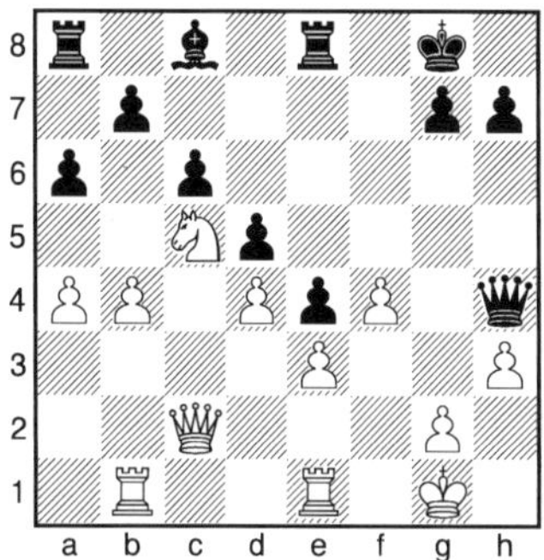

... hätte er sich mit **23.♕f2** Minimalvorteil aufgrund der besseren Leichtfigur sichern können.

27

Alatortsev – Ravinsky

Moskau 1944

1.d4 d5 2.c4 e6 3.♘c3 c6 4.cxd5 exd5 5.♘f3 ♘f6 6.♗f4 ♗d6 7.♗xd6 ♕xd6 8.♕c2 0-0 9.e3 ♖e8 10.♗d3 ♘bd7 11.g4

Nicht nur in gewissen Varianten des Damengambits, sondern auch in einigen anderen Eröffnungen gehört ein Bauernopferangebot mit g2–g4 heutzutage zum Standard, mit dem man kaum noch einen Hund hinter dem Ofen hervorlocken kann. Allerdings wurde diese Partie ja im Jahr 1944 gespielt, so dass man sicher davon ausgehen darf, dass ein solcher Zug auf einen solide positionell programmierten Gegner geradezu wie ein Erdbeben auf dem Schachbrett gewirkt haben mag.

1) Entsprechend ist es nicht sonderlich überraschend, dass Schwarz mit **11...♘e4?** die Finger von dem Bauern ließ, wobei sich natürlich die Frage aufdrängt, ob er überhaupt einen Gedanken an dessen Annahme verschwendet oder das Opfer quasi kategorisch abgelehnt hat.

Oder ob es am Ende gar um einen Wettstreit schachlicher Weltanschauungen ging: Wenn schon ein Bauernopfer, dann bitteschön wenigstens ein solide fundiertes!

Wie auch immer, ging es in der Partie mit **12.♗xe4** weiter.

Von 12.♘xe4 dxe4 13.♗xe4 lässt man tatsächlich besser die Finger, um nach 13...♘f6 14.♗f5

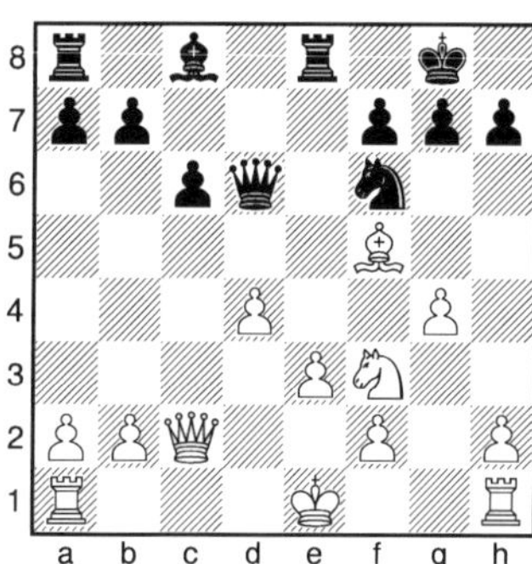

14...♘xg4 (14...♗xf5!?)15.♗xh7+ ♔h8 Λ♘xe3; Δg6 nicht die beträchtliche schwarze Kompensation auf die Probe zu stellen.

12...dxe4 13.♘d2

Und für 13.♘xe4 ♕g6 14.♘fd2 ♕xg4 gilt Ähnliches: Wenn eine Seite Vorteil beanspruchen kann, dann allenfalls Schwarz aufgrund der besseren Bauernstruktur und der weißfeldrig geschwächten gegnerischen Stellung.

13...♘f6 (13...♕g6) **14.h3** Δ0-0-0

Hingegen würde 14.g5? ♘d5∓ zu bedeutendem schwarzem Vorteil führen; z.B. 15.♘dxe4 ♕g6 (Δ♘xc3; Δ♗f5) 16.f3

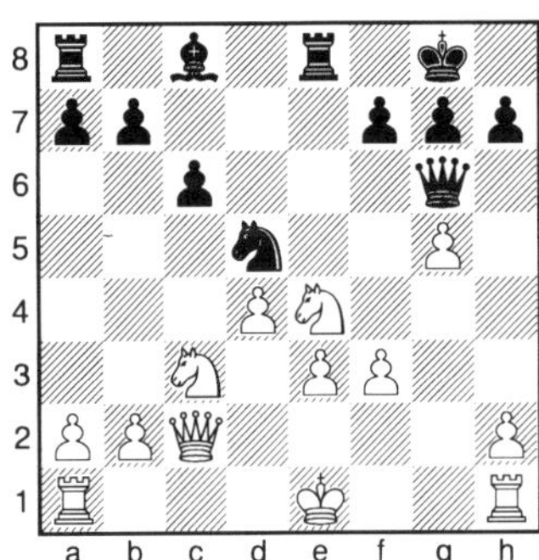

a) 16...♘xe3?? 17.♕e2 ♘g2+ 18.♕xg2 f5 19.0-0±

b) 16...♘xc3 17.♕xc3 ♗g4; 17.bxc3 ♗f5

2) Bei der einleitenden Fragestellung ist nicht etwa an den Bauern*abtausch* **11...♘xg4 12.♗xh7+** gedacht, obwohl selbst dieser nach **12...♔f8** (oder auch 12...♔f8) zu zu gutem Angriffsspiel führt; z.B. **13.♗d3**

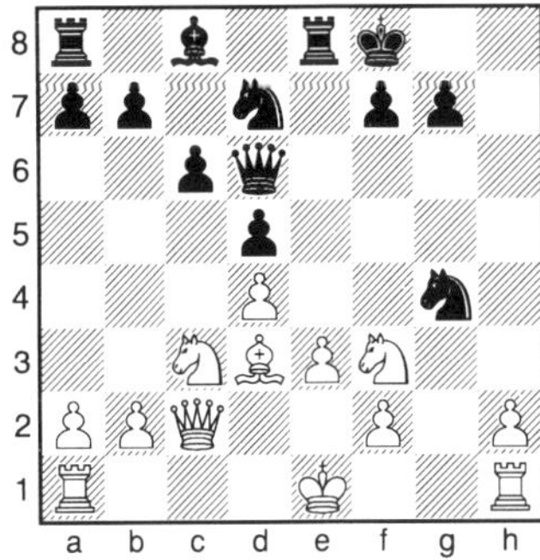

13...♘xe3! 14.fxe3 ♖xe3+ 15.♗e2 ♕f4 16.0-0 ♘f6⩱ Δ♗h3.

3) Vielmehr geht es um den Doppelangriff **11...♕f4!**, der in allen Abspielen zu kräftigem Vorteil in der Größenordnung zwischen ± und +– führt.

a) 12.♕e2 ♕xg4 Δ**13.♖g1 ♕h5 14.♖g5 ♕h6**

b) Nach **12.♘e5** ...

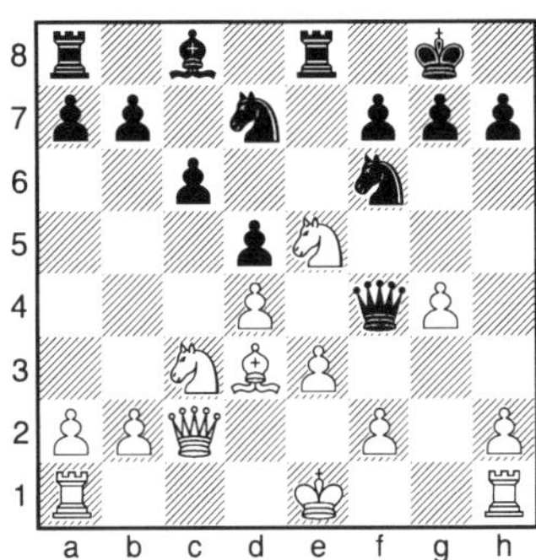

... ist der solide Rückzug **12...♕h6** wohl noch stärker als das positionelle Qualitätsopfer **12...♖xe5!? 13.dxe5 ♕f3** nebst ♘xe5 usw.

c) Den zähsten Eindruck macht **12.♗e2 ♕xg4 13.♖g1 ♕e6 14.0-0-0** Δ**14...♘e4!** (besser vielleicht 14...♕e7 oder 14...g6) **15.♘g5! ♘xg5 16.♖xg5** nebst ♖dg1.

28

Kogan – Savchenko

Cannes 2000

1.d4 d5 2.♘f3 e6 3.c4 ♘f6 4.♘c3 c6 5.cxd5 exd5 6.♗f4 ♗d6 7.♗xd6 ♕xd6 8.e3 0-0 9.♕c2 ♗g4 10.♗e2 ♘bd7 11.0-0 ♖ae8 12.h3 ♗h5 13.♖fe1 ♘e4 14.♘d2 ♘xd2 15.♕xd2 ♗xe2 16.♘xe2 ♖e7 17.♘f4 ♖fe8 18.♘d3 ♕g6 19.b4 ♘b6 20.♘e5 ♕f5 21.♕c3 f6 22.♘f3 ♘c4 23.a4 g5 24.♘d2 ♘d6 25.♕c5 ♖e6

Ein erster Eindruck geht in die Richtung, dass beide Seiten vergleichbare Fortschritte an ihrem jeweiligen Spielflügel erzielt haben. Während Weiß (abgesehen von dem möglichen Bauerngewinn) den Schlüsselzug b4–b5 folgen lassen könnte, steht Schwarz bereit, seinen potenziell vier Angreifern mittels g5–g4 die ein oder andere Linie zu öffnen.

I) In der Partie setzte Weiß mit **26.b5** unbeirrbar seinen Minoritätsangriff fort, worauf Schwarz mit **26...g4** ebenso unbeirrbar sein Gegenspiel vorantrieb. **27.hxg4**

Nach 27.h4 g3 28.fxg3 ♕g4 29.♘f1 ♘f5⩱ gestaltet sich selbiges Gegenspiel wesentlich einfacher.

27...♕xg4 28.bxc6 bxc6 29.♕xc6

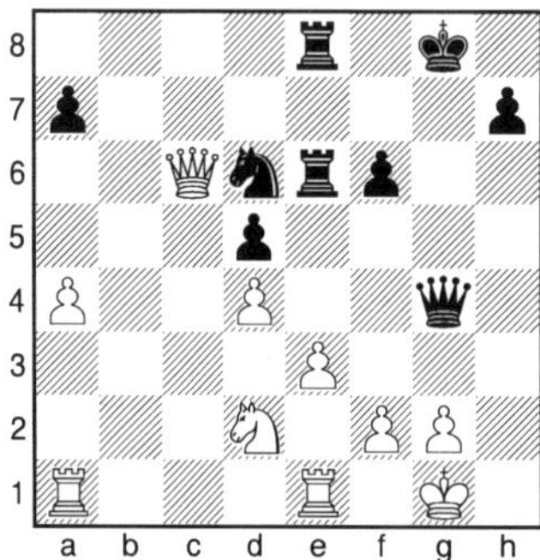

Dies ist weder ein Figuren*einsteller* noch ein Figuren*opfer,* sondern ein witziges und präzise berechnetes Scheinopfer.

Nach dem ehrgeizigeren Ansatz 29.♕xa7 erhält Schwarz mit 29...f5 Δ♖g6 oder 29...♔h8 Δ♖g8 genügend Angriffskompensation.

29...♘c4 30.♕xd5 ♘xd2 31.♖ad1 ♕e4

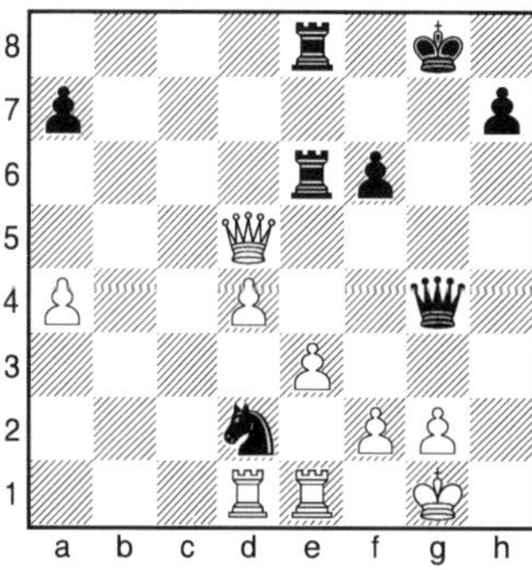

Es stellt sich heraus, dass der Springer nicht zu retten ist (31...♘e4? 32.f3±), sodass Schwarz die Notbremse zieht.

32.♕a2 ♘f3+ 33.gxf3 ♕xf3 34.♕e2 ♕f5 erneut mit ausreichender Kompensation.

II) Zwar sind die Folgen des Bauernraubs **26.♕xa7?!** nicht etwa fatal, aber immerhin muss Weiß nach **26...g4** sehr vorsichtig agieren, um nicht deutlich in Nachteil zu geraten, wie aus den folgenden Varianten hervorgeht.

A) 27.hxg4? ♕xg4–+ (Δf5 nebst ♖g6/♖h6)

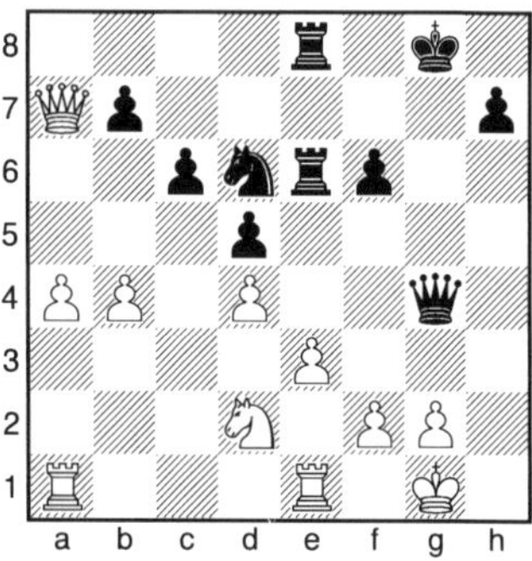

Z.B. **28.b5 f5 29.f3 ♕h4 30.bxc6 bxc6 31.♖ab1 f4** (31...♖h6) **32.e4 ♔h8!** Δ♖g8

B) 27.h4

1) Und auch Schwarz darf nicht das Erstbeste spielen, wie hier z.B. **27...g3?! 28.fxg3± Δ28...♖xe3?? 29.♖xe3 ♖xe3 30.♕b8+ ♘e8 31.♖f1**; **31.♘f3+–**.

2) Hingegen macht sich nach der Penetration **27...♕c2!** die Abwesenheit der gegnerischen Dame deutlich bemerkbar.

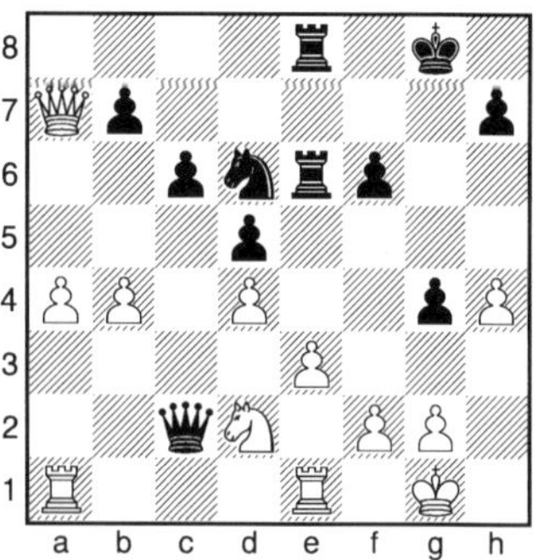

So ist **28.♖ed1** bereits der einzige Zug. 28.♖ad1?? g3−+; 28.♘f1?? ♘e4−+

28...g3 29.fxg3 ♘f5

a) 30.♘f1?? ♘xe3 31.♖d2 ♕c3 32.♖da2 ♘c2 33.♖c1 ♕xd4+ 34.♕xd4 ♘xd4~−+

b) 30.♕c5 ♘xe3 31.♕xc2 ♘xc2∓ Δ♘xd4

29

H. Olafsson – Vaisser

Paris 2004

1.c4 e6 2.d4 d5 3.♘c3 ♗e7 4.cxd5 exd5 5.♗f4 c6 6.e3 ♘f6 7.♗d3 0-0 8.♕c2 ♘bd7 9.♘f3 ♖e8 10.0-0 ♘f8 11.♖ab1 ♘g6 12.♗e5 ♗d6 13.♗xd6 ♕xd6 14.h3 a5 15.a3 ♗d7 16.♖fc1 ♖e7 17.b4 axb4 18.axb4

Angesichts seiner idealen Figurenstellung ist Weiß bereit, den Schlüsselzug b4−b5 folgen zu lassen, während bei Schwarz speziell der deplatzierte Springer g6 sowie der deutliche Mangel an Gegenspiel Anlass zur Sorge geben.

1) Der Partiezug **18...♖ae8?** macht einen ziemlich ratlosen bzw. unbeholfenen Eindruck. Schließlich wird mit der a−Linie die einzige offene Linie aufgegeben, obwohl auf der e−Linie kein aktives Spiel winkt. Denn nach der Besetzung des Vorpostens e4 und dem Leichtfigurentausch auf diesem Feld, wurde die e−Linie ja nicht geöffnet, sondern ganz im Gegenteil mit einem eigenen Bauern verkorkt.

19.b5

Weiß bleibt konsequent beim Thema, obwohl auch 19.♖a1!? Beachtung verdiente, wonach 19...♕xb4?! 20.♖cb1 ♕d6 21.♖xb7 zu einer tendenziellen Gewinnstellung führen würde.

19...♘e4

Denn die Standardverteidigung 19...c5 gestattet nach 20.dxc5 ♕xc5 die Durchsetzung positioneller Ziele mit taktischen Mitteln.

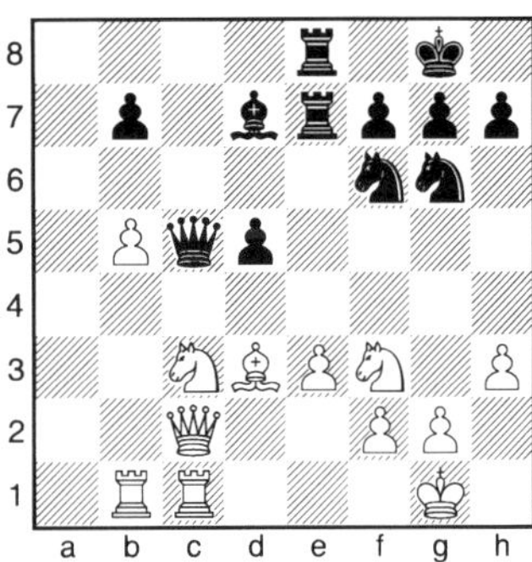

Und zwar 21.♘e4! mit annähernder Gewinnstellung in den Abspielen 21...♕xc2 22.♘xf6+; 21...♘xe4 22.♕xc5 bzw. 21...♕b6 22.♕c5!? oder 22...♕c7!?.

Und hier hätte 20.bxc6 (anstelle des übervorsichtigen und entsprechend harmlosen 20.♗f1?) zu einer tendenziellen Gewinnstellung geführt.

a) Nach 20...♗xc6 21.♗xe4 dxe4 21.♘d2 Δ♘c4 verfügt Weiß auch noch über einen gedeckten Freibauern.

b) 20...bxc6 21.♗xe4 dxe4 21.♘d2 f5 22.♖b6!~+− Δ♘b5−a7, Δ♘c4

2) Nach **18...b6** (Δ19.b5 c5) setzt Weiß am stärksten mit **19.♘a4 ♖b8 20.b5 cxb5 21.♗xb5±**; **21.♘c3!?** fort.

3) Am besten fährt Schwarz mit dem Blockadezug **18...b5!** Δ♗e8 nebst ♖ea7; z.B. **19.♕b2 ♗e8 20.♖a1**

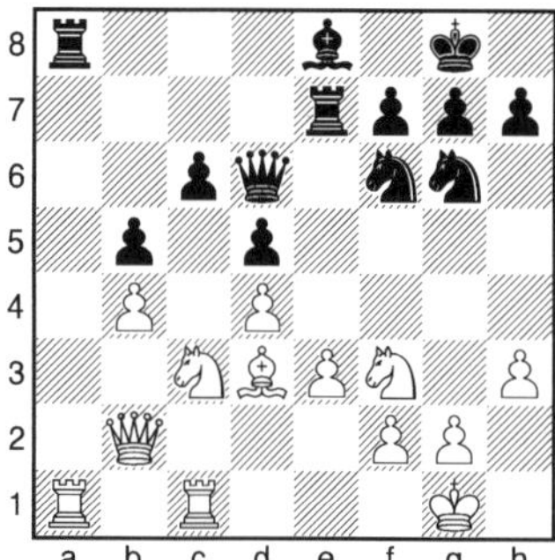

20...♖ea7 21.♖xa7 ♖xa7 22.♘e1± Δ♗e2 nebst ♘d3.

30

Gross – Jirovsky

Bratislava 1991

1.♘f3 ♘f6 2.c4 e6 3.d4 d5 4.♘c3 ♘bd7 5.cxd5 exd5 6.♗f4 c6 7.e3 ♗e7 8.♗d3 0-0 9.♕c2 ♖e8 10.0-0 ♘f8 11.h3 ♘g6 12.♗h2 ♗d6 13.♗xd6 ♕xd6 14.♖ab1 a5 15.♖fc1 ♗e6 16.♘a4 ♘e4 17.♘c5 ♘xc5 18.♕xc5 ♕d8 19.a3 ♕f6

Nachdem der Gegner mit seinem letzten Zug (♕d8–f6) die kaum zu übersehende Drohung ♗xh3 aufgestellt hat, steht Weiß vor der Frage, ob er diese beachten muss oder ignorieren kann.

1) In der Partie entschied er sich für die Verteidigungsmaßnahme **20.♕d6**, worauf die beste Antwort in **20...♕e7**∞ bestanden hätte. Danach könnte er kaum noch auf Vorteil hoffen, weil die Dame entweder abgetauscht oder zum Königsflügel verlegt werden müsste, wo sie eigentlich nichts zu suchen hat.

2) Mit **20.b4!** hätte er einfach 'sein Ding' weitermachen können.

a) Denn nach **20...♗xh3 21.bxa5** ...

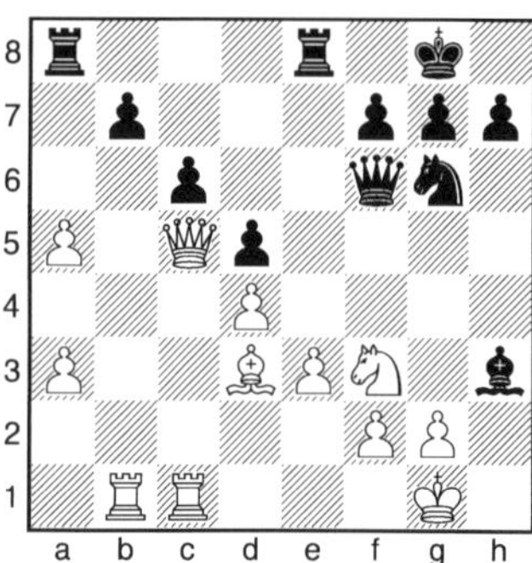

... wäre sein Spiel am Damenflügel viel zu konkret und kräftig gewesen, als dass der Verlust eines Rochadebauern ins Gewicht fallen könnte; z.B. **21...♗g4** (21...♗c8? 22.a6+–) **22.♘h2** (22.♘e1) **22...♗c8 23.a6! bxa6 24.♕xc6** usw.

b) Und nach **20...axb4** (20...a4?! 21.♕b6) **21.♖xb4!** hätte ein bedeutendes positionelles Detail darin bestanden, dass Weiß sich jederzeit mit dem Abtausch auf g6 die bessere Leichtfigur fürs Endspiel hätte sichern können – nämlich das 'Zweifarbentier' namens Springer.

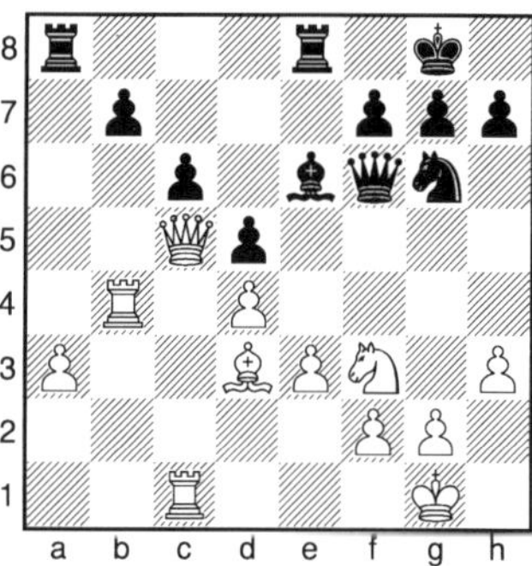

Hier ein Blick auf verschiedene Möglichkeiten:

– 21...♖xa3? 22.♗xg6 hxg6 23.♖xb7 ♖a6 24.♕d6

– 21...♖xb7 22.♗xg6 hxg6 23.♖a6

– 21...♕e7 22.♗xg6 (22.a4) 22...hxg6 23.♕e7 ♖xe7 24.a4

Und obwohl der weiße Vorteil in den beiden letzten Abspielen noch nicht aus dem Minimalbereich heraus sein mag, so ist er doch zumindest von dieser langfristigen Art, die nicht so leicht abgeschüttelt werden kann.

31

Kraidman – Bleiman

Beersheba 1978

1.d4 d5 2.c4 c6 3.♘f3 e6 4.♕c2 ♘d7 5.cxd5 exd5 6.♘c3 ♘gf6 7.♗f4 ♗e7 8.h3 ♘f8 9.e3 ♘g6 10.♗h2 0-0 11.♗d3 ♖e8 12.0-0 ♗d6 13.♗xd6 ♕xd6 14.♖ab1 ♗d7 15.b4 ♖e7 16.♖fc1 b5 17.♘d2 ♘h4

Nach Zusammenziehung seiner gesamten Truppe am Damenflügel sah Weiß die Zeit für den Hebel **18.a4?** gekommen.

Korrekt war 18.♘e2, denn nach dem vermutlich befürchteten Gegenhebel 18...a5 und der Antwort 19.a4! würde der Vorteil schon fast in den Gewinnbereich anwachsen.

Schwarz gehorchte quasi reflexartig mit **18...a6?**, wonach Weiß die Sache mit 19.♘e2 doch noch geradebiegen konnte.

Dabei hätte Schwarz das gegnerische Räsonieren geringfügig abändern können: Nachdem die gesamte weiße Truppe den Königsflügel verlassen hat, ist der Moment für den Gegenangriff **18...♗xh3!! 19.gxh3 ♖xe3!** gekommen.

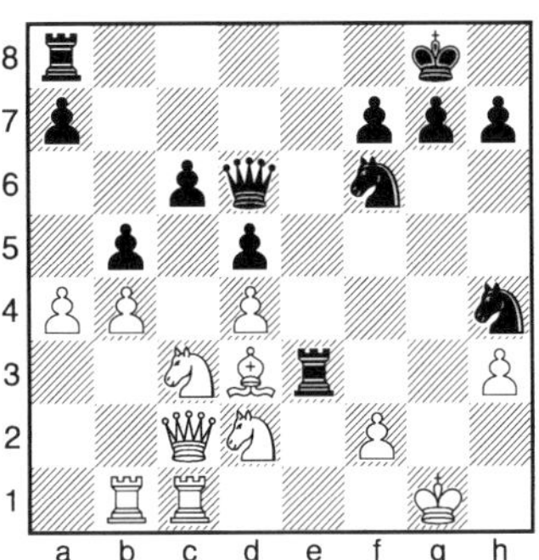

Hier ein ausführlicher Blick auf die möglichen Konsequenzen.

20.♗f1

20.fxe3?? ♕g3+ 21.♔f1 ♖e8!–+ 22.♘d1 ♕xh3+ 23.♔e2 ♕g2+ 24.♘f2 ♘g4 bzw. 24.♔e1 ♘g4

20...♖e6 Δ♘h5, ♖g6+ **21.♕d3**

21.♖e1 ♕f4! Δ♕xd2; Δ22.♖xe6 fxe6⩰

21...♘h5

21...♕f4? 22.♕g3 ♕xd2 23.♕xh4±

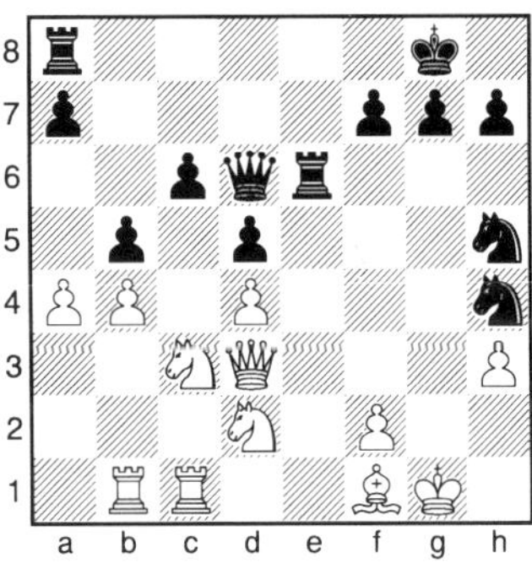

I) 22.♘f3?! ♖g6+ 23.♔h1 ♘g3+! 24.fxg3 ♖xg3 25.♘xh4 ♖xd3 26.♗xd3 ♕g3 27.♗f1 ♕xh4

II) 22.♖e1

A) 22...♖g6+ 23.♔h1 ♘f4 24.♕e3 ♖e6 25.♕g3 ♘f5⩰ Δ♘xd4

B) 22...♖ae8 23.♖xe6 ♖xe6⩰ z.B. 24.♘f3 ♖g6+ 25.♔h1

1) 25...♘g3+?? 26.fxg3 ♖xg3 27.♖e1!+– Δ27...g6 28.♖e3

2) 25...♕f4

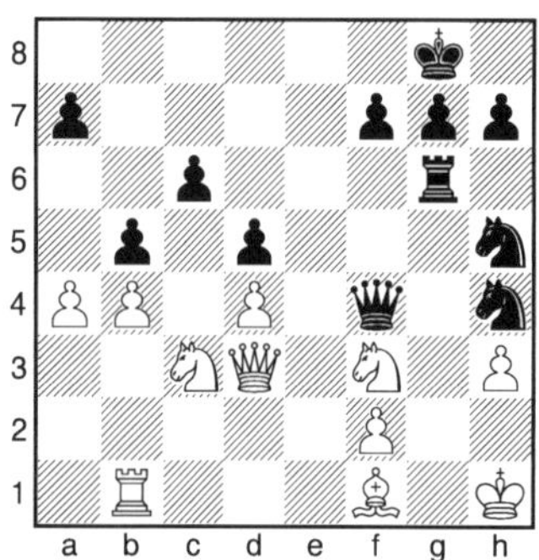

a) 26.♘xh4 ♕xf2 27.♘xg6 ♘g3+ 28.♕xg3 ♕xg3 29.♘e7+ ♔f8 30.♘xc6 ♕xc3 31.axb5

b) 26.♕e2 ♕xf3+ 27.♕xf3 ♘xf3 28.♗e2 ♘g3+! 29.fxg3 ♖xg3 30.♗xf3 (30.axb5 ♘xd4) 30...♖xf3 31.♖c1 bxa4 32.♘xd5 ♖xh3+ 33.♔g2 ♖b3 34.♖xc6 h5

32

Bogdanovich - Fahnenschmidt

Bundesliga 1995

1.d4 d5 2.c4 e6 3.♘c3 c6 4.cxd5 exd5 5.♗f4 ♘f6 6.♕c2 ♗d6 7.♗g5 h6 8.♗h4 ♘bd7 9.e3 0-0 10.♗d3 ♖e8 11.♘ge2 ♘f8 12.h3 ♗e7 13.g4 ♘e6 14.0-0-0 b5 15.♔b1 a5 16.♗xf6 ♗xf6 17.♘g3 ♗a6 18.♘f5 ♖c8

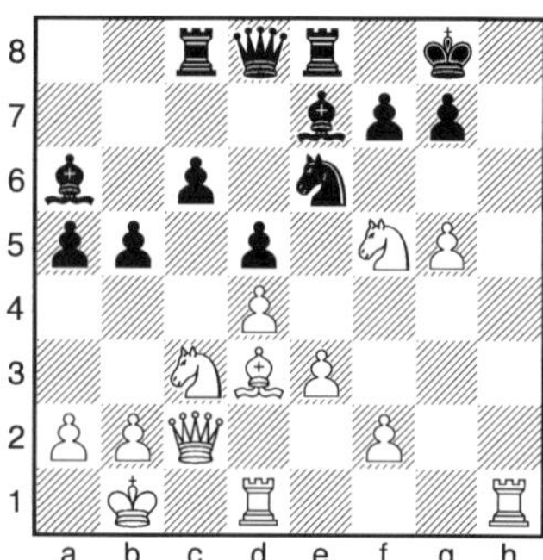

Der Gewinnzug lautet **19.h4!** und der 'premove' g4–g5.

In der Partie erhielt Weiß nach der anfänglichen Ladehemmung 19.♕d2?? mit 19...♕d7?? (statt 19...c5∞; 19...b4) eine Einladung zur zweiten Chance, die er mit 20.h4+– auch tatsächlich nutzte.

Hier ein Blick auf zwei aussagekräftige Beispielvarianten.

1) 19...♗e7 20.g5

a) Am einfachsten dringt der Angriff erwartungsgemäß nach der Öffnung der h-Linie mit **20...hxg5? 21.hxg5** durch.

Danach lautet die primitivste Gewinndrohung 22.♘xe7+ nebst ♗xb5 Δ♕h7+ nebst # – und die nur wenig subtilere 22.f4 Δ♕h2 nebst ♕h8#.

b) Auf den Versuch, den Königsflügel mit **20...h5** geschlossen zu halten, kann Weiß auf mannigfache Art gewinnen, z.B. systematisch mit **21.♖hg1** Δg6 Δ**21...g6 22.♘h6+ ♔g7**, wonach der verführerischste Gewinnkandidat **23.♘xf7!?** bei weitem nicht der stärkste ist (⌓23.f4! Δf5).

c) Und auf **20...♗f8** kommen außer dem schnörkellosen Herangehen **21.gxh6 g6 22.♖dg1** auch die Alternativen **21.♖dg1** oder **21.f4** Δ♕g2 in Betracht.

2) Und nach dem Gegenspielversuch **19...c5** und dem 'premove' **20.g5** ergibt sich folgendes Bild:

a) Das Streben nach taktischen Verwicklungen mit **20...♗xd4** (Δ21.exd4 cxd4) lässt Weiß am einfachsten mit **21.♗xb5!** ins Leere laufen.

b) Auf **20...cxd4** folgt **21.gxf6** Δ**21...♕xf6 22.exd4** bzw. **21...dxc3 22.fxg7** nebst ♖dg1.

c) Nach der Öffnung der h-Linie mit **20...hxg5 21.hxg5** (21.♗xb5!?) ähneln die Motive denen von Variante 1a); z.B. 21...♘xg5/♗xg5 22.f4 Δ♕h2.

d) Und auf **20...c4** ...

– gewinnt am coolsten 21.♗e2 mit der

möglichen Folge 21...b4 22.gxf6 bxc3 23.fxg7 oder 23.♘e7+.

– Energischer ist sowohl 21.♗e4!? Δdxe4 22.gxf6 ♕xf6 23.♘d6

– als auch 21.♘xd5!?

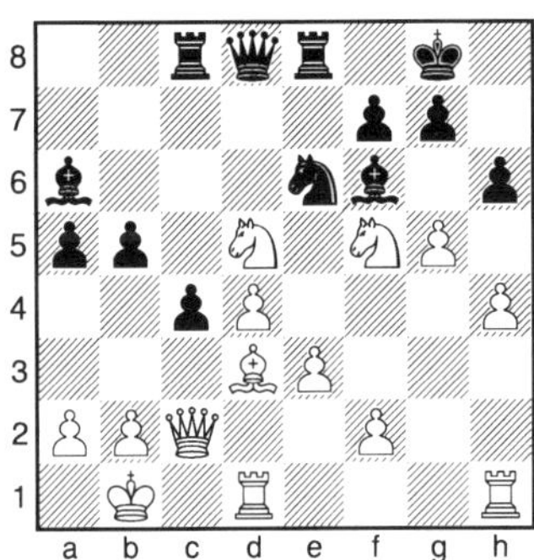

Δcxd3 22.♘xf6+ gxf6 (22...♕xf6 23.♕xc8) 23.♘xh6+ (23.♕xd3).

33

Kozlovskaya – Ivanova Skripova

St. Petersburg 1996

1.d4 ♘f6 2.♘f3 e6 3.c4 d5 4.♘c3 ♗e7 5.♗f4 0-0 6.e3 c6 7.♕c2 ♘bd7 8.cxd5 exd5 9.♗d3 ♖e8 10.0-0 ♘f8 11.h3 ♘e6 12.♗e5 g6 13.a3 ♘g7 14.b4 ♗f5 15.♖fc1 ♖c8 16.♗xf5 ♘xf5 17.♕d3 ♘d6 18.♘d2 ♕d7 19.♖ab1 ♕e6 20.a4 ♘d7 21.♗h2 ♘b6

1) Die Partiefolge **22.♘b3?!** hätte sich nach der korrekten Antwort eigentlich als harmlos herausstellen sollen, da der anvisierte Bauer b7 ja gedeckt und die Dame somit frei beweglich ist.

22...♘e4?!

Das ist allerdings ein positionelles Missverständnis, weil Schwarz nach dem Antwortzug auf c5 schlagen und somit die Öffnung der b-Linie zulassen muss.

Bei der korrekten Fortsetzung 22...♘bc4 hatte Schwarz vermutlich übersehen, dass der Bauer b7 nach der möglichen Folge 23.♘c5 (23.b5 b6!) 23...♕f5 24.♕xf5 ♘xf5 taktisch gedeckt ist.

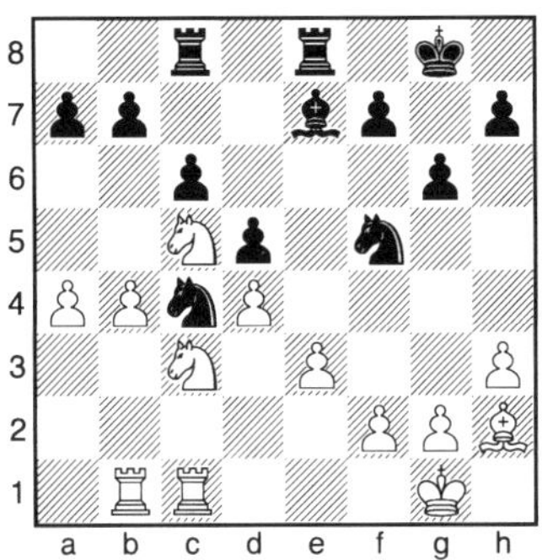

Und zwar wegen der Remisschaukel 25.♘xb7 ♘d2! 26.♖b2 ♘c4=.

23.♘c5

23.♘xe4!? dxe4 24.♕c2± Δ♗xb4 25.♘c5 bzw. 24...♘xa4 25.♘d2 (25.♘c5!?) 25...♘b6 26.♘xe4 ♗xb4 27.♘c5

23...♗xc5 24.bxc5 ♘xc3 25.♕xc3 (25.♖xc3!?) **25...♘xa4 26.♕a5 b5 27.♕xa7±**

2) Der Ansatz **22.a5?!** führt nach **22...♘bc4 23.♗xd6 ♘xd6** ...

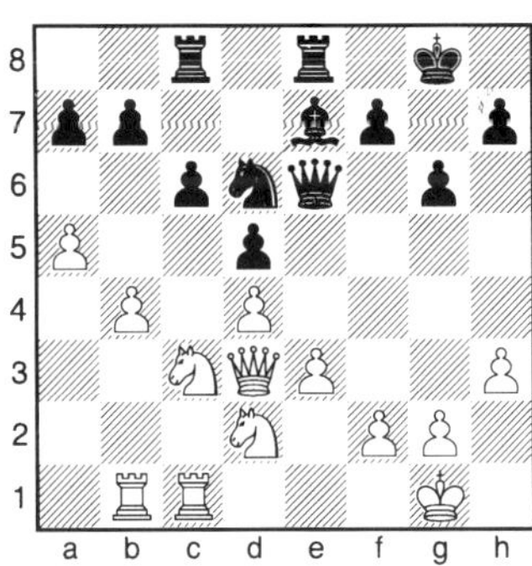

... zu unklarem Spiel in den Varianten:

a) 24.b5 cxb5 25.♘xb5 ♖xc1+ 26.♖xc1 ♖c8!∞

b) 24.♘a4 ♖c7!∞ Δ25.♘c5 ♕c8; ♕f5

3) Und **22.b5?!** wird mit **22...♘dc4** ausreichend pariert (22...♘bc4?! 23.♗xd6±);

z.B. **23.bxc6 bxc6 24.♘xc4 ♘xc4 25.♖b7 a5** usw.

4) Besser ist die sofortige Eliminierung des zweiten schwarzen Springers mit **22.♗xd6 ♗xd6** und Minimalvorteil in dem Abspiel **23.b5** Δbxc6 nebst a5

(23.a5 ♘c4 24.♘xc4 dxc4∞ Δb5)

Δ23...cxb5 24.♕xb5! (Δa5) **24...♗a3 25.♖c2 ♗d6**

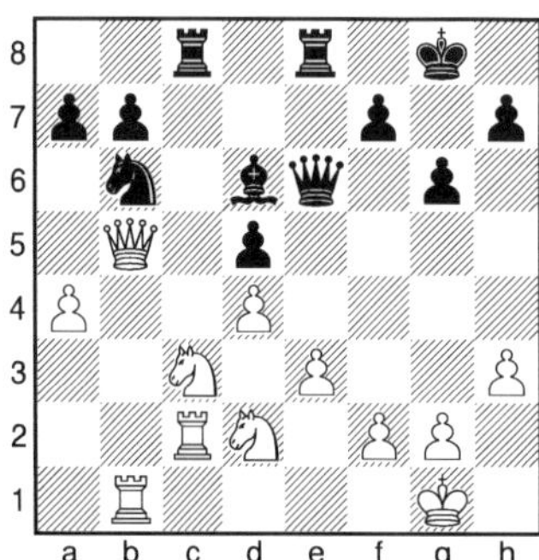

26.♕b3!± Δa5 (26.a5?! ♘c4 Δ27.♘xd5?? ♘a3–+; ⌓27.♘xc4 ♖xc4 28.♖cc1 ♖ec8)

34

Danielian – Barskij

Moskau 1996

1.d4 d5 2.♘f3 ♘f6 3.c4 e6 4.♘c3 ♘bd7 5.♕c2 c6 6.cxd5 exd5 7.♗f4 ♗e7 8.e3 0-0 9.♗d3 ♖e8 10.h3 ♘f8 11.0-0 ♘g6 12.♗h2 ♗d6 13.♗xd6 ♕xd6 14.♘g5 ♖e7 15.♘a4 ♘e8 16.♖ae1 ♕f6 17.f4 ♘d6 18.♘f3 ♗f5 19.♘e5 ♗xd3 20.♕xd3

Angesichts der mit dem Stützungszug f2–f4 einhergehenden Schwächung des Bauern e3 ist der strategische Schlüsselzug f7–f6 klar vorgezeichnet.

1) Nach **20...♕f5?** enttäuschte Weiß das Wunschdenken 21.♕xf5? ♘xf5∓ Δf6 mit dem pointiert störenden Ausweichmanöver **21.♕a3!**, wonach die Partie folgenden drastischen Verlauf nahm.

21...♖d8 21...♕f6 22.♘c3 **22.♘c3 a6?**

Nach dieser taktischen Unaufmerksamkeit gerät Schwarz sogar an den Rand einer Niederlage.

⌓22...♖ee8 oder 22...♕c8 jeweils Δ23.♕xa7 f6≅

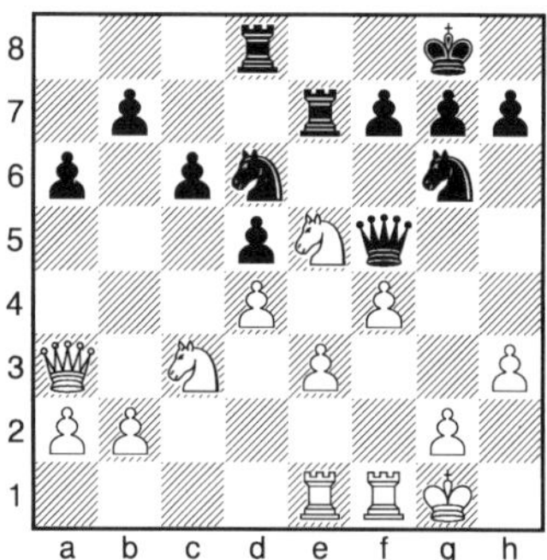

23.e4!~+–

Ironischerweise wird die unglückliche schwarze Figurenstellung durch die Abschaffung der eigentlich zur Eroberung vorgesehenen Schwäche e3 ausgenutzt.

23...dxe4?

Und damit wirtschaftet Schwarz seine Stellung in nur vier Zügen von ‘möglichem Minimalvorteil’ auf ‘Verlust’ herunter.

Nur mit 23...♕f6 24.exd5 ♘b5! ...

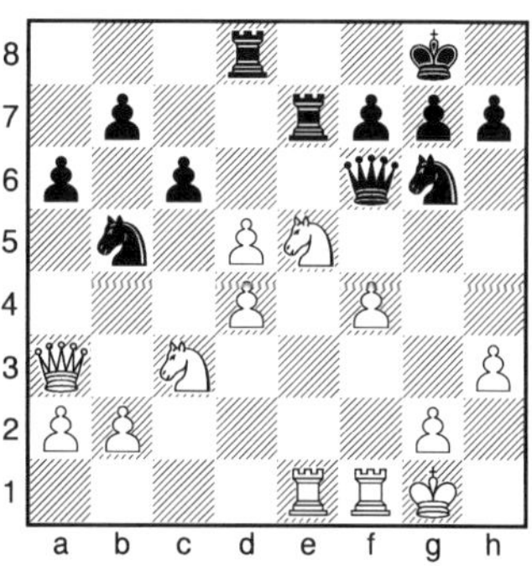

... Δ25.♘xb5? (⌓25.♕a5!) 25...cxb5 26.♕c5± war der Kampf noch in die Länge zu ziehen;

24.♘xe4 ♘c8

Nur geringfügig besser war 24...♘xe4 25.♘xg6 hxg6 26.♕xe7 ♖xd4 usw.

25.g4+−

Hier ein Blick auf zwei mehr oder weniger bessere Alternativen:

2) 20...♕h4 mit der möglichen Folge **21.c5 ae8 22.h2 f8!∓** Δf6

3) 20...♖ae8 mit der möglichen Folge **21.c5 f8** (21...h4!?) **22.e4** (22.f5 h5 23.e4) **22...xe4 23.xe4 dxe4 24.xe4 e6 25.f5 d5∓** Δf6

35
Chuchelov – Legky
Le Touquet 1996

1.d4 d5 2.c4 e6 3.♘f3 ♘f6 4.♘c3 ♘bd7 5.cxd5 exd5 6.♕c2 c6 7.♗f4 ♗e7 8.h3 ♘f8 9.e3 ♘g6 10.♗h2 ♗d6 11.♗xd6 ♕xd6 12.♗d3 0-0 13.0-0 ♖e8 14.♖ab1 a5 15.a3 ♕e7 16.b4 ♘e4 17.b5

Weiß hat den Schlüsselzug b4–b5 ausgeführt, ohne dass Schwarz mit c6–c5 die Öffnung der b–Linie vermeiden kann. Dies ist ein klares Signal für die akute Gefahr, völlig in die Verteidigung ge drängt zu werden, wenn nicht schleunigst Gegenspiel geschaffen werden kann.

Vor der Beschäftigung mit der Aufgabenstellung hier zunächst ein Blick auf verschiedene Alternativen, die mehr oder weniger deutlich in die falsche Richtung gehen.

– 17...♕xa3?? 18.♘xe4 dxe4 19.♗xe4+−

– 17...♗d7? 18.bxc6±; 18.♘a4 Δ♘b6; Δ♘c5

– 17...♗f5? 18.bxc6± (18.a4) 18...bxc6 19.♖b3; 19.a4

I) In der Partie erkannte Schwarz ganz richtig, dass Gegenspiel nur nach Eliminierung des Schutzsspringers f3 geschaffen werden kann. Allerdings wählte er mit **17...♘h4??** den falschen Springer, vermutlich aufgrund der Überlegung, dass dieser auf g6 sehr schlecht steht, der auf e4 hingegen sehr gut. Dabei vergaß er allerdings, dass in der Folge auch der gut stehende Springer eliminiert wird, wonach nicht mehr gut Potenzial für einen ernstzunehmenden Gegenangriff am Königsflügel erhalten bleibt.

18.♗xe4 dxe4 19.♘xh4 ♕xh4 20.bxc6 bxc6

Schwarz muss in den sauren Apfel beißen, da der Angriffsversuch 20...♗xh3? 21.gxh3 ♕xh3 mit 22.♘xe4+− Δ♘g3 mühelos abgewehrt werden könnte.

21.♖fc1

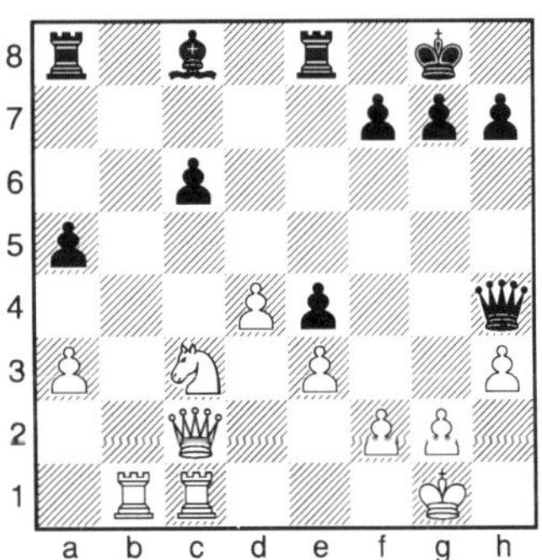

Dieser Zug erhöht nicht nur den Druck auf der c–Linie, sondern ermöglicht dem König bei Bedarf die Flucht Richtung Zentrum. Somit ist der Wunsch nach Gegenspiel ein für allemal gestorben und Schwarz steht positionell auf Verlust.

II) Ganz anders hätte die Sache nach **17...♘g5!** ausgesehen.

A) Zunächst ein abschreckendes Beispiel, wie es dem Weißen ergehen kann, wenn er mit **18.♘d2??** den vom Gegner angestrebten Abtausch vermeidet. Dann führt nämlich **18...♘xh3+! 19.gxh3 ♗xh3** zwangsläufig zum Gewinn, wie aus den folgenden Abspielen hervorgeht:

1) 20.♔h1 ♕h4 21.♘f3

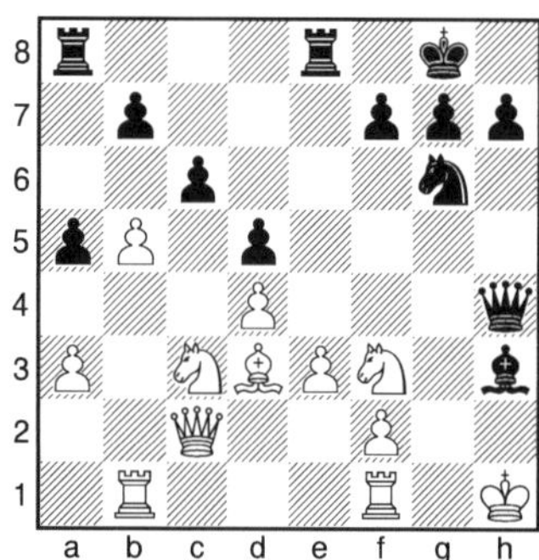

21...♗g2+! 22.♔xg2 ♘f4+! 23.exf4 ♕g4+ 24.♔h2 ♖e6

2) 20.♘f3 ♘h4 21.♕d1 ♗g4 +++ 22.♗e2 ♗xf3 23.♗xf3 ♕g5+ 24.♔h2 ♘xf3+ 25.♕xf3 ♖e6 26.♕g3 ♖h6+ 27.♔g2 ♕f6 usw.

B) Und nach 18.♘xg5 ♕xg5 hat Schwarz das gewünschte Gegenspiel erreicht; z.B. 19.bxc6 bxc6 (19...♗xh3?? 20.f4+–) 20.♔h2 ♘h4

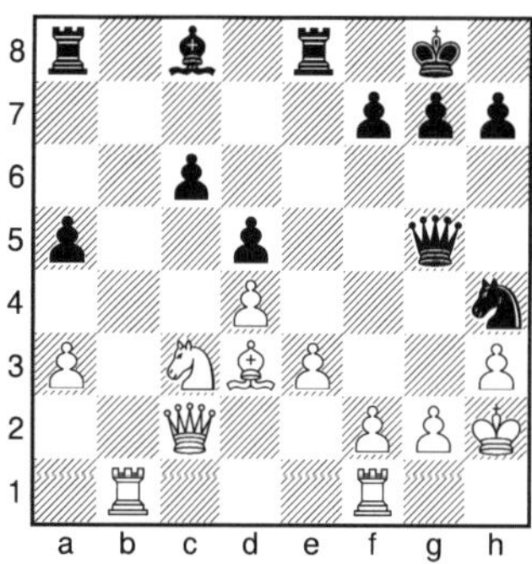

1) 21.f4 ♕xg2+! (21...♕f6) 22.♕xg2 ♘xg2 23.♔xg2 ♗xh3+ 24.♔f3 ♗xf1 25.♖xf1 ♖ab8

2) 21.♖g1 ♕h6! Δ♘f3+

a) 22.♕e2 ♘xg2! 23.♖xg2 ♗xh3 24.♔g1 ♗xg2 25.♔xg2 ♕g5+ 26.♔f1 ♖ab8

b) 22.♖h1 ♕g5 23.g3 ♘f3+ 24.♔g2 ♘h4+ 25.♔f1 ♕f6! 26.gxh4 ♖xe3≌

36

Sandipan – Avetisyan

Jerewan 2017

1.d4 d5 2.c4 e6 3.♘c3 ♗e7 4.cxd5 exd5 5.♗f4 ♘f6 6.e3 c6 7.♗d3 ♗g4 8.♘f3 ♘bd7 9.h3 ♗h5 10.♕c2 ♗g6 11.♗xg6 hxg6 12.0-0-0 ♕a5 13.♔b1 ♗b4 14.♘e2 ♕b6 15.♘g3

1) Gegen den Partiezug **15...0-0-0?** sprechen vornehmlich *zwei* Gründe, nämlich der mögliche Druckaufbau auf der c–Linie, ohne dass der König nach b8 ausweichen kann – sowie die Schwenkmöglichkeit des Turms über die dritte Reihe. Entsprechend sind die folgenden Züge gut nachzuvollziehen.

16.♖d3 a5 17.a3 ♗e7 18.♖c1

Danach kommt mit 19.♕a4 nebst ♖dc3 oder ♖b3–b5 bereits die erste konkrete Gewinndrohung in Sicht.

18...♘h5?

Erforderlich war das prophylaktische Ausweichen 18...♕a6 mit der möglichen Folge 19.♖c3 (Δ♕a4) 19...a4 20.♔a2±.

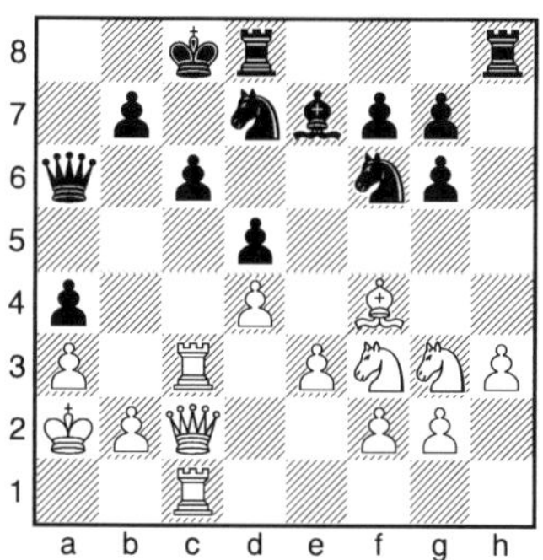

Danach zeichnet sich angesichts der Möglichkeiten 21.♖b1 nebst b3 oder auch sogleich 21.b3 positioneller Zugzwang ab, zumal Schwarz auch noch Nebendrohungen wie ♘g5, ♘e5 und ♘e1-d3 beachten muss.

19.♘xh5 gxh5?

Nach dem besseren 19...♖xh5 bringt 20.♕a4+- wieder die Drohungen ♖c3 und ♖b3-b5 mit sich.

Und hier wäre **20.♖b3 ♕a6 21.♕f5** noch wesentlich kräftiger +- gewesen als die Textfolge **20.♕a4** usw.

2) Noch schlechter ist **15...0-0??**, denn nach der automatischen Antwort **16.h4**+- spielt sich der Angriff wie von selbst, wie in Blick auf zwei Beispielvarianten veranschaulicht.

a) 16... ♘h5 17.♘xh5 gxh5 18.♘g5 mit unparierbarem Mattangriff in den Abspielen:

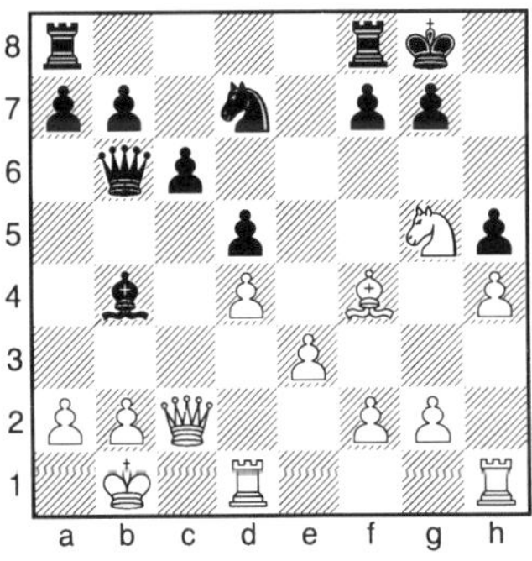

- 18...f5 19.g4! (19.f3) 19...hxg4 20.f3! 20...gxf3 21.♖dg1 und nun z.B. 21...♗e7 22.♘e6 ♖f7 23.♘xg7! ♖xg7 24.♕xf5

- 18...g6 19.g4 ♘f6 20.gxh5 ♘xh5 21.♘e6 und nun z.B. 21...♖fc8 22.♖dg1 usw.

b) Etwas besser ist **16...♕b5**, um mit 17...♕c4 entlastenden Damentausch zu erzwingen. Hier nur ein Blick auf die konsequenteste Gewinnfortsetzung **17.h5**.

Unter den Alternativen sticht besonders der Scherzartikel 17.♔a1 Δ17...♕c4 18.♕b1 hervor.

- Am zähesten ist **17...♕c4 18.♕xc4 dxc4 19.hxg6 fxg6 20.♖h4/♖h3** nebst ♖dh1 usw.

- Am unterhaltsamsten ist **17...♘xh5 18.♘xh5 gxh5 19.♖xh5**

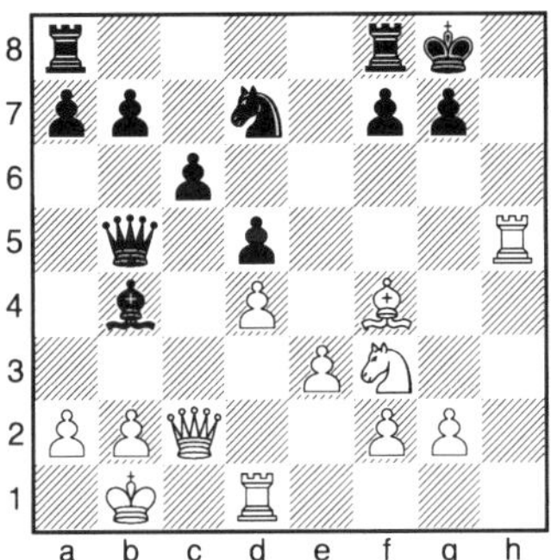

Δ**19...♘f6 20.♘g5!** bzw. **19...g6 20.♖h6 ♔g7 21.♘e5 ♘xe5 22.♗xe5+! ♔xh6 23.♗f6** nebst # in 5 Zügen.

3) Am besten ist es, sich mit **15...a5!** auf eine Abwartestrategie zu verlegen. Zu diesem Zweck ist der Vorstoß des Randbauern sinnvoll, um dem weißen Turm mit a5-a4 die Schwenkmöglichkeiten auf der dritten Reihe nehmen zu können. Hier ein Blick auf die kritische Fortsetzung **16.e4 dxe4 17.♘xe4** mit folgenden Abspielen:

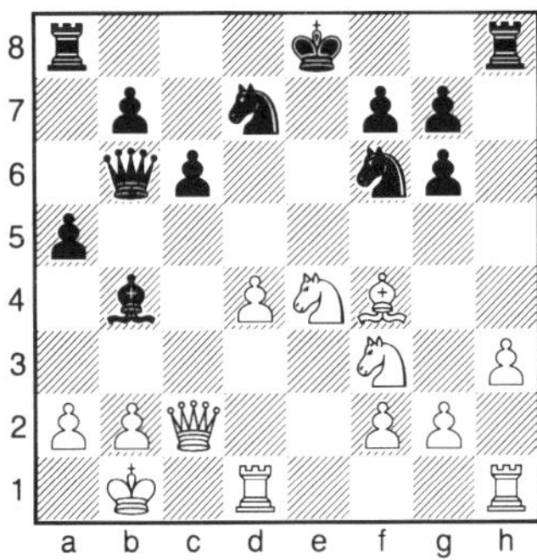

a) 17...♘xe4 18.♕xe4+ ♔f8 19.♘e5 ♘f6 20.♕f3±

b) 17...0-0! 18.♘xf6+ gxf6! 19.♗e3 ♕b5! 20.h4 ♕d5∞ Δ21.h5 g5

37

Papadopoulou – Berzina

Griechenland 2011

1.d4 d5 2.c4 e6 3.cxd5 exd5 4.♘c3 c6 5.♗f4 ♘f6 6.♕c2 ♗d6 7.♗xd6 ♕xd6 8.e3 ♗g4 9.♗d3 ♗h5 10.♘ge2 ♗g6 11.♘g3 ♗xd3 12.♕xd3 0-0 13.0-0 ♘bd7 14.♖ab1 ♖fe8 15.♖fc1 ♘g4

In einer Stellung, in der absolut nichts los ist, besteht der Unterschied zwischen dem Partiezug 16.♕f5 und der Provokation **16.h3!** darin, dass der Damenzug sicherlich zu den Kandidaten gehörte, die Schwarz erwartet und berechnet hatte, während der Bauernzug genau derjenige ist, den Schwarz wegen einer ‘einfachen taktischen Widerlegung’ für ausgeschlossen gehalten hatte.

Und weil dem so ist, und weil die taktische Widerlegung von **16...♘xe3?!** (⌓16...♘gf6) absolut nicht einfach zu sehen ist, hätte Schwarz den geplanten Zug mit ziemlicher Sicherheit ohne viel Federlesens aufs Brett geworfen – und wäre nach dem feinsinnigen stillen Zug **17.b3!** mit ziemlicher Sicherheit ins Grübeln geraten.

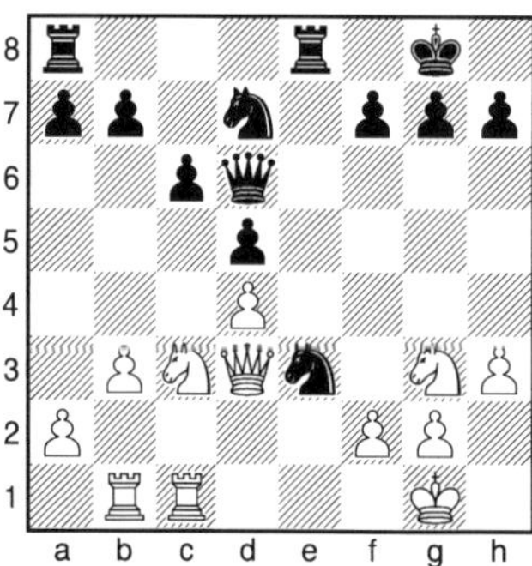

Und hätte erkannt, dass der vorgeprschte Springer kein Rückzugsfeld mehr hat und nach ♖e1 oder ♘ge2 bzw. ♘ce2 verlorenzugehen droht.

Hier ein Blick auf die mehr oder weniger nachteiligen Fortsetzungen.

1) Nach **17...f5 18.♘ge2 f4 19.fxe3 ♖xe3 20.♕d2** ...

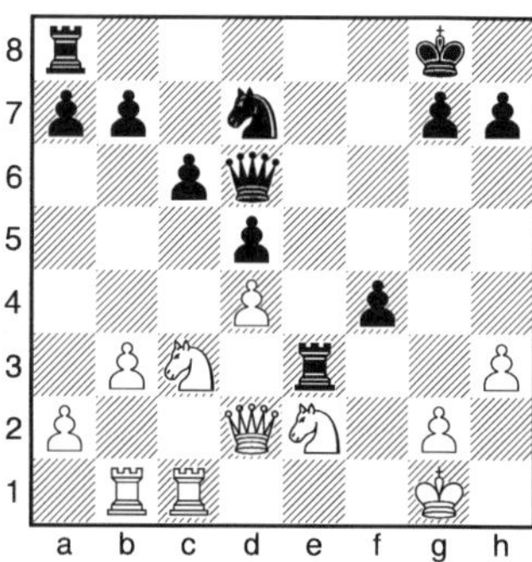

... muss Schwarz den Nachweis erbringen, dass zwei Bauern tatsächlich genug Kompensation für die Figur bieten, was allerdings nicht gänzlich gelingen kann; z.B. **20...♖ae8 21.♖f1 g5 22.♖f3 ♖xf3 23.gxf3±** mit dem Anschlussplan ♔f2/g2 nebst ♘g1 und ♖e1.

2) Sicherer ist wohl die Lösung, mit **17...g6 18.♘ce2 ♘f5 19.♘xf5 gxf5 20.♕xf5** ...

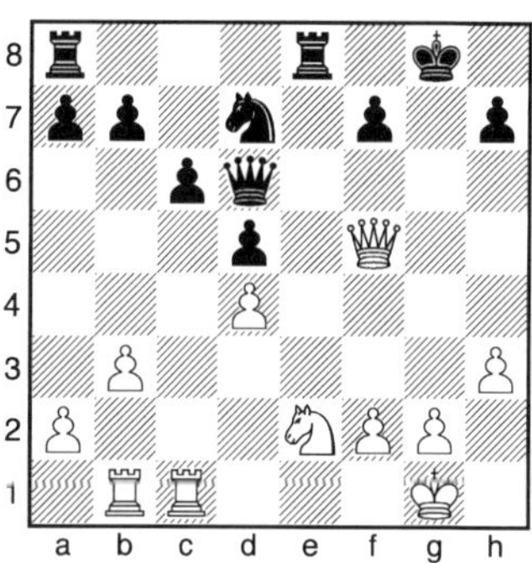

... (Δ20...♖xe2?? 21.♕g4+ +–) den rein positionellen Schaden hinzunehmen und den gegnerischen Vorteil auf ± einzugrenzen.

38

Shaydullina – Sudakova

Sotschi 2006

1.d4 d5 2.c4 e6 3.♘c3 c6 4.cxd5 exd5 5.♗f4 ♘f6 6.♕c2 ♗d6 7.♗g5 ♘a6 8.e3 ♘c7 9.♗d3 ♗g4 10.♘ge2 ♘e6 11.♗h4 ♗h5 12.h3 ♗g6 13.0-0 0-0 14.f4 ♗xd3 15.♕xd3 ♖e8 16.g4 ♘f8 17.f5 ♗e7 18.♘g3

1) Die Partiefolge **18...♘6d7? 19.♗xe7 ♕xe7** gestattete Weiß die *Lösung* des Problems mit den deplatzierten Leichtfiguren am Königsflügel, statt dieses auszunutzen.

2) Und zwar mit **18...♕c7** mit kräftigem Minimalvorteil, denn außer über die offensichtlichen Abzugsdrohungen ♘xg4 und ♘e4 verfügt Schwarz auch über den weniger offensichtlichen taktischen Schlag 19...g5! 20.fxg6 ♘xg6.

3) Einen noch besseren Eindruck macht **18...h6**, um zunächst den Vorstoß g4-g5 zu verhindern und die Stellung des Springers f8 mit Δ♘8h7 zu verbessern. Nach der möglichen Folge **19.♖ae1 ♘8h7** Δ♕c7 oder auch sogleich **19...♕c7** Δ♘e4; ♘xg4 scheint der weiße Vorteil bereits geringfügig aus dem Minimalbereich heraus zu sein.

39

Milanovic – Baramidze

Deizisau 2012

1.d4 d5 2.c4 e6 3.♘c3 ♗e7 4.cxd5 exd5 5.♗f4 ♘f6 6.e3 ♗f5 7.♘f3 c6 8.h3 ♘bd7 9.♗e2 0-0 10.0-0 ♖e8 11.♘h4 ♗e6 12.♘f3 ♗f5 13.♘h4 ♗e6 14.♘f3 ♘f8 15.♗d3 ♘g6 16.♗h2 ♗d6 17.♘e5 ♗d7 18.f4

Offenbar steht Schwarz unter starkem positionellem Druck, und bevor Weiß diesen noch weiter ausbauen könnte, müsste dringend ein ernstzunehmendes Gegenspiel her. Dazu kommt nur der Ansatz des einzigen zur Verfügung stehenden Hebels in Betracht, wobei eben die Frage lautet: Sofort oder erst nach Vorbereitung?

I) Nach sofort **18...c5 19.♘xd7** zeigt sich der Sinn der vorgeschlagenen Alternative 18...a6.

A) Denn nach **19...♕xd7? 20.♗b5** geht ja offenbar eine Qualität verloren.

1) Nun gäbe es nach **20...♕e7 21.♗xe8** Δ**21...♕xe3+ 22.♔h1 ♖xe8 23.♗g1** nebst dxc5 keinen Zweifel an einer weißen Gewinnstellung.

2) Und nach dem besseren Ansatz **20...♕f5!? 21.♗xe8 ♖xe8 22.♖e1 c4** Δ♗b4 ...

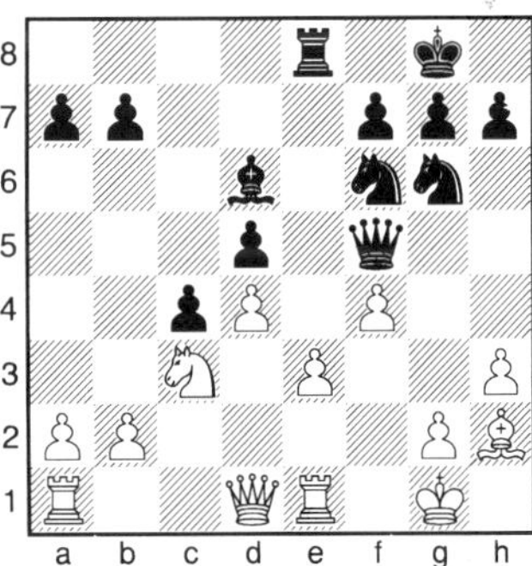

... mögen sich die Geister von Mensch und Computer scheiden, ob das angesichts der eklatanten Schwächen auf der e-Linie noch im Bereich ± liegt oder nicht. Fest steht jedenfalls, dass Schwarz deutlich schlechter stünde als nach der Partiefolge.

B) In der Partie opferte Schwarz also lieber mit **19...♘xd7** einen Bauern und es folgte **20.♘xd5 cxd4 21.e4**.

Das ist klarerweise ein 'Überfeinheit', die nach 21...♘c5 nur für Minimalvorteil reichte.

Stattdessen wäre **21.exd4** nicht nur einfacher, sondern auch besser gewesen.

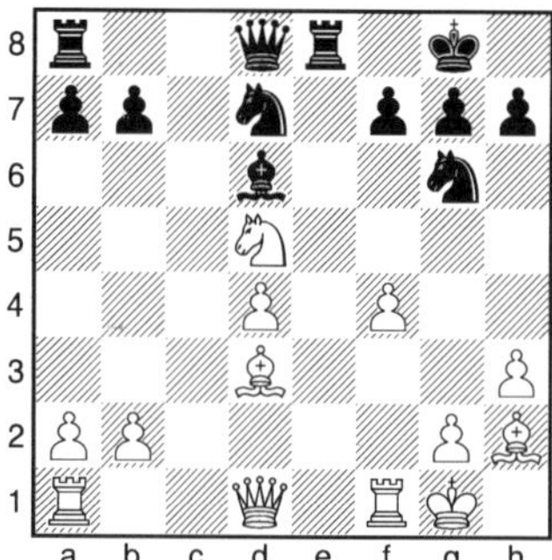

Z.B. **21...♘f6 22.♘xf6+** (22.♗c4!?) **22.♕xf6 23.♔h1!** Δ**23...♕xd4?? 24.♗xg6 ♕xd1 25.♖fxd1**+–.

II) Höchstens geringfügig besser ist **18...a6** mit der möglichen Folge **19.♕f3** (19.♕b3!? Δ♕xb7; Δe4) **19...c5** Δ**20.♘xd5** (20.♖ad1 ♗c6) **20...♘xd5**

A) 21.♕xd5?! ♗e6⯹ Δ**22.♕xb7?? ♗xe5–+ 23.♗e4** (23.fxe5? ♗d5) **23...♖b8 24.♕xa6 ♗xd4** +++

B) Besser ist der überraschende Zwischenzug **21.♘xf7!** ...

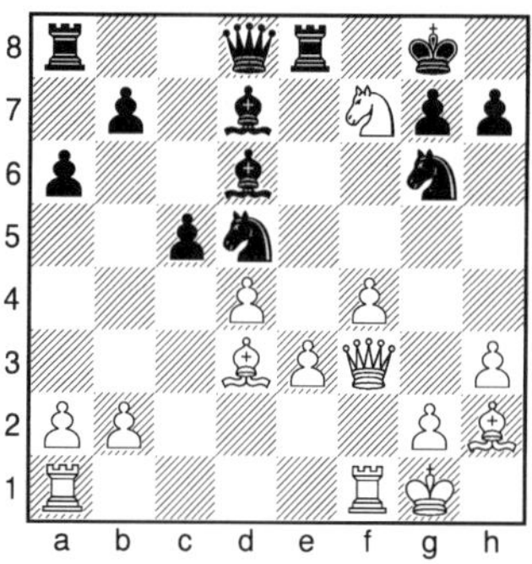

... mit der längeren und mehr oder weniger erzwungenen Folge **21...♔xf7** (21...♕e7?? 22.♘xd6 ♕xd6 23.f5+–) **22.♕xd5+ ♗e6 23.♕h5 ♔g8 24.f5 ♗xh2+ 25.♔xh2 ♕d5! 26.♕e2 c4 27.♗c2 ♗xf5 28.♖xf5 ♕xd4 29.♖d1! ♖xe3 30.♖xd4 ♖xe2 31.♖xc4** mit kräftigem Minimalvorteil dank der aktiveren Türme und der besseren Leichtfigur.

40

Muhammad – Onischuk

Lindsborg 2002

1.d4 ♘f6 2.c4 e6 3.♘f3 d5 4.♘c3 ♗e7 5.cxd5 exd5 6.♗f4 c6 7.e3 ♗f5 8.♗d3 ♗xd3 9.♕xd3 ♘bd7 10.0-0 ♘h5 11.♗e5 0-0 12.♖fb1 a5 13.♖d1 g6 14.♖ac1 f6 15.♗g3 ♘xg3 16.hxg3 f5 17.♘e2 ♗d6 18.♘f4 ♕e7 19.♕b3 ♘f6 20.♘d3 a4 21.♕c2 ♘g4 22.♖e1 a3 23.b3 ♖ae8 24.♖b1 ♗b4 25.♖ec1 ♘f6 26.♘fe5 ♘e4 27.♘xb4 ♕xb4 28.♘d3 ♕e7 29.b4

Der Minoritätsangriff ist noch nicht vom Tisch, der Bauer a3 neigt zur Schwäche, der schwarze König steht im Falle einer Stellungsöffnung deutlich luftiger und substanzielles Gegenspiel ist nicht in Sicht. Eigentlich lauter gute Gründe, um eine Gelegenheit, das Spiel zu komplizieren, beim Schopfe zu greifen.

Tatsächlich führt der Überfall **29...♘xg3?** nur bei nachlässiger Defensive zu unklaren Verhältnissen.

In der Partie erkannte Schwarz dies korrekt und verhielt sich mit 29...♘d6∞ solide abwartend.

Nach den weiteren Zügen **30.fxg3 ♕xe3+ 31.♘f2** (31.♔h2 ♕h6+) ...

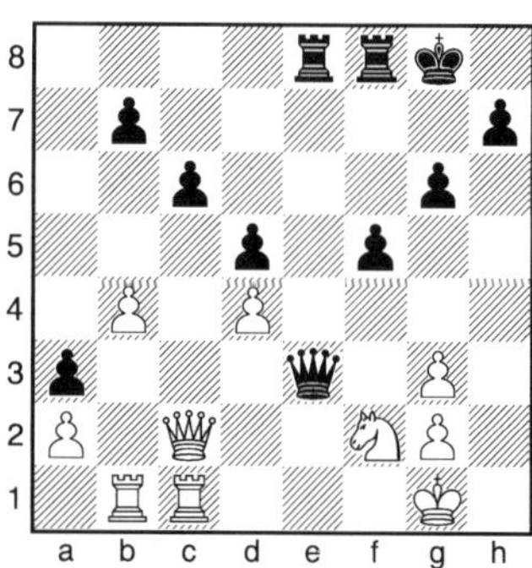

... ergibt sich in folgenden Abspielen mehr oder weniger kräftiger Vorteil im Bereich ±:

1) 31...♕xd4 32.♕c3; **32.b5!?**

2) 31...f4 32.gxf4

- 32...♖xf4? 33.♖e1+-
- 32...♕xf4? 33.♖d1+-
- 32...♕xd4 33.g3; 32.b5!?

3) 31...♕xg3 32.♖b3 ♖e3 33.♖xe3 ♕xe3 34.b5!? (34.♖d1) **34...cxb5 35.♕c5 ♔g7 36.♖d1** bzw. **35...♖f7 36.♖d1**

41

Trivizas – Dobrov

Athen 2003

1.♘f3 ♘f6 2.c4 e6 3.d4 d5 4.♘c3 c6 5.cxd5 exd5 6.♗g5 h6 7.♗h4 ♗f5 8.♕b3 b5 9.e3 a5

1) Der Partiezug **10.♘e5??** führte nach dem Tempogegenstoß **10...a4 11.♕d1 a3** angesichts der fatalen schwarzfeldrigen Unterminierung zu einer annähernden Gewinnstellung.

12.♗xf6?!

Als klare Schockreaktion leistet Weiß in der Folge kaum noch Widerstand.

a) Allerdings ist auch 12.♕b3?! nach 12...axb2 13.♕xb2 ♕a5–+ ziemlich hoffnungslos.

(Das ist sogar noch stärker als die Vorschaltung von 13...g5 14.♗g3 ♕a5 15.f3 ♗b4 16.♔d2 0-0 usw.)

14.♗xf6 ♗b4 (14...gxf6 15.♘d3 b4) 15.♔d2 ♗d6 Δb4; Δ♘d7–b6

b) Der einzige Hoffnungsschimmer, vielleicht doch noch im Trüben fischen zu können, bestand in 12.♗d3!? axb2 13.♗xf5 bxa1♕ 14.♕xa1 ♖a3 15.0-0 ♕a5

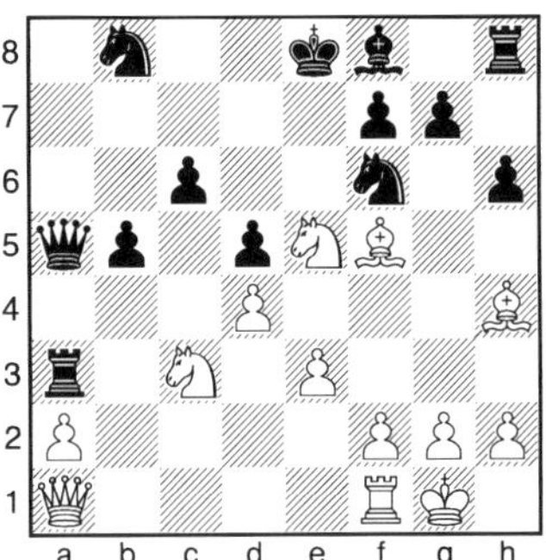

... und nun 16.♕b1 ♕xc3 17.♗g6 fxg6 18.♕xg6+ ♔d8 19.♗xf6+ gxf6 20.♕xf6+ ♔c7 21.♕xh8, obwohl der umsichtige Zug 21...♕b4! Δ♖xa2, Δ♘d7; Δ 22.♕h7+ ♕e7 auch diesem Spuk eine Ende macht.

12...gxf6 13.♘d3?!

Und apropos ‘im Trüben fischen’ bot sich hier eigentlich nur noch 13.♘xc6 ♘xc6 14.♗xb5 an, obwohl Schwarz gar keinen Verteidigungszug (wie z.B. 14...♗d7) nötig hat, sondern mit 14...axb2! beim schwarzfeldrigen Thema bleibt. Und nach 15.♗xc6+ ♗d7 16.♗xa8 bxa1♕ 17.♕xa1 ♕xa8 gehen mit der ‘zerrütteten Bauernstellung’ jede Menge offene Linien für die vier schwarzen Langschrittler einher.

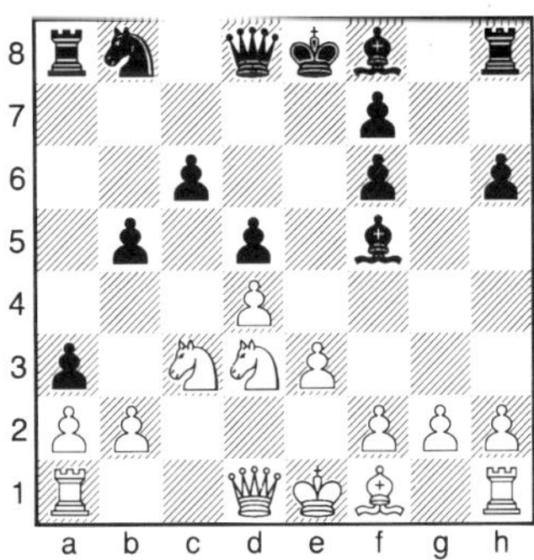

Und statt mit **13...♗xd3?** lockerzulassen, hätte Weiß erneut mit 13...axb2 14.♘xb2 ♖a3! Δ♕a5 oder 14...♗b4 15.♕b3 ♕a5 beim Thema ‘schwarze Felder’ bleiben sollen.

2) Der Abtausch **10.♗xf6!** ist keineswegs bedeutungslos, denn dabei geht es ganz konkret um einen geplanten Überfall auf den Bauern d5 'mit allem Drum und Dran'; z.B. **10...♕xf6**

(Nach 10...gxf6 bleibt zwar d5 unter Kontrolle, aber nach der Zerstörung der schwarzen Bauernstellung am Königsflügel kann Weiß auch getrost mit 11.a4 auf Positionsspiel umschalten und deutlichen Vorteil davontragen.)

11.a4

Hier ist dieser Vorstoß nicht etwa positionell gemeint, sondern er zielt auf die Sperrung des Feldes b4 ab, wobei der Sinn aus Varianten wieder der folgenden hervorgeht: 11.♘xd5?? cxd5 12.♗xb5+ ♗d7 13.♕xd5 ♗b4+∓.

11...b4?

Nur mit dem dynamischem Herangehen 11...♘a6!? 12.axb5 ♘b4 13.♖c1 ♗d6 14.bxc6 0–0 15.♗e2 ♖fc8 16.0–0 war der Nachteil noch aus dem klaren Verlustbereich herauszuhalten.

12.♘xd5! cxd5 13.♕xd5 ♖a7 14.♗b5+ ♗d7 15.♖c1! ♕d8

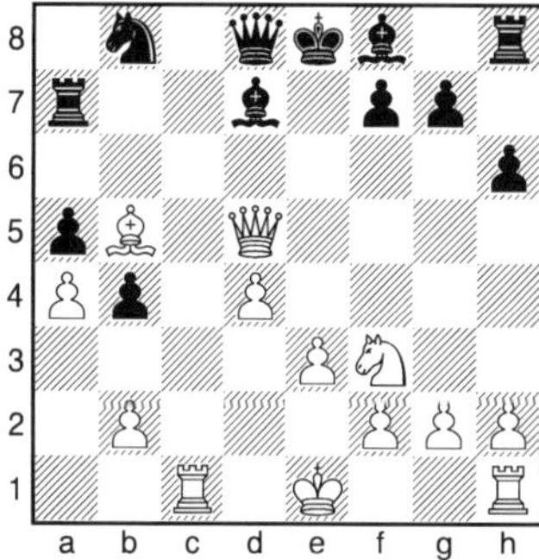

16.♘e5+–

Nach dem überstürzten 16.♕e5+? ♗e7 17.♕xg7 ♗f6 18.♕g3 wäre der weiße Vorteil nicht einmal mehr aus dem Minimalbereich heraus.

16...♗xb5 17.♕xb5+ ♘d7 und jetzt ist es bemerkenswert, dass außer dem direkten Ansatz **18.♘c6 Δ18...♕c8 19.♔d2** auch betont ruhige Alternativen wie **18.0–0** und sogar **18.♔d2** zum Ziel führen.

42

Bilek – Damele

Reggio Emilia 1965

1.d4 d5 2.♘f3 ♘f6 3.c4 e6 4.♘c3 ♘bd7 5.cxd5 exd5 6.♗f4 c6 7.e3 ♗e7 8.♗d3 0-0 9.♕c2 ♖e8 10.0-0 ♘f8 11.♖ab1 ♘g6 12.♗g3 ♘h5 13.b4 ♘xg3 14.hxg3 ♗e6 15.♘a4

1) Der Abstiegskandidat **15...b5?** kam in der Partie aufs Brett. Die Preisgabe des Feldes c5 ist in aller Regel nur dann statthaft, wenn Schwarz dort jetzt zweimal schlagen könnte, sodass am Ende ein weißer Bauer auf c5 die Schwäche c6 kaschiert. Im gegebenen Fall geht jedoch ein völliger Kontrollverlust über c5 damit einher, zumal den vier möglichen Besatzern dieses Feldes (♕+♘+2♖) nur zwei mögliche Verteidiger (♕+♘) gegenüberstehen.

16.♘c5 ♗d7?

Das macht die Sache noch schlimmer (siehe nächste Anmerkung).

Nach 16...♗xc5 17.♕xc5 wäre der weiße Vorteil noch im Bereich 'kräftig ± angesiedelt gewesen; z.B. 17...♘e7

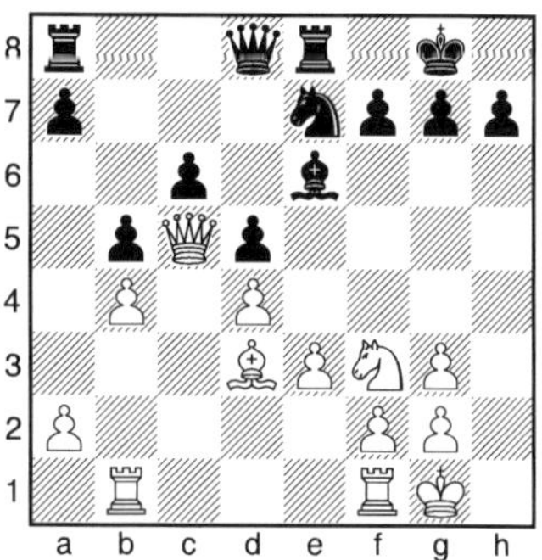

18.a4 (18.♖a1 a5 19.a4) 18...bxa4 19.♖a1 (19.b5!?) 19...a5 20.b5! usw.

17.♖fc1?

Damit erhält Schwarz eine zweite Chance, sein vorangegangenes Versäumnis mit **17...♗xc5 18.♕xc5** nachzuholen.

Zwar ist der weißfeldrige Läufer von Schwarz der schlechtere, aber 'schlechte Läufer verteidigen gute Bauern'. Durch den Abtausch 17.♘xd7 ♕xd7 gefolgt von 18.♖fc1 oder auch 18.♗xg6 hxg6 19.♘e5 konnte Weiß sich eine positionelle Gewinnstellung verschaffen.

2) Nach **15...a6 16.♘c5 ♗c8** ...

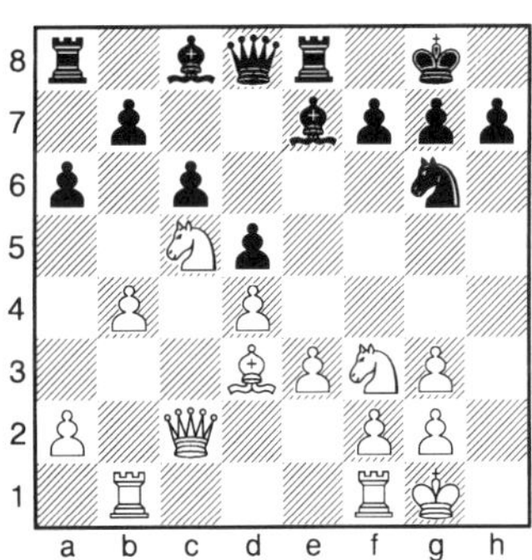

... kann Weiß zwar vielleicht nicht direkt gegen die schwarze Auffangstellung vorgehen (17.a4?! b6), jedoch garantiert sowohl die Verstärkung am Damenflügel mit **17.♖fc1** – als auch die Eröffnung einer zweiten Front mit **17.♖fe1** nebst e4 soliden Minimalvorteil.

3) Den besten (weil dynamischsten) Eindruck macht die taktisch fundierte Sicherung des Feldes c5 mit **15...b6!? Δ16.♕xc6?!**

⌓16.b5 cxb5 17.♗xb5±

16...♖c8

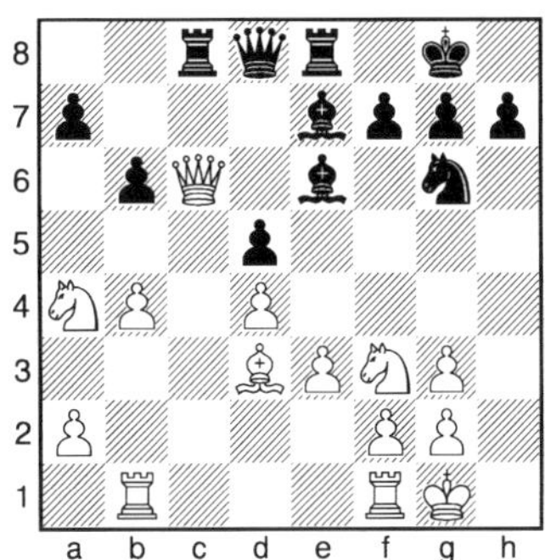

a) 17.♕b7 ♖c7 18.♕a6 ♗c8 19.♕b5 ♗d7=

b) 17.♕b5 ♗d7 18.♕a6 ♖c7 (Δ♗c8=) Δ19.♘b2 ♗xb4

43

Aleksandrov – Demidov

Izhevsk 2013

1.d4 d5 2.c4 e6 3.♘c3 ♗e7 4.cxd5 exd5 5.♗f4 c6 6.e3 ♘f6 7.♗d3 ♘bd7 8.h3 ♘f8 9.♘f3 ♘g6 10.♗h2 0-0 11.0-0 ♖e8 12.♖b1 ♗d6 13.♗xd6 ♕xd6 14.♕c2 ♕e7 15.b4 a6 16.♘a4 ♘e4 17.♘b6 ♖b8 18.a4 ♗f5 19.b5 axb5 20.axb5

Die weiße Offensive wirkt sehr bedrohlich, zumal Schwarz den Bauern c6 schützen muss, ohne zu diesem Zweck die c-Linienbasis c8 nutzen zu können. Andrerseits kann er theoretisch mit fünf Angreifern vor dem gegnerischen König operieren.

1) In der Partie zielte Schwarz mit **20...♘h4?** auf den Abtausch des wichtigsten weißen Verteidigers ab, unterschätzte allerdings die Tatsache, dass dabei ja auch einer seiner wichtigsten potenziellen Angreifer das Brett verlässt.

21.♘xh4 ♕xh4 22.f3??

Offenbar war Weiß angesichts eines Opfers auf h3 gefolgt von einem Turm–

schwenk auf der 6. Reihe nervös, obwohl sich diese Befürchtung nach dem kaltschnäuzigen Herangehen 22.bxc6 als unbegründet erwiesen hätte, wie ein Blick auf folgende Abspiele bestätigt.

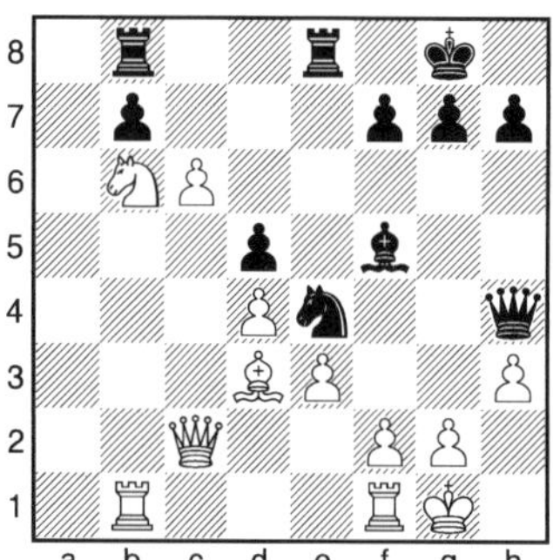

a) 22...♗xh3 23.gxh3 ♕xh3 24.f3+−; 23.♗xe4; 23.f3

b) 22...bxc6 23.♕xc6 ♗xh3 24.♗xe4! ♕xe4 25.gxh3 ♖e6 26.♕xd5 ♕g6+ 27.♔h2 ♖exb6 28.♖xb6 ♕xb6 29.♕e5+−

22...♘g3

Diese Materialverschiebung hatte Weiß offenbar falsch eingeschätzt. Allerdings versäumte Schwarz nach **23.♗xf5** die Remisfolge **23...♖xe3 24.bxc6**

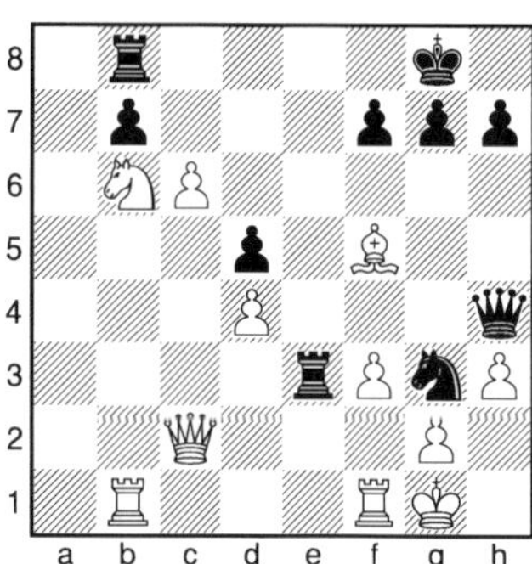

24...♘e2+ 25.♔h1 ♘g3+ 26.♔h2 ♖e2 27.c7 ♘xf1+ 28.♔h1 (28.♖xf1?? ♕f4+ −+) **28...♘g3+ 29.♔g1 ♕xd4+ 30.♔h2 ♖c8 31.♘xc8 ♖xc2 32.♗xc2 ♘f1+** usw.

2) 20...♕f6!? deckt nicht nur c6, sondern bringt buchstäblich ganz am Rande auch die Drohung ♗xh3 mit sich.

a) 21.♖fc1± ♗xh3

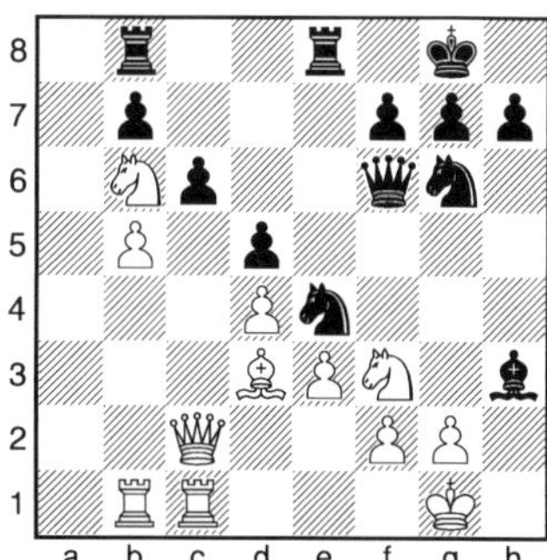

22.bxc6 bxc6 23.♕xc6 ♕xc6 24.♖xc6 ♗e6

b) 21.bxc6 bxc6 22.♖fc1

22.♘d2? ♘h4∓ Δ♕g6; 22.♘h2? ♘h4∓

22...♗xh3 siehe 21.♖fc1

3) Und **20...♖bd8!?** beruht auf einem interessanten Bauernopfer, um schnell einen Turm auf der sechsten Reihe einsetzen zu können; z.B. **21.bxc6 bxc6 22.♕xc6 ♖d6 23.♕c2 ♕e6**⩱ (Δ♖xb6; Δ♗xh3)

a) 24.♘g5 ♕f6 25.♘xe4 dxe4 26.♗b5

b) 24.♘a4 ♗xh3! 25.♘c5 ♕f5! (Δ♗xg2) **Δ26.♘e1**

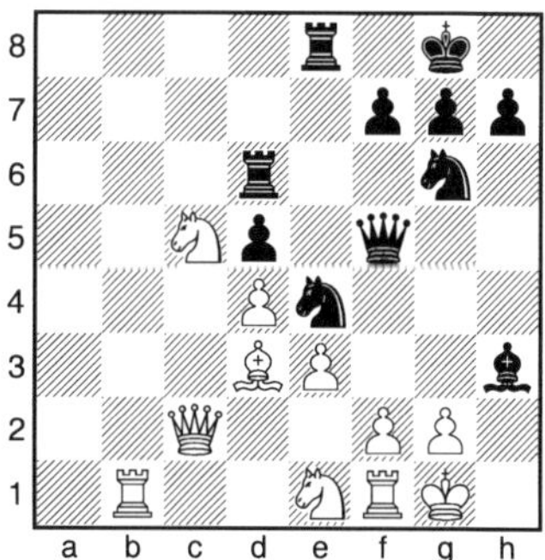

26...♗xg2!! 27.♘xg2 ♘h4! 28.♘xh4 ♖g6+! 29.♘xg6 ♕xg6+ nebst Dauerschach.

44

Varnavski – Oparin

Moskau 2009

1.d4 d5 2.c4 e6 3.♘c3 ♗e7 4.cxd5 exd5 5.♗f4 ♘f6 6.e3 ♗f5 7.♘f3 c6 8.h3 ♘bd7 9.g4 ♗g6 10.♘h4 ♕b6 11.♕c1 ♗e4

Bei der Frage nach der besten Sicherung des angegriffenen Turms darf Weiß nicht vergessen, dass auf h4 loses Material unter gegnerischer 'Röntgen-Beobachtung' steht.

1) So war der Partiezug **12.f3?** ein ernster Fehler wegen **12...♘h5!** mit der Folge **13.♘g2 ♘xf4 14.fxe4 ♘xg2+ 15.♗xg2 ♗h4+ 16.♔d2.**

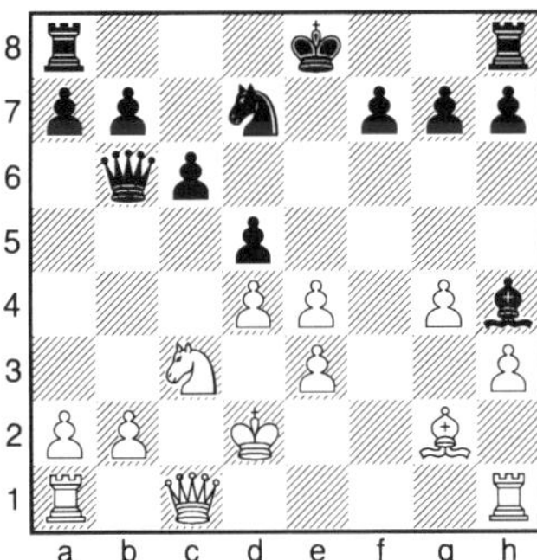

Und hier wäre angesichts der unschönen weißen Königsstellung das Opferspiel **16...0-0!?** wohl noch stärker als die Partiefortsetzung 16...dxe4 gewesen, wie aus den folgenden Beispielvarianten hervorgeht:

a) 17.exd5 c5!–+ **18.♔c2 cxd4 19.exd4 ♗f6 20.♕d2 ♗xd4**

b) Und nach **17.♔c2** wären die Fortsetzungen **17...dxe4**; **17...♖ae8**; **17...♖fe8** vergleichbar kräftig im Bereich ∓ angesiedelt gewesen.

2) Der zweite Abstiegskandidat ist **12.♘xe4?**, weil nach **12...♘xe4 13.♘f5 ♗b4+** fürs Erste das Rochaderecht verlorengeht. Und nach **14.♔e2 g6** wäre der schwarze Vorteil auch hier im Bereich ∓ angesiedelt; z.B. **15.♘g3**

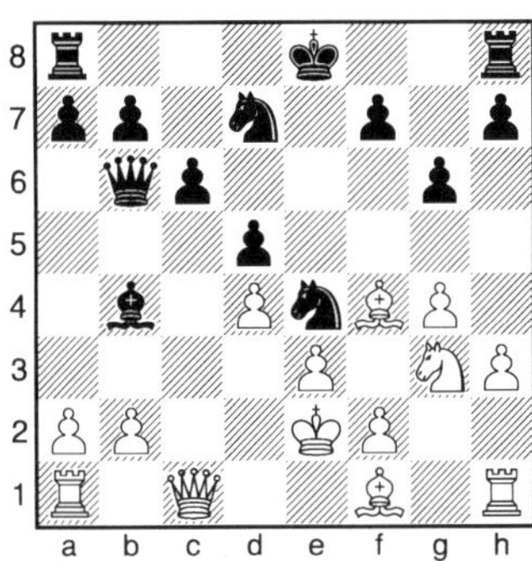

15...g5! 16.♘xe4 gxf4 17.♘c3 0–0–0 oder vielleicht sogar **17...fxe3!?** Δ**18.♕xe3+ ♔d8** usw.

3) Die Fortsetzungen **12.♗g2** Δ0–0 und **12.♖g1** Δ♗e2; ♘f5 führen zu dynamischem Gleichgewicht, weil Weiß im zweiten Fall ja früher oder später auch noch *lang* rochieren kann.

45

Morovic Fernandez – Bruzon Batista

Havanna 2004

1.d4 d5 2.c4 e6 3.♘c3 ♗e7 4.cxd5 exd5 5.♗f4 c6 6.e3 ♗f5 7.♗d3 ♗xd3 8.♕xd3 ♘f6 9.♘f3 ♘bd7 10.0-0 0-0 11.♖ab1 a5 12.a3 ♘b6 13.h3 ♖e8 14.♕c2 ♘fd7 15.♘d2 ♘f8 16.b4 axb4 17.axb4 ♘e6 18.♗g3 ♗d6 19.♗xd6 ♕xd6 20.♘e2 ♖ec8 21.♘c1 ♘d7 22.♘d3 b6 23.♖a1 g6 24.♘b3 ♖xa1 25.♖xa1 ♘c7 26.♘d2 ♘e6 27.♘b3 ♘c7 28.♖c1 ♘e6 29.♕a2 ♔g7 30.♕a1 ♔g8

Die weißen Angreifer sind optimal postiert, allerdings gilt dies auch für die Verteidiger. So hätte der Partieansatz 31.♕a7 am rigorosesten mit 31...♕c7∞ abgefangen werden können.

Die Kraft des Hebels **31.b5!** wird erst nach der naheliegenden Antwort **31...c5** und dem Anschlusszug **32.♕a6!** deutlich.

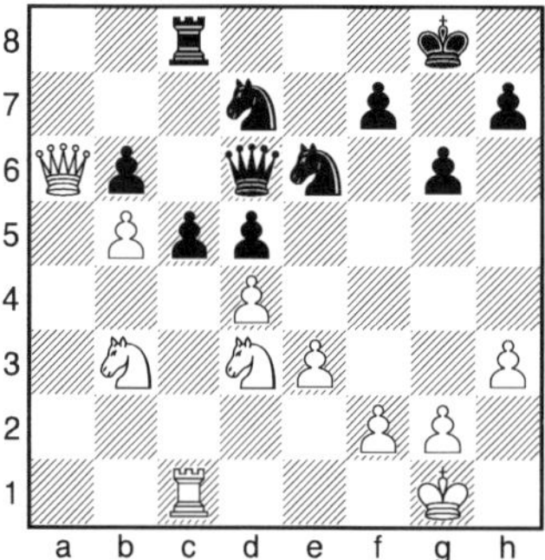

Schließlich greift dieser nicht nur den losen Turm c8 an, sondern bringt auch die positionelle Drohung dxc5 ins Spiel, aufgrund derer Schwarz auf Damenzüge eingeschränkt ist.

1) 32...♕c7?! gestattet die erneute Ausnutzung der c-Linienfesselung **33.♘b4!** mit allmählicher Überlastung der Defensive und annähernder Gewinnstellung.

2) Hingegen bliebe es nach **32...♕f8 33.dxc5** oder **33.♕b7** unklar, wie weit der weiße Vorteil aus dem Minimalbereich heraus sein mag.

3) Ähnliches gilt auch für **32...♕b8 33.dxc5 bxc5 34.♘b4! ♘c7 35.♕c6** bzw. **34...♘b6 35.♘c6** usw.

46
Krush – Kaidanov
Saint Louis 2010

1.d4 d5 2.c4 e6 3.♘c3 ♗e7 4.cxd5 exd5 5.♗f4 ♘f6 6.e3 ♗f5 7.♘ge2 0-0 8.♖c1 c6 9.♘g3 ♗g6 10.h4 h6 11.h5 ♗h7 12.♗d3 ♗xd3 13.♕xd3 ♗d6 14.♗xd6 ♕xd6 15.♘f5 ♕e6 16.f3 ♘bd7 17.♔f2 ♖fe8 18.g4 ♘h7

In vollkommen ausgeglichener Stellung hat Schwarz sich soeben eine nicht einfach nachvollziehbare Dezentralisation des Königsspringers zuschulden kommen lassen, statt beispielsweise dessen Artgenossen am Damenflügel mit dem Manöver 18...♘b6 nebst ♘c4/♘c8 und ♘d6 effektiver zu zentralisieren.

Daraufhin hätte der wenig effektive Partiezug 19.♘a4? beispielsweise mit dem Ausgleichsmanöver ♘g5 nebst ♕f6, ♖e6 und ♖ae8 beantwortet werden können.

Nach Vernachlässigung des Zentrumsbereichs hätte der dortige Vorstoß **19.e4!** eine ganz andere Sprache gesprochen. Nach der erzwungenen Antwort **19...dxe4** hätte sich folgendes Bild ergeben:

1) Es ist kaum anzunehmen, dass zwei GM hier nur **20.fxe4??** beachtet und zu Recht verworfen haben könnten – und womöglich auch nur angesichts der Variante **20...♘df6?!** (□20...♘g5∓)

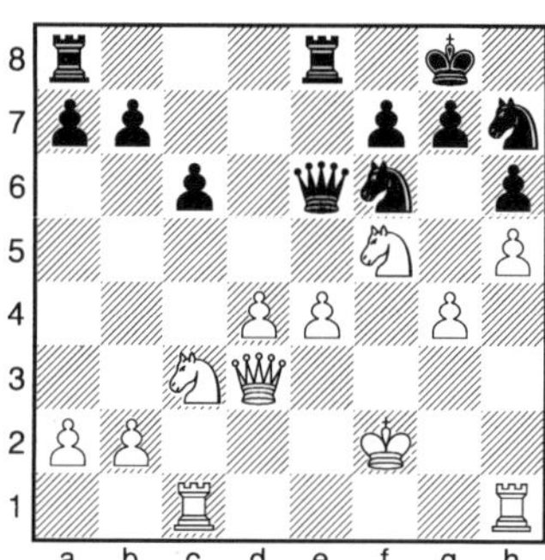

... mit solch unklaren Fortsetzungen wie **21.e5!? ♘xg4+ 22.♔f3 ♘xe5+** oder **21.♔g2!?** Δ**21...♘xg4??** (□21...♘g5∓) **22.♕g3 ♘hf6 23.♖h4**+–.

2) Korrekt war jedenfalls **20.♘xc4** mit folgenden Möglichkeiten:

a) 20...♘df6? 21.♘ed6 ♖ed8 22.♕a3!+– Δ♘xb7; Δ♖he1

b) 20...♘g5? 21.♘xg5 (21.♘ed6) **21...hxg5 22.h6**+–

c) Angesichts solch trister Aussichten bleibt Schwarz gar keine andere Wahl, als mit **20...♕xa2 21.♘ed6 ♕xb2+** alles mitzunehmen, was er kriegen kann. 21...♖e6? 22.♕c3!+− (∆d5; ∆♘xb7) ∆22...♘hf6 23.♖a1 ♕d5 24.♖he1 usw.

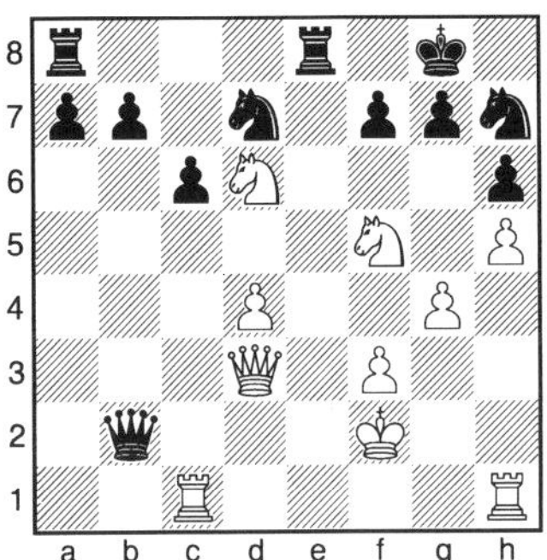

22.♖c2 ♕b6 23.♕c3! ∆♖b2; z.B. **23...♘g5 24.♖b2 ♕a6 25.♘xe8 ♖xe8 26.♖e1 ♖xe1 27.♕xe1**

47

Istratescu – Delorme

Sautron 2003

1.d4 d5 2.c4 e6 3.♘c3 ♗e7 4.cxd5 exd5 5.♗f4 ♘f6 6.e3 ♗f5 7.♕b3 ♗c8 8.♗d3 0-0 9.♘ge2 c6 10.h3 ♖e8 11.0-0-0 b5 12.g4 b4 13.♘a4 ♗a6 14.♗xa6 ♘xa6 15.♘g3 ♕a5 16.♔b1 ♘d7 17.♖c1

1) In der Partie hatte Weiß nach **17...c5 18.dxc5 ♘axc5 19.♘xc5 ♘xc5 20.♕xd5** einen gesunden Mehrbauern, obwohl sein Vorteil nach den weiteren Zügen **20...♖ad8 21.♕c4 ♖d2 22.♖c2 ...**

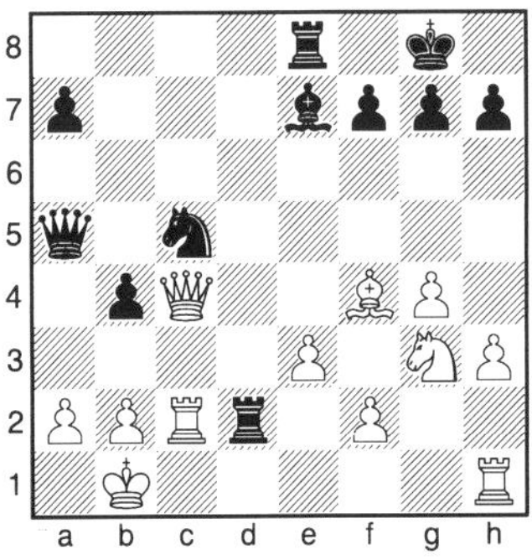

... angesichts der aktiven gegnerischen Stellung erst knapp aus dem Minimalbereich heraus war.

2) Zwar ist die Einleitung **17...g5** noch in Ordnung, aber nach **18.♗e5** würde Schwarz mit dem vermeintlichen Figurengewinn **18...f6?** in eine böse Falle tappen. (⌓18...c5 19.♕c2⩲)

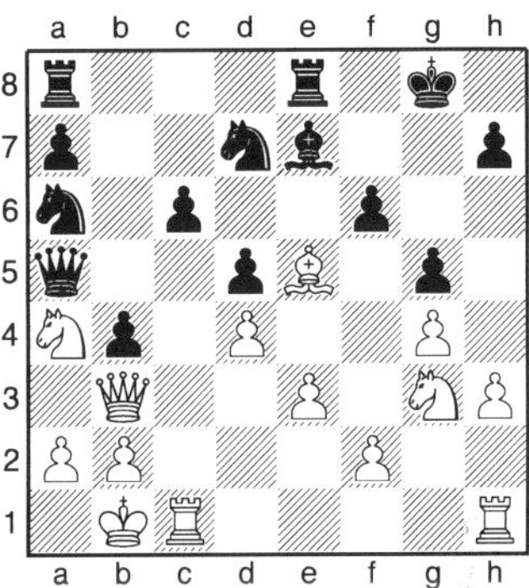

a) Allerdings hätte Weiß nach dem zu direkten Ansatz **19.♖xc6? fxe5 20.♕d3 ♘ab8** allenfalls Kompensation.

b) Nur wenig besser wäre die Alternative **19.♕c2 fxe5 20.♕xc6 ∆20...♘f8?** (⌓20...♖ad8 21.h4!⩲) **21.♕h6**+− ∆♘h5.

c) Deutlich stärker ist jedoch der überraschende Seitenhieb **19.h4! ∆19...gxh4** (⌓19...fxe5 20.hxg5∼+−) **20.♖xh4!**+− **∆20...fxe5**

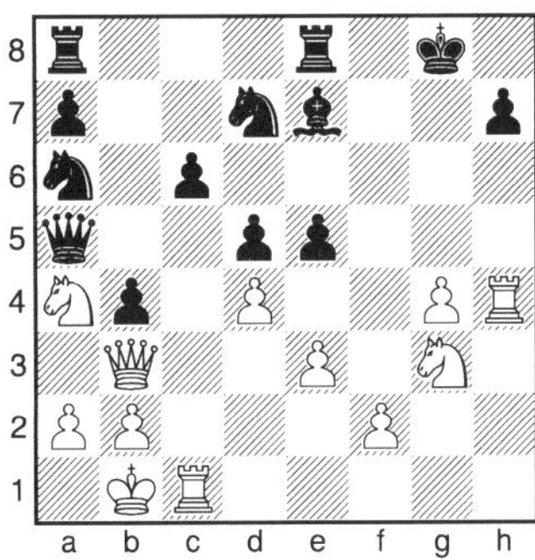

21.♖xh7!! ♔xh7 22.♕c2+ e4 23.♕xc6 ♘f6 24.♕e6! usw.

Bleibt zu ergänzen, dass Schwarz außer 17...f6 und 17...g5 sogar noch *drei* weitere Fortsetzungen hat, die für den Gegner nicht viel mehr als Minimalvorteil abwerfen.

3) 17...♖ac8 18.♘f5 ♗f8 19.♗d6 ♖e6 20.♗xf8

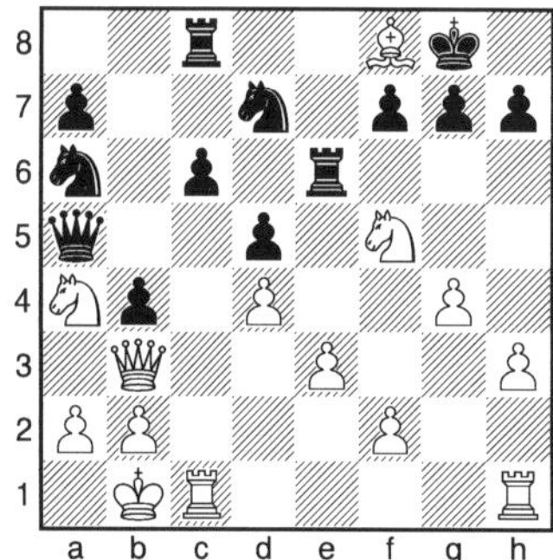

a) 20...♘xf8?? 21.e4!+- (21.h4!?) Δ21...dxe4 22.d5; 21...♖xe4 22.♘d6

b) 20...♖xf8?? 21.♖xc6+-

c) ⌓20...♔xf8! 21.♘g3±

4) 17...♘b6 18.♘xb6 ♕xb6 19.♘f5 ♗f8 20.♗d6±

5) 17...♕b5 18.♘f5 ♗f8 19.♗d6±

48

Chernin – Santo Roman

Mendoza 1985

1.d4 d5 2.c4 e6 3.♘c3 ♗e7 4.cxd5 exd5 5.♗f4 ♘f6 6.e3 ♗f5 7.♗d3 ♗xd3 8.♕xd3 0-0 9.♕b5 ♘c6 10.♘f3 ♘b4 11.0-0 ♕c8 12.a3 c6 13.♕e2 ♘a6 14.b4 ♘c7 15.♖fc1 ♘e6 16.♗g3 b6 17.♗h4 ♕b7 18.♕a2

Der Sinn des mysteriösen Damenzugs (⌓18.♘e5± Δ18...b5?! 19.a4!±) bestand vermutlich darin, den Konterversuch 18...a5 mit der Unterminierung 19.b5 beantworten zu können. Tatsächlich wurde der Vorstoß des a-Bauern dadurch verhindert, nicht jedoch der seines Nachbarn **18...b5!** zwecks Konsolidierung des Damenflügels.

Nach dem Partiezug 18...♖fd8?! konnte Weiß sein Versäumnis mit 19.♘e5± wiedergutmachen.

Darauf hätte jeder sinnvolle weiße Zug im 'premove'-Verfahren mit a7-a5 beantwortet werden können, wie die folgenden Beispielvarianten bestätigen mögen:

a) Nach **19.♗xf6 ♗xf6 20.a4?! ...**

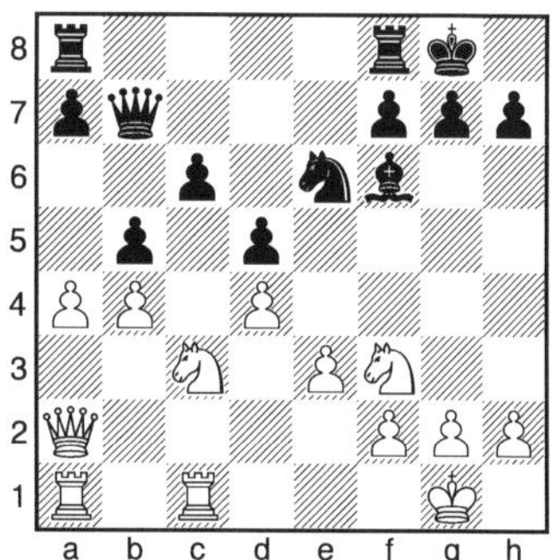

... würde **20...a5!** sogar auf geringen schwarzen Vorteil hinauslaufen.

b) Auch auf sogleich **19.a4** folgt der 'premove' **19...a5!** und auch hier könnte allenfalls Schwarz Minimalvorteil beanspruchen.

Allerdings nicht nach 19...♗xb4?! 20.♗xf6 Δ20...♗xc3? (⌓20...gxf6 21.♘e2) 21.♗xg7! ♗xa1 22.♗xf8±.

c) Auf **19.♕d2** (mit Röntgen-Kontakt zum Feld a5) folgt trotzdem **19...a5!** und auf **20.bxa5 ...**

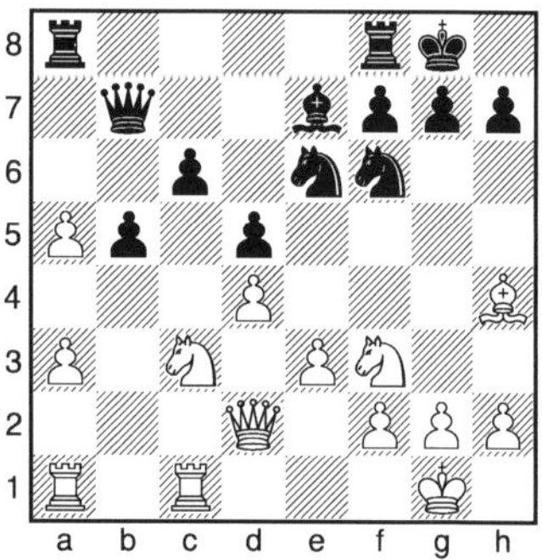

... die Pointe **20... ♖a6!** (20...♖xa5?? 21.♘xd5+−), weil ja der Bauer a5 nicht weglaufen kann. Hier ein Blick auf eine interessante Eventualfolge: **21.♗xf6 ♗xf6 22.♘a2 c5!≌ 23.♖ab1 cxd4** Δ**24.♘b4 dxe3 25.fxe3 ♖xa5 26.♘xd5** mit unklaren Verhältnissen nach **26...♗d8** oder auch **26...♖xa3 27.♘xf6+ gxf6**.

49

Turov – Maisuradze

Basel 2013

1.d4 d5 2.c4 e6 3.♘c3 ♗e7 4.cxd5 exd5 5.♗f4 ♘f6 6.e3 0-0 7.♗d3 c6 8.h3 ♘bd7 9.♘f3 ♖e8 10.0-0 ♘f8 11.♕c2 ♘e6 12.♗h2 g6 13.♘e5 ♘g7 14.♖ab1 ♗f5 15.b4 ♖c8 16.♘a4 ♗xd3 17.♕xd3 ♘e4 18.♘c5 ♘d6 19.♖fc1 f6

1) In der Partie wählte Weiß den ziemlich anspruchslosen Rückzug **20.♘f3**, obwohl er als starker GM seiner Gegnerin um mehr als 300 Elopunkte überlegen war. Auf die Vertreibung auch seines zweiten Vorpostenspringers mit **20...b6** folgte (zwecks Vermeidung von ♘d6-c4) der Zwischentausch **21.♗xd6 ♕xd6**.

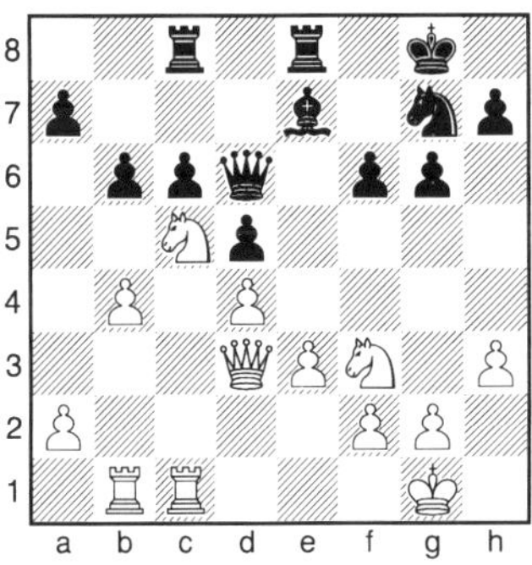

Und als nach **22.♘a6** (22.♘a4!? Δ♘c3 nebst b5) **22...♕d7 23.a4 ♘f5** der verbliebene schwarze Springer Anlauf zum Sprung nach c4 nahm, stand die Chancengleichheit außer Frage.

Wie ein schelmischer Zufall es wollte, konnten sogar *beide* Vorpostenspringer mit einer verspielten Alternative aufwarten, die jeweils drei Bauern für eine Figur und somit zunächst den Vorteil ziemlicher Risikofreiheit mit sich brachte.

2) Die womöglich harmlosere (weil übersichtlichere) bestand in **20.♘xb7!? ♘xb7 21.♘xc6 ♕d7 22.♕a6**≌, wonach auch noch der Bauer a7 fällt.

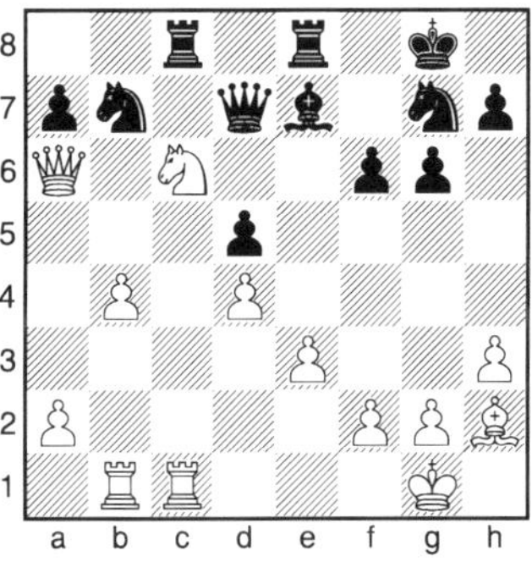

Denn **22...♖a8?** scheitert an **23.♘xe7+ ♖xe7 24.♖c7 ♕f5 25.♖bxc1**±.

3) Gefährlicher für Schwarz ist (nicht zuletzt auch angesichts des immensen Elo-Unterschieds) **20.♘xg6!?** mit der ziemlich forcierten Folge **20...hxg6 21.♕xg6 ♗f8 22.♗xd6 ♕xd6 23.♘xb7 ♕d7 24.♘c5**.

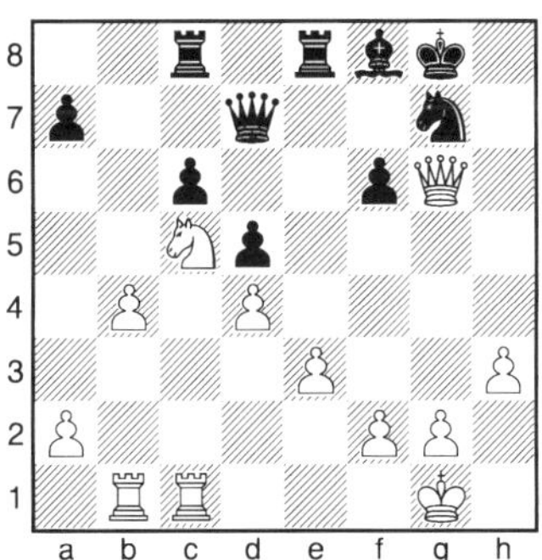

Denn (im Unterschied zu Punkt 2) wurde der schwarze König freigelegt und auf c6 gibt es einen weiteren wackligen Bauern.

50

Solomon – Zier

Internet 2012

1.d4 d5 2.c4 e6 3.♘c3 ♗e7 4.♗f4 ♘f6 5.e3 0-0 6.♕c2 ♘bd7 7.cxd5 exd5 8.♘f3 c6 9.♗d3 ♖e8 10.h3 ♘f8 11.0-0 ♘g6 12.♗h2 ♗d6 13.♗xd6 ♕xd6 14.a3 ♕e7 15.♘d2 ♘h4 16.♕d1

16...♗xh3??!

Na klar, mit einer 300 Punkte schlechteren Elozahl ist man nicht an solidem positionellen Ausgleich mit 16...♗f5 interessiert, sondern man würde dem Gegner von Herzen gern ein Dauerschach verabreichen, und sollte der überziehen – auch gern ein Matt.

17.gxh3 ♕d7 18.♘e2!+–

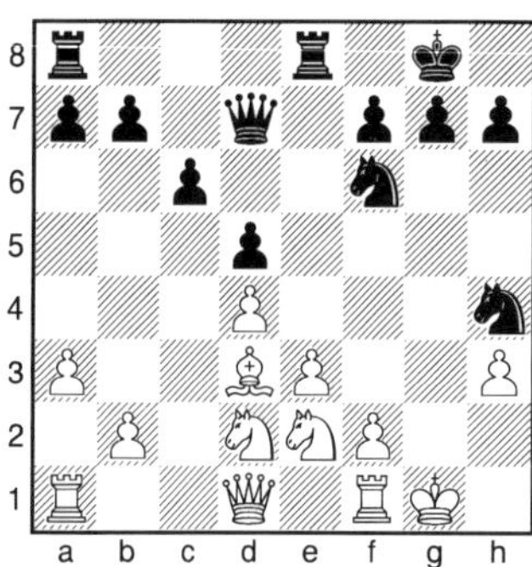

Diese Heranführung eines potenten Verteidigers ist zwar der *einzige* Gewinnzug, aber das ist ja zum Gewinn vollkommen ausreichend.

1) Mit 18.♔h2 ♕d6+ 19.♔g1 ♕d7 könnte ein Sadist oder ein Spaßvogel (oder ein sadistischer Spaßvogel) dem Gegner die Fata Morgana einer Zugwiederholung an den Horizont malen, um sich erst nach reiflicher Überlegung für den Gewinnzug 20.♘e2 zu entscheiden.

2) Und 18.♘f3?? ♕xh3 19.♘xh4 ...

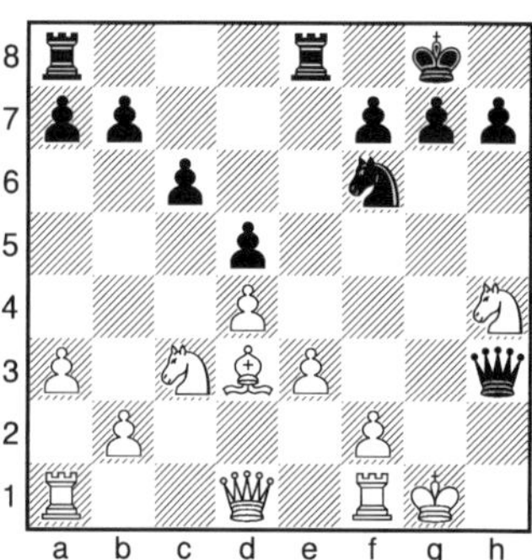

... 19...♘g4!–+ wäre ein Beispiel dafür, wie man selbst als Glücksritter mitunter einen Gewinn – 20.♕xg4 ♕xg4+ 21.♘g2 ♖e6 – oder sogar ein Matt abstauben kann: 20.♘f3? ♖e6 nebst # in 5 Zügen.

18...♖xe3?!

Ein Sterbender darf alles essen – und tatsächlich liefe 18...♕xh3 19.♘f4 ♕d7 20.♘g2 letztlich nur auf eine Verlängerung des Leidens hinaus.

19.fxe3 ♕xh3 20.♘f4

Hier kommen bereits erste Nebenlösungen in Sicht, und tatsächlich wäre 20.♖f2!? ...

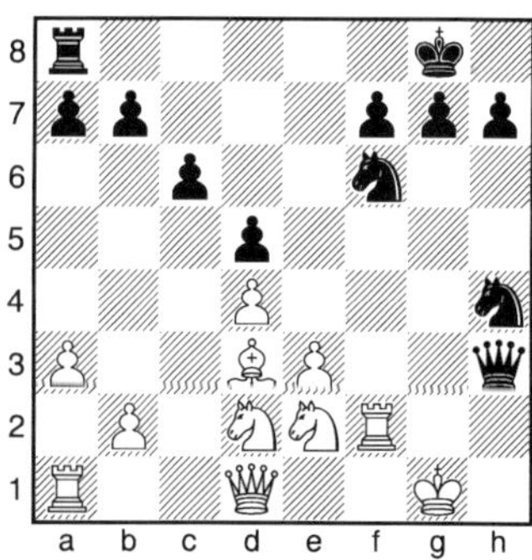

... womöglich die vernünftigere Alternative gewesen; z.B. 20...♕xe3 (20...♘g4 21.♕e1!) 21.♕b3! ♖e8 (21...♕xd2? 22.♘f4) 22.♗xh7# ♔xh7 23.♕xd3 ♖xd3 24.♘f1 usw.

20...♕g3+

20...♕xe3+ 21.♔h1 (21.♔h2) Δ21...g5 22.♕e1! +++

21.♔h1 Und nach Abwehr der Matt- bzw. Dauerschachgefahren setzte sich der gewaltige Materialvorteil letztlich durch.

51

Vovk – Bajlo

Kroatien 2015

1.d4 d5 2.c4 e6 3.♘f3 ♘f6 4.♘c3 ♗e7 5.cxd5 exd5 6.♕c2 c6 7.h3 ♘bd7 8.♗f4 ♘f8 9.e3 ♘e6 10.♗h2 g6 11.♗d3 0-0 12.0-0 ♘g7 13.♖ab1 a5 14.a3 ♗f5 15.b4 ♗xd3 16.♕xd3 axb4 17.axb4 ♖a3 18.♕c2 ♕b6 19.♖fc1 ♘f5

In der Partie verzeichnete Weiß nach dem Standardangriff **20.b5** Positionsvorteil in der Größenordnung von 'kräftig ±'.

Der besagte 'tiefgründige Scherzartikel' besteht in dem pfiffigen Lenkungszug **20.♗c7!?**

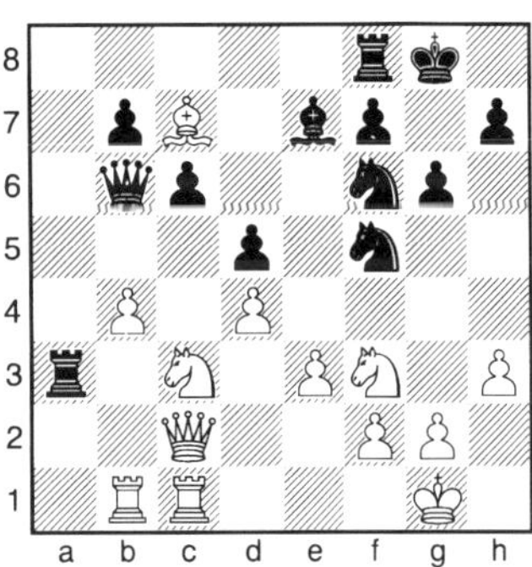

Dabei ist allerdings nicht an 20...♕xc7? 21.♘b5+– gedacht, sondern an die Lenkung der Dame auf ein ungünstigeres Feld.

1) 20...♕a7 21.♘e5± Δ♗a5 nebst ♕b2 (21.b5!?; 21.♕b2!?)

2) 20...♕a6 (Δ♖c8) **21.b5** (21.♕b2!? Δa5) **21...♕a8** (Δ♖c8) **22.♗f4±**

Wobei allerdings anzumerken bleibt, dass der Vorteil in diesen beiden Abspielen weniger kräftig ausfällt als nach 20.b5.

52

Pkhakadze – A. L'Ami

Szeged 1994

1.d4 d5 2.c4 e6 3.cxd5 exd5 4.♘c3 ♘f6 5.♗f4 c6 6.e3 ♗b4 7.♖c1 ♕a5 8.♘ge2 ♕xa2 **V**

Nach Verlust des Bauern a2 geben Engines zwecks Schadensbegrenzung vorneweg auch den Zug **9.♕d2** an. Handelt es sich hierbei angesichts der automatischen Antwort **9...♘e4** eher um einen Druckfehler oder womöglich um einen von diesen typischen 'enginialen' Geistesblitzen?

Tatsächlich erfüllt der vermeintliche Druckfehler seinen Zweck kaum weniger gut als der in der Partie geschehene Normalzug 9.♕c2.

Die Pointe, die sich nach dem vermeintlichen weiteren Druckfehler **10.f3!** zeigt, besteht darin, dass nach einer wie auch immer gearteten Entfesselung des Springers c3 ja auch die schwarze Dame hängen würde.

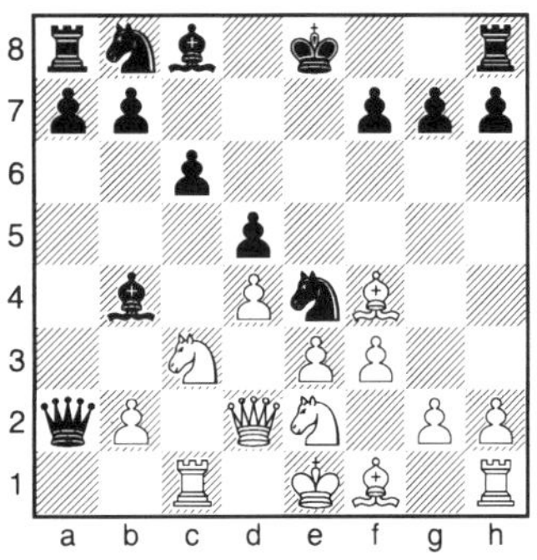

1) Entsprechend würde **10...♘xd2?? 11.♘xa2** völlig nach hinten losgehen; z.B. **11...♘xf3+**

11.♘b3+? ♘xb4 12.♘xc1 ♘xc1+−

12.♔f2 ♘xh2

Nach 12...♘xd4? bringt die Antwort 13.♘xd4+− auch noch die Nebendrohung ♘b5 mit sich.

13.♘xb4 (13.♖xh2!?) **13...♘xf1**

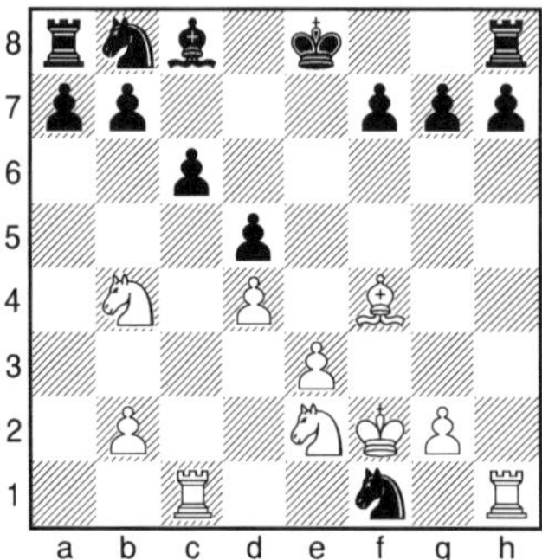

Und egal, wie Weiß auf f1 zurückschlägt (14.♘xd5?? ♘a6∓), ist sein Vorteil bereits im Bereich ± angesiedelt. Denn abgesehen davon, dass Schwarz drei Bauern für die Figur hat, ist seine Stellung ja noch vollkommen unentwickelt.

2) 10...♗xc3 (10...♘xc3? 11.♘xc3⩲) **11.♘xc3 ♘xd2 12.♘xa2 ♘xf1**

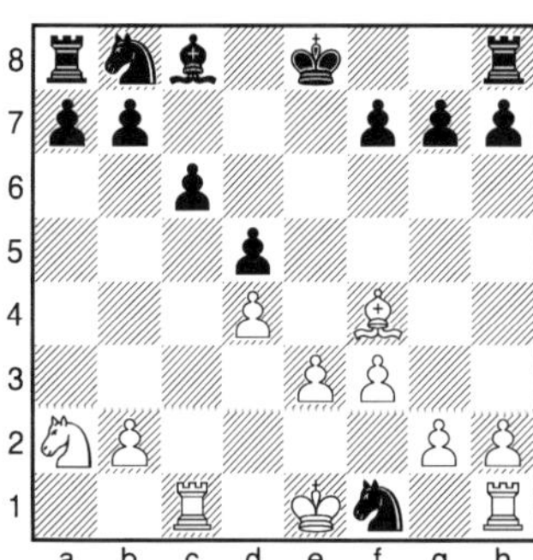

Und egal, wie Weiß auf f1 zurückschlägt ist sein Nachteil angesichts seiner aktiven Möglichkeiten interessanterweise noch nicht aus dem Minimalbereich heraus.

53

Moskalenko − A. Petrosian

UdSSR 1984

1.d4 d5 2.c4 e6 3.♘c3 ♗e7 4.cxd5 exd5 5.♗f4 c6 6.e3 ♘f6 7.♗d3 ♘bd7 8.h3 ♘f8 9.♘ge2 ♘g6 10.♕c2 ♘xf4 11.♘xf4 ♗d6 12.♘fe2 ♕e7 13.g4 h6 14.0-0-0 ♗d7 15.♔b1 0-0-0 16.♘c1 ♔b8 17.♘b3

Nachdem beide Könige am Damenflügel Zuflucht gesucht haben, sind beide Seiten auf Spiel in der rechten Bretthälfte eingeschränkt. Da die weiße Stellung dort von dem Makel der nicht unbedingt sinnvollen Lockerung g2−g4 gekennzeichnet wird, stellt sich die Frage, auf welche Weise und zu welchem Zeitpunkt Schwarz dies positionell auszunutzen versuchen könnte.

I) Der Partieansatz **17...h5?!** steht in dem Verdacht, eher im Hinblick auf ein sicheres Remis erfolgt zu sein, da die erzwungene weitere Raumnahme **18.g5** nur bei fehlerhaftem Spiel auszunutzen wäre.

18...♘e4

18...♘e8 19.h4 Δ19...f6 20.g6

19.♘xe4

19.♗xe4 dxe4 wäre wiederum weniger sicher, wie aus den folgenden Varianten hervorgeht.

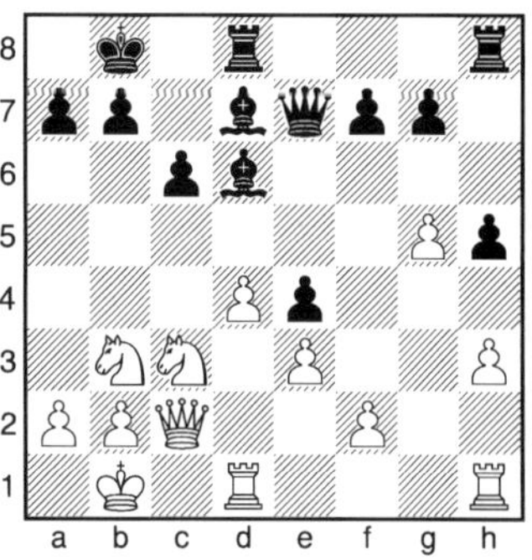

A) Nachteilig wäre 20.♕xe4?! ♕xg5∓ oder auch 20...♘xe4?! ♗f5 21.♘bd2 (21.f3 h4!∓) 21...c5! (21...h4!?) 22.f3 cxd4 23.exd4 ♗f4 24.♘b3 ♗xg5∓; 24...♕xg5.

B) Hingegen führt 20.♘d2 ♕xg5 21.♘dxe4 ♕e7 22.♘xd6 ♕xd6 zu unklaren Verhältnissen, weil im Rahmen der Stellungsöffnung das gegnerische Läuferpaar halbiert werden konnte.

19...dxe4 20.♗xe4 ♖he8

20...♕xg5 21.d5 cxd5 22.♖xd5 ♕e7

21.♗f5 ♗xf5

21...♕xg5 22.♗xd7 ♖xd7 23.♖hg1 ♕f6 24.e4

22.♕xf5 g6 23.♕f3 ♕xg5 24.d5

24.♕xf7 ♖f8 25.f4 ♕g3

Und hier hätte außer der Partiefolge **24...c5** auch 24...cxd5 25.♖xd5 ♖e5 das Spiel weiter in unklaren Bahnen gehalten.

II) Das systematische Herangehen – Festlegung des Bauern mit **17...g5!?** vor dessen Anhebelung mit h5 – würde zu Minimalvorteil führen, wenn Weiß nicht über die taktisch gewürzte positionelle Ausrede **18.f3!?** verfügen würde. Danach droht sich die Zentrumsmehrheit mit 19.e4 in Bewegung zu setzen und es ergibt sich folgendes Bild:

A) 18...♕xe3 19.♖de1 ♕f4 (19...♕xf3?? 20.♖ef1+–) **20.♘e2**

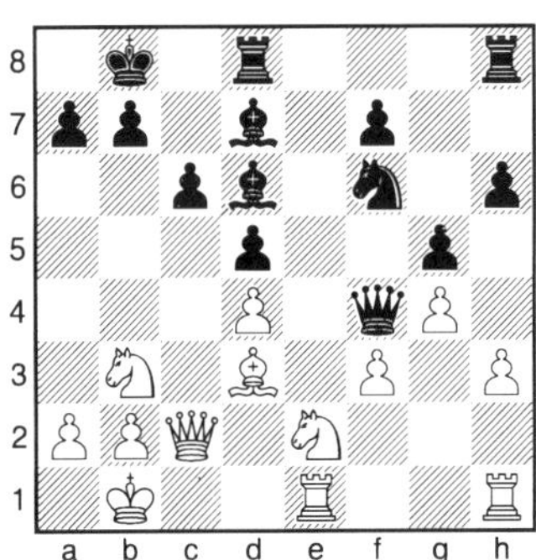

Und nun entweder friedfertig **20...♕e3 21.♘c3**= oder abenteuerlustig **20...♕xf3 21.♖ef1 ♕g2 22.♖hg1 ♕xh3 23.♖xf6 ♗xg4 24.♖xf7**∞.

B) 18...h5 19.e4! führt zu unklaren Verhältnissen – und zwar speziell nach **19...dxe4 20.fxe4 hxg4!? 21.e5 gxh3**

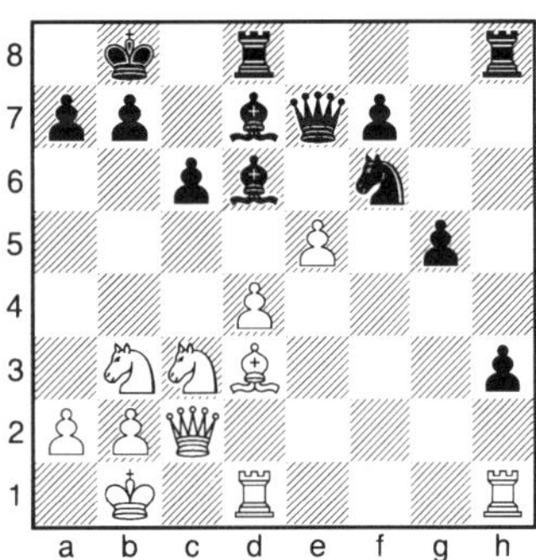

... mit 'automatischer Kompensation' angesichts dreier Bauern für die Figur nach **22.exd6 ♕xd6** bzw. **22.exf6 ♕xf6**.

C) Will Schwarz die Hoffnung auf Minimalvorteil noch nicht begraben, ist es besser, sich mit **18...♗e6!?** oder **18...♗c7!?** auf den eventuellen Vorstoß e3-e4 einzurichten.

III) Angesichts der 'taktisch gefärbten positionellen Ressource' aus der letzten Variante macht es offenbar Sinn, sich mit der Prophylaxemaßnahme **17...♖de8!?** zunächst um die Ereignisse auf der e-Linie zu kümmern, bevor man auf die Frage 'g5 oder h5' zurückkommt. Hier ein Blick auf die Möglichkeiten rund um diese thematischen Ansätze nach der logischen Antwort **18.♖he1** Δf3 nebst e4:

A) 18...g5

1) 19.f3!? h5 20.♖e2 hxg4 21.hxg4 Δ♖h3 22.e4! dxe4 23.♘xe4 Δ♖xf3 (23...♘xe4 ♗xe4∞) 24.♘xg5

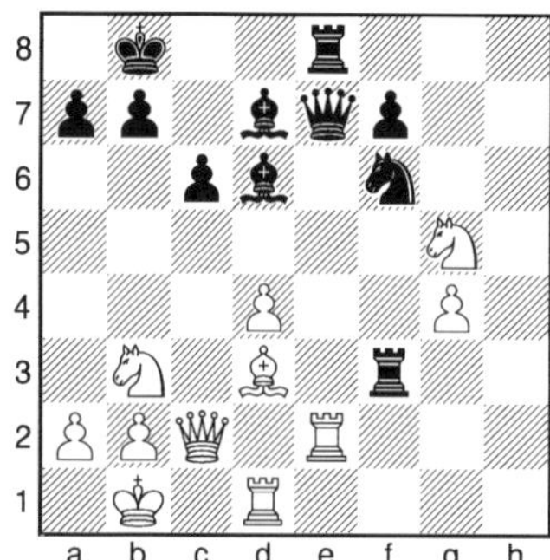

a) 24...♖e3 25.♖xe3 ♕xe3 26.♘xf7

b) 24...♖xd3!? 25.♖xe7 ♖xd1+ 26.♕xd1 ♖xe7⩲

2) 19.e4 dxe4 20.♘xe4 ♘xe4 (20...♗c8!?)

a) 21.♗xe4? f5! 22.gxf5 ♗xf5 23.f3 (23.♗xf5? ♕xe1−+) 23...♗xh3∓

b) 21.♖xe4 ♕f6 22.♖xe8+ ♖xe8 23.♗e4

B) 18...h5 19.g5 ♘e4

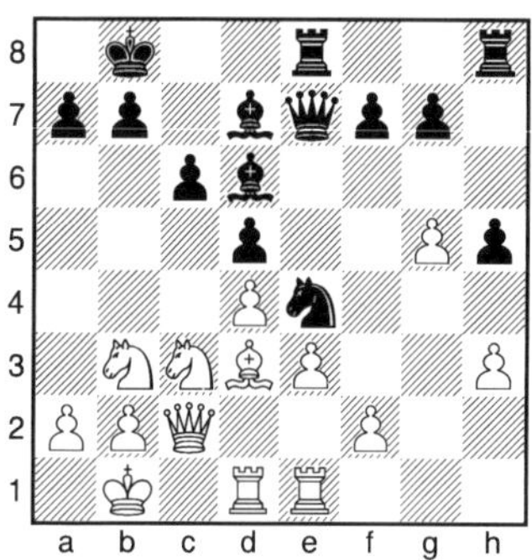

1) 20.h4?? ♗g4!? (20...♘xc3!? 21.bxc3 f6) Δ21.♖c1 ♘xc3+ 22.bxc3 (22.♕xc3? ♗b4) 22...♗a3−+

2) 20.♗xe4 dxe4∓ Δ21.d5 ♖c8!

54

Cmilyte – Gaprindashvili

Tallinn 1999

1.d4 d5 2.c4 e6 3.♘c3 ♗e7 4.cxd5 exd5 5.♗f4 ♘f6 6.e3 ♗f5 7.♗e2 c6 8.♘f3 ♘bd7 9.0-0 ♘h5 10.♗e5 ♘xe5 11.♘xe5 ♘f6 12.a3 0-0 13.b4 ♗d6 14.♘f3 ♖e8 15.♗d3 ♘e4 16.♕c2 ♕f6 17.♖fe1 ♕h6

Offenbar steht der weiße König mächtig unter Druck, zumal sich den bereits vor seiner Haustür operierenden vier Angreifern über die 6. Reihe auch noch ein Turm hinzugesellen kann. Es ist also wohl ein Bauernzug fällig – nur eben welcher?

1) In der Partie wurde die mit **18.g3** einhergehende massive weißfeldrige Schwächung augenblicklich mit **18...♗g4!** aufs Korn genommen – und zwar mit unverhofft raschem Erfolg, da Weiß mit **19.♗e2?** auf der Stelle danebengriff.

Hier ein Blick auf zwei ebenfalls mangelhafte sowie eine bessere Alternative:

a) 19.♘h4? g5 20.♘g2 f5~−+ z.B. 21.b5 ♖e6! Δf4

b) 19.♘e5? ♗xe5 20.dxe5 ♘g5!−+

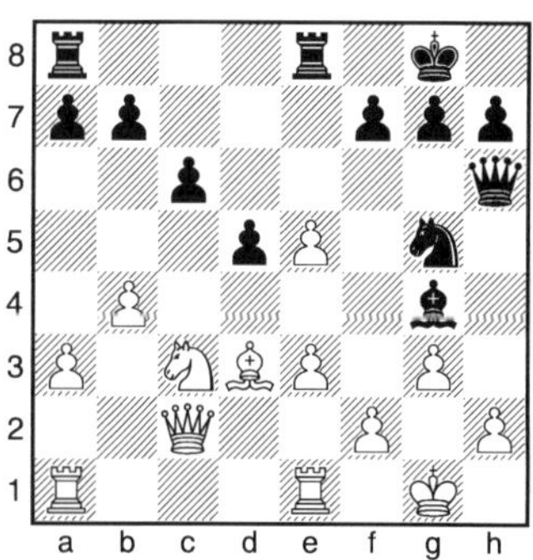

z.B. 21.♗e2 ♘h3+ (21...♗f3) 22.♔g2 ♘xf2! 23.♖f1 ♕h3+! 24.♔xf2 (24.♔g1 ♗xe2; 24...♗f5) 24...♕xh2+ 25.♔e1 ♖xe5; 25...♕xg3+

c) ⌓19.♗xe4 dxe4 20.♘d2 f5∓

19...♘xc3?

Diesem Herangehen fehlt allerdings der Dampf im Kessel – im krassen Unterschied zu der korrekten Fortsetzung 19...♘xf2!–+

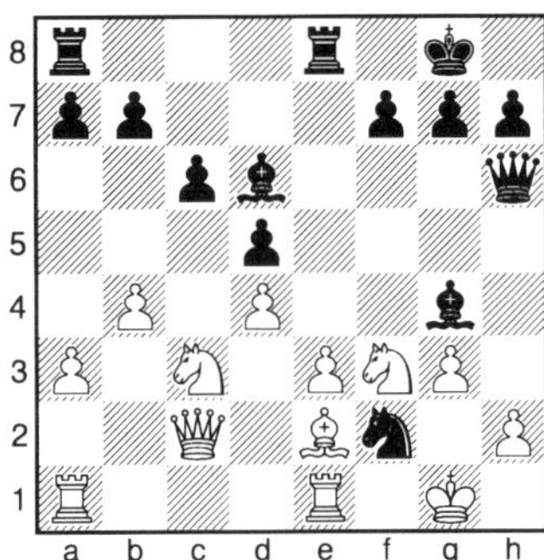

Δ20.♔xf2 (⌓20.♘h4) 20...♗xf3 21.♔xf3 ♕xh2 22.♖g1 ♖e6 usw.

Und nach den weiteren Zügen **20.♕xc3 ♕h5 21.♔g2 ♖e6 2.♘g1 f5** blieb es unklar, ob der schwarze Vorteil überhaupt schon aus dem Minimalbereich heraus war.

2) Die Alternative **18.h3** ist höchstens im psychologischen Sinne besser, weil sie zu dem ebenso unwiderstehlichen wie überstürzten Einschlag **18...♗xh3?** einlädt. (⌓18...♖e6∓)

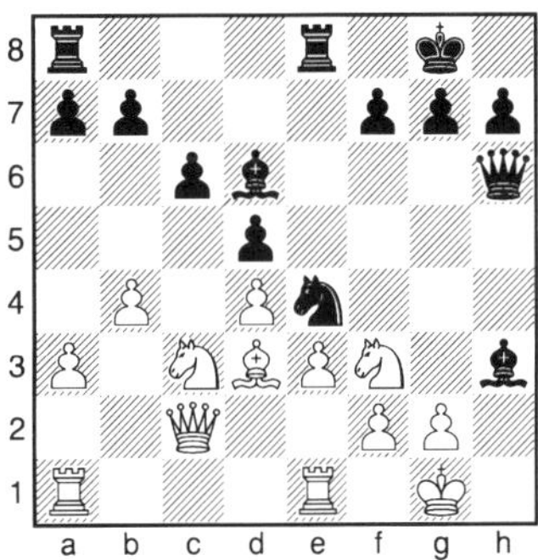

Allerdings könnte auch Weiß mit **19.gxh3?** gleich wieder danebengreifen.

(⌓19.♘xe4! dxe4 20.♗xe4∞)

Und nach den weiteren Zügen **19...♘xc3 20.♕xc3 ♕xh3** müsste Weiß einen schwierigen ‘einzigen Zug’ finden, um den Schaden auf eine tendenzielle Verluststellung einzugrenzen.

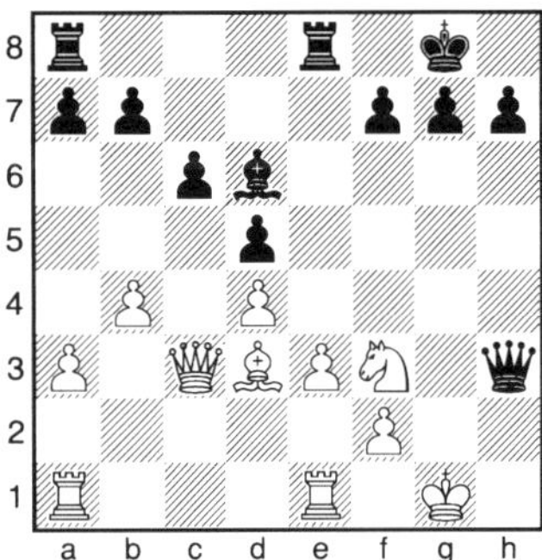

21.♕c2

(21.♗e2? ♖e6–+; 21.♘e5? ♗xe5 22.dxe5 ♖e6–+)

a) Nun wäre **21...♕g4+ 22.♔f1 ♕xf3 23.♗xh7+ ♔h8** wegen des Störzuges **24.♕f5!** noch nicht klar gewonnen.

b) Ganz anders sähe die Sache hingegen nach **21...♔h8!** aus – einem vortrefflichen Beispiel dafür, dass im Extremfall sogar ein stiller Königszug ins Eck den Gewinn sicherstellen kann; z.B. **22.♘e5 ♗xe5 23.dxe5 ♖xe5 24.f4 ♖xe3 25.♖xe3 ♕xe3+ 26.♔g2 ♕xf4**.

Und mit sage und schreibe *fünf* Bauern für die Figur sowie angesichts eines splitternackten Königs gegenüber einem ordnungsgemäß bekleideten könnte Weiß nur noch auf ein Wunder hoffen.

55

Zühlke – Schröder

Schwäbisch Gmünd 2012

1.d4 d5 2.c4 e6 3.♘c3 ♗e7 4.cxd5 exd5 5.♗f4 ♘f6 6.e3 0-0 7.♗d3 ♘bd7 8.♘ge2 c6 9.♕c2 ♖e8 10.0-0 ♘f8 11.♖ab1 ♘h5 12.♗g3 ♘xg3 13.♘xg3 ♗d6 14.♖fe1 ♗d7 15.b4 a6 16.a4 ♕h4 17.b5 axb5 18.axb5 ♖e6 19.f4 g6 20.bxc6 bxc6

Eigentlich könnte Weiß in aller Gemütlichkeit die Schwäche c6 belagern, wenn doch nur sein f-Bauer zu Hause geblieben wäre.

1) Der Partiezug **21.♘a4?** war ein Fehler, denn in einem Fall von extremer Röntgenwirkung steht die Dame h4 sehr wohl in Kontakt mit dem Springer a4!

21...♕e7!

Die Rede war von dem anderen Abspiel 21...♖xe3!? 22.♖xe3 ♗xf4.

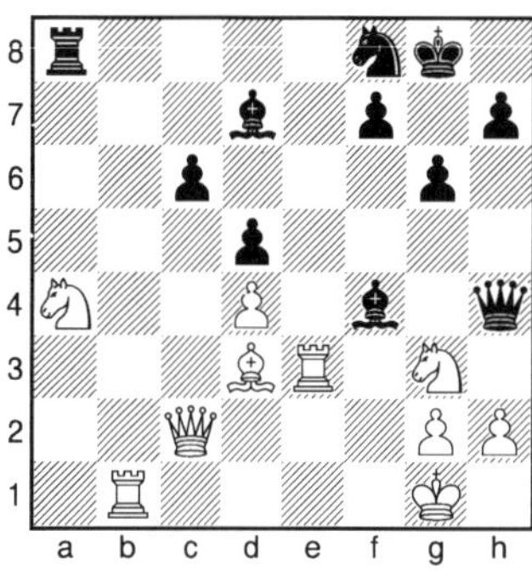

Denn wie man jetzt erkennt, wird die Dame zu einem Schach auf d4 kommen. 23.♖f3 ♗xg3 24.hxg3

(Der Turm wird dringend auf der f-Linie gebraucht: 24.♖xg3?? ♕xd4+ –+.)

24...♕xd4+ 25.♔h2 ♕xa4 26.♕f2 ♗e6 (Δ♘d7) 27.♖b7 (Δ♖xf7!) Δ27...♘d7 28.♖xd7! ♗xd7 29.♖xf7 ♗e6 30.♖c7!

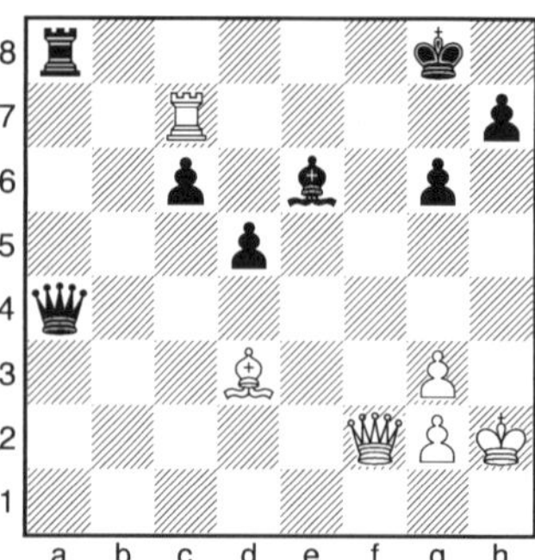

Einerseits ist Schwarz zwar der stolze Besitzer von zwei Mehrbauern in Form eines verbundenen Freibauernpaars, aber andererseits stehen seine sämtlichen Figuren deutlich schlechter als ihre weißen Gegenspieler. Tatsächlich verfügt er angesichts der Killerdrohung ♕f6 nur über die beiden Züge 30...♖f8 und 30...♕a1, die bestenfalls Minimalvorteil versprechen.

Hier stellte Weiß mit **22.♘b6?? ♖xe3 –+** die Partie ein.

Stattdessen wäre nach zwei 'einzigen Zügen' 22.e4 ♗xf4 23.♘c5 offenbar ein positionelles Qualitätsopfer fällig gewesen.

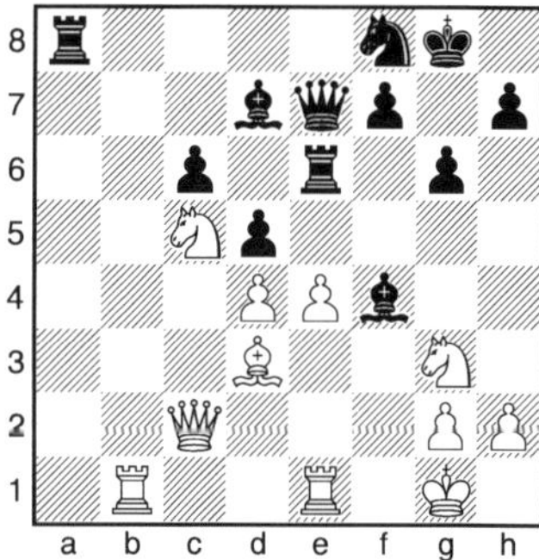

23...♕g5 (23...♕f6!?) 24.♘xe6 (24.♘f1!?) 24...♘xe6 mit kräftigem Minimalvorteil – und somit einem besseren Ergebnis als die Alternative 21...♖xe3.

2) 21.♘f1 ist die sicherere Alternative, denn obwohl **21...♗xf4** (21...♖ee8!?) einen sehr starken Eindruck macht, ist damit kein nennenswerter Vorteil zu erzielen; z.B. **22.g3 ♗xe3+ 23.♖xe3**

23.♘xe3?? ♕xd4 24.♘cd1 ♖ae8~–+

23...♕xd4 24.♘e2 ♕a7

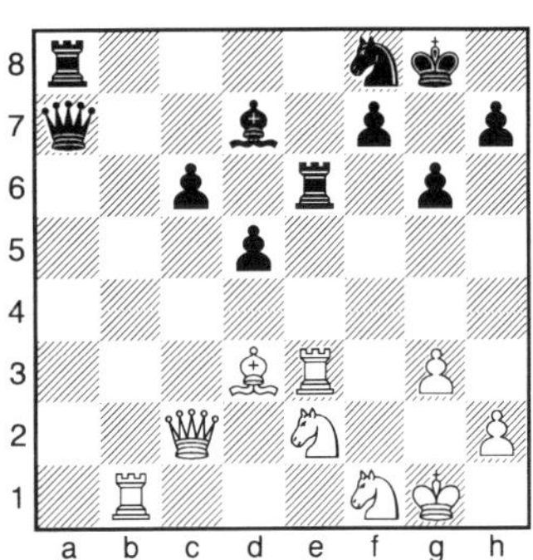

25.♕c1! (25.♕d2?? ♖ae8–+) **25...c5** (25...♖ae8 26.♖a1∞; 25...♖f6!?) **26.♗b5 c4 27.♗xd7 ♘xd7**

56

Matsenko – Demidov

Blitz, St. Petersburg 2014

1.♘f3 ♘f6 2.c4 e6 3.♘c3 d5 4.d4 h6 5.cxd5 exd5 6.♗f4 ♗d6 7.♗xd6 ♕xd6 8.e3 c6 9.♕c2 ♗g4 10.♘e5 ♗e6 11.♗d3 ♘g4

Die Partiefolge **12.♘f3** und die Alternative **12.♘xg4**, die beide Seiten wohl für die einzig spielbaren Züge hielten, sind nur für mehr oder weniger deutlichen Minimalvorteil gut.

Derweil ist der vermeintliche grobe Fehler **12.f4!** in Wirklichkeit der beste Zug, zumal ja 12...♘xe3?? wegen 13.♕e2+– ausscheidet.

Und in den Alternativen ist der Vorteil zumindest aus dem Minimalbereich heraus, wie aus folgenden Varianten hervorgeht.

1) 12...0-0 Δ13.f5?! (⌓13.♕e2) **13...♘xe5 14.dxe5 ♕xe5 15.fxe6 ♕xe3+**

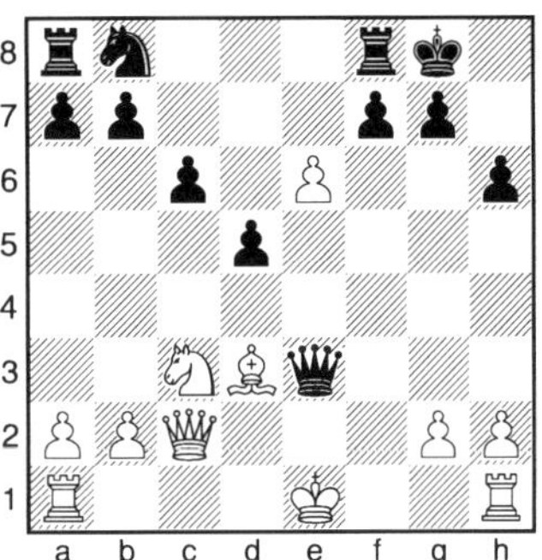

Und nach **16.♘e2** oder **16.♕e2** hat Weiß allenfalls einen Hauch von Vorteil, zumal Schwarz ja nach fxe6 über drei solide Bauern für die Figur verfügt, was in aller Regel als 'automatische Kompensation' angesehen werden kann.

2) Auch nach **12...♕e7** muss Weiß sich vor einem überstürztem Herangehen hüten.

a) 13.f5? ♘xe5 14.dxe5

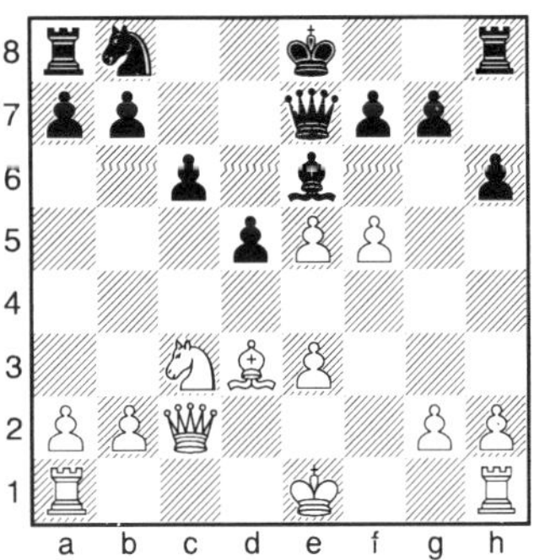

14...♗d7 15.0–0 ♕xe5 16.♖ae1⩲; 16.e4

14...♗c8!∓ Δ15.♘xd5?! ♕xe5∓

b) ⌓**13.♘xg4 ♗xg4 14.♕f2!** (u.a. Δ♕g3) **Δ14...0-0 15.f5**

3) 12...♘d7 13.♘xg4 (13.♕e2!?) **13...♗xg4 14.h3 ♗h5 15.g4 ♗g6 16.f5 ♗h7 17.0-0-0**

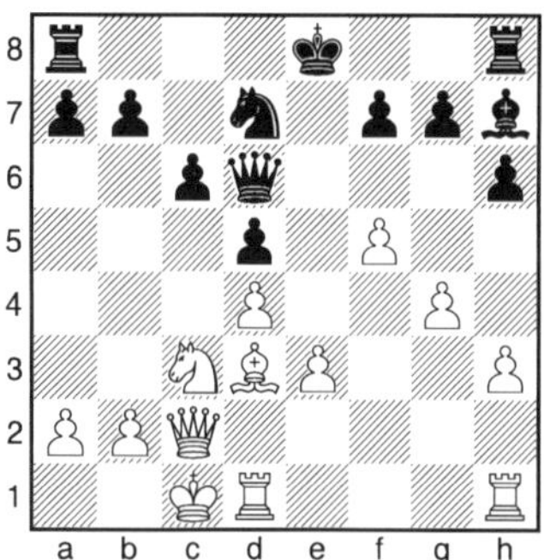

Kurioserweise bescheinigen Engines dem Weißen hier nicht mehr als ±, offenbar aufgrund der Überzeugung, dass der ♗h7 wie durch ein Wunder von den Toten wiederauferstehen könnte. Was natürlich ganz am Rande die Frage aufwirft, ob auch künstliche Intelligenz mitunter den Satz beherzigt, demgemäß die Hoffnung zuletzt stirbt.

57

Hort – Thorsteins

Reykjavik 1985

1.c4 e6 2.♘c3 d5 3.d4 ♗e7 4.cxd5 exd5 5.♗f4 ♘f6 6.e3 0-0 7.♗e2 c6 8.♕c2 ♗d6 9.♗g3 ♖e8 10.♗d3 ♗g4 11.♘f3 ♗xf3 12.gxf3 g6 13.0-0-0 a5 14.♔b1 ♘a6 15.a3 b5 16.♘e2 ♗xg3 17.hxg3 ♕b6 18.♖c1 ♖ec8

I) Das interessante Partiekonzept **19.b3?!** lief von Anfang an auf ein positionelles Qualitätsopfer hinaus, dass jedoch nur für gute Kompensation reichte.

19...c5 20.♕b2

Nach 20.dxc5 ♘xc5 21.♘d4 b4 22.a4 ♔g7!∞ ...

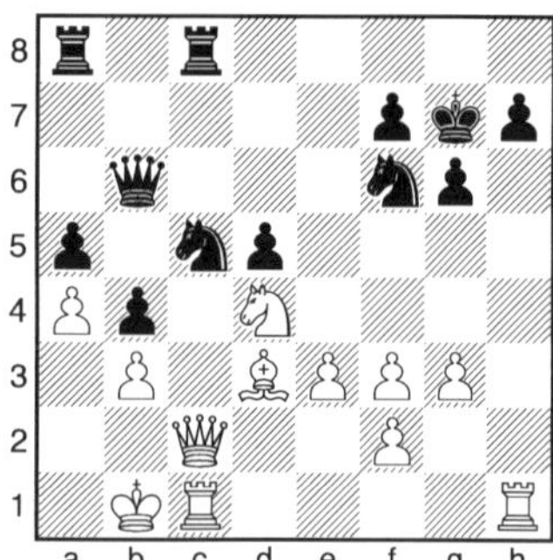

... erzwingt die Doppeldrohung ♘xa4 und ♘ce4 einen Damenzug, und nach beispielsweise 23.♕d2 ♘e6 zeichnet sich völliger Ausgleich ab.

20...a4 21.dxc5

21.b4 cxb4 22.axb4 hätte zu einer anderen Version des besagten Qualitätsopfers geführt. Nach beispielsweise 22...♕d6 23.♖c5! ♘xc5 24.dxc5 kann Weiß seinen Gegner zwar lange quälen, aber ein entscheidender Durchbruch ist nicht zu finden; z.B. 24...♕e7 25.♕d4 ♘d7 26.♘c3 ♘e5 27.♘xd5 ♕e6 28.e4 ♖d8 29.♗e2 ♘c6 30.♕c3 ♖xd5 31.exd5 ♕xe2 32.dxc6 ♕xf2 33.g4 a3 ...

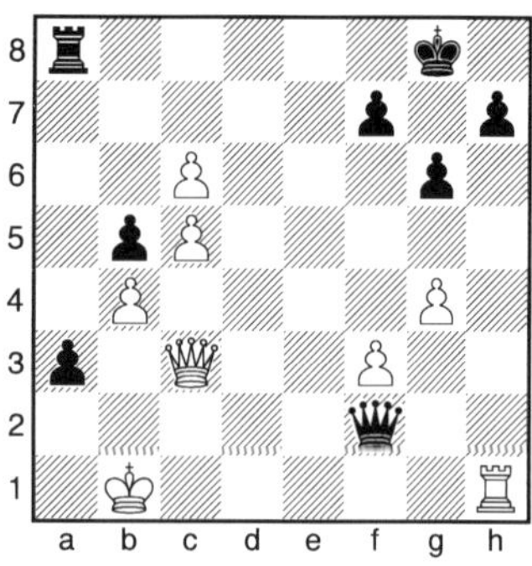

... mit einem wahren 'Gleichgewicht des Schreckens' in einem komplizierten Schwerfigurenendspiel.

21...♘xc5 22.♖xc5

Das angestrebt Qualitätsopfer ist hier bereits der einzige Zug.

22...♖xc5 23.b4 ♖cc8

Das Verfahren 'Wie du mir, so ich dir' funktioniert hier nicht, denn nach 23...♖c4? 24.♗xc4 dxc4 25.♕d4 ♕xd4 26.♘xd4 ♖b8 27.♖d1 hat Weiß ein deutlich vorteilhaftes Endspiel.

24.♘d4=∞

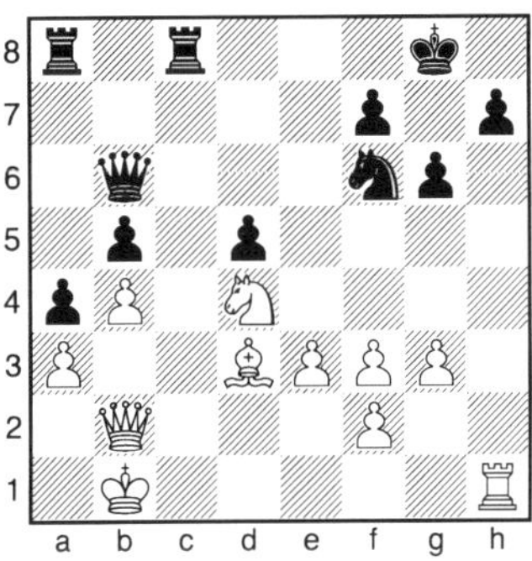

Auch hier wird selbstverständlich nur auf zwei Ergebnisse gespielt, obwohl letztlich nicht mehr als ein Remis drin war.

Und jetzt ein ausführlicher Blick auf zwei Alternativen, die beide das Zeug zu Vorteil in der Größenordnung zwischen ⩲ und ± hatten.

II) 19.g4 c5

19...b4?! 20.a4 (20.♗xa6) 20...b3 21.♕d1±

A) 20.dxc5 ♘xc5 (20...♖xc5?! 21.♕d2±) **21.♘d4⩲ 21...♘xd3 22.♕xd3 ♖c4**

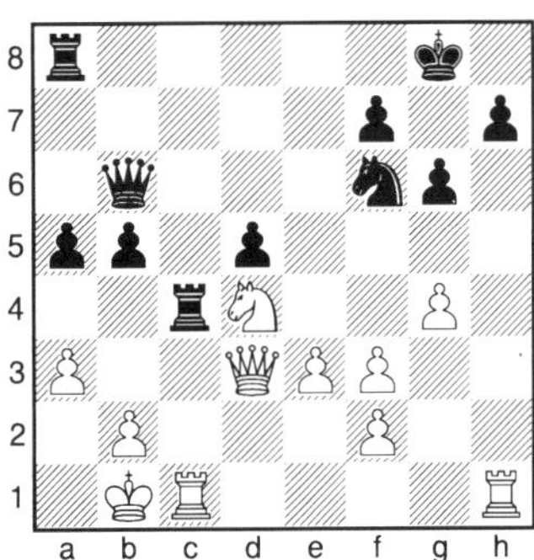

Δ23.b3 a4!

B) 20.♘f4

1) 20...b4 21.g5 bxa3 22.♗xa6 (22.gxf6? b4=∞) 22...♕xa6 23.gxf6⩲ (23.dxc5)

2) 20...cxd4 21.♕xc8+ ♖xc8 22.♖xc8+ ♔g7 23.g5 ♘g8 24.♘xd5 ♕b7

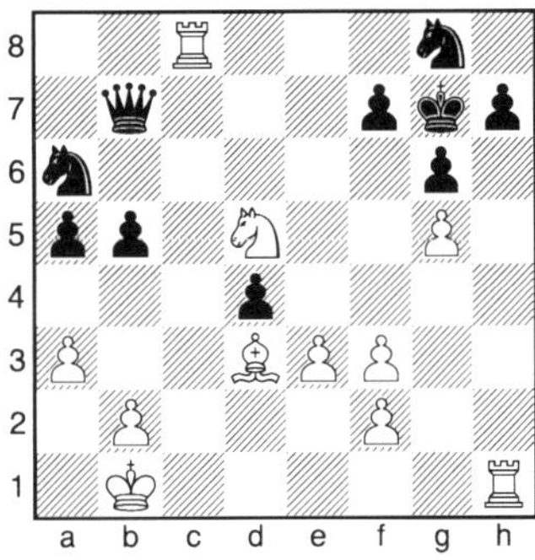

25.♖xg8+! ♔xg8 26.♗e4 ♕a7 27.♘f6+ ♔f8 28.♖xh7 (Δ♗d5) 28...♘c7 29.♖h8+ ♔e7 30.♖c8 (Δ♖xc7+) 30...dxe3! 31.fxe3 (31.♖xc7+?? ♕xc7 32.♘d5+ ♔d7 33.♘xc7 e2−+)

31...♔e6 32.f4 (Δ♗f3 nebst ♗g4+) 32...b4 33.♗c2 (Δ♗b3+) 33...a4 34.axb4 ♕b7 35.♗d1 (Δ♖d8 nebst ♗g4+) 35...♕h1 36.♖d8

III) 19.e4 dxe4

– 19...b4?! 20.a4 b3 21.♕d2±

– 19...c5 20.e5 ♘d7 21.♘f4⩲

20.fxe4 c5 21.e5 ♘d7 22.e6! (22.♘f4!?)

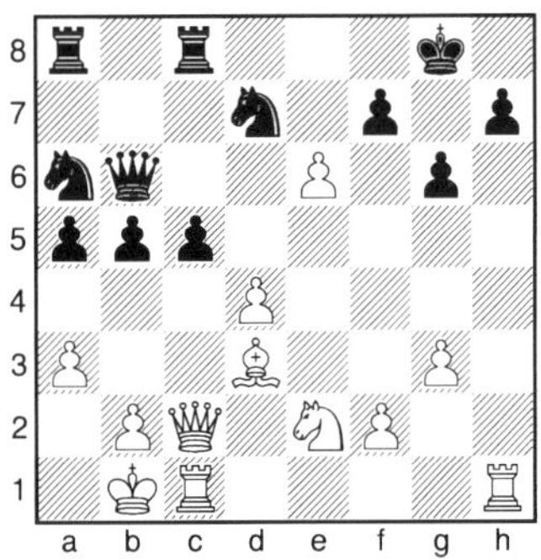

22.♕xe6 (22...fxe6?? 23.♗xg6+−) **23.♗xb5 cxd4 24.♘xd4! ♖xc2 25.♘xe6 ♖d2 26.♗xa6 ♖b8** (27...fxe6 27.♗c4) **27.♖c8+** (27.♖c2) **27...♖xc8 28.♗xc8 fxe6 29.♖c1±**

58

Simagin – Tal

Kislowodsk 1966

1.d4 ♘f6 2.c4 e6 3.♘f3 d5 4.cxd5 exd5 5.♘c3 ♘e4 6.♕b3 c6 7.♗f4 ♗d6 8.♗xd6 ♘xd6 9.e3 ♗f5 10.♗e2 ♘d7 11.0-0 0-0 12.♖fe1 ♖e8 13.♘d2 ♖e6 14.♘f1 ♕h4 15.g3 ♕g5 16.♗f3 ♘f6 17.♗g2 ♖ae8 18.f3 ♗d3

Um seinen Schwerfiguren bei ihrem massiven aber noch ignorierbaren Angriff auf e3 Gehör zu verschaffen, hatte Schwarz soeben seinen Läufer ins gegnerische Lager entsandt und somit die Drohung ♗xf1 aufgestellt.

I) Da der besagte Läufer lose steht, wählte Weiß mit **19.♘xd5!** den einzigen Zug, der den Schaden im Minimalbereich hält.

A) Mit der Wahl **19...♘xd5?!** gab der legendäre 'Schachzauberer aus Riga' sich nicht sonderlich kampflustig, denn nach **20.♕xd3 ♘xe3 ...**

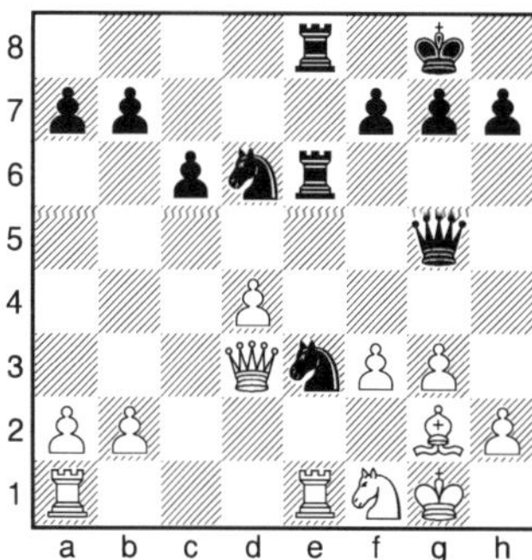

... hätte Weiß mit **21.f4∞** Chancengleichheit erzielen können.

Dabei wären gleich *zwei* Alternativen nicht nur möglich, sondern wohl auch besser gewesen.

B) 19...♗xf1 20.♘xf6+ ♕xf6 21.♔xf1

1) 21...♘f5 22.e4!

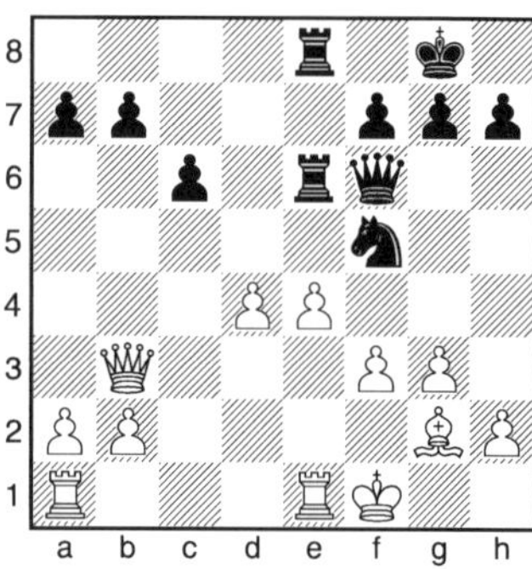

a) 22...♘xd4 23.♕c3∞; ♕d3

b) 22...♖xe4 23.♖xe4 ♖xe4 24.♕xb7 ♖xd4 25.♖e1∞; 25.♕xa7

2) 21...♕h6 22.d5!

a) 22...cxd5 23.♔g1 ♘f5 24.♕xd5 ♖xe3∓; ♘xe3

b) 22...♖xe3 23.♖xe3 ♖xe3 24.♕a4 cxd5 25.♕xa7 ♖e8∓

C) 19...♗c4

1) Nach 20.♘xf6+ ♕xf6∓ nebst ♗xf1 wäre der schwarze Vorteil schon knapp aus dem Minimalbereich heraus.

2) 20.f4!

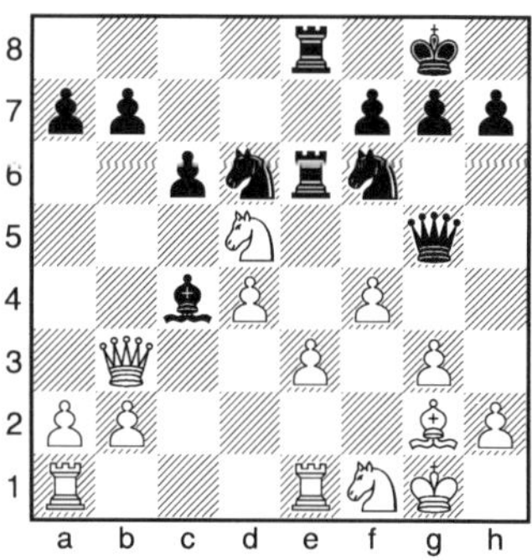

20...♗xb3 21.fxg5 ♗xd5 22.gxf6 ♗xg2

23.♔xg2 ♖xf6∓

II) Nach **19.♘e2?** würde nicht nur ein Taktiker vom Kaliber Tals das Zertrümmerungsopfer **19...♖xe3!!** aus dem Hut hervorzaubern.

Obwohl auch die gemütlichen Alternativen 19...a6!? und 19...c4!? einen guten Eindruck machen.

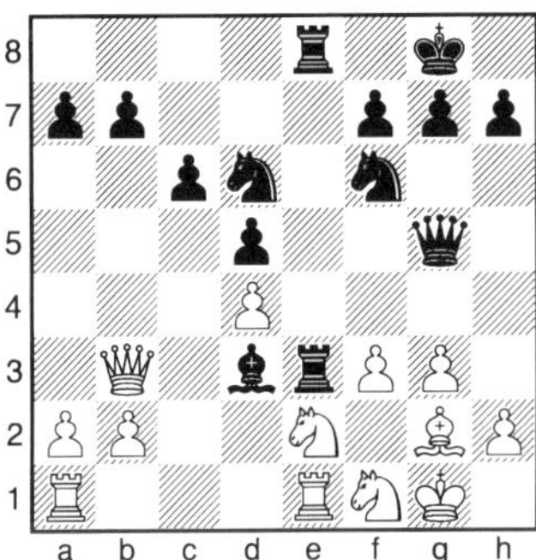

A) Danach würde **20.♘xe3? ♕xe3+ 21.♔h1 ♗xe2 22.♕xe3 ♖xe3**−+ quasi widerstandslos durchgehen.

B) Und nach dem Zwischenzug **20.f4!** gefolgt von **20...♕h5 21.♘xe3 ♖xe3** ergibt sich folgendes Bild:

1) 22.♘c3? führt nach 22...♘g4 23.h3 ♖xg3 zum baldigen Matt.

2) Auf 22.♕b4 folgt am coolsten 22...h6!−+ (22...♖xe2) 23.♕xd6 ♖xe2 Δ♗e4

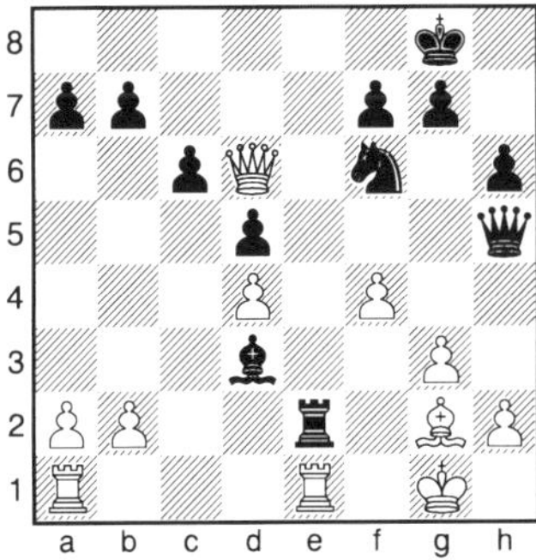

Z.B. 24.h3 ♗e4 25.♗xe4 ♖xe4 26.♖xe4 dxe4! bzw. 26.♔g2 ♖xd4; 26...♖e2+

3) Am besten ist noch 22.f5 (Δ♘f4) 22...♘g4 23.h3 ♗xe2 24.hxg4 ♖xb3 25.gxh5 ♖xb2 mit zumindest tendenziell gewonnenem Endspiel.

59

S. Schmidt – S. Nikolic

Bad Griesbach 2002

1.d4 d5 2.c4 e6 3.♘f3 c6 4.♘c3 ♘f6 5.cxd5 exd5 6.h3 ♗d6 7.♗g5 ♘bd7 8.e3 h6 9.♗xf6 ♘xf6 10.♗d3 0-0 11.♖c1 ♖e8 12.0-0 ♘e4 13.♕c2 ♕e7 14.a3 ♗d7 15.b4 ♖ac8 16.♘a4 b6 17.♘c3 b5

Der weiße Aufbau ist offenkundig vollkommen zahnlos, zumal es weder am Damenflügel noch im Zentrum recht weitergehen will. Und da außerdem ein hungriges Läuferpaar die weiße Rochadestellung mitsamt der Angriffsmarke h3 im Visier hat, versteht es sich von selbst, dass Weiß bereits ums nackte Überleben kämpft.

1) In der Partie zog Weiß mit **18.♘d2?** auch noch den letzten Verteidiger von dem massiv bedrohten Bereich ab. Allerdings ließ Schwarz mit der vermeintlichen Verstärkungsmaßnahme **18...f5?** die Gelegenheit, kräftigen Vorteil zu erzielen, ungenutzt verstreichen. Nach **19.♘b3** war die Sache wieder im Lot.

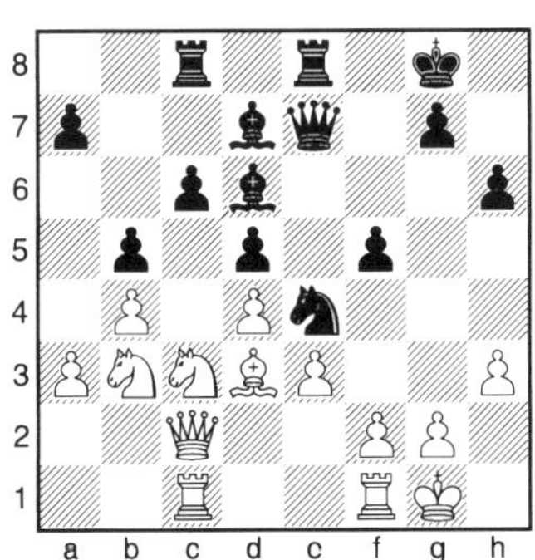

Denn wenn dieser Springer auf c5 eingepflanzt wird und sein Kollege sich von e2 aus um die Königsstellung kümmert, ist der schwarze Traum vom Mattangriff ausgeträumt.

a) Eingefleischte Königsjäger würden wohl kaum der Verführung **18...♘g5?!** Δ♘xh3+ widerstehen können, um anschließend nach Fortsetzungen der Marke 'Opfer, Opfer, Matt' Ausschau zu halten. Nach dem einzigen Zug **19.♗f5** würden sie allerdings erkennen, dass das mit dem Matt doch noch eine Weile warten muss, und müssten sich mit **19...a5∓** doch noch dem eher langweiligen Spiel am Damenflügel zuwenden.

b) Und genau dort sollte Schwarz nach **18...♘xd2 19.♕xd2** sowieso mit **19...a5!** weiterspielen.

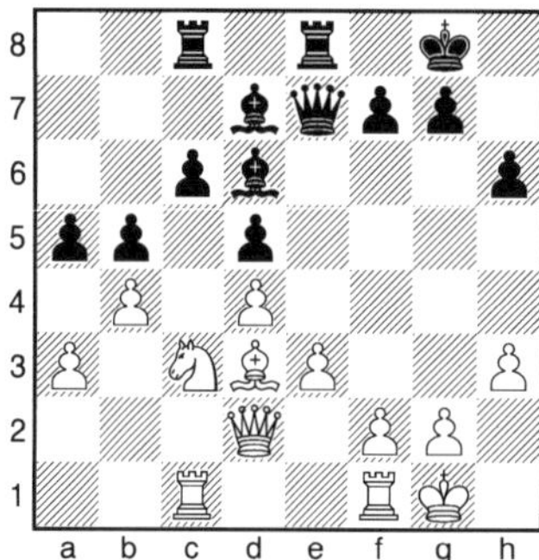

Mit mehr oder weniger ausgeprägtem Vorteil in der Größenordnung ∓ nach **20.♘a2 ♖a8** oder **20.bxa5 ♗xa3** bzw. **20...♗c7** Δ♕xa3; Δ♕d6.

2) Der Weg zum Ausgleich führte über das vorübergehende Bauernopfer **18.♗xe4 dxe4 19.♘e5!** (19.♘d2?! f5∓) **19...♗xe5 20.dxe5 ♕xe5 21.♖fd1 ...**

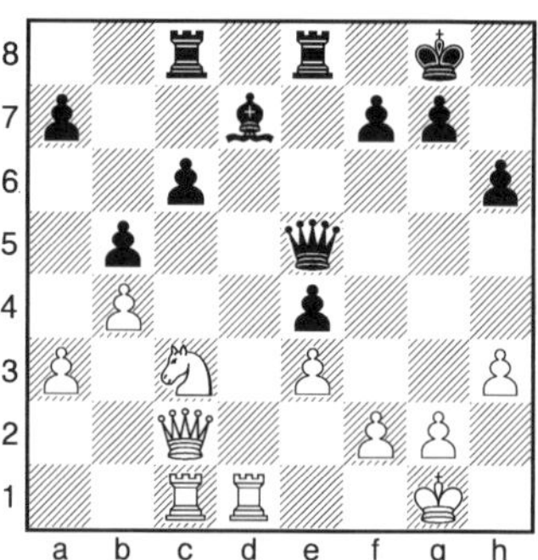

... mit dem Kerngedanken ♖d4 und ausreichender Kompensation nach beispielsweise **21...♗f5 22.♖d4** oder **21...♖c7 22.♖d4**.

60

Djukic – Predojevic

Neum 2008

1.d4 ♘f6 2.♘f3 d5 3.c4 e6 4.♘c3 c6 5.cxd5 exd5 6.h3 ♗d6 7.♗g5 h6 8.♗xf6 ♕xf6 9.e3 ♗e6 10.♗d3 ♘d7 11.♕e2 ♕e7 12.0-0-0 0-0-0 13.♔b1 ♔b8 14.♘d2 ♘b6 15.♘b3 h5 16.♖c1 h4 17.a4

Der weiße Angriff wirkt eher wie eine Verlegenheitslösung, und zwar nicht zuletzt, weil der Damenflügel ja auch der Aufenthaltsort des *eigenen* Königs ist.

17...♘c4

Dies ist nur einer aus einer ganzen Reihe von guten Zügen.

– Vergleichbar stark ist 17...♖he8∓ Δ♘c4 nicht nur nach 18.a5 ♘c4.

– Und auch der eher subtile Ansatz 17...♗b4 Δ♗xc3 nebst ♘xa4 kommt in Betracht, denn nach 18.a5 ♘c4 19.a6 b5∓ (oder auch 19...b6) bleibt der vorgepreschte a-Bauer als Schwäche auf der schwarzen Abschussliste.

18.♗xc4

Vielleicht sollte Weiß besser mit 18.♔a1 Δ♘b1 nebst ♘1d2 kleine Brötchen backen, denn auf sogleich 18.♘d2 folgt das starke Ausweichmanöver 18...♘a5

18...dxc4 19.♘d2

Noch schlechter ist 19.♘a5 ♗b4 20.♘xc4 ♗xc3

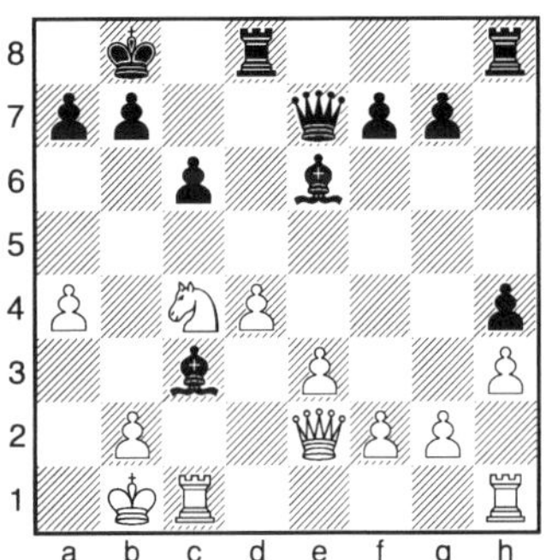

21.bxc3 c5∓ oder 21.♖xc3 ♖xd4!∓.

19...♗f5+!?

Statt dieses scheinbar sinnlosen Zuges, der jedoch der Aufweichung des soliden weißen Zentrums dient, kommt auch hier wieder 19...♗b4!? in Betracht Δ20.♘xc4? (⌓20.♖hd1) 20...♗xc3 – siehe 19.♘a5.

20.e4 ♗h7

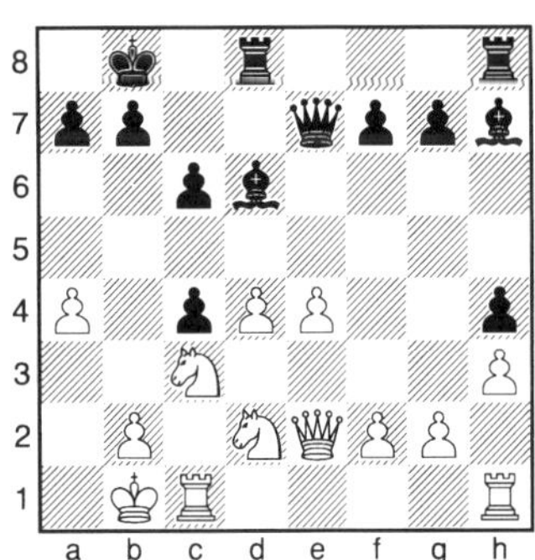

21.♕xc4?!

Damit macht Weiß seinem Gegner die Sache allzu einfach. Bessere Versuche waren beispielsweise 21.♘xc4 ♗b4 oder 21.f3 Δ21...♗f4 22.♖cd1 ♖xd4 23. ♘xc4 usw.

21...♗f4 22.♖hd1 ♗xd2

Auch die Alternativen 22...f5 23.e5 ♗g8! bzw. 22...♕g5 waren nicht zu verachten.

23.♖xd2 ♗xe4+ 24.♘xe4 ♕xe4+ 25.♔a1

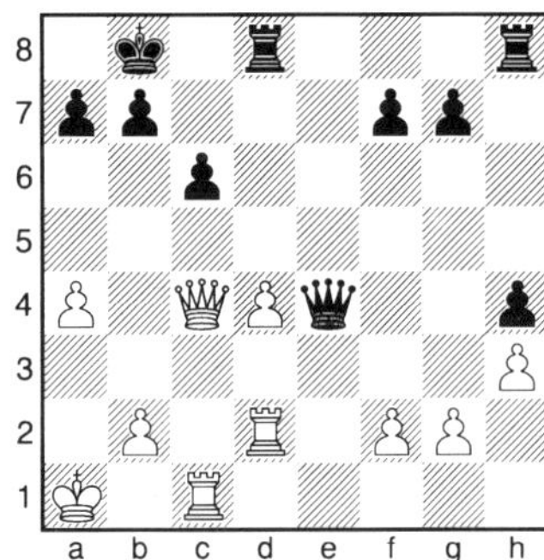

Und hier wäre 25...♕xg2–+ mit der möglichen Folge 26.♕xf7 ♕xh3 27.♕xg7 ♕b3 viel einfacher gewesen als der 'positionelle' Ansatz **25...♖d5** usw.

61

Miladinovic – Karapanos

Athen 2000

1.d4 d5 2.c4 e6 3.cxd5 exd5 4.♘c3 c6 5.♗f4 ♘f6 6.e3 ♗d6 7.♗g3 0-0 8.♗d3 ♖e8 9.♕c2 b5 10.♘f3 ♘a6 11.a3 ♕e7 12.♘e5 ♗d7

Diese Stellung bietet quasi Lösungen für jeden Spielertypus.

1) Für den gewieften Taktiker **13.♘xd7 ♕xd7**

13...♘xd7 14.♗xh7+ +–; 14.♘e2!?

14.♗h4+– z.B. **14...♗e7 15.♗xf6 ♗xf6 16.♗xh7+** usw.

2) Für den subtilen Positionsspieler **13.f4**+– mit der möglichen Folge **13...b4** (13...♗c8 14.♗h4) **14.♘e2**; **14.♘d1** – nur nicht 14.♗xa6?? bxc3 15.bxc3 ♘e4⯹.

3) Und **13.0-0?!** für den Großmeister mit Elo 2540, der übersehen hat, dass seine etwas zu gemütliche Wahl nach **13...♘c5!** ...

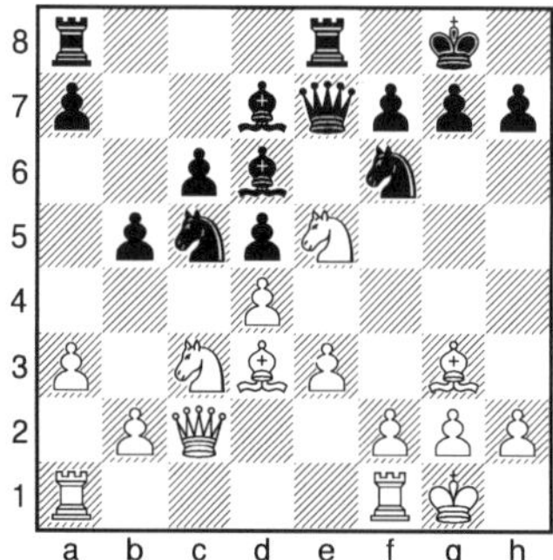

... **14.♘xc6 ♗xc6 15.♗xd6 ♕xd6 16.dxc5 ♕xc5 17.♖ac1** bzw. **14.♘xd7 ♘cxd7 15.♗h4** noch längst keinen Gewinnvorteil ergeben hätte.

62

P. Cramling – Smagin

Oviedo 1993

1.d4 d5 2.c4 e6 3.♘c3 ♘f6 4.♘f3 ♘bd7 5.cxd5 exd5 6.♗f4 c6 7.e3 ♘b6 8.♕c2 ♗g4 9.♘e5 ♗h5 10.♗d3 ♗g6 11.0-0 ♗e7 12.h3 ♗xd3 13.♕xd3 0-0 14.♖ab1 a5 15.b3 ♘bd7 16.♘a4 ♘xe5 17.♗xe5 ♘e4 18.f3 ♘f6 19.♖bc1 ♖e8 20.♖ce1 ♘d7 21.♗h2 ♗b4 22.♖e2 ♘f8 23.♖d1 ♘e6 24.♔h1 ♗d6 25.♗xd6 ♕xd6 26.♕d2 ♕b4 27.♕c2 ♖e7 28.♘b2 ♖ae8 29.♘d3 ♕b6 30.♖ee1 g6 31.♕f2 ♘c7 32.♘e5 ♘b5 33.♕h4 ♖e6

Zunächst muss klargestellt werden, dass hier nicht etwa von einer *Gewinn*idee die Rede ist, sondern von einer, die Weiß dem Ausgleich näherbringt. Denn solange die latente Schwäche e3 nicht ausgestülpt werden kann, droht deren Belagerung bzw. Eroberung – beispielsweise mittels eines Manövers wie ♘d6-f5 nebst f6 o.ä.

1) Mit **34.♘g4?!** kann Weiß zwar den entlastenden Damentausch **34...♕d8 35.♕xd8 ♖xd8** herbeiführen, aber anschließend steht der Springer nicht sonderlich effektiv.

Nach der weiteren Ungenauigkeit **36.♖d3?!** (⌓36.♔g1 f6∓; 36...h5) konnte Schwarz mit **36...♘d6∓** Δ♖de8 seinen eingangs skizzierten Plan ausführen und seinen Vorteil deutlich vergrößern.

2) Nach der besseren Version derselben Idee **34.♘d7 ♕d8 35.♕xd8 ♖xd8 ...**

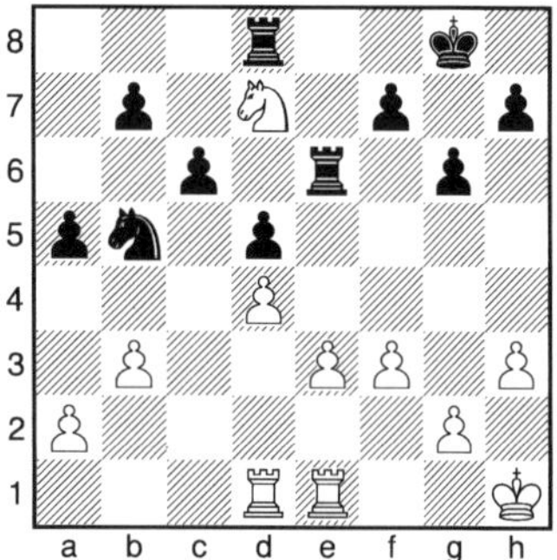

... hätte sich der Unterschied gezeigt, denn mit der Beschäftigungstherapie 36.♘c5 ♖e7 kann Weiß ein wichtiges Tempo für die Verteidigungsmaßnahme 37.♔g1 Δ♔f2 gewinnen.

63

Leko – Adams

Dortmund 2013

1.d4 ♘f6 2.c4 e6 3.♘c3 d5 4.cxd5 exd5 5.♗g5 c6 6.♕c2 ♗e7 7.e3 ♘bd7 8.♗d3 h6 9.♗h4 ♘h5 10.♗xe7 ♕xe7 11.♘ge2 ♘b6 12.0-0 0-0 13.♖ab1 a5 14.♕b3 ♕d8 15.♘a4 ♘xa4 16.♕xa4 ♗g4 17.♘c3 ♖e8 18.♕c2 ♕g5 19.♔h1 ♘f6 20.a3 ♕h5 21.b4 axb4 22.axb4

Nach **22...♗f3!** Δ♘g4–+ führte **23.gxf3 ♕xf3+ 24.♔g1 ♕g4+** zum Remisschluss.

Der Versuch, dem mit **23.♗f5??** auszuweichen, würde nach **23...♖a3!**-+ (Δ♖xc3) übel nach hinten losgehen; z.B. **24.gxf3 ♖xc3 25.♕xc3 ♕xf5!** (25...♕xf3+? 26.♔g1 ♕xf5 27.f3)

1) 26.♔g2?

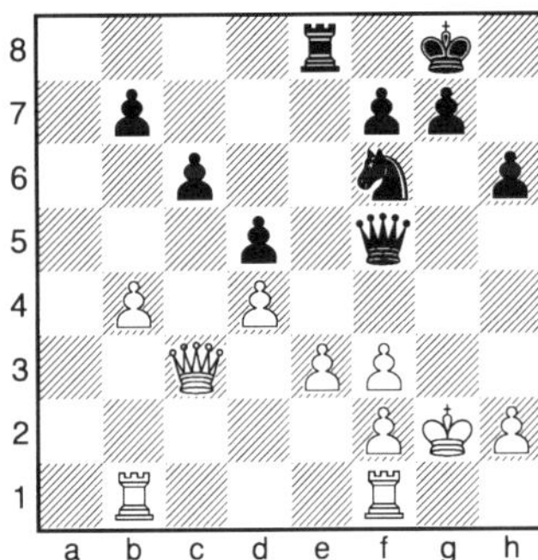

26...♘e4!! (Δ♘g5; Δ♖e6) **Δ27.fxe4? ♕g4+ 28.♔h1 ♕f3+ 29.♔g1 ♖e6** # in 6

2) 26.♖g1 ♕xf3+ 27.♖g2 ♖e4 28.♔g1

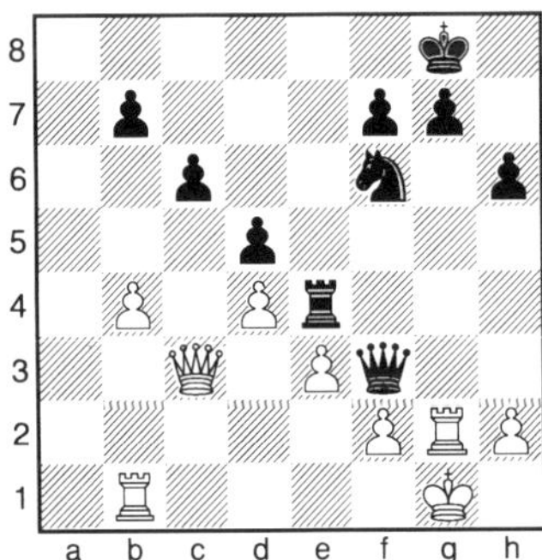

28...♖g4!

a) 29.♖g3 ♘e4 30.♕e1 ♘xg3 (30...h5) 31.hxg3 h5 +++ bzw. 31.fxg3 ♖e4 +++)

b) 29.♖xg4 ♕xg4+ 30.♔f1 ♕h3+ 31.♔e2 (31.♔e1 ♘e4 +++) 31...♕h5+ 32.♔f1 ♘g4 +++

3) 26.e4 dxe4 27.♖be1 ♖e6 (Δexf3) **28.♖e3**

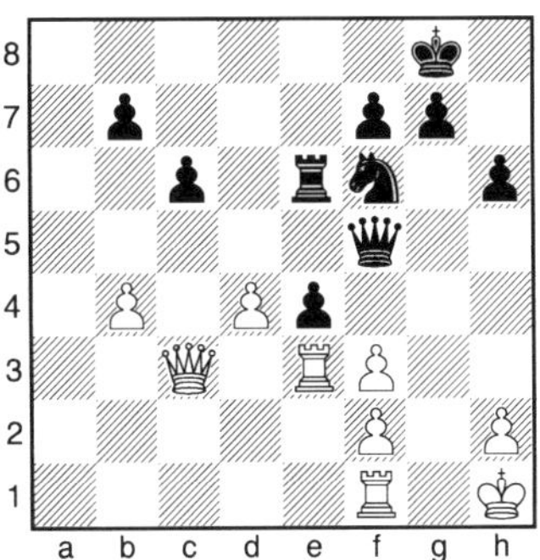

a) 28...♘d5 29.fxe4 ♖xe4 30.♖f3 ♕g5

b) ⌓28...♕h3 29.♖a1 ♘d5 30.fxe4 ♘xe3 31.♕xe3 ♕xe3 32.fxe3 ♖xe4

64

Rakhmanov – Kuprijanov

Cherepovets 2005

1.d4 d5 2.c4 e6 3.♘c3 ♘f6 4.♗g5 c6 5.cxd5 exd5 6.e3 ♘bd7 7.♗d3 ♗e7 8.♕c2 ♘h5 9.♗xe7 ♕xe7 10.♘ge2 g6 11.g4 ♘hf6 12.g5 ♘h5 13.h4 ♘b6 14.0-0-0 ♗d7 15.♖de1 0-0-0 16.a4 ♔b8 17.a5 ♘c8 18.♘a4 ♕b4 19.♘c5 ♕xa5 20.♘c3 ♘d6 21.b4

Mit dem weißen König auf g2 wäre die Antwort natürlich kinderleicht. Allerdings hatte Weiß (obwohl das nur wenige Züge später schwer zu glauben ist) irgendwann *lang* rochiert – und entsprechend befindet sich die Residenz 'Seiner Majestät' aktuell auf c1.

Wohlgemerkt verdient **21...♕xb4?** nicht etwa deswegen ein Fragezeichen, weil Schwarz danach verliert, sondern weil er damit jegliche Chance auf Minimalvorteil vergibt, der nach 21...♕b6 oder 21...♕c7 vielleicht noch denkbar gewesen wäre.

22.♔d2!

Plötzlich steht der König kein bisschen ungünstiger als beispielsweise auf g2, und Schwarz hat das Problem zu lösen, wie der auf verschiedene Weise drohende Damenverlust (z.B. 23.♘a6+) abgewendet werden kann.

22...♘c4+??

Tatsächlich war der einzige Zug 22...♘f4!! nicht leicht zu finden.

1) So wäre es nach 23.exf4 ♕xd4 der Weiße, der den einzigen Zug 24.♘e2! finden musste.

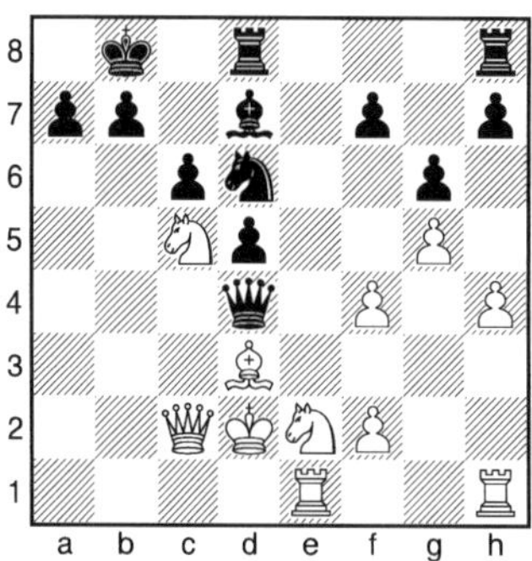

Mit der möglichen Folge 24...♕xf2 (24...♕b4+ 25.♕c3∞) 25.ef1 c4+! (25...♕g2 26.♖hg1 ♕h2 27.♖h1=) 26.♕xc4 ♕xe2 27.♔xe2; 27...♗xe2∞

2) Und auch nach 23.♖b1

(bzw. der Zugumstellung 23.♘a6+ bxa6 24.♖b1 ♘xd3)

23...♘xd3 ...

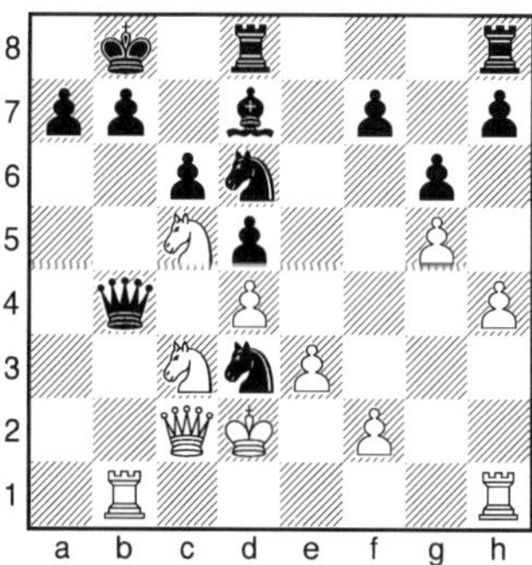

... könnte Schwarz sich in den folgenden Abspielen materiell ausreichend schadlos halten:

a) 24.♘a6+ bxa6 25.♕xd3 a5 26.♖xb4+ axb4

b) 24.♖xb4 ♘xb4 25.♕a4 ♘c4+ 26.♔e2 a5 27.♖b1 Δ♖xb4

23.♗xc4 ♕xc4

23...dxc4 24.♘xb7+−; 24.♘a6+

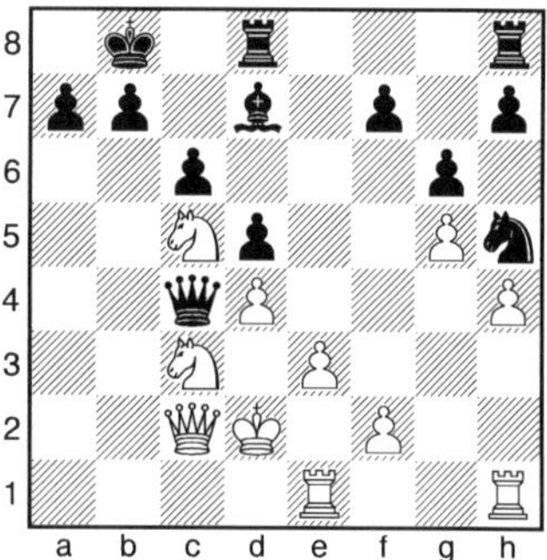

Nun war **24.♕b2** Δ♖a1-a4 nur eine von vielen Möglichkeiten, aus der Pattstellung der Dame auf c4 Kapital zu schlagen.

24...b6 25.♖a1 1-0

65

Fodor – Caruana

Budapest 2005

1.d4 ♘f6 2.c4 e6 3.♘f3 d5 4.cxd5 exd5 5.♘c3 h6 6.♗f4 ♗d6 7.♗xd6 ♕xd6 8.e3 ♗f5 9.♗d3 ♗xd3 10.♕xd3 ♘bd7 11.0-0 0-0 12.♖fc1 c6 13.a3 ♖fe8 14.b4 b5 15.♖ab1 a5 16.♘a2 ♘b6

Angesichts der schwarzen Drohung, am Damenflügel mit c4 das Regiment zu übernehmen, muss zunächst geklärt werden, dass hier kein siegverheißender oder auch nur vorteilhafter Kandidat gesucht ist, sondern ein Lebensretter.

1) In der Partie erzwang Weiß mit **17.♘e5?** den Schlüsselzug **17...♘c4** und warf dann mit dem weiteren Fehler **18.a4?** (⌓18.bxa5 ♘xe5∓) die Partie weg, weil er nach **18...axb4 19.♘xb4 ...**

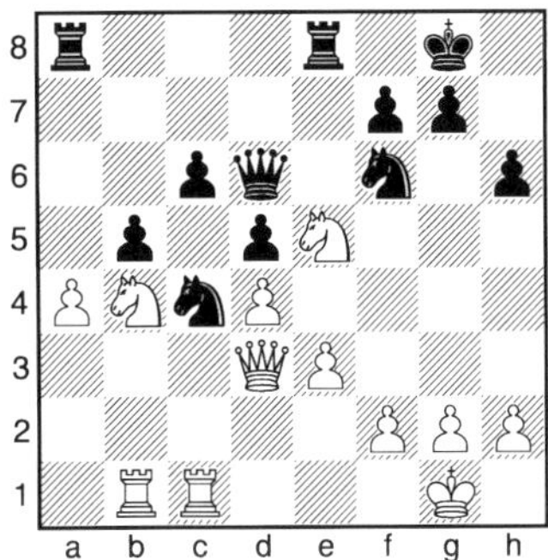

... den Kraftzug **19...c5!**–+ übersehen hatte.

2) Nach **17.bxa5** ergibt sich folgendes Bild:

a) 17...♖xa5 18.♘e5 ♘c4 19.♘b4!

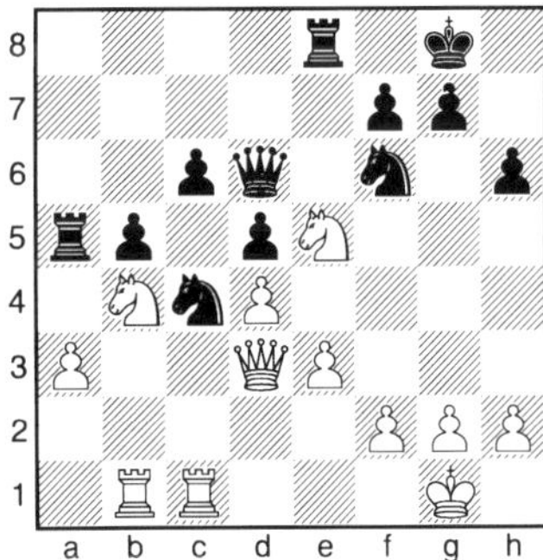

Δ**19...♖xa3?? 20.♘xc4**+–; ⌓**19...♖c8**∓

b) 17...♘c4 18.♘b4 ♖xa5 (18...♘xa5) **19.♘e5!** – siehe 17...♖xa5

3) In Wirklichkeit handelt es sich bei dem vermeintlichen Druckfehler **17.a4!** um den besten Zug. Bei diesem Ablenkopfer geht es darum, beim Angriff auf die Schwäche c6 nicht von ♘c4 gestört zu werden. Hier ein Blick auf die Hauptvariante **17...♘xa4?!** (⌓17...♘c4 +++) **18.♘e5 ♖ec8 19.bxa5 ♖xa5 20.♖xb5! ♖xb5 21.♕xb5 cxb5 22.♖xc8+**

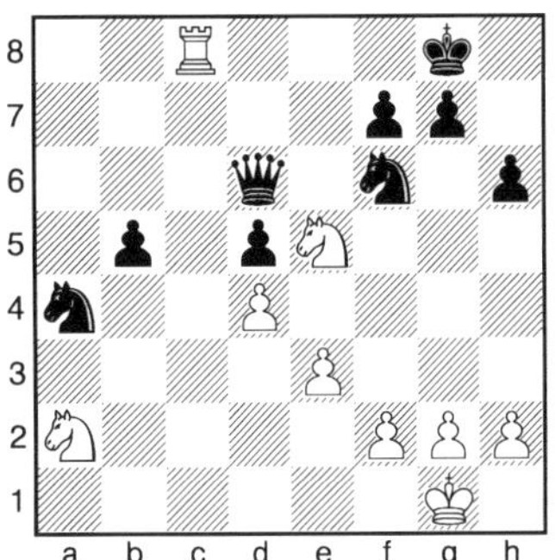

a) Nach **22...♔h7??** kann Weiß den kombinatorischen Klassiker **23.♖h8+! ♔xh8 24.♘xf7+** +– aufs Brett bringen.

b) Und nach **22...♕f8 23.♖xf8+ ♔xf8 24.♘b4**; **24.♔f1** verzeichnet Weiß soliden Minimalvorteil im Springerendspiel.

66

Ubilava – Aranda Marin

Vendrell 1996

1.d4 ♘f6 2.♘f3 d5 3.c4 e6 4.♘c3 c6 5.cxd5 exd5 6.♕c2 ♗e7 7.e3 ♘bd7 8.♗d3 ♘f8 9.h3 ♘g6 10.♗d2 0-0 11.0-0-0 ♗d6 12.g4 ♖e8 13.g5

Bei der Wahl des einzig richtigen Feldes mag dem Springer der Hinweis auf die Sprünge helfen, dass die weißen Bauern am Königsflügel angesichts der entgegengesetzten Rochade und des (noch) gegebenen Mangels an Gegenspiel buchstäblich ungezügelt vorpreschen dürfen.

1) In der Partie hielt Schwarz das Bauernopfer **13...♘e4? 14.♘xe4 dxe4 15.♗xe4** für erforderlich und gab seinem Gegner mit dem zusätzlichen Qualle-Opfer **15...♖xe4?!** zu verstehen,

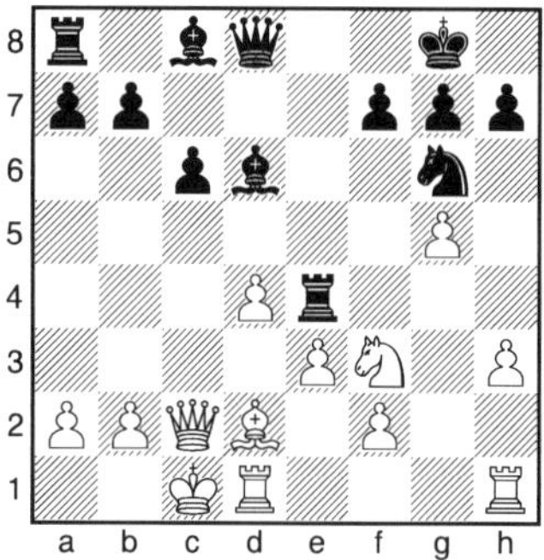

... dass das Ganze nicht etwa eine Notlösung war, sondern der Auftakt zu einem tiefgründigen speziell weißfeldrig angelegten strategischen Masterplan.

Und weil dem so war, ließ er auch die erträglichere Alternative 15...♕e7 16.♗f5 links liegen, weil sein weißfeldriges Konzepts ja selbstverständlich nicht ohne weißfeldrigen Läufer durchführbar wäre.

– Tatsächlich liefe 16...♗xf5? 17.♕xf5 Δh4–h5 fast schon auf eine positionelle Gewinnstellung hinaus; z.B. 17...♖f8 18.h4 ♕e6 (18...f6 19.♕h3!) 19.♕xe6 fxe6 20.h4! gefolgt von h5, ♗e1 und ♘d2.

– Mit 16...♗e6! könnte Schwarz den Läuferabtausch hingegen gestatten, allerdings nur zu *seinen* Bedingungen.

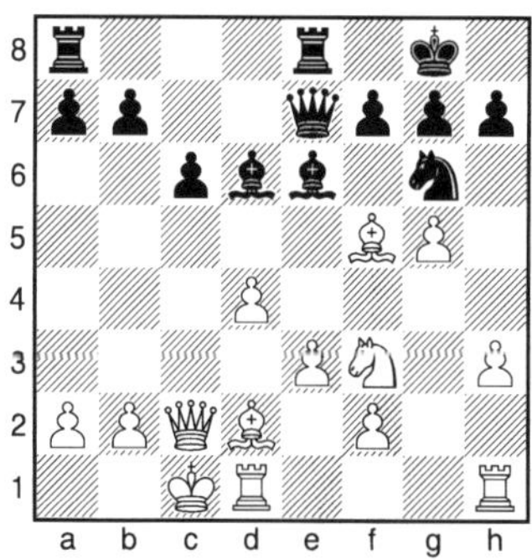

Z.B. 17.h4

(17.♔b1?? ♗d5!∓; 17.♗xe6? ♕e6 18.♔b1 ♕d5∞)

17...♗d5! (17...♗xa2? 18.h5 ♘f8 19.g6!±)

18.♖h3 ♘f8 19.h5 g6! und da nach wie vor der Bauer a2 hängt, ist der weiße Vorteil noch nicht aus dem Minimalbereich heraus.

16.♕xe4 ♗e6 17.♕d3?

Hier kommen beide Seiten vom rechten Weg ab.

⌓17.h4 ♗d5 (17...♗xa2? 18.h5~+–) 18.g4 ♗e6 19.♕g2 ♗xa2 20.h5 Δg6

17...b5?

⌓17...♗d5 18.e4 ♗xa2∞

18.♔b1~+–

2) Nach der Rückentwicklung **13...♘d7?** und der Standardantwort **14.h4** Δh5, ♖dg1 usw. ist klar, ...

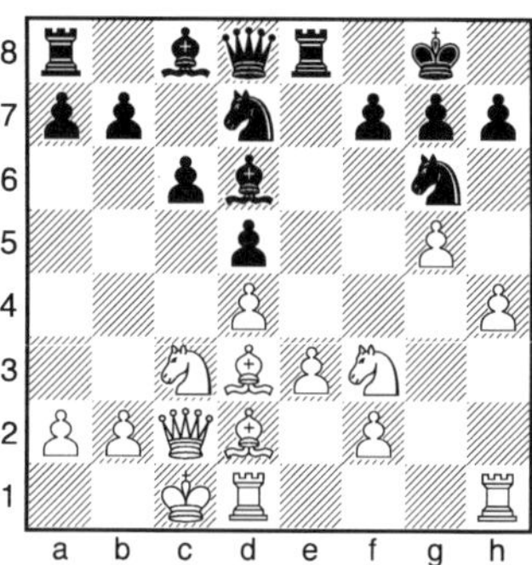

... dass die positionelle weiße Gewinnstellung sich mit der nötigen Geduld und Präzision ganz einfach durchsetzen *muss*.

3) Ganz gleich, ob hübsch oder hässlich, der Springer gehört mit **13...♘h5!** aufs Blockadefeld. Und das Wiederbelebungs-Manöver ♘f8, g6, ♘g7 ist ja nicht etwa vollkommen außer Reichweite; z.B. **14.♗e2 b5!**

14...♘f8?! 15.♘e5 Δ15...♕xg5 16.h4 ♕h6 17.♖dg1

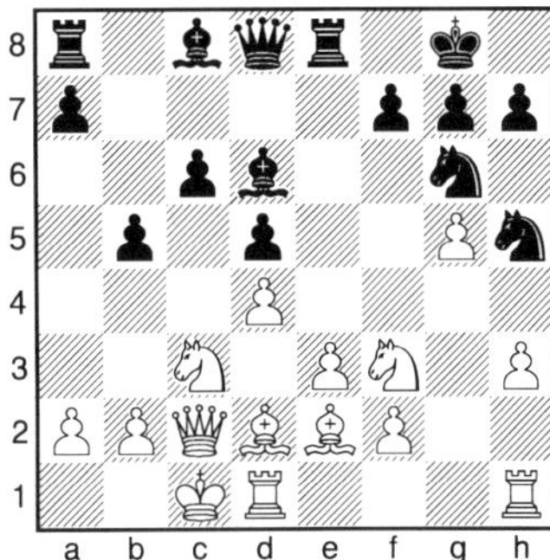

a) 15.♖dg1 z.B. **15...b4 16.♘a4** **♘gf4 17.♗f1** **♘e6** Δg6, ♘hg7

b) 15.♘e5 ♗xe5 16.dxe5 b4 17.♘a4 ♕xg5 18.f4≌

67

Anastasian – Sabri

Dubai 2003

1.d4 ♘f6 2.c4 e6 3.♘f3 d5 4.♘c3 c6 5.cxd5 exd5 6.♗f4 ♗d6 7.♗g3 0-0 8.e3 ♖e8 9.♗d3 ♕e7 10.♕c2 ♘bd7 11.0-0-0 b5 12.♖he1 ♗xg3 13.hxg3 b4 14.♘a4 ♘b6 15.♔b1 ♘xa4 16.♕xa4 ♗d7 17.♘e5 ♘g4 18.♘xd7 ♕xd7

Nach Deckung des Bauern f2 steht Weiß positionell deutlich besser, weil anschließend die massive Belagerung der Schwäche c6 winkt, an der theoretisch vier weiße Figuren teilnehmen können. Bei der Wahl des richtigen Turms leuchtet ein, dass ein ungedeckter Turm auf e1 eher eine Rolle spielen könnte als einer auf d2.

1) Entsprechend war die Partiefolge **19.♖d2?** die falsche, was sich erstmals nach **19...♖ab8** zeigen sollte. Denn da angesichts der taktischen Bedingungen (im Unterschied zu 19.♖e2) 20.f3 mit 20...♖xe3∞ pariert werden könnte, bleibt der störende Springer auf g4. Entsprechend kraftlos war die Folge **20.♖c1 ♖b6**, denn nun war ja kein 21.e4 mehr möglich (siehe 2).

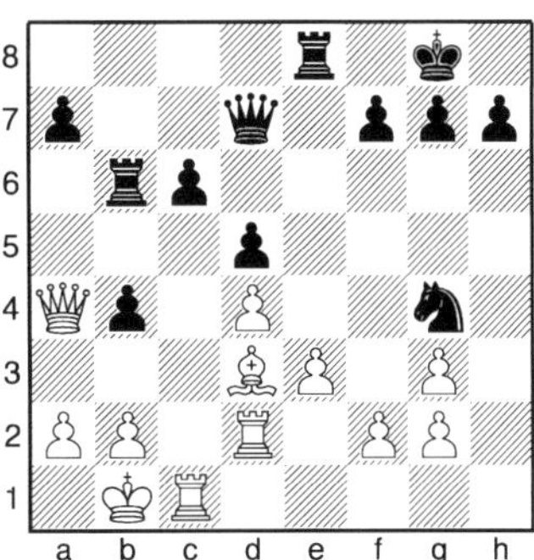

Nach der Notlösung **21.♕d1** und der Antwort **21...♘f6** stand Weiß mit nahezu leeren Händen da.

2) Nach **19.♖e2 ♖ab8** zeigt sich der ebenso subtile wie gewaltige Unterschied.

a) Zunächst lockt die taktisch fundierte Vertreibung des Störenfrieds mit **20.f3!?** Δ**20...♘xe3?** (⌓20...♘f6 21.g4±; 21.♖c1) **21.♖de1**+−, denn nach **21...♘xg2** (oder auch 21...♘c4) ...

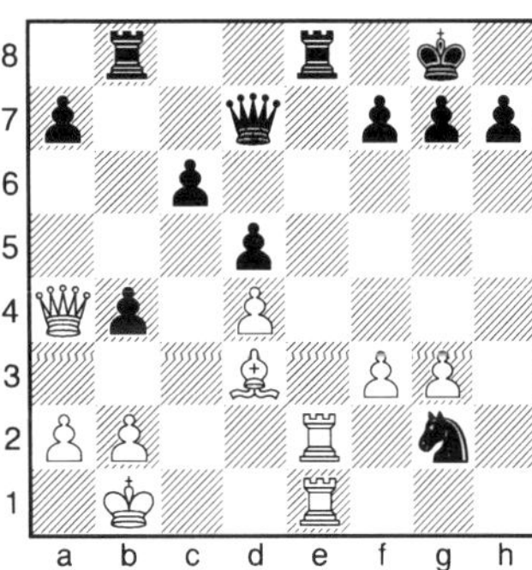

... hätte Weiß das Vergnügen, den Grundlinien-Klassiker **22.♕xa7!** aufs Brett zu werfen.

b) Allerdings dürfte das streng positionelle Herangehen **20.♖c1** noch stärker sein, wie aus den folgenden Varianten hervorgeht:

- 20...♖ec8 21.f3 ♘f6 22.g4±
- 20...♖b6 21.e4!±

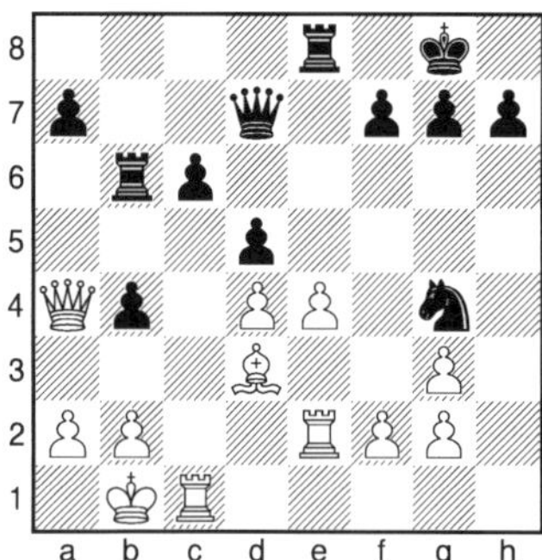

Δ21...dxe4? 22.♗xe4 ♘f6 23.♗xc6 ♕f5+ 24.♕c2 ♕xc2+ 25.♖exc2~+−

68

Riff – Bensdorp

Mulhouse 2010

1.c4 e6 2.♘c3 d5 3.d4 c6 4.cxd5 exd5 5.♗f4 ♗f5 6.e3 ♘f6 7.♘f3 ♘bd7 8.h3 h6 9.♗d3 ♗xd3 10.♕xd3 ♗e7 11.0-0-0 ♘f8 12.♔b1 ♘e6 13.♗e5 a6 14.g4 ♗d6 15.♖hg1 ♕e7

Schwarz steht gut zentralisiert und ihm fehlt nur noch die Königssicherung, die selbstverständlich mittels der *langen* Rochade geplant ist.

1) In der Partie richtete Weiß sich mit **16.♖c1?!** allein auf das zuletzt genannte Detail ein. Dabei hätte außer der Textfolge **16...♘d7** auch 16...♗xe5 zum Ausgleich geführt. Und selbst die vermeintlich ausgeschlossene Fortsetzung 16...0-0-0 kam infrage, zumal nach 17.♗xf6 ♕xf6 ja zunächst einmal der ♘f3 hängt, so dass 18.♘xd5 überhaupt nicht möglich ist.

2) 16.♘h4?! mit Anpeilung des in der Tat interessanten Vorpostens auf f5 scheitert nach **16...♗xe5 17.dxe5 ♘d7** ...

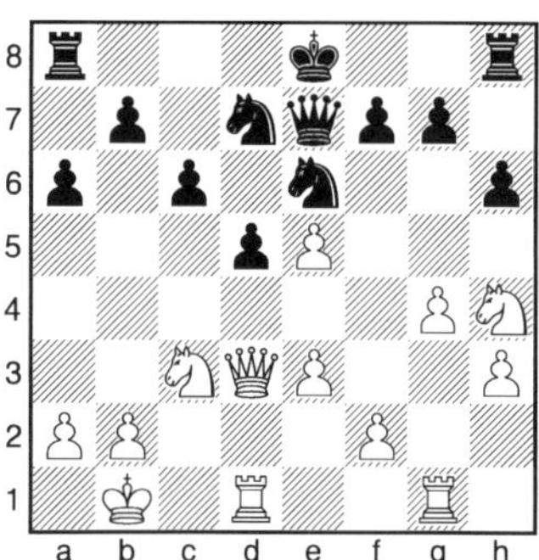

... an dem taktischen Detail, dass 18.♘f5?! mit 18...♘xe5!∓ widerlegt werden könnte. Entsprechend bliebe Weiß höchstens die Notlösung des Figurenopfers **18.♘xd5**, das jedoch allenfalls genügend Kompensation abwirft; z.B. **18...cxd5** (18...♕xh4?? 19.♘c7+ +−) **19.♘f5 ♕c5 20.♘d6+ ♔e7 21.f4⩱**

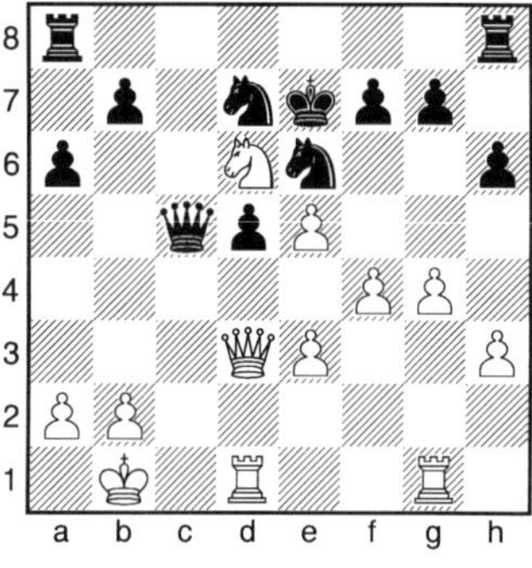

... mit der möglichen weiteren Folge **21...♘b6 22.♖c1 ♘c4 23.b3 ♕a3 24.♘f5+ ♔f8 25.♕c3** usw.

3) Die konsequente Fortsetzung des 'Bauernsturms' mit **16.h4?!** ist harmlos, weil damit gar kein Königsangriff verbunden ist. Entsprechend hat Schwarz nach **16...♗xe5 17.♘xe5 ♘d7 18.♘xd7 ♕xd7** Δ0-0-0 nichts zu fürchten.

4) Die Tatsache, dass auch der schwarze König momentan noch 'zentralisiert' steht, sollte das Signal dazu sein, nach **16.♗xf6! ♕xf6** mit **17.e4** das Zentrum zu öffnen, wonach Weiß in allen Varianten deutlichen Vorteil erzielt.

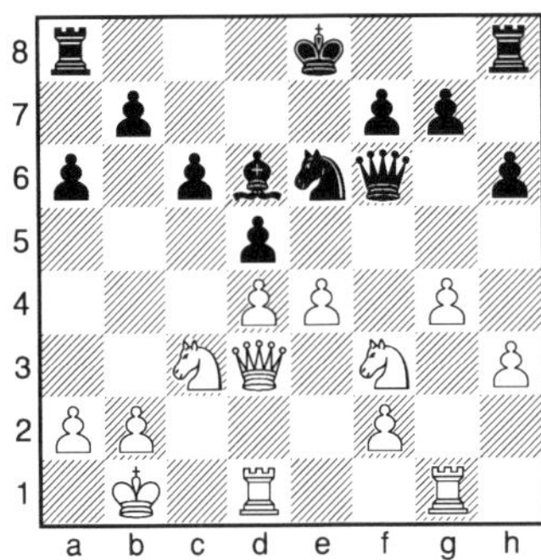

a) 17...dxe4 18.♘xe4 ♕e7 19.d5 cxd5 20.♕xd5 ♗c7 21.♘c3! Δ21...0-0 22.♕f5 Δ♘d5

b) 17...♗e7 18.exd5 ♘f4 19.♕c4 Δ19...♘xh3 20.♖g3 ♘f4 21.♘e5 cxd5 22.♘xd5 ♘xd5 23.♕xd5 0-0 24.f4! (Δ♕e4 nebst g5; Δ♕xb7) **Δ24...♕xf4? 25.♖f3+-**

c) Am besten ist noch **17...♘f4** mit folgenden Abspielen:

- **18.e5?! ♘xd3 19.exf6 ♘f4 20.fxg7 ♖g8 21.♖ge1+ ♔d7**∞

- **18.♕e3 ♗e7** (18...♘xh3?! 19.♖h1±) **19.exd5** (19.h4!?) **19...♘xd5** (19...cxd5 20.♖de1) **20.♘xd5 cxd5 21.♘e5**; **21.♕b3** mit kräftigem Minimalvorteil.

69

Munkhgal – Papin

Shenzhen 2011

1.d4 ♘f6 2.c4 e6 3.♘f3 d5 4.♘c3 c6 5.cxd5 exd5 6.♕c2 ♘a6 7.a3 g6 8.♗g5 ♘c7 9.e3 ♗f5 10.♗d3 ♗xd3 11.♕xd3 ♗e7 12.0-0 0-0 13.b4 ♘e4 14.♗f4 ♘xc3 15.♕xc3 ♗d6 16.♗xd6 ♘b5 17.♕d3 ♘xd6 18.a4 a6 19.♘d2 ♕e7 20.♖fe1 ♖fe8 21.♖ab1 ♔g7 22.♘b3 h5 23.♘c5 ♖ac8 24.h3 ♖c7 25.♖e2 ♕h4 26.♖be1 ♖ce7 27.♔h2 f5 28.g3 ♕f6 29.h4 g5 30.hxg5 ♕xg5 31.♖g1

Offenbar kann Schwarz vor Kraft kaum laufen und spielte **31...♔f6?**, wobei wohl das Motto 'Hier gewinnt sowieso jeder Zug' zugrunde lag. Dabei ist der Zug weder wegen seiner vollkommenen Sinnlosigkeit etwa schlecht, noch weil der König nun gefährdeter als vorher stände, sondern weil damit ein entscheidendes Tempo verschenkt wird.

Angesichts des früher oder später fälligen Schlüsselzugs h5-h4 lag der Killerzug 31...♖h8 Δh4 eigentlich auf der Hand. Und wenn Weiß sich mit z.B. 32.f3 auf den Vorstoß des h-Bauern vorbereitet, ...

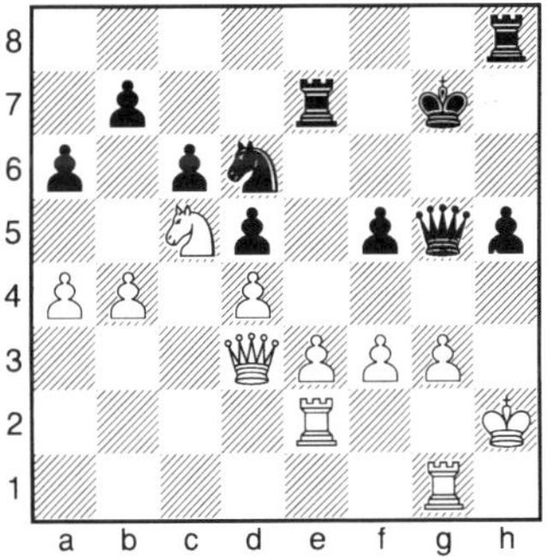

... wendet der Turm sich mit 32...♖he8! -+ der neu entstandenen Schwäche e3 zu.

In der Partie folgte grob fehlerhaft **32.♔g2?**, wonach Schwarz mit **32...♘c4** erneut um den heißen Brei herumtanzte, statt endlich den Schlüsselzug 32...h4 auszuführen.

Eine seriöse Verteidigung müsste an der Frage ansetzen: Welche Figuren stehen verkehrt und wo würden sie richtig stehen? – Und die Antwort müsste lauten: Da die Dame nach f3 gehört, muss der Turm e2 irgendwo anders hin, und dann könnte der Springer über d3 nach e5 oder f4 streben. Und wie diese theoretischen Erwägungen in die Praxis umgesetzt werden könnten, geht aus den folgenden (weitgehend unkommentierten) Varianten hervor.

32.♕d1!! h4 33.♖ee1

1) 33...♘e4 34.♘xe4+

a) 34...fxe4 35.♖ef1 (Δf4!) 35...♔e6 36.g4 ♖f8

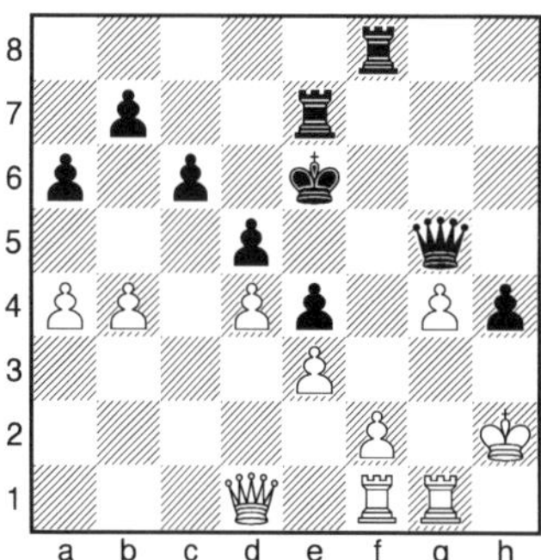

37.f4 exf3 38.♖xf3 ♖xf3 39.♕xf3 ♖f7 40.♕e2∞

b) 34...♖xe4 35.♔g2! (35.♕f3!?)

– 35...♖g8 36.♖h1! Δ36...hxg3 37.f4∞

– 35...hxg3 36.f4⩲ (Δ♕f3, ♖h1-h3) Δ36...♕g4 37.♕f3!

2) 33...♘c4 34.♕f3

a) 34...♘d2 35.♕d1 ♘e4 36.♘xe4+ siehe 33...♘e4

b) 34...hxg3+ 35.♖xg3 ♖h8+ 36.♔g1 (Δ♖e2 nebst ♔f1-e1-d1) 36...♘d2 37.♕g2 ♕h6 38.♖d1 f4 39.exf4 ♕h5

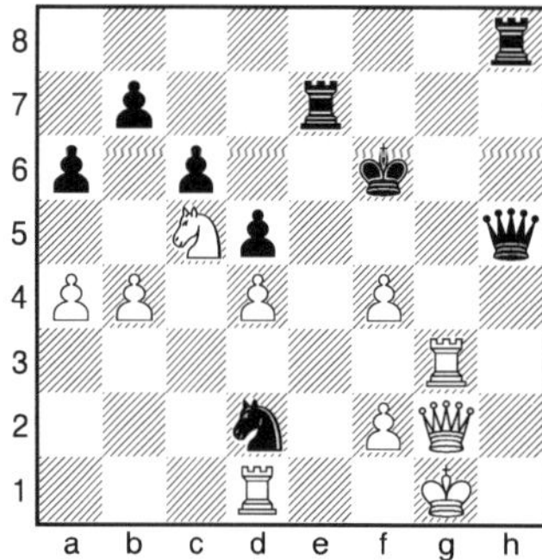

40.♘d7+!

Fast zehn Züge später gibt es also doch noch ein taktisches Argument, das gegen die Wahl 31...♔f6 spricht.

– Nach 40...♖xd7 41.♖xd2 ♖e7 42.♔f1 ist der schwarze Vorteil noch im Minimalbereich.

– Anders ist es nach 40...♔e6! 41.♖xd2 ♔xd7 42.♖e3 ♖hh7 43.♔f1 ♕f5∓.

70

Spitzl – Kacheishvili

Bad Wiessee 2001

1.d4 ♘f6 2.♘f3 d5 3.c4 e6 4.♘c3 c6 5.cxd5 exd5 6.♗f4 ♗f5 7.e3 ♕b6 8.♕c1 ♗e7 9.♗e2 ♘bd7 10.0-0 h6 11.a3 a5 12.♘a4 ♕d8 13.b4 0-0 14.♘c5 ♘xc5 15.bxc5 b5 16.♘e5 ♕c8 17.♗d3 ♗xd3 18.♘xd3 ♖e8 19.♕c2 ♕f5

Prinzipiell hatte Schwarz nicht die geringsten Sorgen, denn einerseits ist der potenzielle Vorposten c5 verstopft und die Schwäche c6 dadurch sicher abgeschirmt – und andererseits kann er sich im weiteren Verlauf (spätestens im Endspiel) einen Freibauern am Damenflügel verschaffen. Allerdings liegt die Betonung bei dieser Bewertung auf dem Wort 'hatte', denn nach dem ungenauen letzten Zug sieht die Sache wegen einer taktischen Feinheit (bzw. Grobheit) ganz anders aus.

Nicht jedoch nach dem Partiezug **20.♖ac1?**, nach dem außer dem rigorosesten Herangehen 20...a4 auch jede Schutzmaßnahme für die Dame (z.B. 20...♕g6) zu gleichem Spiel geführt hätte.

Die ungenutzte Chance bestand in **20.a4!** – einem Zug, der unter taktisch gesunden Umständen natürlich wegen b5-b4 bedenklich wäre. Hier jedoch würde 20...b4?? wegen 21.♘xb4 zu einer annähernden Gewinnstellung führen, schließlich fällt dem Weißen außer dem Mehrbauern auch die offene b-Linie zu, die ja von den schwarzen Türmen nicht betreten werden kann.

Entsprechend müsste Schwarz mit **20...♕d7** umdisponieren, was nach **21.axb5 cxb5** ...

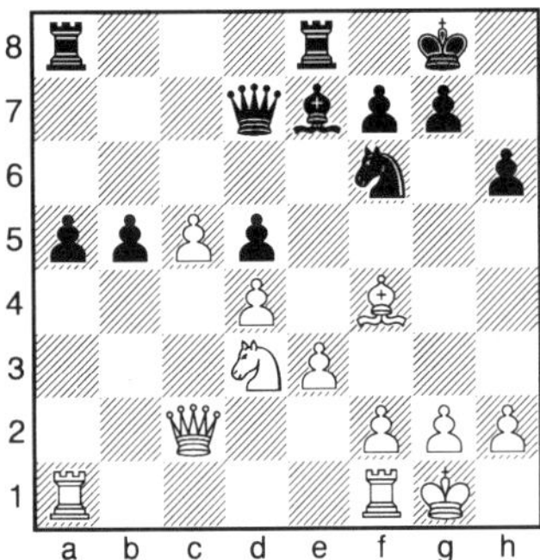

... zum Kampf 'gedeckter und kräftig unterstützter Freibauer gegen verbundene Freibauern' führen würde, wobei es diesem Duo allerdings eben wegen der Probleme mit der b-Linienbasis an Kraft mangeln würde. Hier ein Blick auf eine denkbare Fortsetzung.

22.f3

Nach dem überstürzten Vorpreschen 22.c6? und der Folge 22...♖ec8! 23.♖fc1 ♕e8 wären die weißen Figuren zu früh an Verteidigungsaufgaben gebunden.

22...♘h5 23.♗e5 und nun würde das Urteil ± besonders kräftig nach der naheliegenden Ungenauigkeit **23...f6?!** ausfallen. (⌓23...♖ec8; 23...♕c6)

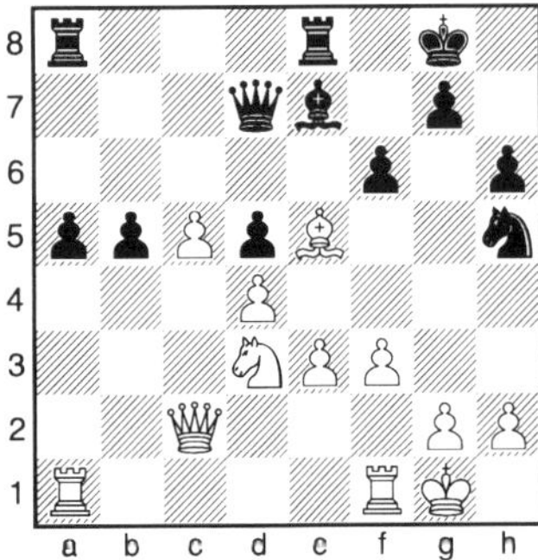

Denn mit **24.♗d6!!** bietet Weiß seinen gedeckten Freibauern und/oder den Bauern e3 an, weil ja die Eroberung des am Rand gestrandeten Springers winkt.

24...♗xd6 25.cxd6 ♖xe3

Vielleicht ist 25...♕xd6 26.g4 usw. die bessere Wahl.

26.♕d2! (26.g4?! ♖xd3) **26...♖xd3** (26...♖ae8? 27.♘e5!+−) **27.♕xd3**

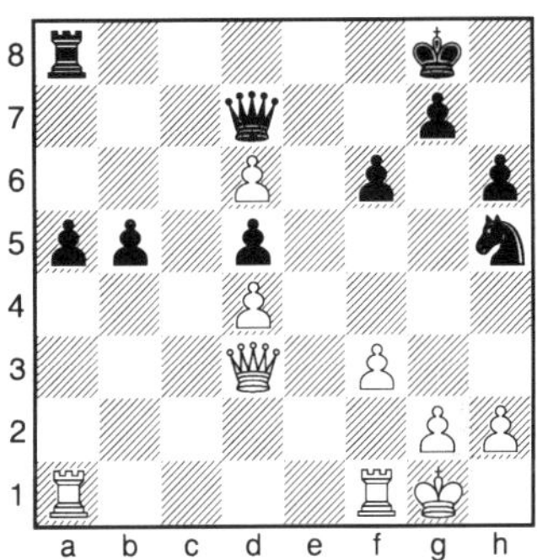

Nun fällt die Mehr-Qualität angesichts der vielen offenen Linien voll ins Gewicht; z.B. **27...b4 28.g3! f5** (28...♕xd6? 29.♕g6+−) **29.♖fb1 ♕xd6 30.♕xf5 ♘f6 31.♖c1** mit tendenzieller Gewinnstellung.

71

W. Schmidt – Pinkas

Polen 1983

1.d4 ♘f6 2.c4 e6 3.♘f3 d5 4.♘c3 ♘bd7 5.cxd5 exd5 6.♗f4 c6 7.♕c2 ♗b4 8.♘d2 0-0 9.a3 ♗e7 10.h3 ♖e8 11.e3 ♘f8 12.♗d3 ♘g6 13.♗h2 ♗d6 14.♗xd6 ♕xd6 15.0-0 ♘h4 16.♖fe1 ♘h5 17.♗xh7+ ♔h8 18.♗d3 ♕h6 19.♗f1 ♕g5 20.♔h2 ♖e6 21.♘e2 ♖g6

Ein krasseres Missverhältnis ist schwerlich vorstellbar: Den fünf enorm wirksamen Angreifern steht ein Haufen weißer Figuren gegenüber, den man auf den ersten Blick geradewegs als 'Klumpatsch' bezeichnen möchte. Allerdings rät schon der zweite Blick zur Vorsicht, zumal jede einzelne dieser scheinbar sinnlos zusammengewürfelten Figuren sehr wohl eine mehr oder weniger wichtige Verteidigungsaufgabe erfüllt.

I) In der Partie wurden beide Seiten zum Opfer einer Fehlschätzung, wie effektiv der Angriff bzw. die Verteidigung tatsächlich ist. Dort reagierte Schwarz nämlich auf den verfehlten Konter **22.f4??** ...

A) ... mit dem allzu optimistischen Einschlag **22...♕xg2+?? 23.♗xg2 ♖xg2+ 24.♔h1 ♗xh3**

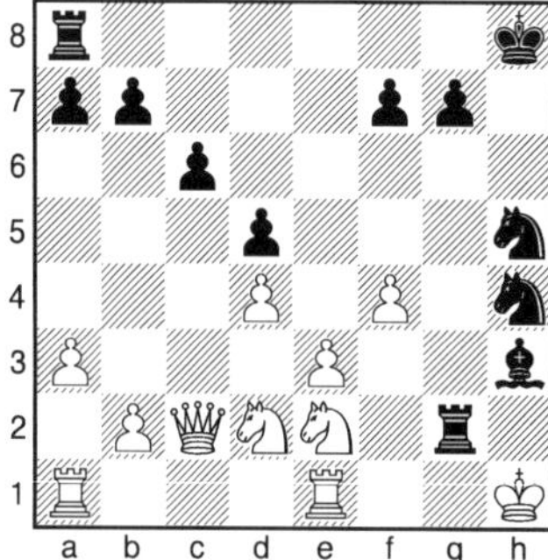

Obwohl Schwarz jetzt mit ♘f5, ♗g4, ♘f6-g4 usw. über ein ganzes Arsenal beängstigender Anschlussdrohungen verfügt, hätte sich der ganze schöne Angriff bei richtiger Verteidigung als unzureichend herausstellen müssen.

25.♖g1??

Allerdings verpasst Weiß den einzigen Gewinnzug 25.e4!, dessen Pointe in der Öffnung der 3. Reihe zwecks Kontrolle des Mattfelds g3 bestanden hätte; z.B. 25...♗g4 26.♕c3 ♗xe2 27.♖g1 ♘g3+ 28.♕xg3 ♖xg3 29.♖xg3.

Aus reinem Spaß an der Freude hier noch ein Blick auf die weitgehend erzwungen weiteren Ereignisse dieser wechselhaften Partie.

25...♖xe2 26.♕d1 ♘f5 27.♕xe2 ♘hg3+

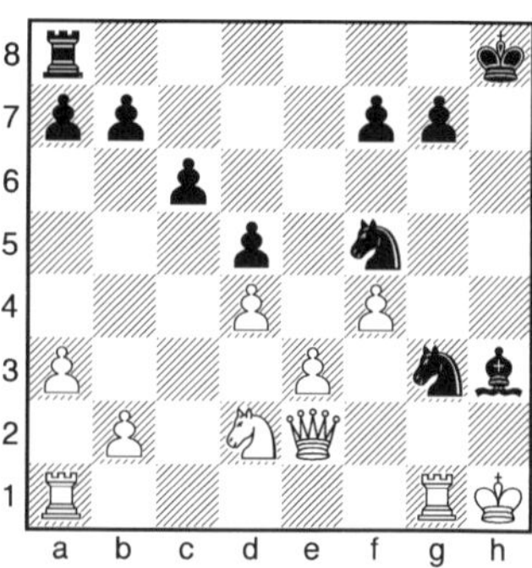

28.♔h2??

⌓28.♖xg3 ♘xg3+ 29.♔h2 ♘xe2 30.♔xh3 ♖e8 31.♘f1=∞ (Δ♔g2-f2) 31...c5 32.dxc5 d4

28...♘xe2−+ 29.♖g5

29.♔xh3 ♘xg1+ 30.♖xg1 ♖e8

29...♖e8 30.♖h5+ ♔g8 31.♖xh3 ♘xe3

B) Tatsächlich verlangte es eine geradezu übermenschliche Coolheit, die Hoffnung auf eine höchst persönliche ‘Unsterbliche Partie’ aufzugeben, den Mattangriff abzublasen und mit **22...♕h6!!** Δ♗f5, ♖e8 auf Positionsspiel gegen die neu entstandene Schwäche e3 umzuschalten. Hier ein Blick auf die möglichen Konsequenzen:

1) 23.♘g1? (Δ♘gf3) **23...♗f5−+** Δ♘g3; z.B. **24.♕c3 ♘g3** (Δ♘xf1+ nebst ♖xg2+) **25.♗d3 ♗xd3 26.♕xd3 ♘gf5**

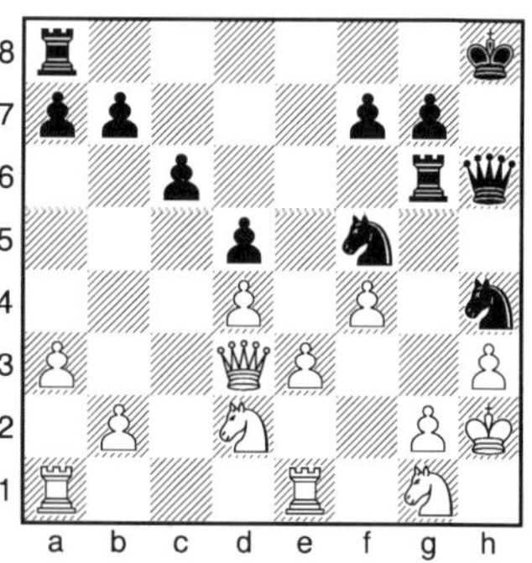

a) 27.g4 ♖xg4! 28.hxg4 ♘f3+ 29.♔g2 ♕h2+ nebst Matt im nächsten Zug

b) 27.♖e2 ♖e8 Δ♖xe3; z.B. 28.♖f1 ♖xe3! 29.♖xe3 ♖xg2+ 30.♔h1 ♕g6

2) 23.♕b3 ♗f5 24.♕xb7 ♖e8 25.♕b3 ♖ge6 26.♘g1 mit zumindest tendenzieller schwarzer Gewinnstellung

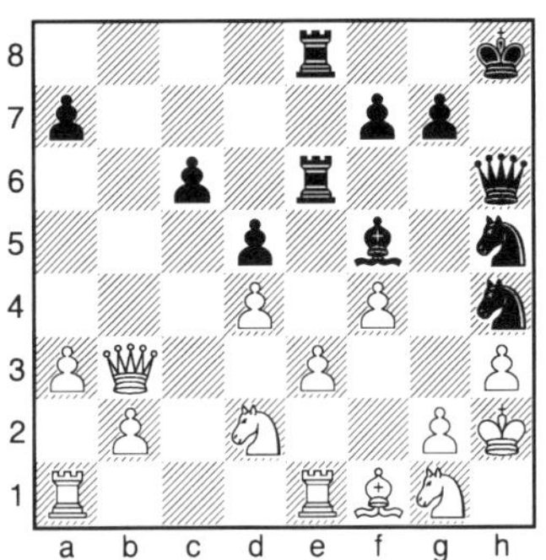

a) 26...♕g6 (Δ♕g3+) 27.e4 ♗xe4 28.g4 ♘xf4 29.♕g3 ♕g5

b) 26...♘xf4 27.g3 ♘fg6 (Δ♖xe3) 28.gxh4 ♘xh4

II) Wie resistent die 'optisch verdächtige' weiße Stellung in Wirklichkeit ist, geht aus der Tatsache hervor, dass der zurückhaltendere Bauernzug **22.g3!** Δ♘f4 zu bedeutendem Vorteil geführt hätte.

Skurriler Weise ist darauf **22...♔g8!** die beste Verteidigungsmaßnahme (wohlgemerkt für Schwarz!), damit in der Folge die eventuelle Möglichkeit ♘xg6 nicht mit Schach erfolgt. Entsprechend scheitert **23.♘f4?** (⌓23.♕b3±) ...

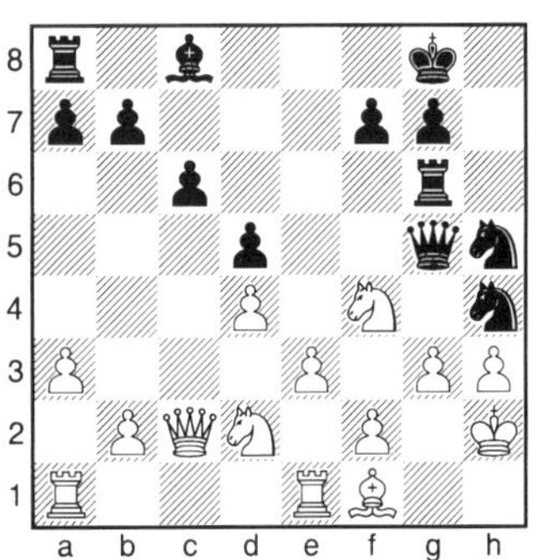

... an **23...♘xg3! 24.♗d3 ♘h5** (24...♘gf5) mit ausreichender Kompensation in den Abspielen **25.♖g1 ♕h6**; **25...♕f6** bzw. **25.♗xg6 ♘xf4 26.♖g1 ♕h6**.

72

Graf – Campos Moreno

Lanzarote 2003

1.♘f3 d5 2.d4 ♘f6 3.c4 e6 4.♘c3 ♘bd7 5.cxd5 exd5 6.♗f4 c6 7.♕c2 ♘h5 8.♗d2 ♗d6 9.0-0-0 0-0 10.♘g5 ♘df6 11.h3 b5 12.g4 ♘f4 13.e3 ♘e6 14.h4 b4 15.♘a4 ♗d7 16.♗d3

Da der Bauer h7 nicht mehr auf herkömmliche Weise verteidigt werden kann (siehe Punkt 3), ist Schwarz zu kompromisslosem Gegenspiel verurteilt.

1) Insofern muss der Partiezug **16...c5!?** wohl noch als das geringste Übel (bzw. eines von zwei geringsten Übeln – siehe Punkt 2) angesehen werden.

17.♘xe6

Nach 17.♗xh7+ ♔h8 ergibt sich folgendes Bild:

- 18.dxc5? ♕a5! 19.cxd6 ♖ac8 20.♘c3 d4!~−+
- 18.♘xc5 ♘xc5 19.dxc5∞ z.B. 19...a5 20.cxd6 ♖c8 21.♗c3 bxc3 22.bxc3 ♗xg4 23.♖d4 ♕xd6≌

17...♗xa4

Auch nach 17...fxe6 18.♘xc5 oder 17...♗xe6 18.dxc5 ♗xg4 19.♖dg1 ist der Vorteil wohl schon aus dem Minimalbereich heraus.

18.♘xd8 ♗xc2

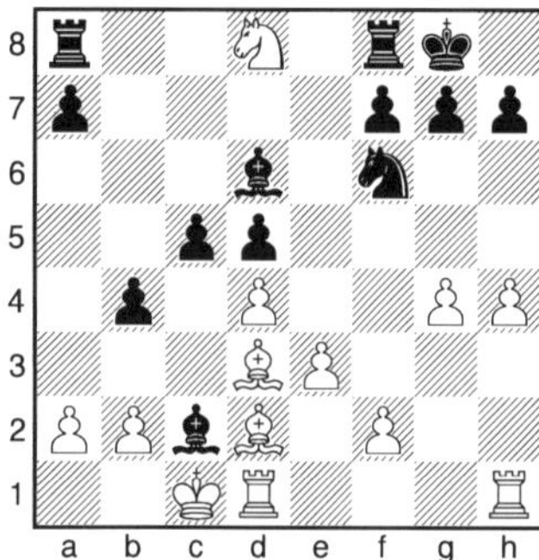

Und jetzt hätte **19.♗xc2** (statt 19.♔xc2) nach **19...♖fxd8 20.g5!? ♘g4 21.♗e1** oder **20.dxc5 ♗xc5 21.f3** immer noch mehr oder weniger kräftigen Minimalvorteil ergeben.

2) In Konkurrenz um die Bewertung des 'geringsten Übels' kann höchstens noch **16...♕a5!?** treten – und zwar ebenfalls mit weißem Minimalvorteil nach **17.a3 ♖ab8**, **17.♗xh7+ ♔h8** oder **17.♔b1 c5**.

3) Und als Beleg dafür, dass der Bauer h7 nicht mehr auf herkömmliche Weise verteidigt werden kann, zum guten Schluss noch ein Blick auf die Variante **16...h6? 17.♘xe6 ♗xe6 18.g5** ...

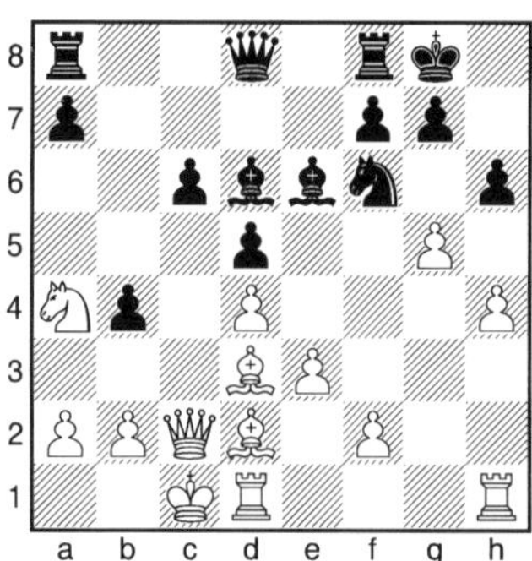

... mit den mehr oder weniger unerfreulichen Abspielen:

a) 18...♘g4? 19.♖df1+– (Δf3) **Δ19...♘h2 20.♖xh2! ♗xh2 21.f4**

b) 18...♘e4 18.♗xe4 dxe4 20.gxh6 g6 21.c5±; 21.h5

73
Hambleton – Behroozi
Kanada 2009

1.d4 d5 2.c4 e6 3.♘c3 ♘f6 4.cxd5 exd5 5.♗g5 ♗e7 6.e3 c6 7.♗d3 ♘bd7 8.♘ge2 0-0 9.♕c2 ♖e8 10.0-0 ♘f8 11.f3 ♕a5 12.a3 ♗e6 13.b4 ♕b6 14.♘a4 ♕c7 15.♘c5 ♗c8

Obwohl bei Weiß noch die gezielte Zentralisation der Türme fehlt, steht er prinzipiell bereit für den thematischen Vorstoß e3–e4. Vorab müssen allerdings zwei taktische Details geklärt werden, nämlich einerseits die Bedeutung des eventuell für den gegnerischen Springer freiwerdenden Feldes g4 – und andererseits der eventuelle Gegenangriff auf den eigenen Springer c5.

1) Auf den kraftlosen Partiezug **16.♖ac1?** folgte die verfehlte Dezentralisierung **16...♘h5?**, die nach **17.♗xe7 ♕xe7 18.e4** zu bedeutendem Vorteil führte.

Nach der viel besseren Alternative 16...♘g6∞ Δ♘g4! ...

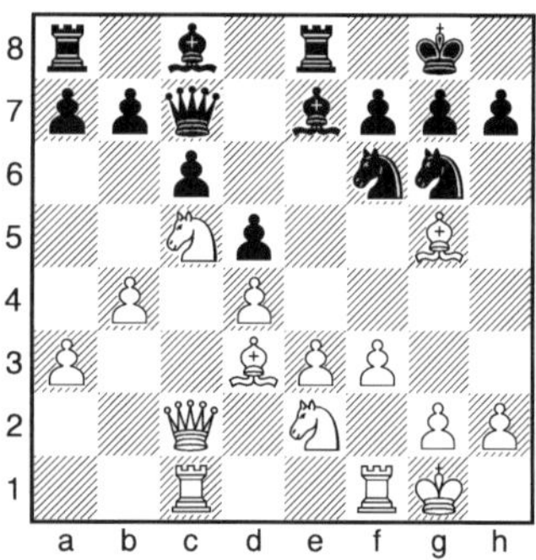

... hätte Weiß mit leeren Händen dagestanden.

2) Hingegen wäre der Vorteil nach dem kraftvollen Vorstoß **16.e4!** mehr oder weniger deutlich aus dem Minimalbereich heraus gewesen.

a) 16...dxe4 17.fxe4 a5 18.♗xf6 ♗xf6 19.e5 ♗g5 20.♖ad1; 20.♗c4!?

b) 16...b6 Δ**17.♘b3** (⌓17.♗f4! ♕d8 18.♘b3) **17...dxe4 18.fxe4 ♘xe4** (18...♗e6) **19.♗xe4 ♗xg5 20.♕xc6 ♕xc6 21.♗xc6 ♗a6 22.b5 ♖xe2 23.♗xa8 ♗xb5 24.♗d5**; **24.♖fe1**

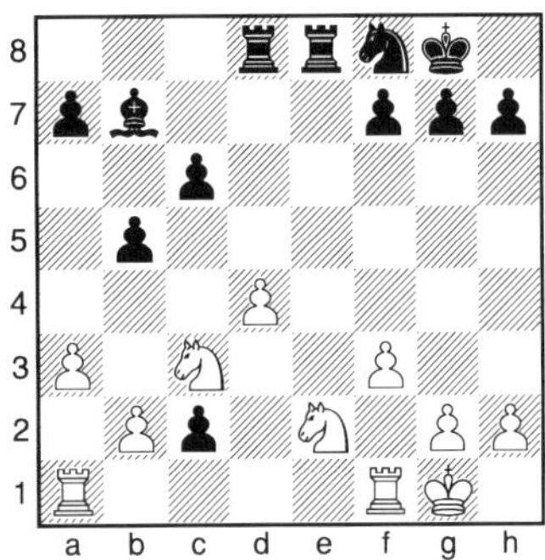

74

Leniart–Jakubowski

Polen 2018

1.d4 d5 2.c4 e6 3.♘c3 ♘f6 4.cxd5 exd5 5.♗g5 c6 6.e3 ♘bd7 7.♗d3 ♗e7 8.♕c2 0-0 9.♘ge2 ♖e8 10.0-0 ♘f8 11.f3 b5 12.a3 ♗b7

Vergleichbar mit ähnlichen Stellungen dieses Typs geht es hier vornehmlich um die noch ungeklärte Situation auf der e-Linie, wobei der 'lose' Läufer g5 in gewissen Varianten eine Rolle spielen kann. Ein gravierender Unterschied besteht allerdings in der gewöhnungsbedürftigen Position des schwarzen Damenläufers, die allenfalls dann Sinn machen würde, wenn der Vorstoß c6-c5 in nicht allzu ferner Zukunft ausgeführt werden könnte.

Der sofortige Vorstoß **13.e4?!** ohne vorherige Turmunterstützung (z.B. 13.♖fe1) ist zumindest in dem Sinne fragwürdig, dass damit keine Hoffnung auf Vorteil zu verbinden ist.

13...dxe4 14.fxe4?

Es ist schon verdächtig, wenn der positionell eigentlich erforderliche Zug zu bedeutendem Nachteil führt (bzw. führen sollte).

Hier ein Blick auf zwei Alternativen:

1) 14.♗xf6?! exd3 (14...♗xf6!?) 15.♗xe7 dxc2 16.♗xd8 ♖axd8∓

2) 14.♘xe4 ♘xe4 (14...♘d5) 15.♗xe7 ♖xe7 (15...♕xe7?! 16.fxe4±) 16.♗xe4 (16.fxe4 16...♘e6 17.♕c3 ♖d7)

Und hier hätte Schwarz mit **14...♘e6!∓** (statt 14...♘g4?) bedeutenden Vorteil erzielen können, wie aus den folgenden Varianten hervorgeht:

1) Nach 15.♗e3 ♘g4 16.♕d2 c5! (16...♕c7!?) ...

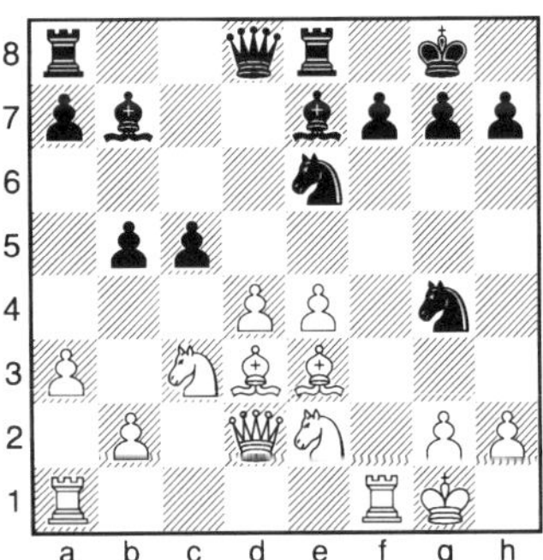

... erwacht unter anderem der gewöhnungsbedürftige Läufer zum Leben; z.B. 17.d5 c4 18.dxe6 fxe6 Δ19.♗c2? ♗c5! −+.

2) Und auch 15.♗xf6 ♗xf6 16.d5 (16.e5? ♘xd4!−+) **16...♘c5** ist nicht viel besser.

75

Young – Van Wely

New York 1995

1.♘f3 ♘f6 2.c4 e6 3.♘c3 d5 4.d4 c6 5.cxd5 exd5 6.♗f4 ♗f5 7.e3 ♕b6 8.♕c1 h6 9.h3 ♘bd7 10.♗e2 a5 11.a3 ♗e7 12.♗h2 0-0 13.0-0 ♖fe8 14.♘e5 ♘xe5 15.♗xe5 ♘h7 16.♗d1 ♕a7 17.g4 ♗d3 18.♖e1 ♗h4 19.♗c2 ♗xc2 20.♕xc2 ♘g5 21.♔g2 b5 22.♖g1 ♕d7 23.♕d3 ♖e7 24.♖ae1

Natürlich könnte nur der Schwarze selbst (immerhin ein GM mit fast 2600 Elo) die Frage beantworten, ob er hier Kombinationsmotive wahrgenommen bzw. geprüft hat, die auf den Schwächen h3 und vor allem f2 beruhen – und falls ja: warum er entsprechende Ansätze verworfen hat.

1) In der Partie war die Sache jedenfalls nach dem grundsoliden Positionszug **24...♖ae8?** und der Antwort **25.♖e2** ein für allemal vom Tisch.

Das Problem besteht darin, dass Schwarz hier sogar *zwei* stark erscheinende Taktikansätze zur Verfügung stehen. Da jedoch keiner davon zu überzeugen vermag, besteht die Gefahr, dass Schwarz zu dem Schluss kommt, seine Stellung müsse noch verstärkt werden.

Hier ein Blick auf die beiden Abspiele, die jeweils zum Gewinn von Turm und zwei Bauern für zwei Leichtfiguren führen.

2) Nach **24...♘xh3?! 25.♔xh3 ♗xf2** ...

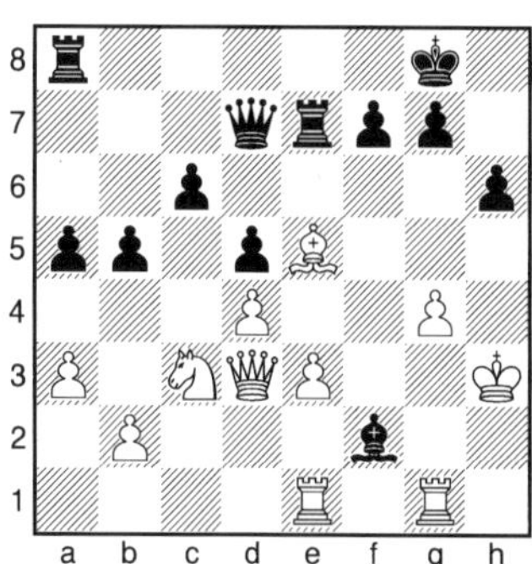

... sorgt **26.♕f5!?** (26.♖gf1!? ♗xe1 27.♖xe1) für die Sicherheit des Königs und nach **26...♗xg1 27.♖xg1 ♖ae8** hat Schwarz allenfalls Minimalvorteil.

3) Einen schon etwas besseren Eindruck macht die Alternative **24...♗xf2?! 25.♔xf2 ♘xh3+ 26.♔f3 ♘xg1+ 27.♖xg1 ♖ae8** (Δf6)

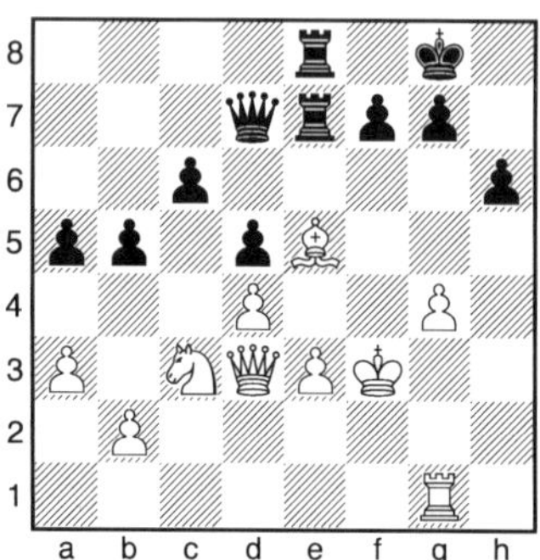

Δ28.♕f5 ♖e6! mit doch schon kräftigem Minimalvorteil.

4) Allerdings sind dies harmlose taktische Spielereien im Vergleich zur Öffnung der f-Linie mit **24...f5!!** und mehr oder weniger kräftig ausgeprägter Gewinnstellung wie in den ersten drei der folgenden Beispielvarianten:

a) 25.♕xf5? ♖f8 26.♕xd7 ♖xf2+ 27.♔h1 ♖xd7

b) 25.gxf5? ♖f8 Δ26.f4 ♖xf5!

c) 25.♕e2?! ♖f8 26.♖gf1 ♖ef7 Δ27.f4 (27.♗f4 ♘e6) **27...♗xe1 27.♖xe1 b4!**

d) Am zähsten ist wohl noch **25.f4! ♗xe1 26.♖xe1 ♘e4 27.♘xe4 fxe4** ...

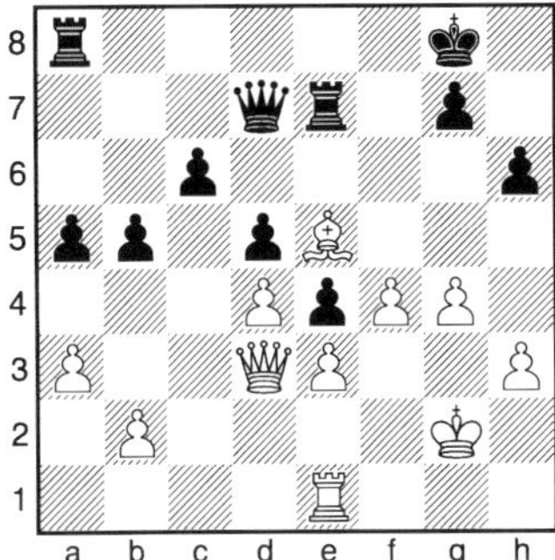

... mit Versiegelung der e-Linie und einer zunächst nur tendenziellen Gewinnstellung angesichts des starken Läufers sowie der Tatsache, dass die schwarzen Türme noch über keine einzige offene Linie verfügen.

76

Savchenko – Przewoznik

Gent 2005

1.d4 d5 2.c4 e6 3.♘f3 ♘f6 4.♘c3 ♘bd7 5.cxd5 exd5 6.♗f4 c6 7.h3 ♗b4 8.♘d2 0-0 9.e3 ♖e8 10.a3 ♗a5 11.♗d3 ♗c7 12.♗xc7 ♕xc7 13.0-0 ♘f8 14.♕c2 ♘g6 15.♖ae1 ♕d7 16.f4

Verglichen mit der weißen Angriffsstellung aus dem Bilderbuch liegt bei Schwarz offensichtlich einiges im Argen, vorneweg die Verkorkung des Damenflügels durch den mysteriösen letzten Damenzug. Da die Stellung allerdings ungeschwächt und der König in Sicherheit ist, sollte Schwarz sich bei aufmerksamem Spiel immer noch auf den Beinen halten können.

Gerade dabei spielt das verborgene Angriffspotenzial des mysteriösen Damenzugs die entscheidende Rolle – und zwar nach **16...♘h4!** mit der unschwer erkennbaren Gewinndrohung ♘xg2.

In der Partie schlug dieser Springer mit 16...♘e7? die vollkommen falsche Richtung ein und nach 17.♘f3 Δ♘e5 nebst g4 nahm der Bilderbuch-Angriff schon schwer zu parierende Ausmaße an. Als Verteidigungsmaßnahme kommt die Überdeckung von g2 oder die Sperrung der Diagonale c8-h3 in Betracht.

1) Nach **17.♘b3 ♕e7** Δ♘e4 hat Schwarz keine Sorgen; z.B. **18.e4 dxe4** Δ**19.♘xe4 ♗f5!** mit gutem Spiel.

2) Nach **17.♘f3 ♘xf3+ 18.♖xf3** Δg4 ...

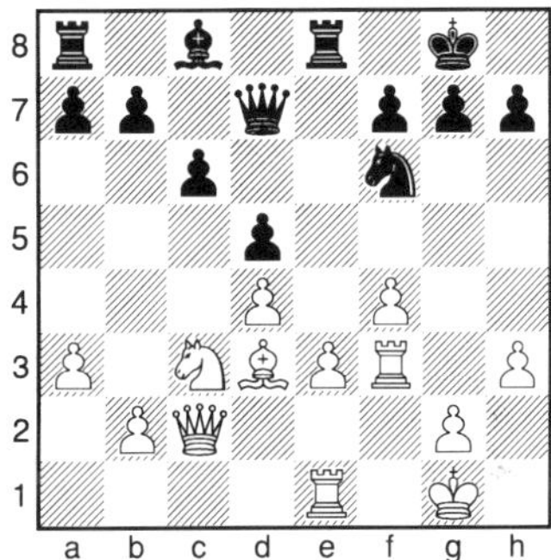

... fehlt der weiße Springer, der sich auf e5 breitmachen könnte und entsprechend fällt die Defensive nicht mehr schwer, wie ein Blick auf zwei Beispielvarianten veranschaulicht.

a) 18...♕e7!? (Δ♘e4) Δ**19.e4 dxe4 20.♘xe4 ♗e6∞; 20...♗d7**

b) 18...b6!? (Δ♗b7 nebst c5) Δ**19.g4 ♗b7 20.g5 ♘e4 21.♘xe4 dxe4 22.♗xe4 c5**

22...♖xe4?? 23.♕xe4 c5 24.d5! ♗xd5 25.♕d3+-

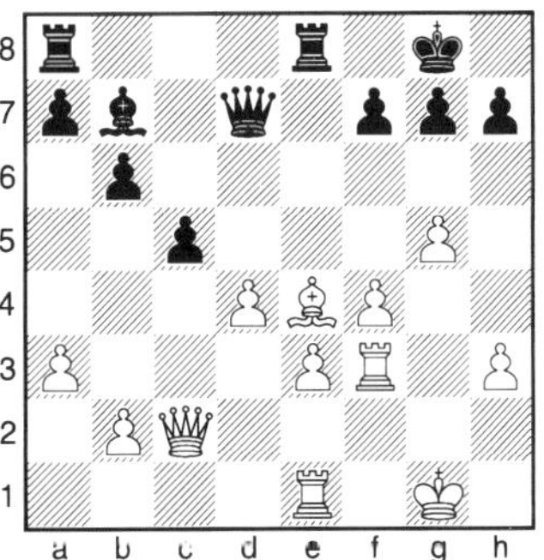

– **23.♗xh7+ ♔f8 24.♗f5 ♕d5**≌

– **23.♗xb7 ♕xb7**≌ z.B. **24.♖ff1 cxd4 25.exd4 ♕d5**

3) 17.f5 ♕d6!∞ (Δ♕g3) Δ**18.♘b3** Δ♕f2 (18.♖f4 g5) **18...♘h5** Δ♘g3

77

Chernin – Markowski

Budapest 2000

1.d4 d5 2.c4 e6 3.♘f3 c6 4.♗g5 ♗e7 5.♗xe7 ♕xe7 6.e3 ♘f6 7.♘c3 0-0 8.♕c2 ♘bd7 9.cxd5 exd5 10.♗d3 ♖e8 11.0-0 ♘f8 12.a3 ♘g6 13.♘d2 ♗e6 14.b4 ♖ad8 15.♖fc1 a6 16.♘a4 ♘g4 17.♘f1 ♕h4 18.♖a2 ♖e7 19.♘c5 ♗c8 20.a4 ♖d6 21.♕d2

Angesichts der Fortschritte des weißen Angriffs am Damenflügel und des unmittelbar bevorstehenden Schlüsselzugs b4–b5 leuchtet es ein, dass Schwarz auf verlorenem Posten steht, wenn ihm am Königsflügel keine entscheidende Verstärkung einfällt. Und es muss wohl kaum hervorgehoben werden, dass dabei nicht etwa an eine Gewinnfortsetzung gedacht ist, sondern schlicht an eine lebenserhaltende Maßnahme.

1) So kam es in der Partie nach dem viel zu langsamen Manöver **21...♕h6?? 22.b5 ♘h4** und der Folge **23.bxa6 bxa6 24.♖b2+–** ...

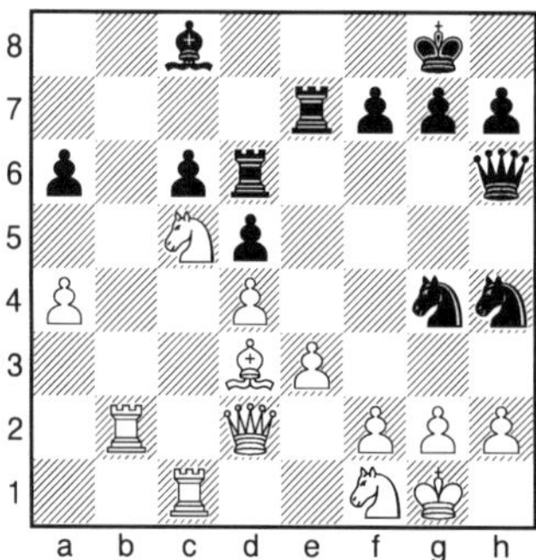

... zu der besagten einseitigen Angelegenheit und zum baldigen weißen Gewinn.

2) Auch auf fast alle anderen Züge wie **21...♖e8**, **21...♕g5** usw. folgt **22.b5** quasi als *premove*. Allerdings beachte man das Wörtchen 'fast', denn auf den resignativ wirkenden Rückzug **21...♘f8** würde der *premove* **22.b5??** ...

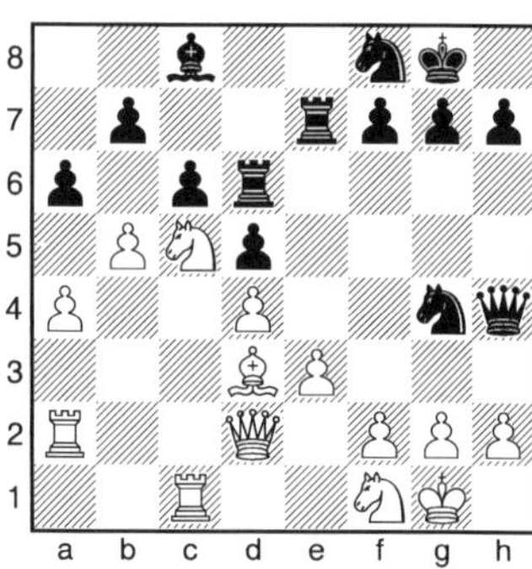

... wegen der Folge **22...♘xh2! 23.♘xh2 ♖h6–+** gehörig nach hinten losgehen.

Entsprechend müsste Weiß in diesem Fall entweder **22.h3** oder **22.f3** einschalten, bevor es am Damenflügel weitergehen kann.

3) Aus dem eben Gesagten kann man allerdings eine entscheidende Schlussfolgerung ziehen: Die Freilegung der 6. Reihe für den Zug ♖d6–h6 ist von großer Kraft. Nur muss diese eben nicht beliebig erfolgen, sondern mit dem Kraftzug **21...♘f4!!**, der in zwei verschiedenen Zugfolgen zum Dauerschach führen kann.

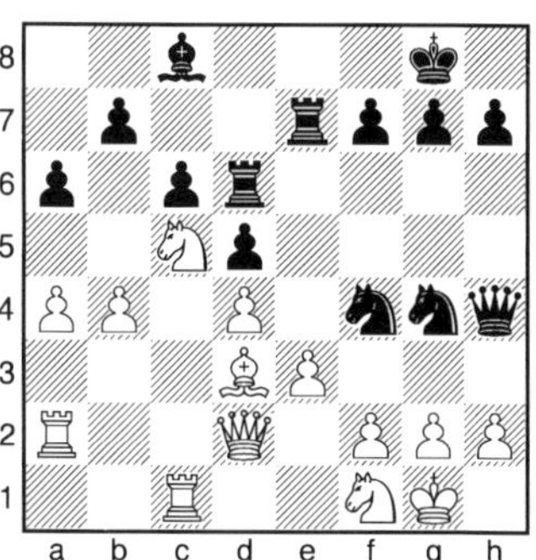

a) 22.exf4 ♘xh2 23.♘xh2 ♖h6 24.f3 ♕xh2+ 25.♔f2 ♕h4+ 26.♔g1 ♕h2+

b) 22.f3 ♘xh2

– 23.exf4 ♖h6 bzw. 23...♘xf1 24.♗xf1 ♖h6

– 23.♘xh2 ♖h6 24.exf4 ♕xh2+ 25.♔f2 ♕h4+ 26.♔g1 ♕h2+

78

Atalik – Stojanovic

Valjevo 2007

1.d4 d5 2.c4 e6 3.♘f3 ♘f6 4.♘c3 ♘bd7 5.cxd5 exd5 6.♗f4 c6 7.h3 ♘e4 8.♕c2 ♗b4 9.a3 ♕a5 10.♗d2 ♘xd2 11.♘xd2 ♗e7 12.e3 0-0 13.♗d3 ♘f6 14.0-0 ♖e8 15.f4 ♗f8 16.♖ae1 ♕d8 17.♘f3 c5 18.♘g5 g6 19.f5

Während der weiße Angriff bereits den Bereich möglichen Opferspiels erreicht hat (und zwar sowohl auf f7, als auch auf g6 oder h7), steht die schwarze Truppe noch komplett 'hinten drin'. Da grenzt es schon an ein Wunder, dass Schwarz noch mit halbwegs heiler Haut davonkommen kann. Allerdings ist ja spätestens seit einem Schlager aus den Siebzigern bekannt. Wunder gibt es immer wieder. – Zwar mag das im täglichen Leben gelten, aber im Schach ist es doch zumeist hilfreich, dem Wunder durch gutes Spiel auf die Sprünge zu helfen.

1) In der Partie hielt Schwarz mit **19...♗g7??** quasi nur noch die Kehle hin aber der ließ nach **20.fxg6 fxg6** mit **21.dxc5?!** (statt viel besser 21.♗xg6 hxg6 22.♕xg6 Δ♖xf6; Δ♕f7+ nebst ♖f4) tatsächlich noch einmal locker.

Im Bereich von 'komplett verloren' spielt es kaum noch eine Rolle, dass eine alternative Spielweise 'etwas besser' gewesen wäre – wie z.B. hier **20...hxg6 21.♘xf7!?** (⌓21.♗xg6 fxg6 22.♕xg6) **21...♔xf7**

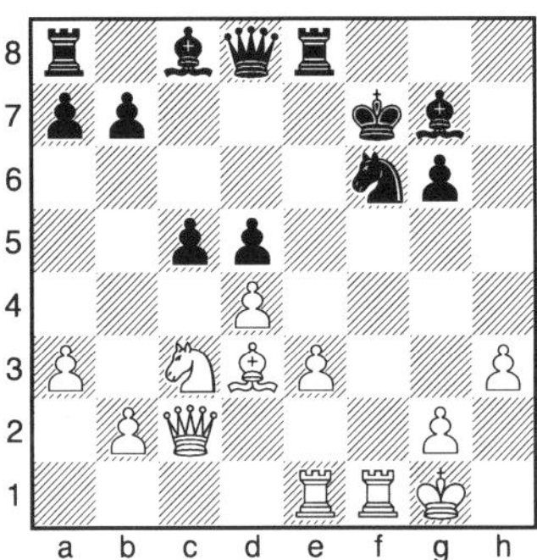

a) Und jetzt nicht etwa **22.♗xg6+? ♔g8 23.♗xe8 ♕xe8 24.dxc5** mit zunächst nur tendenzieller Gewinnstellung ...

b) ... sondern **22.♘xd5! ♔g8 23.♘xf6+ ♗xf6 24.♗xg6 f8 25.♗c2!** +–Δ♕d3; Δ♖f3.

2) Auch **19...gxf5??** führt nach **20.♗xf5 ♗xf5 21.♖xf5** Δ♖xf6; Δ♖xd5; Δ♘xd5; Δ♖ef1 zu einer vollkommen unhaltbaren Stellung.

3) Ähnliches gilt auch für **19...h6?? 20.fxg6 hxg5 21.gxf7+ ♔xf7** und Weiß kann sich vor Gewinnzügen kaum retten.

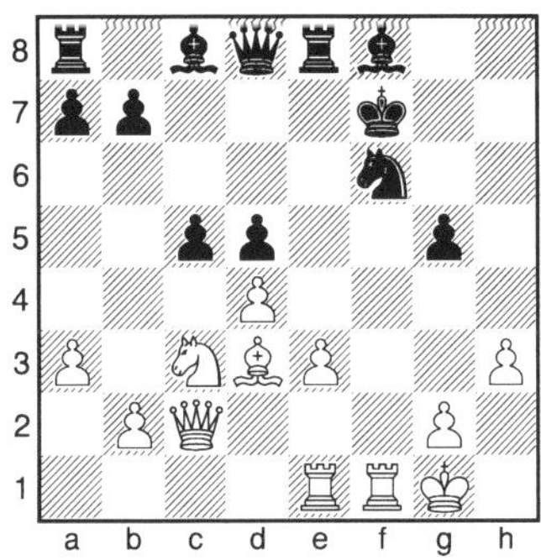

Wie beispielsweise **22.♘xd5**, **22.♗g6+** und allen Ernstes sogar **22.♗h7**.

4) Und auch der 'Gegenangriff' **19...c4??** verpufft nach **20.fxg6** Δ**20...hxg6 21.♗xg6** bzw. **20...cxd3 21.gxf7+**.

5) Die Kraft des einzigen Zuges **19...♗xf5!!** beruht nach **20.♗xf5** auf dem Zwischenzug **20...♗h6!**

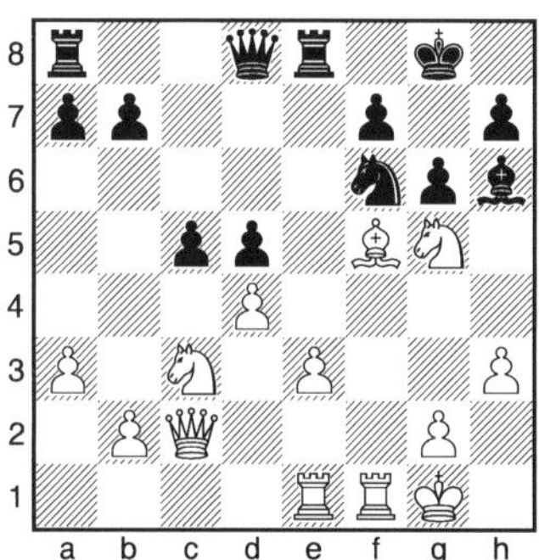

Weiß hat allenfalls Minimalvorteil in den Abspielen:

a) 21.♘f3 ♗xe3+ 22.♖xe3 ♖xe3 23.♕f2

b) 21.h4 cxd4 22.exd4 ♖xe1 23.♖xe1 gxf5 24.♕xf5

79

Gavrilov – Smagin

Nowgorod 1995

1.d4 ♘f6 2.c4 e6 3.♘f3 d5 4.♘c3 ♘bd7 5.cxd5 exd5 6.♗f4 c6 7.♕c2 ♘b6 8.e3 ♗g4 9.♘e5 ♗h5 10.h3 ♗d6 11.♕b3 ♕e7 12.♘d3 ♗xf4 13.♘xf4 ♗g6 14.♗e2 ♗e4 15.0-0 0-0 16.♘xe4 ♘xe4 17.♕c2 ♘c8 18.♘d3 ♘cd6 19.b4 a5 20.a3 ♖fe8 21.♖fe1 ♖a7 22.♘c5

Um hier taktisch ans Ziel zu gelangen, bedarf es zuerst einer Sammlung der einzelnen kombinatorischen Elemente: Einschläge auf f2 und e3 sowie die Schaffung losen Materials auf a1. Und im nächsten Schritt muss nur noch die richtige Zugfolge ermittelt werden, wobei die Gefahr besteht, dass man aufgrund akuter 'Opferitis' die falsche wählt.

22...axb4

22...♘xf2?? wäre die falsche Zugfolge, weil Weiß nach 23.♔xf2 ♕xe3+ 24.♔f1 axb4 ...

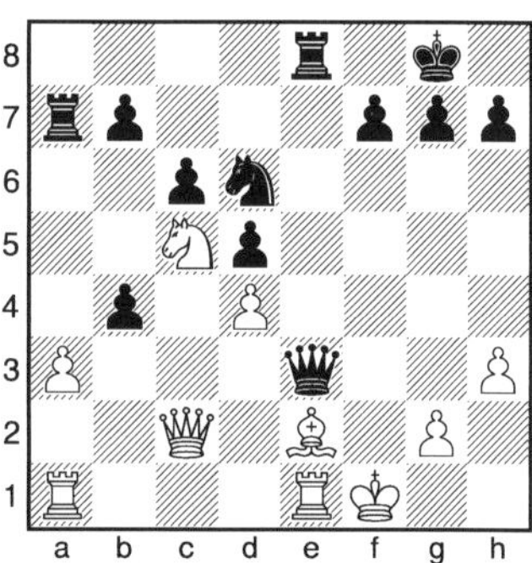

... über die Ausrede 25.♗f3! verfügt, die nach 25...♕xd4 26.♖xe8+ ♘xe8 27.♖e1 zu unklaren Verhältnissen führt.

23.axb4 ♖xa1 24.♖xa1 ♘xf2! 25.♔xf2 ♕xe3+ 26.♔f1

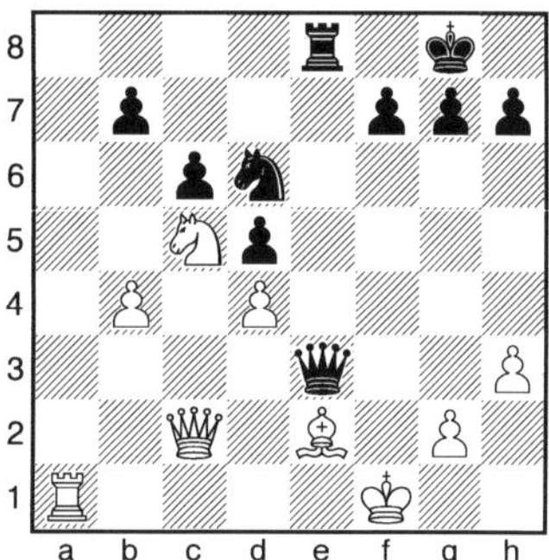

1) 26...♕xd4??

So kann es kommen! Hatte Schwarz die erste Klippe noch sicher umschifft, trifft er mit voller Wucht auf die zweite, denn nach **27.♖b1** stürzte sein Vorteil fast wieder zurück in den Minimalbereich ab.

2) Zum Gewinn führte einzig der stille Zug **26...b6!**, denn da Weiß das Feld e4 nicht für den gegnerischen Springer freigeben darf, müsste er sein Heil im Damentausch suchen. Entsprechend würde nach **27.♕d3 ♕f4+ 28.♕f3** eine weitere Schnittstelle erreicht.

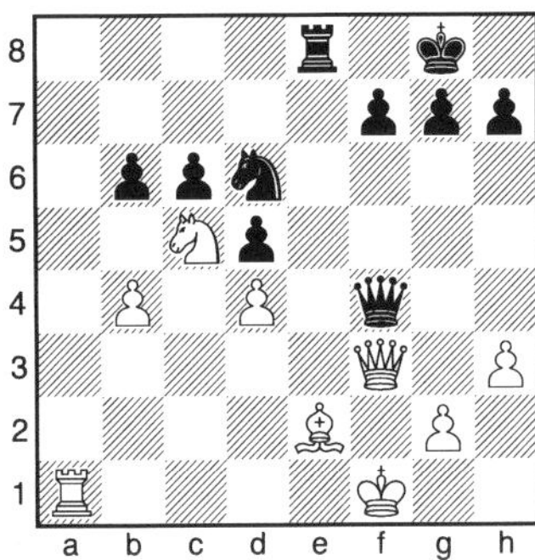

a) Nach **28...♛xf3+? 29.♗xf3 bxc5 30.dxc5**

(30.bxc5?! ♘b5; 30...♘f5)

30...♘b5, **30...♘f5** oder **30...♘c4** ist der Vorteil ungeachtet des gesunden Mehrbauern noch nicht eindeutig aus dem Minimalbereich heraus.

b) Nach **28...♛xd4?! 29.♖d1 ♛xb4 30.♘d3** ist der schwarze Vorteil ungeachtet der vier Bauern für die Figur noch nicht eindeutig aus dem Bereich 'kräftig ∓' heraus.

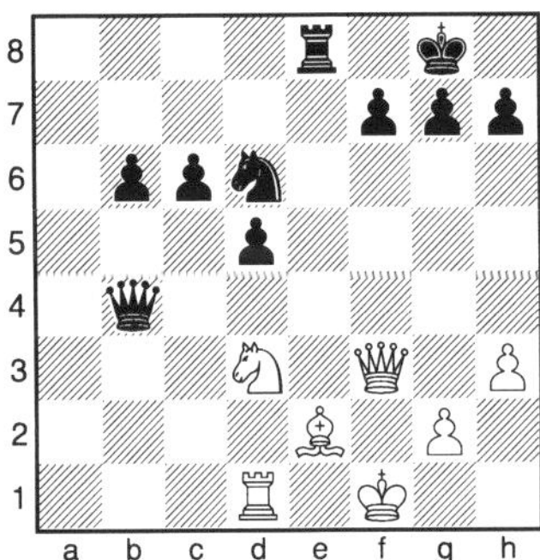

Denn einerseits kann das Freibauern-Trio gar nicht so einfach vorrücken – und andererseits verfügt Weiß über vier agile Figuren (drei Langschrittler und ein giftiger Springer), die sowohl für die Verteidigung als auch für einen potenziellen Gegenangriff eine ausreichend schlagkräftige Resttruppe darstellen.

c) Nur mit **28...♛h2!!**–+ kann die Defensive endgültig überfordert werden.

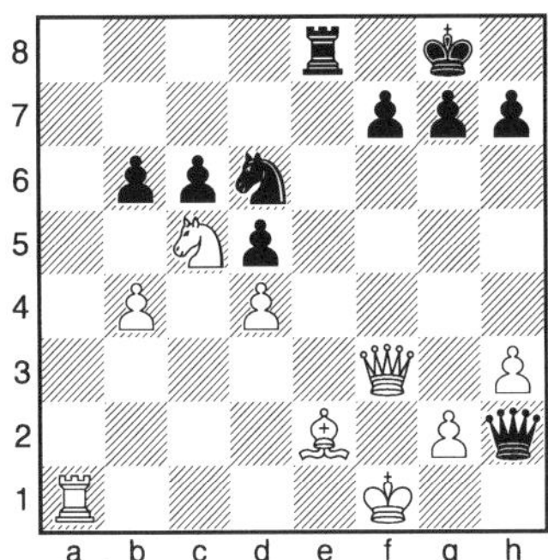

29.♘b3 g6! Δ♘f5; Δ♘e4; Δ♖e6

(29...♘e4?? 30.♔e1)

z.B. **30.♗d3 ♖e6** Δ♔g7 nebst ♖f6

80

Tregubov – Nadyrhanov

Krasnodar 1998

1.d4 ♘f6 2.c4 e6 3.♘f3 d5 4.♘c3 ♘bd7 5.cxd5 exd5 6.♗f4 c6 7.e3 ♘b6 8.♕c2 ♗g4 9.♘e5 ♗h5 10.♗d3 ♗g6 11.0-0 ♗d6 12.♘e2 0-0 13.♘g3 ♖e8 14.♘f5 ♗xf5 15.♗xf5

Offenbar hat Schwarz keinerlei ernste Probleme, sondern muss nur früher oder später Vorpostenspringer und Läuferpaar des Gegners eliminieren bzw. neutralisieren.

Das in der Partie gewählte Bauernopfer **15...♘c4!?** ist zwar vollkommen in Ordnung, allerdings nicht wirklich erforderlich, zumal nach der Alternative 15...g6 16.♗d3 sowohl 16...♘h5 als auch eine ganze Reihe anderer Züge sicheren Ausgleich garantiert hätte.

16.♘xc4 ♗xf4 17.exf4 dxc4 18.♕xc4

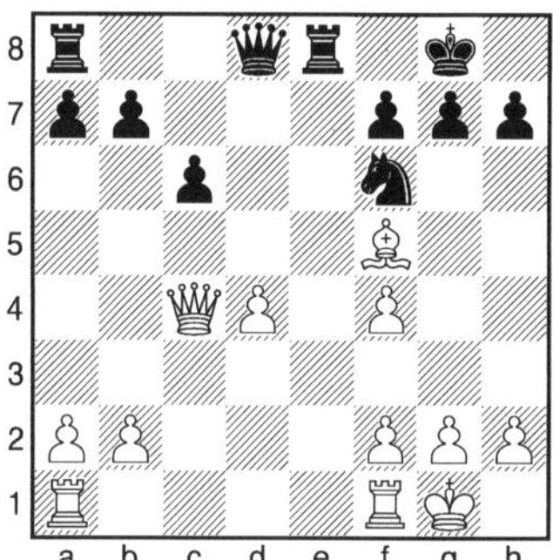

18...♕d5

So macht Schwarz sich die Sache unnötig schwer.

Besser war beispielsweise 18...♕d6 (18...♕b6) mit der möglichen Folge 19.g3 ♖ad8 20.♖fd1 g6 21.♗c2 ♕e6!, wonach die Anschlussdrohungen ♕h3 und ♕e2 für ausreichende Kompensation sorgen; z.B. 22.♕xe6 ♖xe6 Δ♖ed6 – 22.♕d3 ♖d6 – 22.♕f1 ♖d6; 22...♕e2.

19.♕xd5 ♘xd5 20.g3±

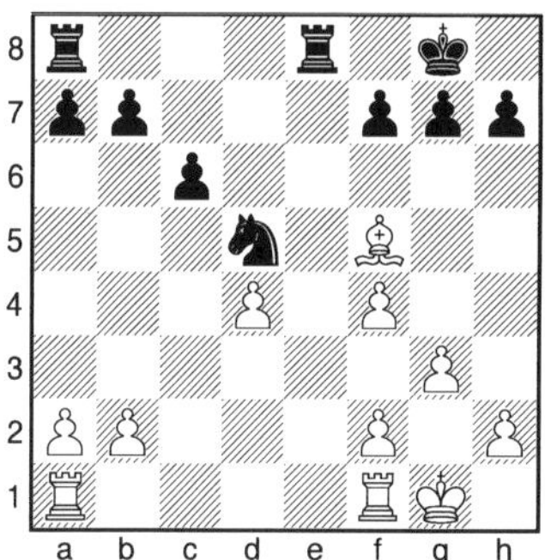

Der Minimalvorteil beruht vor allem darauf, das Schwarz nicht effektiv auf die 2. Reihe einbrechen kann; z.B. 20...♖e2 21.♖ab1 nebst ♗g4 bzw. ♖fd1, ♔f1 usw.

81

Orsag – Jirovsky

Tschechoslowakei 1991

1.d4 d5 2.♘f3 ♘f6 3.c4 e6 4.♘c3 ♘bd7 5.cxd5 exd5 6.♗f4 c6 7.e3 ♘b6 8.♗d3 ♗g4 9.h3 ♗h5 10.g4 ♗g6 11.♘e5 ♗d6 12.h4 ♗xd3 13.♕xd3 ♕e7 14.f3

Bei seiner üppigen Raumnahme am Königsflügel verlässt Weiß sich offenbar vollkommen darauf, dass der noch unrochierte König durch den solide gedeckten Vorpostenspringer e5 ausreichend abgeschirmt wird. Es bleibt die Frage, ob diese Gesamtkonstruktion tatsächlich unerschütterlich ist.

1) Als zu harmlos stellte sich der Partiezug **14...♘fd7?** heraus, obwohl auch die Möglichkeit besteht, dass Schwarz in der Folge etwas anderes geplant hatte und zu spät sah, dass dies scheitern würde. Wie auch immer, folgte **15.♘xd7 ♗xf4 16.♘xb6 axb6 17.♔f2** bestenfalls mit einem Hauch von Vorteil für Schwarz.

Das übersehene Detail betraf womöglich die Alternative 16...♗g3+? 17.♔d2 axb6 18.f4!~+– mit Gewinn des Läufers.

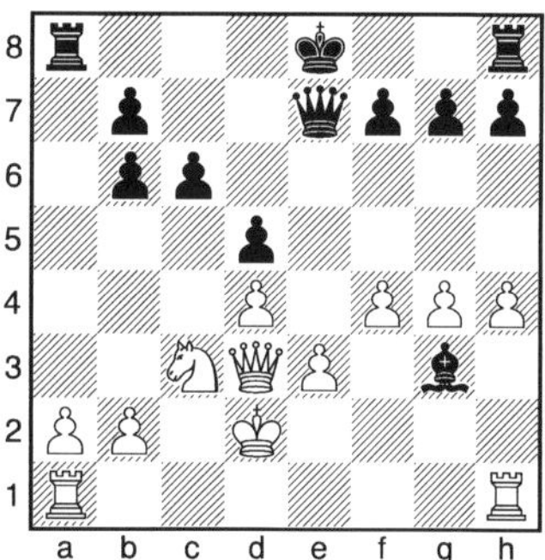

Dabei scheidet die Version 18...♗xh4? (⌓18...h6) 19.g5 ♗xg5 20.fxg5 ♕xg5 vollkommen aus, weil Weiß nach 21.♖ag1+– oder auch gleich 21.♖xh7 zum Nutznießer der großzügig geöffneten

Linien wird.

2) Der Versuch **14...♘xg4?** wird nach **15.fxg4 f6** mit **16.♘g6** (16.♘xc6?! bxc6∓) **16...hxg6 17.♕xg6+** pariert, und nach **17...♔f8 18.♔f2** befindet sich die Stellung in dynamischem Gleichgewicht.

3) Die korrekte Folge bestand in **14...♘c4! 15.0-0-0** (15.♘xc4?! ♗xf4−+) **15...♘xe5 16.dxe5 ♗xe5 17.♗xe5 ♕xe5∓** (Δ0-0-0)

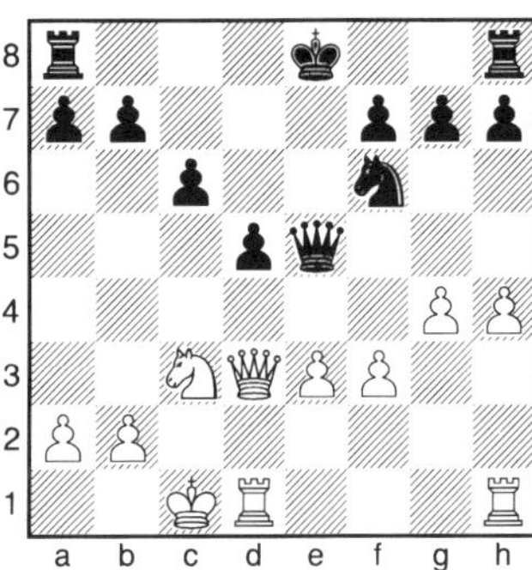

Δ18.g5 ♘h5

Dass Schwarz diese relativ einfache Kombination ausließ, mag daran gelegen haben, dass er seinerzeit noch kein GM und erst 16 Jahre alt war.

82

I. Miller – Sevillano

Burbank 2006

1.d4 ♘f6 2.c4 e6 3.♘c3 d5 4.cxd5 exd5 5.♗g5 c6 6.♕c2 ♗e6 7.e3 ♘bd7 8.♗d3 h6 9.♗h4 g5 10.♗g3 ♘h5 11.♘ge2 ♘xg3 12.♘xg3 h5 13.♘f5 ♕f6 14.h3 0-0-0 15.0-0-0 g4 16.g3 ♔b8 17.♖h2

Der schwarze Vorteil beruht nur teilweise auf positionellen Faktoren wie beispielsweise dem Läuferpaar und der Einschnürung des weißen Königsflügels mitsamt der Festlegung der dortigen Bauern auf schwarzen Feldern. Tatsächlich geht es vorneweg um das Taktikmotiv, dass der Springer f5 nicht etwa ein solider Vorposten ist, sondern ein höchst wackeliges Angriffsobjekt. Und wie so oft bei taktischen Lösungen kommt der richtigen Zugfolge entscheidende Bedeutung zu.

1) So hätte sich der sofortige Vorstoß **17...c5?** in der Partie eigentlich als verfehlt herausstellen müssen. Allerdings ließ Weiß seinerseits den Fehler **18.dxc5?** folgen, der vermutlich darauf beruhte, dass er froh und erleichtert war, dem Sorgenspringer ein erstklassiges Rückzugsfeld freizuräumen.

Korrekt war es, zunächst mit 18.hxg4 hxg4 19.♖xh8 ♕xh8 den deplatzierten Turm abzutauschen und die gegnerische Dame für den Moment auf ein unwirksames Feld abzulenken. Erst danach hätte 20.dxc5 den schwarzen Vorteil in folgenden Abspielen auf ∓ reduziert:

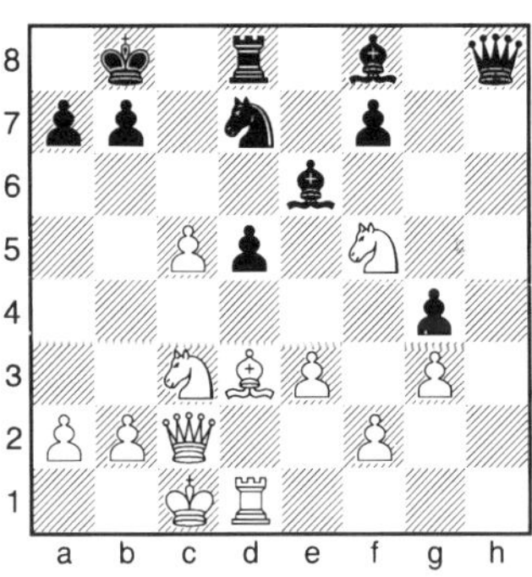

– 20...♗xc5 21.♕a4! ♘e5 22.♕f4 ♔a8 23.♗c2 ♘c4 24.♘d4

– 20...♘xc5 21.♘d4 ♗g7 21.♔b1 (21.♗f1!? Δ♗g2) 21...♘xd3 22.♕xd3 ♕f6 23.e4

18...♗xc5∓

18...gxh3!? 19.c6 bxc6 20.♘d4 ♗g4 21.f3 ♗h6 22.♔b1 ♗xe3 Δ23.♘xd5 ♕xd4

19.♔b1?

⌓19.hxg4 ♘e5!∓

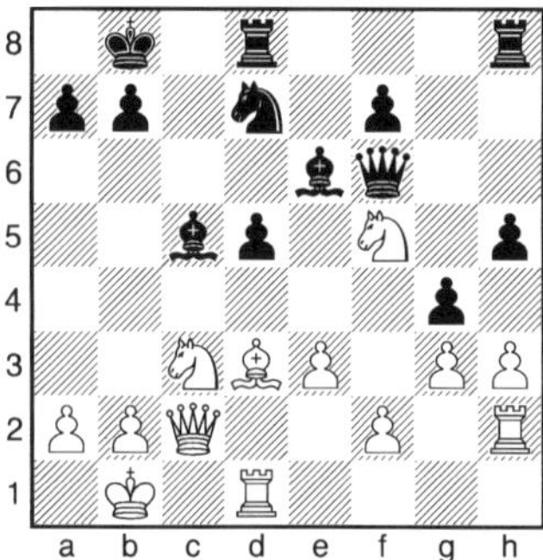

Und nach einer ganzen Reihe wechselseitiger Fehler ließ Schwarz hier die Gewinnfortsetzung 19...gxh3 (Δ♖c8) Δ20.♖xh3? ♘e5 aus.

2) Korrekt war zunächst **17...gxh3**, weil Weiß weder jetzt noch in den folgenden Zügen auf h3 nehmen darf; z.B. **18.♖xh3?**

(⌓18.♔b1 c5; 18...♖c8; 18...♗b4)

18...c5–+

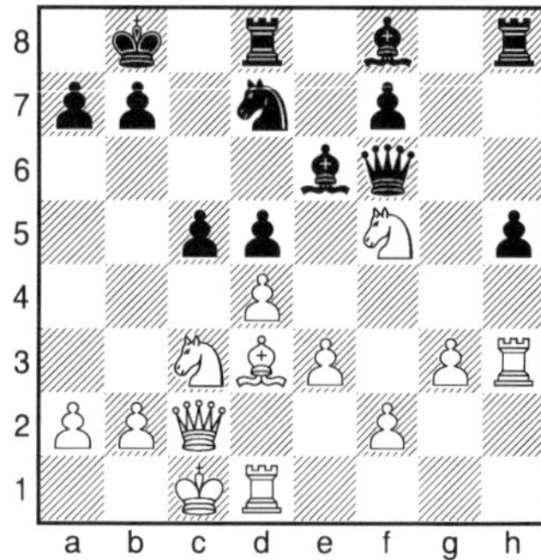

- 19.dxc5 ♘e5; 19...♘xc5
- 19.g4 hxg4 20.♖xh8 ♕xh8 21.dxc5 ♘xc5; 21...♗xc5

83

Meleshko – Lagvilava

Ukraine 1999

1.d4 ♘f6 2.c4 e6 3.♘c3 d5 4.cxd5 exd5 5.e3 ♗d6 6.♗d3 0-0 7.h3 c6 8.♘f3 ♖e8 9.♘d2 ♗c7 10.♕c2 ♘bd7 11.0-0 ♘f8 12.b3 ♘g6 13.♗a3 ♘h5 14.♘f3 ♕f6

Die Frage bei der Aufgabenstellung macht deshalb Sinn, weil Schwarz ja mit immerhin vier Figuren vor der gegnerischen Königsstellung operiert.

15.♘xd5(!)

Das Rufzeichen steht in Klammern, weil es nur dann Gültigkeit hat, wenn man eine der vielen *korrekten* Fortsetzungen im 17.Zug vorhergesehen hat.

15...cxd5 16.♕xc7 ♗xh3

So weit der lächerlich einfache Teil, aber nach diesem ebenfalls kaum zu übersehenden Gegenschlag wird es ernst!

17.♕xb7?

Die Liste der Züge, die mehr oder weniger kräftig ± ergeben, wird von 17.♕d6 und 17.♖fe1 angeführt.

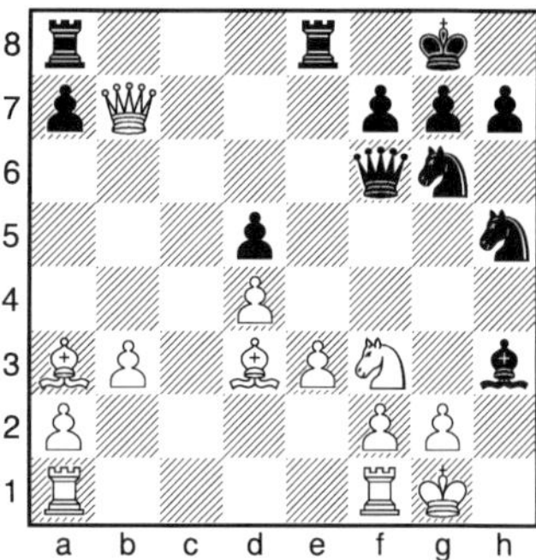

Nach dem fehlerhaften Textzug ist nun Schwarz an der Reihe, seine Kombinationskünste unter Beweis zu stellen. Dabei ist die von ihm geforderte Lösung alles andere als ‘lächerlich einfach’ und zielt außerdem auf keinen Gewinn, sondern aufs nackte Überleben ab.

17...♗xg2! 18.♔xg2 ♘hf4+ 19.exf4 ♘xf4+ 20.♔h1

Das vorangegangene doppelte Figurenopfer verdient allen Respekt. Allerdings kommt diese Komödie der Irrungen und Wirrungen jetzt erst richtig in Schwung.

20...♕h6+??

□20...♘xd3

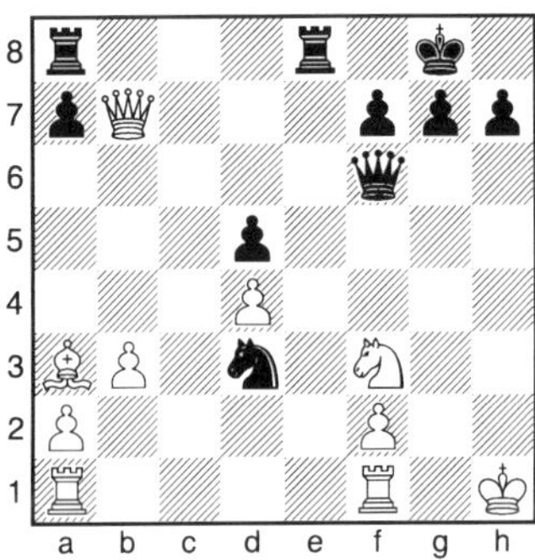

21.♕xd5 (21.♘h2?! ♕xd4∓) 21...♖ad8 (21.♕b7?? ♖e2–+) 22.♕h5 ♖e4⩱ Δ♖f4 Δ23.♘g5 ♕f5

21.♔g1??

□21.♘h2+–

21...♕h3??

□21...♕h5–+

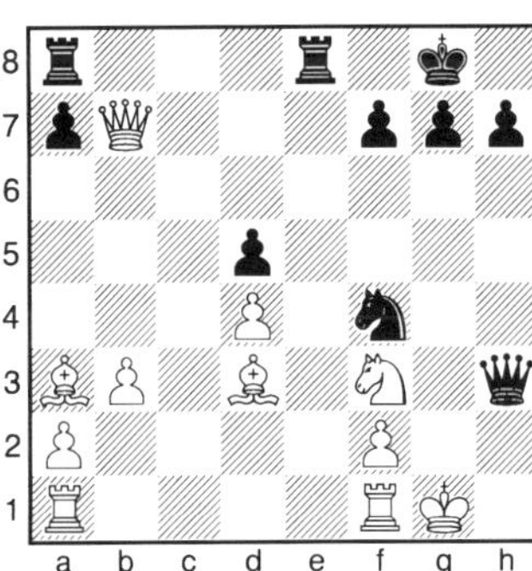

Und damit zur Beantwortung der Frage, wer zuletzt lachen konnte. An dieser Stelle warf Weiß das Handtuch, statt mit 22.Dxf7+ ♔xf7 23.♘g5+ doch noch den Sieg klarzustellen ...

84

Babujian – Moradiabadi

Jermuk 2011

1.d4 d5 2.c4 e6 3.♘c3 ♗e7 4.cxd5 exd5 5.♗f4 ♘f6 6.e3 ♗f5 7.♘ge2 0-0 8.♘g3 ♗e6 9.♗d3 ♖e8 10.0-0 c6 11.♗e5 ♘fd7 12.f4 f6

In der Partie konnte Weiß dem Charme des Scherzartikels **13.♗c7** einfach nicht widerstehen.

Nach der pragmatischen Alternative 13.f5 ♗f7 14.♗f4 hätte er soliden Minimalvorteil verzeichnet.

Allerdings war sein Gegner von diesem Zug geradezu verhext und nach **13...♕c8? 14.f5 ♗f7 15.♗f4** Δ♕g4 ...

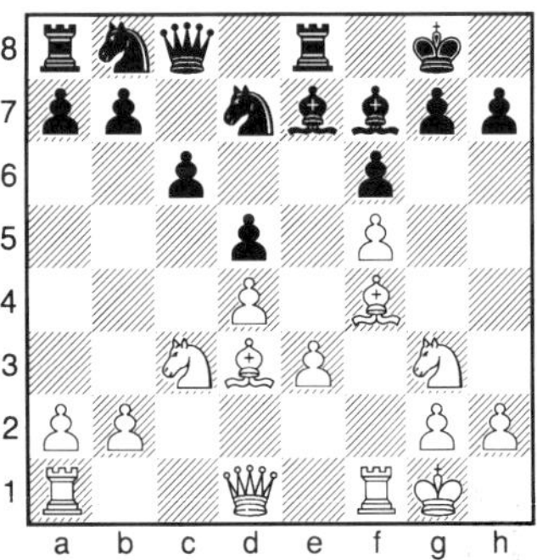

... wurde die soeben erwähnte Stellung *nachträglich* erreicht, nur dass die schwarze Dame schlechter stand und der weiße Vorteil entsprechend größer war.

Worauf war Schwarz hereingefallen und was hatte auch der Schöpfer des Scherzartikels nach **13...♕xc7** mit Sicherheit übersehen? Dass die weiße Dame bei einem eventuellen Raubzug im tiefsten gegnerischen Lager womöglich nicht mehr nach Hause findet, wie sich nach **14.♕h5** hätte zeigen können.

(Nach 14.♗xh7+? ♔xh7 15.♕h5+ ♔g8 16.♕xe8+ ♘f8∓ ...

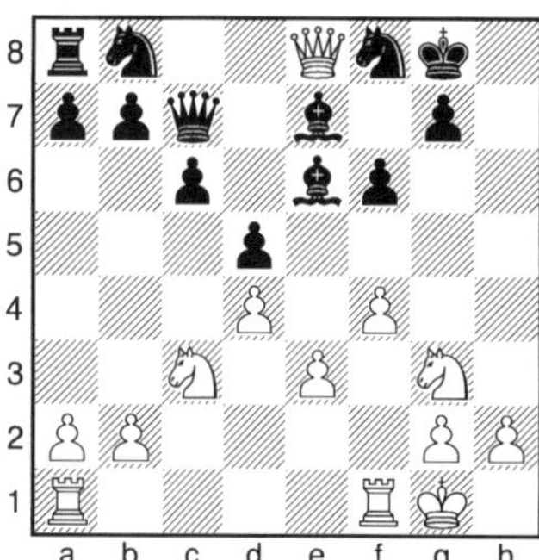

... ergäbe ein Blick auf den Materialbestand, dass Weiß ja nicht etwa einen Läufer, sondern sein ganzes schönes Läufer*paar* für einen Turm hergegeben hat.)

1) Nach **14...♔f8?? 15.♗xh7!** Δ♗g6 nebst ♕h8# wäre der Mattangriff nur unter großen Materialopfern abzuwehren.

a) 15...♗f7 16.♕g4! Δ♘f5

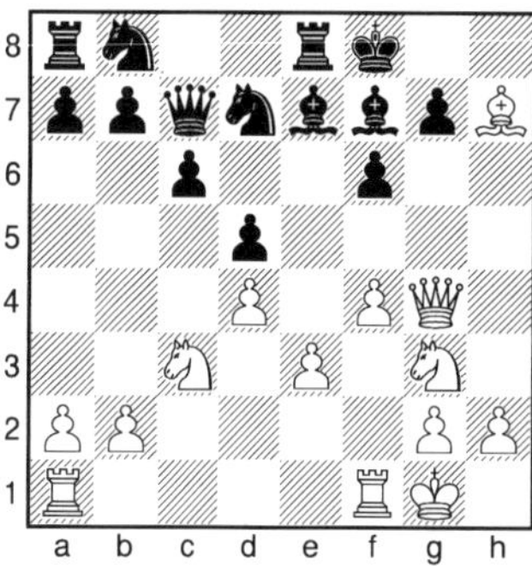

Δ**16...f5 17.♘xf5 ♗f6 18.♖f3**+– mit der Hauptdrohung ♖h3 nebst ♗g6.

b) 15...f5 16.♗g6! (16.♗xf5?? ♘f6∞) **16...♘f6 17.♕h8+ ♘g8** (17...♗g8? 18.♘xf5+–) **18.♗xe8 ♔xe8 19.♕xg7** mit zumindest tendenzieller Gewinnstellung.

2) Hingegen würde sich nach **14...♘f8! 15.♕xe8 g6** das angedeutete Szenario abzeichnen.

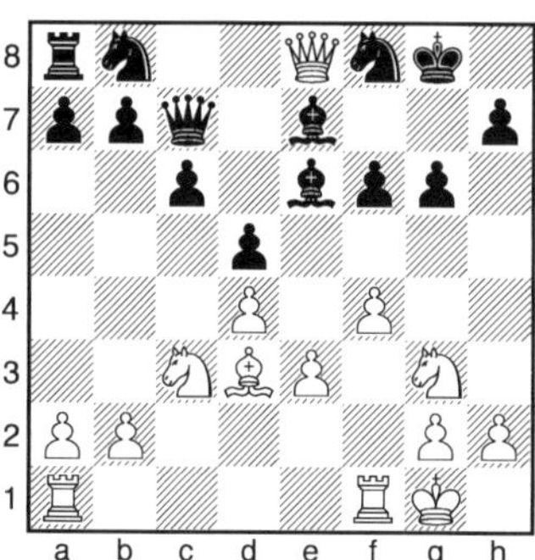

Die Dame steht patt und droht mit ♗f7 erobert zu werden. Und die Aufgabe, sie buchstäblich wieder rauszuhauen, ist nicht einfach; nämlich **16.♖ac1** Δ♘b5

a) 16...♗f7?? 17.♘b5+–; **16...a6?? 17.f5 ♗f7 17.♘xd5**+–

b) 16...♕d6 mit allenfalls tendenziellem schwarzem Minimalvorteil nach **17.♘f5! gxf5** usw.

85

Lafuente – Perez

Argentinien 2003

1.d4 ♘f6 2.c4 e6 3.♘f3 d5 4.♘c3 ♘bd7 5.cxd5 exd5 6.♗f4 c6 7.e3 ♕a5 8.♘d2 ♗b4 9.♕c2 ♘h5 10.♗g5 h6 11.♗h4 ♘hf6 12.♗d3 0-0 13.0-0 ♗d6 14.♖ab1 ♖e8 15.♗g3 ♗xg3 16.hxg3

Die ungeschwächte schwarze Stellung krankt nicht etwa an Entwicklungsschwierigkeiten, sondern an einem schwer zu behebenden Mangel an Gegenspiel, denn der Gegner hat e4 fest im Griff und seine Rochadestellung ist durch den Doppelbauern zu einer Art Festung geworden. Derweil steht Weiß bereit, einen Standard-Minoritätsangriff vom Stapel zu lassen, gegen den Schwarz kaum darauf hoffen kann, den eventuellen Vorstoß b4–b5 mit der Schaden begrenzenden Maßnahme c6–c5 beantworten zu können.

1) In der Partie spielte Schwarz **16...♘f8** und ließ die Sache quasi auf sich zukommen. Nach **17.b4** war es belanglos, ob 17...♕c7 womöglich etwas präziser als der tatsächlich geschehene Zug **17...♕d8** war. Und ebenso war es nach **18.b5** belanglos, ...

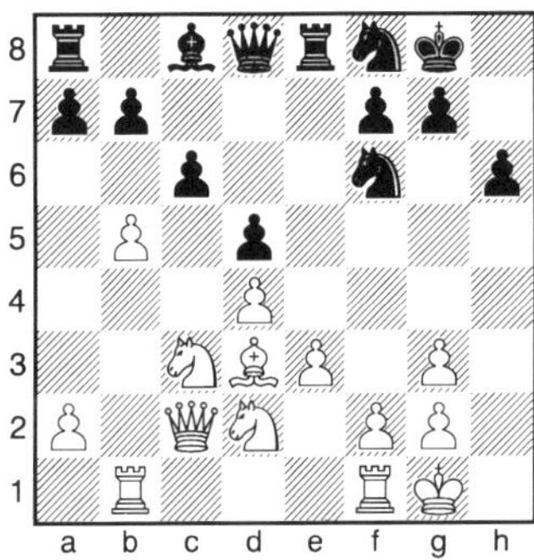

... ob und wie weit der weiße Vorteil aus dem Minimalbereich heraus war. Fest stand jedenfalls, dass der Minoritätsangriff erfolgreich in die Gänge gekommen war.

2) Mit dem geradezu grotesk plump wirkenden 'Blockadezug' **16...♕b4!?** ist b4 zwar nicht zu verhindern, aber die Rahmenbedingungen können dahingehend verändert werden, dass die Defensive etwas leichter fällt. Hinzu kommt der psychologische Faktor, dass der Gegner einen solchen Zug womöglich nicht ernst nimmt und es entsprechend in der Folge an Aufmerksamkeit mangeln lässt.

Nach **17.a3 ♕e7 18.b4** ergibt sich folgendes Bild.

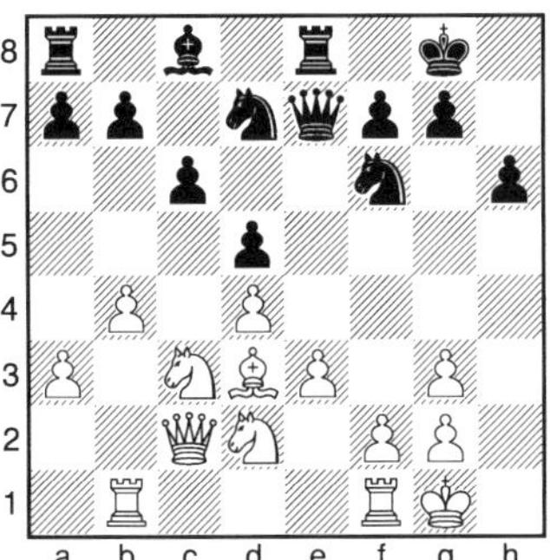

Die Dame konnte rezentralisiert werden und liebäugelt mit einem Schwenk zum Königsflügel (z.B. ♘g4, ♕g5–h5 o.ä.). Und da sie – außer e4 und u.U. e3 – auch a3 im Auge hält, muss b4-b5 noch vorbereitet werden. Derweil kann der eigene Damenflügel entwickelt werden und die Leichtfiguren können Kontakt zur latenten Schwäche c4 aufnehmen; z.B. **18...♘b6.**

Womöglich ist 18...a5!? sogar noch besser.

19.a4 ♗e6 20.a5 ♘c4!?

20...♘c8 Δ21.b5 c5 22.dxc5 ♕xc5

21.♗xc4 dxc4 22.♘a4

22.♘e2 ♘d5 mit Blick auf die Schwäche b4.

22...♗d5 (22...♘d5)

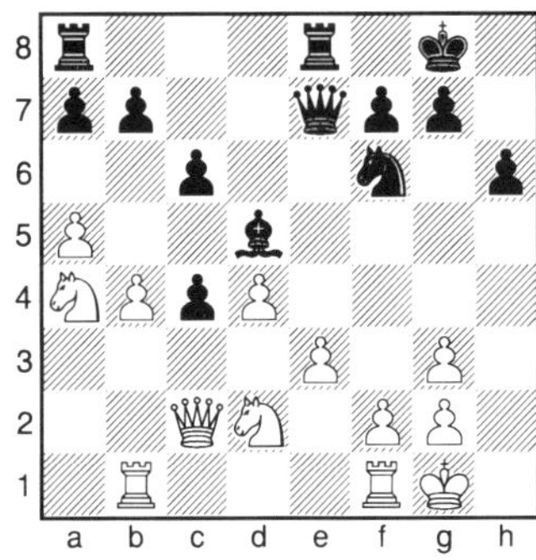

a) 23.♘xc4?! ♗e4 24.♕b3 ♗xb1 25.♖xb1⩱

b) 23.♖b2 ♖ab8! (Δb5) Δ24.♘xc4 ♘g4!⩱ Δ♕g5-h5

86

Papasimakopoulos – Iljin

Kavala 2018

1.d4 d5 2.c4 e6 3.♘c3 ♘f6 4.cxd5 exd5 5.♗g5 c6 6.♕c2 ♗e7 7.e3 ♘bd7 8.♗d3 h6 9.♗h4 ♘h5 10.♗xe7 ♕xe7 11.♘ge2 ♘b6 12.0-0-0 ♗e6 13.♘a4 ♘xa4 14.♕xa4 ♗g4 15.♖he1 0-0 16.♔b1 ♖fe8 17.♕c2 ♗xe2 18.♖xe2 ♕h4 19.f3 ♘f6 20.g3 ♕h5 21.♖f1 ♖ad8

Rein positionell betrachtet macht die schwarze Stellung einen erstklassigen Eindruck. Allerdings gibt es da einen hinterlistigen taktischen Haken, der sämtliche positionellen Erwägungen quasi in aller Seelenruhe vom Tisch fegt. Hier ein kleiner Wink mit dem Zaunpfahl: Selbst mit der Dame auf h8 würde Schwarz nicht schlechter stehen als in der gegebenen Stellung. Wie in einer guten alten Stummfilm-Klamotte erfolgt die Kommentierung übrigens ganz ohne Worte.

22.♖ee1??

□22.h4!+– (Δ♖h2, g4) 22...♖d6

(22...♖e7 23.♖h2 Δ♖h2, g4)

23.♖h2

(23.♗f5; 23.♖ee1 Δ♕f2, g4)

23...♖xe3 24.g4 ♘xg4 25.fxg4 ♕xg4 26.♗h7+ ♔h8

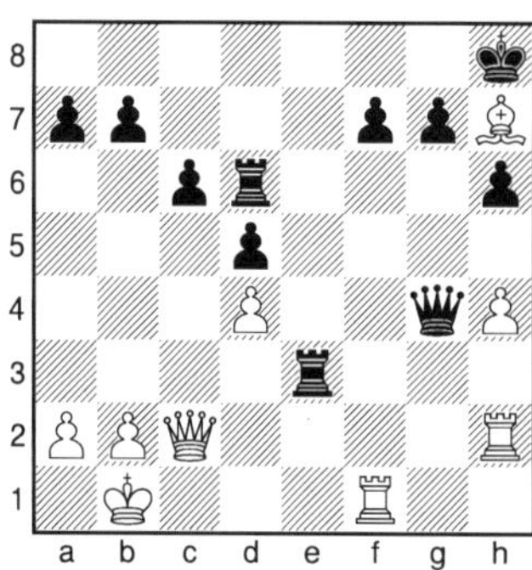

27.a3!

22...♖d7??

□22...♕g5 Δ♘d7

23.♕f2??

□23.h4+– ♖de7 24.♕f2 (Δg4) 24...g5 25.g4 ♕xh4 26.♕g1 Δ♖e2-h2

23...♘h7??

23...♕h3 24.g4 ♘h7 25.e4 dxe4 26.♖e3!±

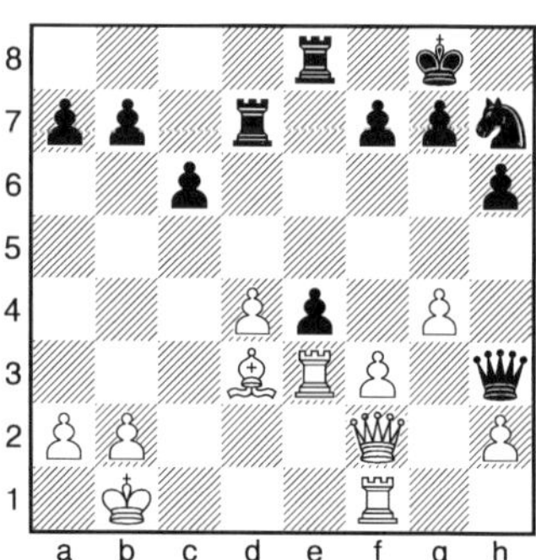

26...♖de7 27.♖fe1 (27.fxe4 ♕xg4 28.♖g3) 27...g5 28.fxe4 ♕xg4 29.♖f1 Δ♖f3

24.h4+– f6

24...f5 25.g4

25.g4 ♕f7 26.♕c2 ♘f8 27.h5 ♖de7 28.♕d2 ♕e6 29.♗c2 ♕d6 30.♖g1 ♘e6 31.f4 ♘f8 32.♖g3 ♘d7 33.♖eg1 ♖f8 34.♕d3 ♖e4 35.♕f1 ♖e7 36.♕h3 c5 37.g5 fxg5 38.fxg5 cxd4 39.exd4 ♖f2 40.gxh6 ♕xh6 41.♖g5??

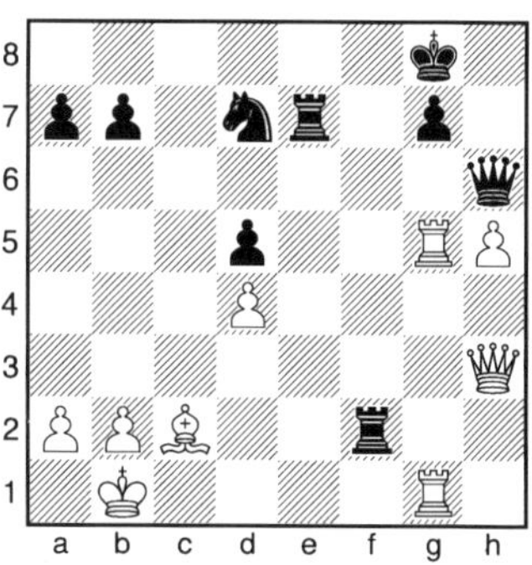

41...♕xg5 0-1

Ironie des Schicksals: Der Gewinnzug wird von der D a m e ausgeführt! Allerdings lehrt der Volksmund ja nicht ohne Grund: Wer den Schaden hat, braucht für den Spott nicht zu sorgen.

87

Reshevsky – Bisguier

New York 1963

1.c4 ♘f6 2.♘c3 e6 3.♘f3 d5 4.cxd5 exd5 5.d4 c6 6.♗f4 ♘bd7 7.♕c2 ♗e7 8.e3 ♘f8 9.♗d3 ♘g6 10.h3 0-0 11.♗h2 ♗d6 12.♗xd6 ♕xd6 13.g4 ♖e8 14.g5

1) In der Partie machte Schwarz seinem Gegner die Sache mit **14...♘d7?** allzu einfach, denn nach **15.0-0-0** spielte sich der Angriff mit dem Kerngedanken h4-h5 fast von selbst

2) Und nach **14...♘h5? 15.0-0-0** sind zwar die weißen Sturmbauern gestoppt, allerdings um den Preis eines kläglich deplatzierten ♘h5, dessen gesellschaftliche Reintegration etliche Züge beanspruchen wird – und zwar Züge, die Schwarz eigentlich ganz gut zur Entwicklung des Damenflügels gebrauchen könnte

Und angesichts mangelnden Gegenspiels könnte der Gegner in aller Ruhe die ideale Angriffsformation anstreben; z.B. 15...♘f8 16.♘e5 g6

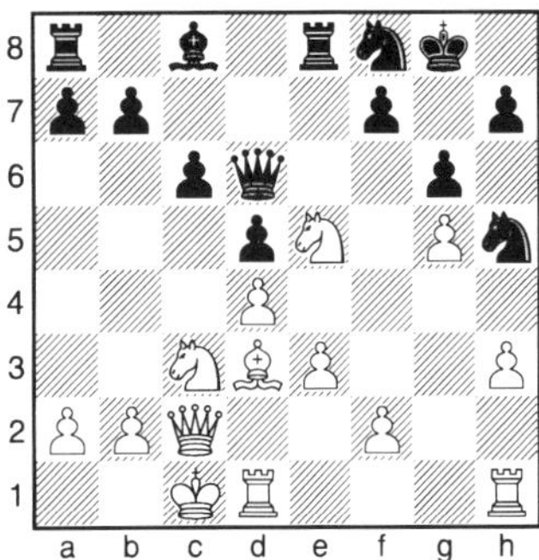

17.h4; 17...♘g4; ♗e2 o.ä.

3) Angesichts des noch erreichbaren weißen Königs sowie der weißfeldrigen Schwächen im weißen Lager leuchtet ein, dass nur das beherzte Bauernopfer **14...♘e4!** zum Ausgleich führen kann. Hier ein Blick auf die beiden Hauptvarianten:

a) Nach **15.♗xe4 dxe4** kann Weiß sich sogar schmerzlich in die Nesseln setzen.

– Und zwar nach dem allzu sorglosen Bauernraub **16.♘xe4?** und der Folge **16...♕d5** mit tendenzieller schwarzer Gewinnstellung.

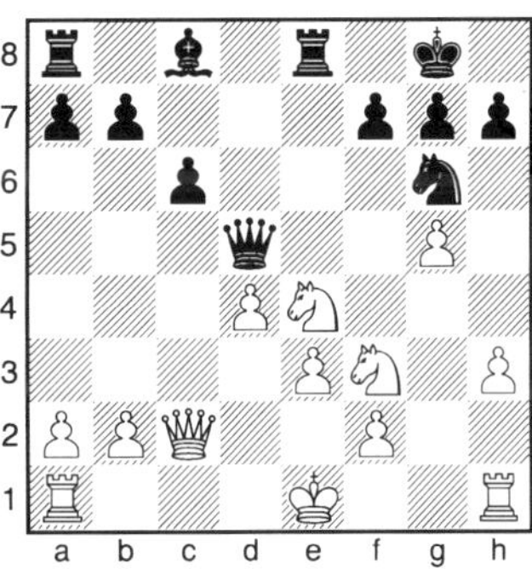

– 17.♘fd2 ♘h4 Δ♗f5 oder 17...♗f5 18.f3 ♘h4 Δ♘xf3+

–17.♘ed2 ♘h4 18.♕d1 ♘xf3+ 19.♘xf3 (19.♕xf3 ♕xd4) 19...b6! Δ♗b7 nebst c5; Δ♗a6

– Angemessen vorsichtig ist **16.♘d2** mit der möglichen Folge **16...♘h4** (16...♗f5 17.h4∞) **17.0-0-0 ♗f5**. Schwarz hat das bequemere Spiel und einen Hauch von Minimalvorteil, denn die weißen Sturmbauern kommen nicht vorwärts und neigen zur Schwäche, während eine Gegenoffensive am Damenflügel nicht so einfach blockiert werden könnte.

b) Weiß ist also gut beraten, mit **15.♘xe4 dxe4 16.♗xe4** seinen weißfeldrigen Läufer zu bewahren.

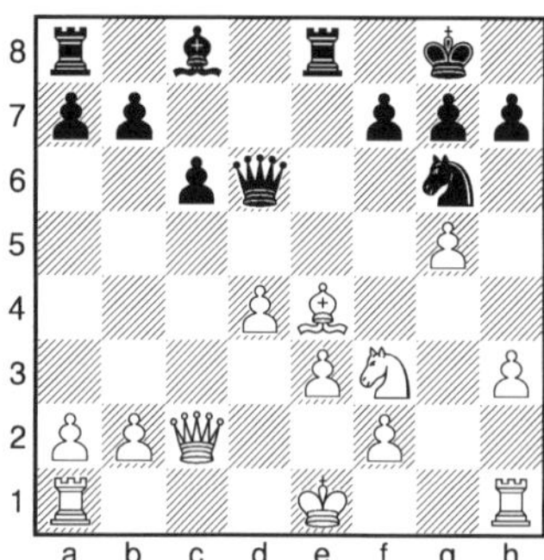

Nach beispielsweise **16...♕e7** mit der möglichen Folge **17.♗d3 ♗e6** Δ♗d5 hat Schwarz genügend Kompensation.

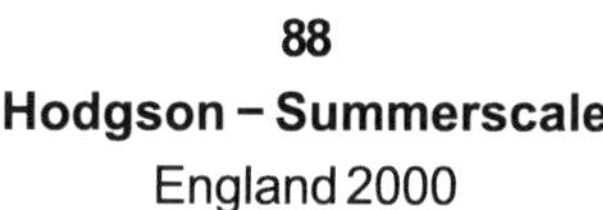

88

Hodgson – Summerscale

England 2000

1.c4 e6 2.♘c3 d5 3.d4 ♗e7 4.cxd5 exd5 5.♗f4 ♘f6 6.e3 ♗f5 7.h3 0-0 8.g4 ♗e6 9.♗g2 c6 10.♘ge2 ♘bd7 11.0-0 ♘b6 12.♗g3 ♖e8 13.b3 ♖c8 14.♖c1 ♗d6 15.♗h4 a6 16.♖c2 ♖c7 17.♕c1 ♗c8 18.♘f4 ♘a8

Da der ♘a8 und der ♖c7 genau so und nicht etwa anders herum stehen, ist es kein Wunder, dass Weiß positionell auf Gewinn steht. Nur wie gewinnt man diese Gewinnstellung am überzeugendsten?

1) Das verführerische an dem durchaus guten Ansatz **19.♘h5!?** besteht darin, dass er nach **19...♗e7 20.♗xf6 ♗xf6 21.♘xf6+** forciert zu einem handfesten Ergebnis führt.

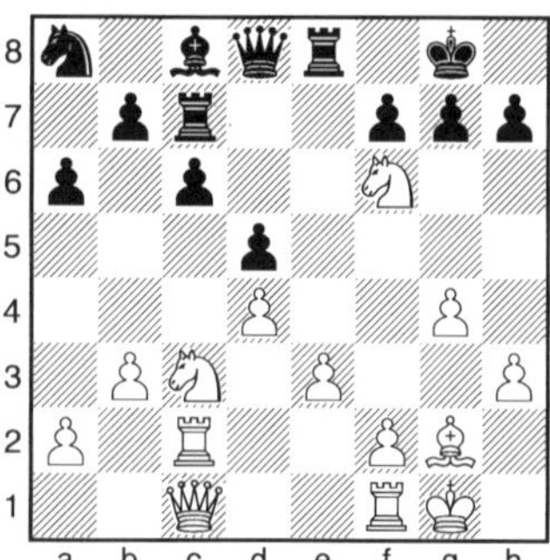

Zumal Schwarz ja mit **21...gxf6** (21...♕xf6? 22.♘xd5+–) eine scheußliche Rochadestellung in Kauf nehmen muss.

a) Allerdings war die Fortsetzung **22.♘e2?** viel zu langsam, zumal Schwarz natürlich nicht die Blockademaßnahme ♘g3 abwartet, sondern sofort mit **22...f5** seinen Doppelbauern auflöst und danach aus dem Gröbsten heraus ist.

b) Ganz anders nach **22.e4 dxe4** mit den Abspielen:

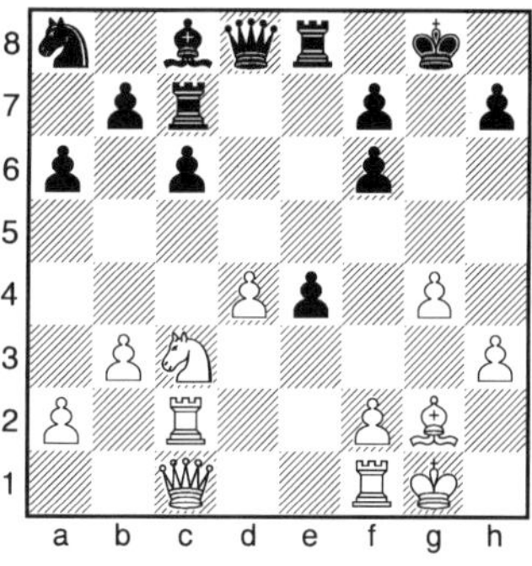

– 23.♗xe4?! Δ23...♕xd4? 24.♖d1+–; ⌓23...f5! 24.gxf5±

– 23.♘xe4!? f5! 24.♘g3 fxg4 25.hxg4 Δ25...♗xg4? (⌓25...f6 26.♕f4±) 26.♕f4! ♗c8 27.d5! (27.♘h5?! ♖e6 28.♖c3±) 27...cxd5 28.♖fc1! ♖xc2 29.♖xc2+–

– 23.♕f4!~+– Δ♘xe4; Δ♗xe4

2) Nach dem **19.e4!** erreichen weitere Angreifer über den Umschlagplatz e4 den gegnerischen Königsflügel und es ergibt sich folgendes Bild:

a) 19...♗xf4 (19...♗e7 20.exd5+−; 20.e5) **20.♕xf4 dxe4 21.♘xe4 ♘d5**

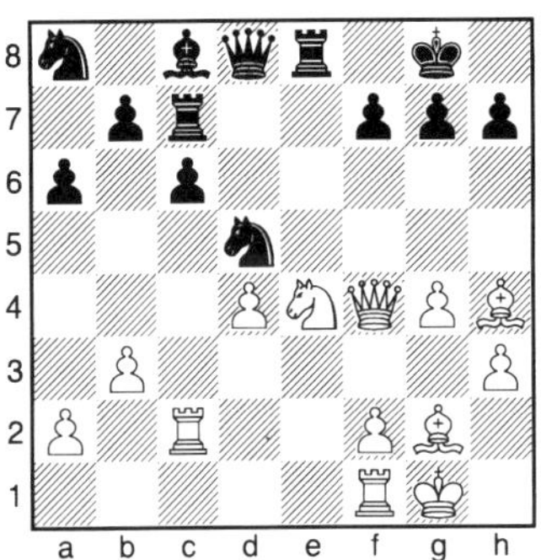

22.♗xd8+− (22.♕g3!?) **22...♘xf4 23.♗xc7 ♘xc7 24.♘d6**

b) 19...dxe4 20.♘xe4 ♗e7

(20...♗xf4 21.♕xf4 ♘d5 siehe 19...♗xf4)

21.♘xf6+ ♗xf6 22.♗xf6 ♕xf6 23.d5+−

89

Anand – Graf

Benidorm 2003

1.d4 ♘f6 2.c4 e6 3.♘f3 d5 4.♘c3 ♘bd7 5.cxd5 exd5 6.♗f4 c6 7.h3 ♘b6 8.♕c2 g6 9.e3 ♗f5 10.♕b3 ♗g7 11.♗e2 0-0 12.0-0 ♖e8 13.♘e5 a5 14.♖fc1 a4 15.♕d1 ♘fd7 16.♘d3 ♘c4

Es leuchtet ein, dass die Beantwortung dieser Frage auf irgendeine Art und Weise mit der Sicherheit des Bauern b2 zusammenhängen muss. Nur eben: Auf *welche* Art und Weise?

Vor der Beschäftigung mit der Annahme des Bauernopfers (der Partiefolge) sei angemerkt, dass die übersichtlichere Alternative 17.b3 nach etwa 17...♗xd3 18.♕xd3 (18.♗xd3 ♘b2=) 18...axb3 19.axb3 ♘cb6 20.♘a4 allenfalls zu einem Hauch von Vorteil führt.

17.♘xa4

I) In der Partie folgte **17...b5 18.♘c3** mit zunächst nur Minimalvorteil.

Auch die Alternative 18.♘ac5!? ♘xc5 19.♘xc5 ♘xb2 20.♕b3 ist nicht leicht von der Hand zu weisen.

18...♗xd3 19.♕xd3

19.♗xd3? ♘xb2 20.♕c2 ♘xd3 21.♕xd3 ♘b6∓; 21...♗f8!?

19...♘xb2?

Das Bestreben nach Materialausgleich ist verständlich, allerdings musste statt dieses allzu leichtfertigen Herangehens unbedingt 19...b4 geschehen – mit weißem Minimalvorteil nach 20.b3 oder 20.♘d1.

20.♕b1! ♘c4 21.a4

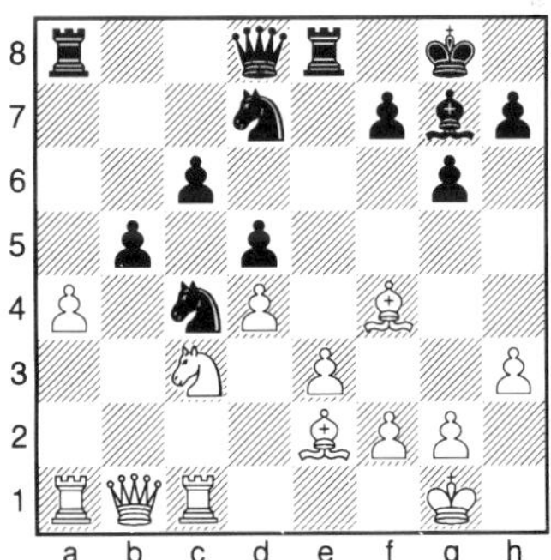

Der kräftige Vorteil beruht darauf, dass es völlig belanglos ist, ob die a- und b-Bauern unter einfachen oder komplizierten Umständen vom Brett verschwinden: Angesichts der verbliebenen Schwäche c6 war das Ergebnis des Minoritätsangriffs ein voller Erfolg, weil alle weißen Figuren richtig stehen, während der schwarze Läufer deplatziert ist und die schwarzen Türme die b-Linie nicht benutzen können.

II) In eigenartiger Symmetrie war der bessere Vorstoß **17...g5!** (zwecks Schwächung des Bauern e3) am *anderen* Flügel gegeben.

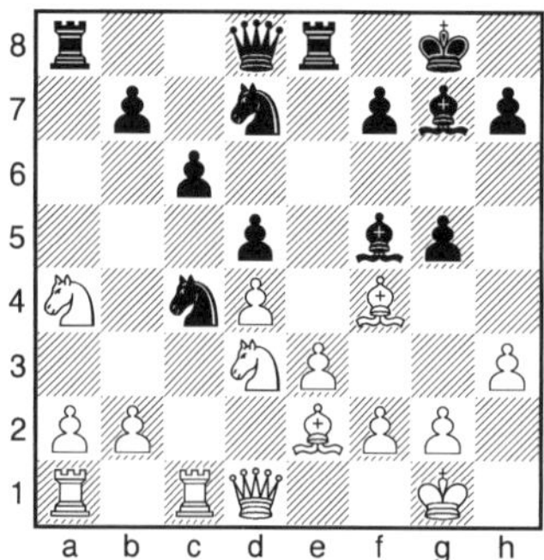

Und somit in einem Bereich, dem vermutlich beide Großmeister wenig Beachtung geschenkt haben. Hier ein Blick auf die Abspiele, die Schwarz durchweg gute Kompensation einbringen.

A) 18.♗g3 ♘xe3! 19.fxe3 ♖xe3 20.♗f2 ♖xe2 21.♕xe2 ♖xa4≅

B) 18.♗h2

1) Zu langsam ist **18...♕e7?** Δ♘xe3; z.B. **19.♘c3 ♘xe3!?** (19...b5 20.♕b3⩲) **20.fxe3 ♕xe3+ 21.♔h1 ♕xd4 ...**

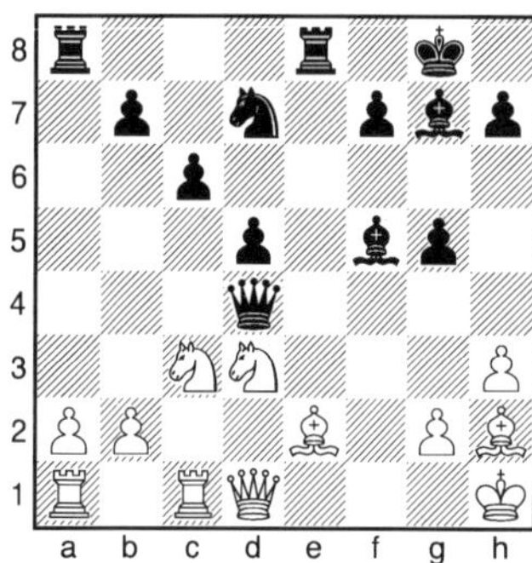

... mit kräftigem Minimalvorteil nach beispielsweise **22.♗g1 ♕h4 23.♗f2 ♕h6 24.♗g4 ♗xg4 25.♕xg4 ♘f6 26.♕f5**; **26.♕b4**.

2) Besser ist auch hier wieder Opferspiel - und zwar **18...♖xe3!**

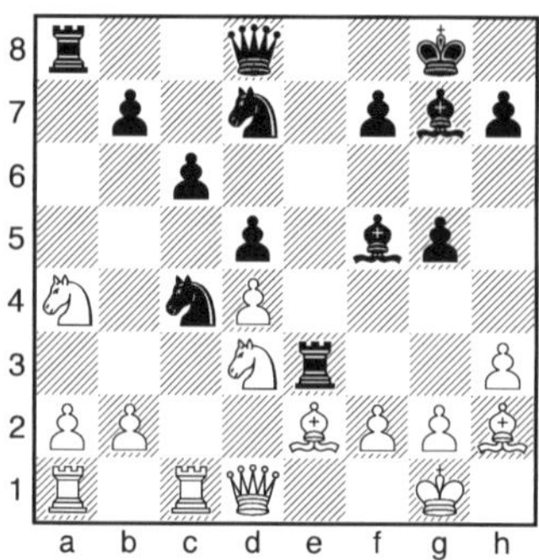

a) 19.b3?! ♖xe2 20.♕xe2 ♗xd4 21.bxc4 ♗xa1 22.♖xa1 ♖xa4∓

b) 19.fxe3 ♘xe3 20.♕b3 ♗xd4 21.♔h1 g4!≅

90

Barbero - Gomez Baillo

Corrientes 1985

1.c4 e6 2.♘c3 d5 3.d4 ♘f6 4.♗g5 ♘bd7 5.e3 c6 6.cxd5 exd5 7.♕c2 ♗e7 8.♗d3 a5 9.♘f3 0-0 10.0-0 g6 11.a3 ♖e8 12.♗f4 ♘f8 13.h3 ♘e6 14.♗e5 b6 15.b4

Das mit dem letzten Zug angebotene Bauernopfer beruht offenbar auf zwei Faktoren: Der Bauer c6 ist ungedeckt und nach Öffnung der a-Linie könnte Weiß sich die Kontrolle über die einzige offene Linie verschaffen.

In der Partie spielte Schwarz zwar **15...axb4?!**, lehnte das Bauernopfer jedoch in der Folge ab.

Angesichts des noch nicht zu Ende entwickelten Damenflügels gab es zwei solidere Alternativen:

- 15...b5 Δ♗b7; Δ♘d7-b6
- 15...♗b7 Δ16.bxa5 ♖xa5; 16...b5!?

In der Partie hätte Weiß sich nach **16.axb4 ♗b7** ...

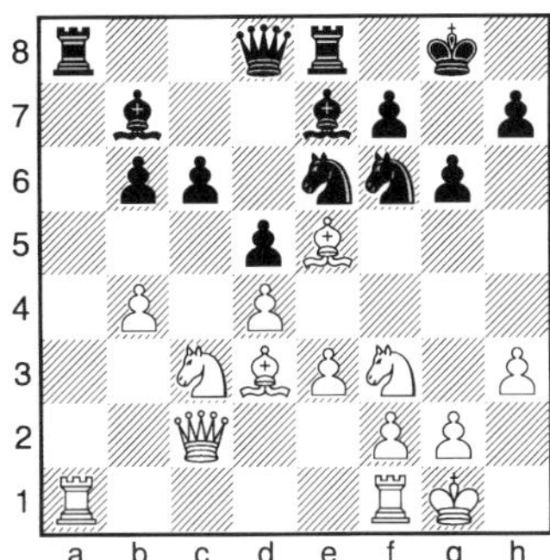

... mit **17.♖xa8 ♕xa8 18.♕b2±** Δ♖a1 kräftigen Minimalvorteil verschaffen können.

Für unsere Analyse ist jedoch hauptsächlich die Annahme des Bauernopfers mit **16...♖xa1 17.♖xa1 ♗xb4?** von Bedeutung.

(Nach der besseren Fortsetzung 17...b5 wäre der weiße Vorteil höchstens geringfügig aus dem Minimalbereich heraus.)

Darauf verfügt Weiß über gleich *zwei* Fortsetzungen, die zu Vorteil zwischen ± und ~+– führen.

1) Ein erster Impuls legt den Doppelangriff **18.♘a2** nahe; z.B. **18...♗a5**

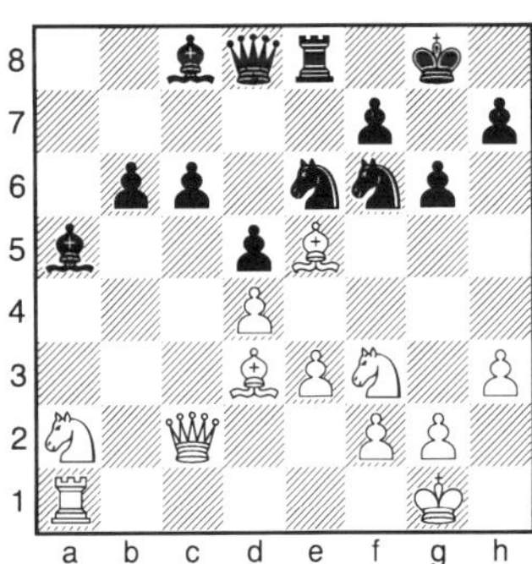

a) 19.♕xc6 ♘e4! (Δf6) **Δ20.♗xe4?** (⌓20.♘c1; 20.♗b5) **20...dxe4 21.♕xe4 f6 22.♗g3 ♘g5**⩱

b) 19.♗xf6! ♕xf6 20.♕xc6 ♕d8 21.♖c1 Δ♗b5; ♘e5; ♘c3

2) Von ebenfalls nachhaltiger Kraft ist allerdings auch **18.♖a8!?** ...

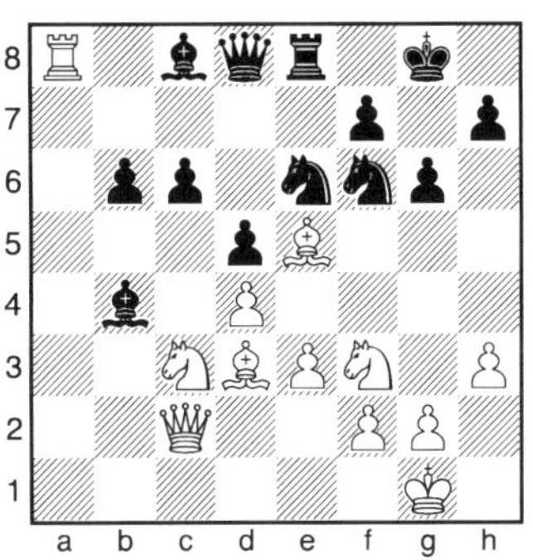

... mit den sofortigen kapitalen Drohungen ♖xc8 sowie ♗xf6 nebst ♖xc8 und ♘xd5; z.B. **18...♗xc3 19.♕xc3 ♘e4 20.♗xe4 dxe4 21.♘d2** usw.

91
Misanovic – Frick
Oberwart 1991

1.d4 d5 2.c4 e6 3.♘c3 ♘f6 4.♗g5 c6 5.e3 ♘bd7 6.cxd5 exd5 7.♗d3 ♗e7 8.♕c2 ♕a5 9.♘ge2 ♘f8 10.0-0 h6 11.♗h4 g5 12.♗g3 h5

Ungeachtet seiner mangelhaften Entwicklung (einschließlich des noch unrochierten Königs) ist Schwarz mit den Bauern am Königsflügel vorgeprescht. Nun ist Weiß gefordert, dieses Herangehen zu widerlegen, das ja nicht allein deswegen suspekt ist, weil die weiße Rochadestellung überhaupt keine Angriffsmarke aufweist, sondern auch, weil der bedrängte Läufer überhaupt nicht zu gefährden ist.

1) In der Partie wählte Weiß mit **13.f3** einen aus einer ganzen Reihe von Zügen (z.B. 13.♗e5; 13.h4; 13.h3), die mehr oder weniger kräftigen Vorteil in der Größenordnung bieten. Allerdings folgte auf **13...h4** der weniger gefährliche Rückzug **14.♗e1**, statt der aktiveren Fortsetzung **14.♗e5**

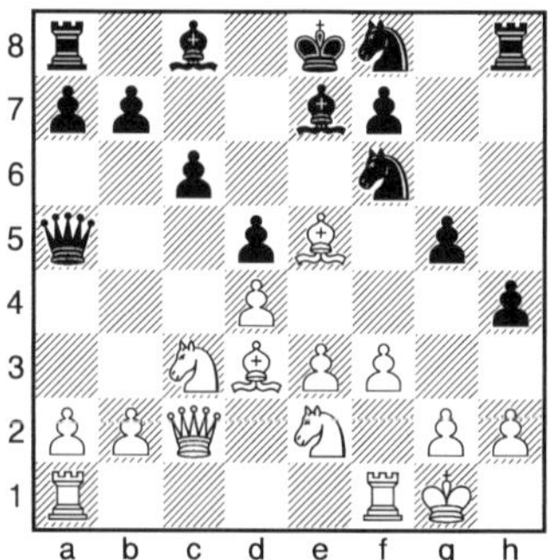

Δ**14...♘8d7 15.f4 ♘xe5 16.fxe5 ♘g4 17.♖f3**

2) Eine ganz andere Sprache spricht der energische Konter **13.f4!**, der in folgenden Abspielen zu einer zumindest tendenziellen Gewinnstellung führt; vor der kritischen Fortsetzung **(d)** zunächst ein Blick auf drei Alternativen:

a) 13...gxf4 14.♗h4! (14.♗xf4)

– **14...♘g4 15.♗xe7**

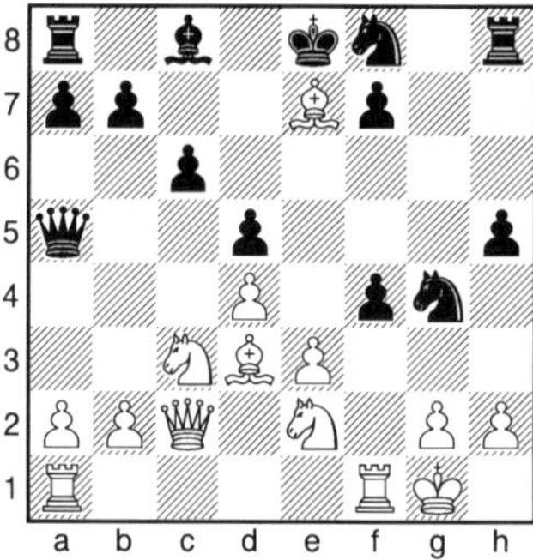

Δ**15...♘xe3 16.♕d2 ♘xf1 17.♖xf1 ♔xe7 18.♕xf4**; **♘xf4**

– **14...♘g8 15.♗xe7 ♘xe7 16.♘xf4** (16.exf4) z.B. **16...♘e6 17.♕e2** +++ (Δ♘xh5) **17...♘xf4 18.exf4** Δ♖ae1; Δf5

b) 13...g4 14.♗h4 Δ♖ae1; Δf5 (14.f5) z.B. **14...♕d8 15.♖ae1** +++ **15...♘e6 16.f5** +++ Δe4

c) 13...♘g4 14.♖f3 (u.a. Δh3) **14...h4 15.♗e1** (u.a. Δh3) **15...gxf4 16.exf4!** Δh3; Δf5; **16.♘xf4**

d) 13...h4 14.fxg5! hxg3 15.gxf6 gxh2+ 16.♔h1 ♗d6 17.e4

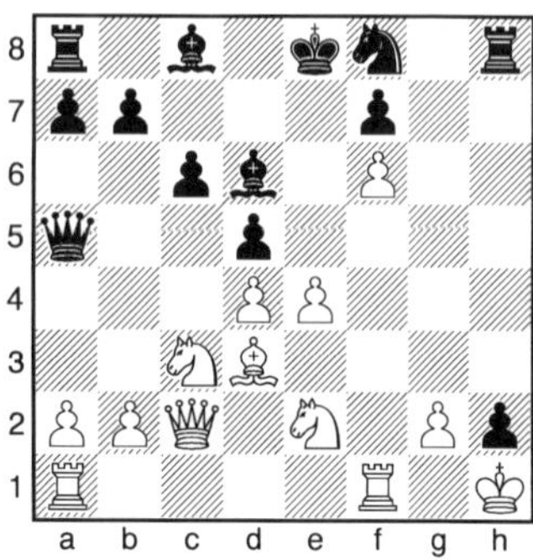

– **17...♗e6 18.exd5** (18.e5) **18...cxd5 19.♘b5**

– **17...♗d7 18.exd5** (18.e5) **18...cxd5 19.a3** Δb4; **19.♖ac1** +++

92
Nguyen – V. Sveshnikov
Malakoff 2009

1.d4 d5 2.c4 e6 3.♘c3 ♘f6 4.♗g5 c6 5.cxd5 exd5 6.♕c2 ♘bd7 7.e3 h6 8.♗h4 ♗e7 9.♗d3 0-0 10.h3 ♖e8 11.♗g3

Weiß hat sich die Erhaltung des schwarzfeldrigen Läufers ein wichtiges Entwicklungstempo kosten lassen (10.h3) und entsprechend ist sein König jetzt noch zwei Züge von der kurzen Rochade entfernt. Mit sicherem Ausgleich bereits in der Tasche hat Schwarz nun die Wahl, entweder mit 'normalen' Zügen fortzufahren, oder aber zu versuchen, die noch nicht erfolgte gegnerische Rochade unter Bauernopfer auszunutzen.

Vor einer Beschäftigung damit jedoch zunächst ein Blick auf die Partiefortsetzung sowie eine ebenfalls interessante Alternative.

I) In der Partie bereitete Schwarz den thematischen c-Bauernhebel mit dem Prophylaxezug **11...a6** vor, um sich nicht mit den Konsequenzen eines auf b5 auftauchenden weißen Springers beschäftigen zu müssen. Nach **12.♘f3** ließ er dann jedoch inkonsequent **12...b6?!** folgen (statt 12...c5) und stand nach **13.0-0±** etwas schlechter.

II) Bei genauerer Betrachtung stellt sich jedoch heraus, dass der Prophylaxezug eingespart werden konnte und dass auch sogleich **11...c5!∞** geschehen konnte. Denn danach würde sich **12.♘b5??** (◯12.dxc5∞; 12.♘f3; ♘ge2) wegen **12...c4** als schwerer Fehler herausstellen.

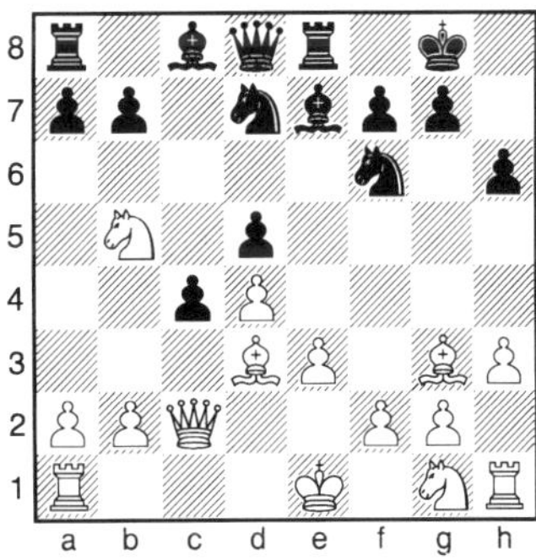

A) 13.♗c7? ♗b4+ −+; 13...cxd3?? 14.♕d2 ♘e4 15.♗xd8 ♘xd2 16.♗xe7 ♖xe7 17.♔xd2 ♘f6 Δ18.♔xd3 (◯18.f3∞) **18...♗f5+ 19.♔e2 ♖c8 20.♘c3 ♘e4∓**

B) 13.♘c7? cxd3 (13...♗b4+) **14.♕xd3**

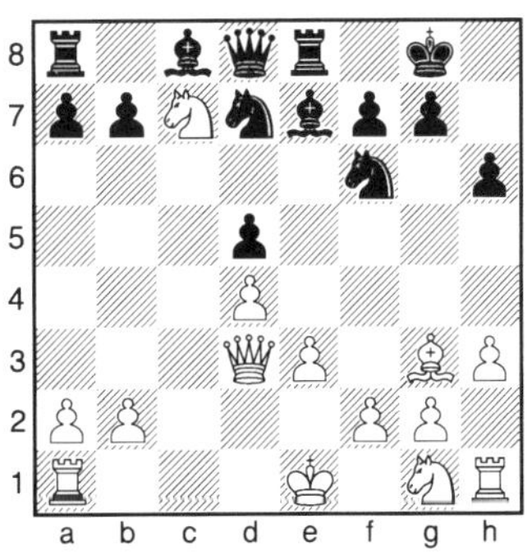

14...♘e4−+ Δ♗b4+; 14...♗b4+

C) 13.♗f5 ♕a5+ 14.♘c3 b5~−+

III) Das Bauernopfer **11...♘e4?!** ist zumindest fragwürdig und würde höchstens ein Rufzeichen verdienen, wenn es die oben erwähnten drei besseren Züge nicht gäbe. Hier ein Blick auf einige Belegvarianten.

A) 12.♗xe4?! dxe4 13.♘xe4 ♕a5+ 14.♘c3 b5 15.♘ge2 ♘b6⩲; 15...b4

B) 12.♘xe4 dxe4 13.♗xe4 ♕a5+ 14.♔f1 ♘f6 15.♗d3 c5 16.♘f3±

93

Lalic – Hess

Utrecht 2015

1.d4 e6 2.c4 d5 3.♘c3 ♘f6 4.cxd5 exd5 5.♗g5 c6 6.♕c2 ♗d6 7.e3 0-0 8.♗d3 h6 9.♗h4 ♘bd7 10.♘ge2 b5 11.0-0-0 ♕a5 12.♔b1 b4 13.♘a4 ♘b6 14.♘c5 ♘fd7 15.♘b3 ♕a4 16.♘g3 ♖e8 17.♖c1 ♗b7? 18.♘f5 ♗f8

Angesichts der Außerbetriebsetzung der gegnerischen Dame scheint Weiß beliebig gewinnen zu können. Diese Annahme kann sich allerdings als Trugschluss herausstellen, wenn man den Zeitfaktor unterschätzt und zu behäbig ans Werk geht. Denn wenn Schwarz ein, zwei Züge Zeit hätte, gäbe es ja doch noch Möglichkeiten, die Dame aus ihrer Bredouille herauszuhauen.

1) In der Partie hatte Schwarz ganz richtig erkannt, dass der positionelle Ansatz **19.♗g3??** viel zu langsam ist und dass man darauf unter Bauernopfer ins Spiel zurückfinden konnte. Allerdings wählte er zu diesem Zweck mit **19...♘c4?!** nur die zweitbeste Möglichkeit.

Die beste bestand in 19...♗a6 mit der möglichen Folge 20.♗xa6 ♕xa6 Δ21.♕xc6?? ♖ac8 22.♗c7 ♖e6 23.♕c2.

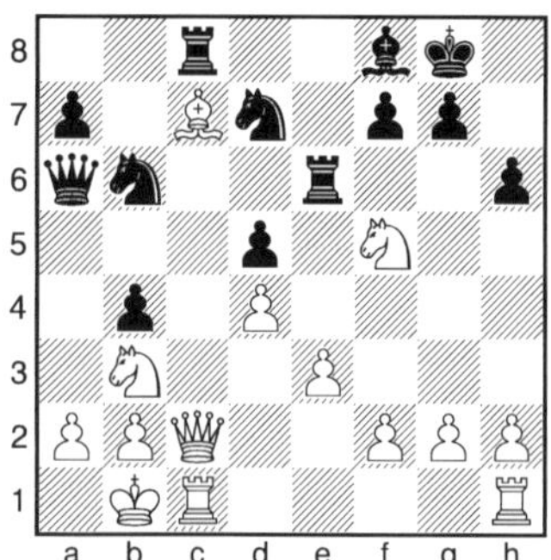

Und hier gewinnt außer 23...♘c4 auch ausnahmsweise mal ein Springerzug wie 23...♘a8.

20.♗xc4 dxc4 21.♕xc4 und hier verdarb Schwarz die Sache mit **21...♗a6? 22.♕c2** vollkommen. Stattdessen wäre der weiße Vorteil nach 21...c5! (Δ ♗e4+) 22.♘d6 ♗xd6 23.♗xd6 cxd4 ♕xd4 im Minimalbereich geblieben.

2) Der subtile Damenzug **19.♕e2!** hätte zu einer tendenziellen Gewinnstellung geführt. Denn damit wird nicht nur der Befreiungszug ♗a6 vereitelt, sondern außer ♕g4 am Königsflügel droht danach auch noch eine Kleinigkeit am Damenflügel; z.B. **19...g6**

19...♖e6 20.g4 (Δg5) Δ20...♘c4 21.♖xc4! dxc4 22.♗xc4

20.♖c5!! Δ♖a5

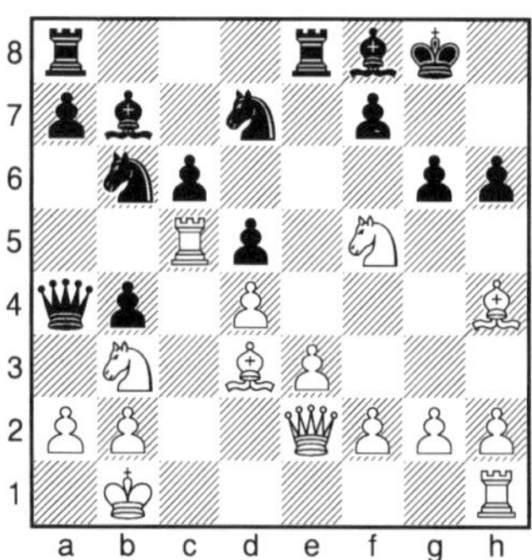

a) 20...♘xc5? 21.♘xc5+- Δ♗xc5 22.♘xh6+

b) 20...♗xc5? 21.♘xh6+ +- 21...♔g7 (21...♔h7 22.♘xf7) **22.♕f3**

– 22...♖f8 23.♘xc5 Δ♘xc5 24.♗f6+ # in 5

– 22...♔xh6 23.♕xf7 # in 7

c) 20...a5 21.g4! ♘c4 22.♖xc4! dxc4 23.♗xc4 c5!

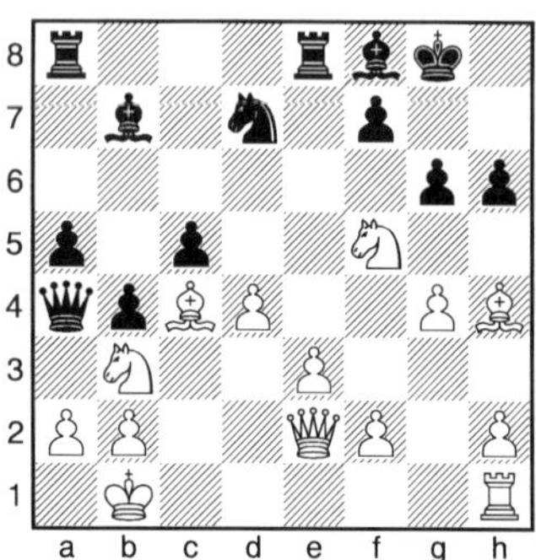

– 24.♗b5? ♗e4+ 25.♔a1 ♕xb5! 26.♕xb5 a4∓

– 24.d5 ♘e5 25.♗b5 ♕xb5 26.♕xb5 ♗xd5 27.♘g3

94

Kanep – Norri

Finnland 2015

1.d4 d5 2.c4 e6 3.♘c3 ♘f6 4.cxd5 exd5 5.♗g5 ♘bd7 6.e3 c6 7.♗d3 ♗d6 8.♕c2 ♘f8 9.f4 ♘e6 10.♗xf6 ♕xf6 11.♘f3

Scherzhaft könnte man auf die Frage antworten: Wäre die Partie im Internet zustande gekommen, würde man hier mit einiger Sicherheit davon ausgehen, dass es sich eigentlich nur um einen 'mouse slip' handeln kann, schließlich führt 11...g6 die Liste der stellungsgemäßen Züge an. Denn – und dies ganz im Ernst – die schwarze Stellung ist gerade aufgrund ihrer Solidität bestens spielbar und hat deshalb überhaupt keine Gewaltmaßnahme nötig. Allerdings darf als Begründung dafür angenommen werden, dass Schwarz im Interesse seines Läuferpaars auf Linienöffnung erpicht war.

11...g5? 12.f5?

Und schon ist es passiert: Weiß macht sich die Sache allzu einfach! Nachdem Schwarz nicht mehr kurz rochieren kann, sollte zunächst mit 12.0-0-0! der demonstrative Hinweis darauf erfolgen, dass man selbst sofort und solide rochieren kann.

(12.fxg5? ♘xg5; 12.g3? gxf4 13.gxf4 ♘c7)

Und in der Folge konnte Weiß erfolgreich auf Entwicklungsvorsprung abzielen; z.B. 12...gxf4 13.e4!

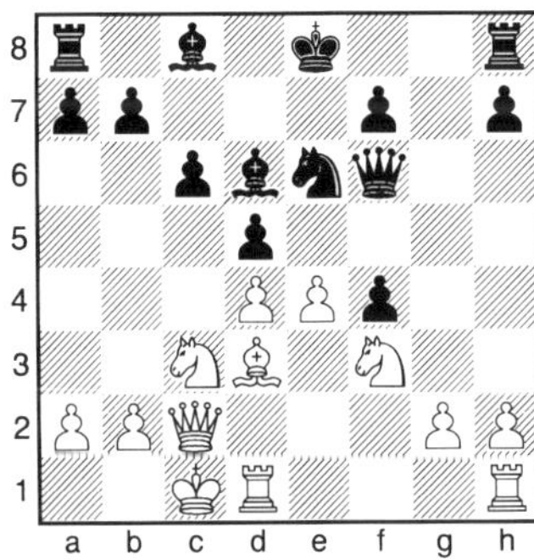

13...♘xd4

(13...dxe4? 14.♘xe4 ♕e7 15.♗c4+- Δd5; 15.♖he1; 15.d5!?)

14.♘xd4 ♕xd4 15.exd5 (Δ♖he1+) Δ15...♔f8 16.♖he1

12...g4!

Statt dieses gewitzten Konters hatte Weiß womöglich nur 12...♘g7? 13.e4 bzw. 12...♘c7? 13.e4 erwartet.

13.♘e5

Auch nach 13.♘d2 oder 13.fxe6 wäre die Stellung vollkommen unklar.

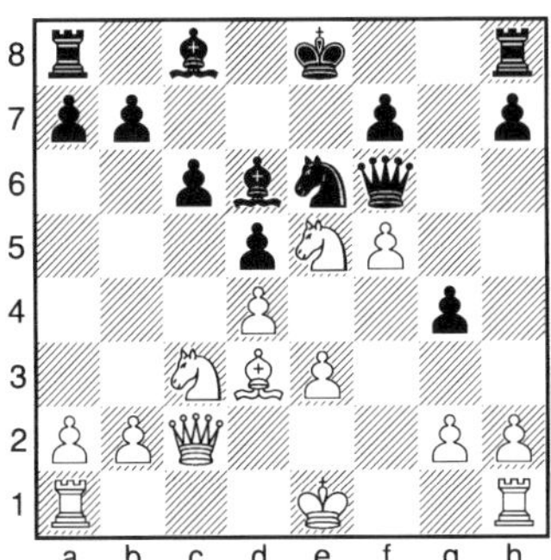

Und hier hätte Schwarz mit dem weiteren 'gewitzten Konter' **13...♘c5!** (statt 13...♘g7? 14.e4±) bestens im Spiel bleiben können.

95

Bareev – Bönsch

Bundesliga 2000

1.d4 ♘f6 2.c4 e6 3.♘c3 d5 4.cxd5 exd5 5.♗g5 c6 6.♕c2 ♗e7 7.e3 ♘bd7 8.♗d3 ♘h5 9.♗xe7 ♕xe7 10.♘ge2 ♘b6 11.♖b1 g6 12.b4 a6 13.a4 0-0 14.a5 ♘d7 15.♘a4 f5 16.0-0 ♘df6 17.♕c1 ♗e6 18.♗c2 ♘e4 19.♖b3 g5 20.f3 ♘d6 21.♘c5 ♖ae8 22.♖e1 ♗c8

Offenbar ist das weiße Spiel am Damenflügel und im Zentrum zum Erliegen gekommen, während Schwarz die Schwäche e3 belagert und sich über Aktivitäten am Königsflügel Gedanken machen kann. Dagegen kann Weiß nun eine möglichst resistente Auffangstellung einzunehmen versuchen oder nach Möglichkeiten Ausschau halten, wie seine Stellung doch noch befreit werden könnte. Dabei kommt dem Turm auf der dritten Reihe entscheidende Bedeutung zu.

1) In der Partie entschied Weiß sich mit **23.♘g3?!** für die Anstrebung einer Auffangstellung, musste sich jedoch nach **23...♘xg3 24.hxg3 f4!∓** ...

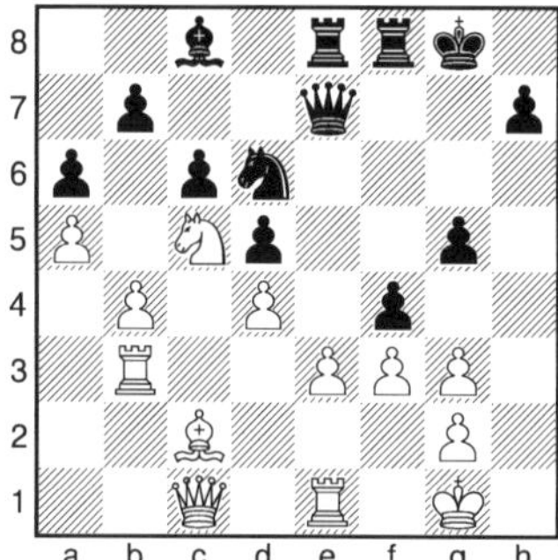

... auf eine langwierige Verteidigung ohne jegliches Gegenspiel einrichten.

2) Die letzte Möglichkeit zu einem nachhaltigen Befreiungsschlag hätte in **23.e4!** bestanden, wonach die folgenden Varianten zu unklarem Spiel geführt hätten: **23...fxe4 24.fxe4 dxe4** (24...♘xe4 25.♖e3)

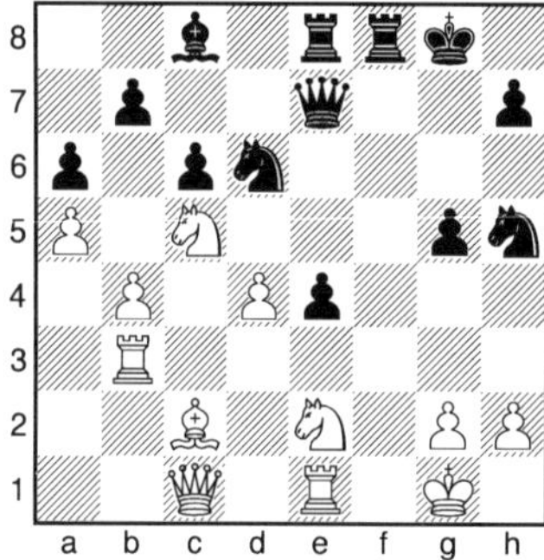

25.♗xe4! (25.♖e3; 25.♘g3!?) **Δ25...♘xe4 26.♖e3 ♗f5 27.♘c3** bzw. **26...♘hf6 27.♘c3** mit Rückgewinn der Figur und völligem Ausgleich.

96
Baburin – Fox
Irland 2017

1.d4 d5 2.c4 e6 3.♘c3 ♘f6 4.cxd5 exd5 5.♗g5 c6 6.♕c2 ♗e7 7.e3 ♘bd7 8.♗d3 ♘h5 9.♗xe7 ♕xe7 10.♘ge2 ♘b6 11.0-0 g6 12.♖ae1 0-0 13.♘c1 f5 14.f3 ♗e6 15.♘b3 ♖ae8 16.♘c5 ♗c8 17.b4

Um den Vorstoß e3–e4 zu verhindern hat Schwarz den f-Bauern eingesetzt, was offenbar mit den beiden charakteristischen Symptomen der 'holländischen Positionskrankeit' einhergeht: Der Damenläufer droht vollkommen eingemauert und die Felderschwäche e5 früher oder später von einem Springer besetzt zu werden. Andererseits könnte der gezielt eingesetzte Hebel f5–f4 zur Unterminierung des Bauern d4 führen.

In der Partie behielt Weiß nach **17...a6?! 18.a4** soliden Minimalvorteil. Die dynamische Nutzung der latenten Felderschwäche c4 mit 18...♘c4? würde nämlich an 19.♗xc4 dxc4 20.a5~+– scheitern.

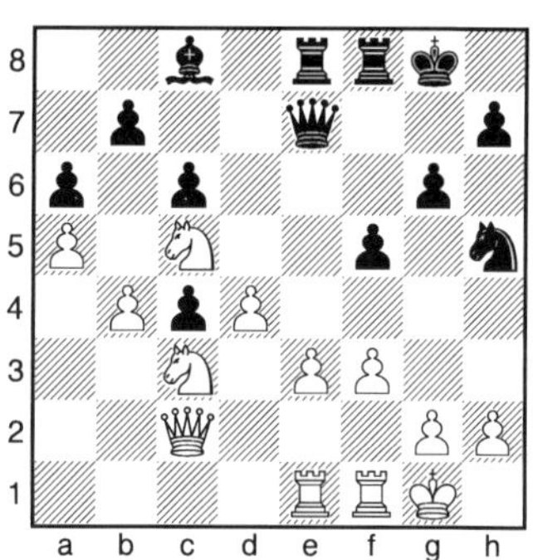

Denn nach ♘3a4 usw. ist der Bauer c4 nicht zu halten.

Der dynamische Ansatz **17...♘c4!?** (der u.a. den Einsatz des b-Bauern zwecks Vertreibung des Springers c5 ermöglicht) ist keineswegs der einzige Ausgleichszug (17...♕g7!? Δf4), wohl jedoch der interessanteste. Danach führt an dem

Abtausch **18.♗xc4** kein Weg vorbei, da sonst nach b7-b6 der Bauer b4 verlorenzugehen droht.

Nach **18...dxc4** bestimmt erneut die Drohung b7-b6 das weitere Geschehen.

1) Mit **19.♘d1 ♕f7 20.♘b2 b6** (20...b5 21.a4 +++) ...

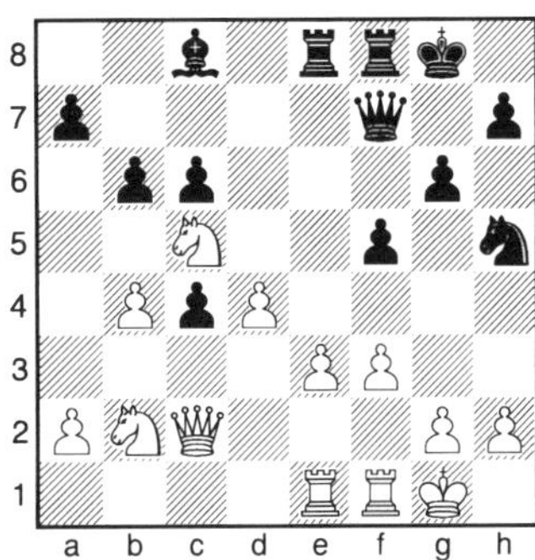

... könnte Weiß den interessanten Ansatz **21.♘xc4! bxc5 22.♘d6** nebst ♘xe8 wählen, der (abhängig von der schwarzen Reaktion) nach bxc5, dxc5 oder ♕xc5 zu der Materialverschiebung 'zwei Leichtfiguren gegen Turm und zwei Bauern' führt.

2) Und nach **19.♕e2 ♕f7** (19...b5? 20.a4±; 20.d5) **20.b5** sind folgende Abspiele denkbar:

a) 20...cxb5 21.♘xb5 ♖d8 22.♘xa7 b6 23.♘xc8 bxc5 24.♘b6 cxd4 25.♕xc4; **25.exd4**

b) 20...b6

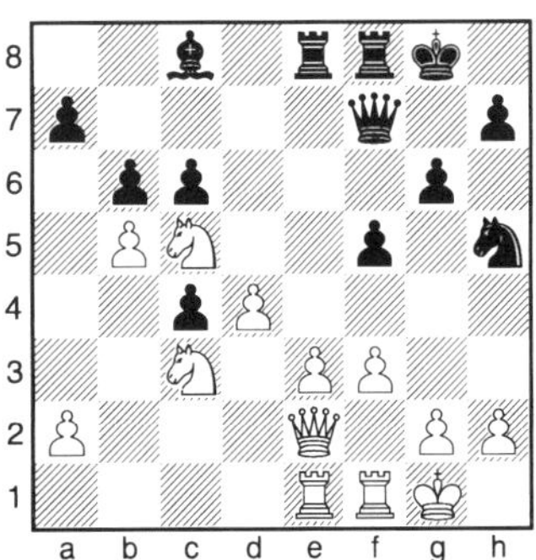

21.bxc6! (21.♘5a4? ♗d7∓) **21...bxc5 22.d5 ♗a6 23.♕b2**⯹ Δ♕a3

97

Gershon - Mihailidis

Kavala 2004

1.d4 d5 2.c4 e6 3.♘c3 ♘f6 4.cxd5 exd5 5.♗g5 ♘bd7 6.e3 c6 7.♗d3 ♗e7 8.♕c2 ♘h5 9.♗xe7 ♕xe7 10.♘ge2 g6 11.h3 ♘b6 12.0-0-0 ♘g7 13.g4 ♗e6 14.♔b1 0-0-0 15.♘a4 ♘d7 16.♖c1 h5 17.♕b3

Der israelische Großmeister Alik Gershon lässt in seinem Kommentar seinem Wunschdenken freien Lauf und behauptet: ... *und Schwarz kann nicht mehr entkommen.* - Na schön, die Drohung ♖xc6+ liegt auf der Hand, aber außer dass man sie noch auf verschiedene Weise halbwegs schadlos *parieren* kann, kann man sie auch ignorieren!

Denn was der Weißspieler vergisst, ist Folgendes: Wenn der Angreifer viel Material vorgibt, kann der Verteidiger auch viel Material zurückgeben - z.B. für ein Räumungsopfer, um einem beengt stehenden König eine lebensrettende Zugmöglichkeit zu verschaffen.

1) Den arg passiven Partiezug **17...♘b8** beantwortete Weiß mit der Sicherheitsvorkehrung für den Königsflügel **18.♖hg1**, um sich in der Folge weiter seinem Angriff am anderen Flügel widmen zu können.

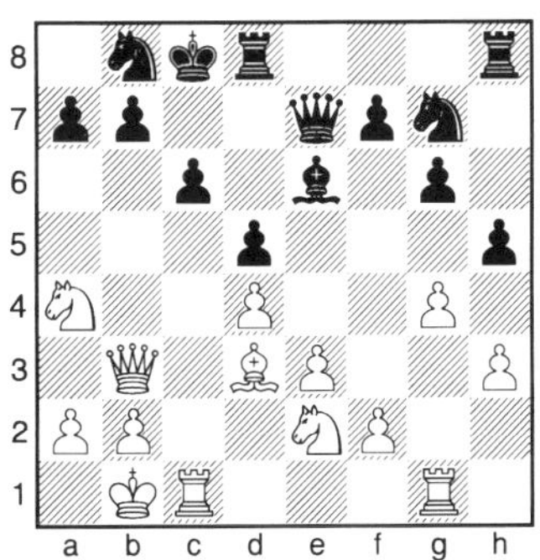

Viel mehr als kräftigen Minimalvorteil durfte er aber auch in diesem Fall kaum beanspruchen.

2) Ähnliches gilt auch für den Verteidigungsansatz **17...♘f6 18.g5 ♘e4 19.♗xe4 dxe4 20.♕c3** (Δd5; Δ♘c5) **Δ20...♕xg5**

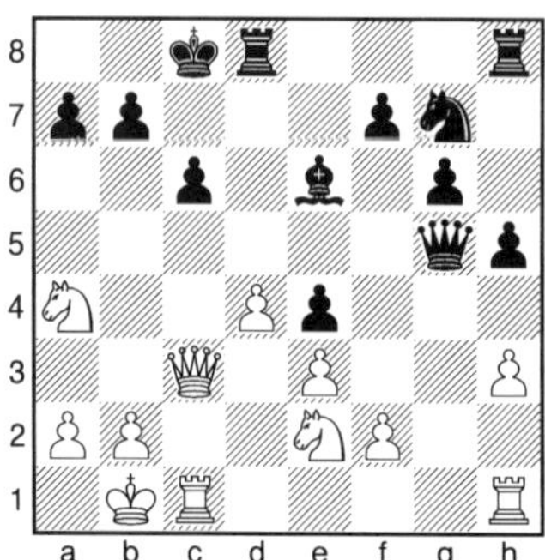

21.♘c5 bzw. **21.♘f4** jeweils mit der Drohung 22.d5.

3) Nicht zuletzt aus psychologischen Gründen dürfte allerdings die kaltschnäuzige Antwort **17...hxg4!** sein – und zwar weil den Gegner, der bereits von Matt oder Damengewinn träumt, eine gewaltige Überraschung erwartet.

18.♖xc6+ bxc6 (18...♔b8? 19.♖hc1±) **19.♗a6+ ♔c7 20.♕b7+ ♔d6 21.♕b4+**

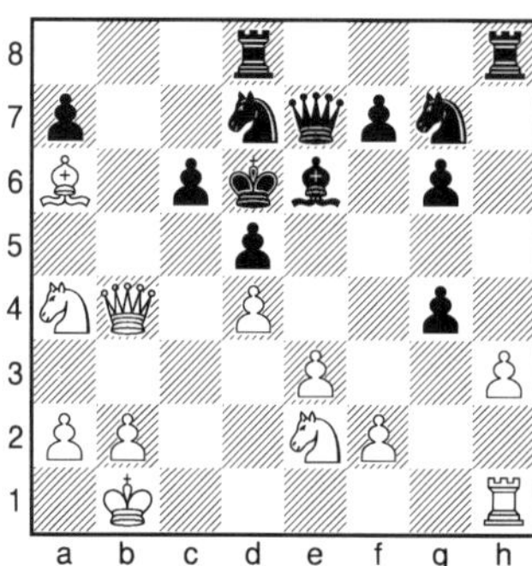

21...♘c5!!

(Nach 21...c5?? 22.dxc5+ ♘xc5 23.♕xc5+ könnte Weiß in der Tat ein Matt in 11 Zügen ankündigen.)

22.♘xc5 (22.♕xc5+?? ♔d7–+) **22...♖b8! 23.♗b7**

a) Nach **23...♗c8 24.♖c1 ♗xb7 25.♘xb7+ ♔d7 26.♘c5+ ♔c8 27.♕a5** ist die Gefahr noch nicht endgültig gebannt.

b) Hingegen bleibt das Spiel nach **23...♖xb7!** vollkommen offen.

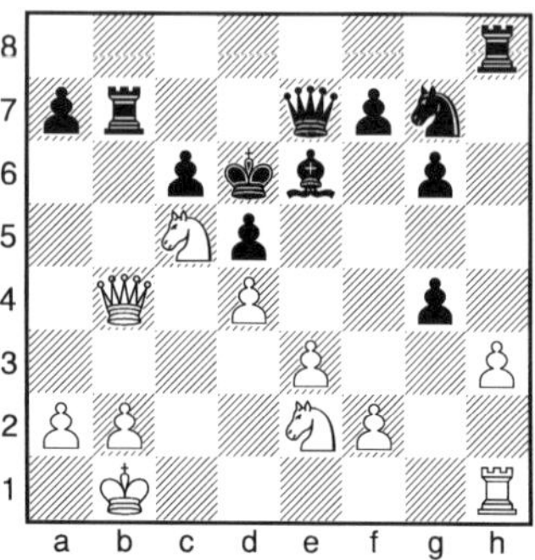

– 24.♘e4+ ♔d7 25.♕xb7+ ♔e8 26.♕xc6+ ♔f8

– 24.♘xb7+ ♔d7 25.♘c5+ ♔e8 26.h4 ♔f8

98

Maisuradze – Le Bas

Paris 2005

1.d4 d5 2.c4 c6 3.♘c3 ♘f6 4.♗g5 e6 5.e3 ♘bd7 6.cxd5 exd5 7.♗d3 ♗e7 8.♕c2 g6 9.♘ge2 ♘h5 10.♗xe7 ♕xe7 11.0-0 f5 12.♖ab1 0-0 13.b4

Was als Damengambit begann, wurde in einen diffusen Stonewall-Holländer umfunktioniert. Dabei hat Weiß bereits auf d5 geschlagen und dem Gegner somit Spiel auf der halboffenen e-Linie ermöglicht. Da Schwarz allerdings die für das Manöver ♗d7-e8-h5 essenzielle Diagonale e8-h5 versperrt hat, droht dem Läufer langfristige bzw. sogar andauernde Passivität.

In der Partie hatte Weiß nach **13...a6 14.a4** soliden Minimalvorteil, wobei 14.♘a4 wohl noch etwa besser gewesen wäre.

Nach dem aktiven Herangehen **13...f4** und der zunächst forcierten Folge **14.exf4 ♘xf4 15.♘xf4 ♖xf4** ergibt sich folgendes Bild.

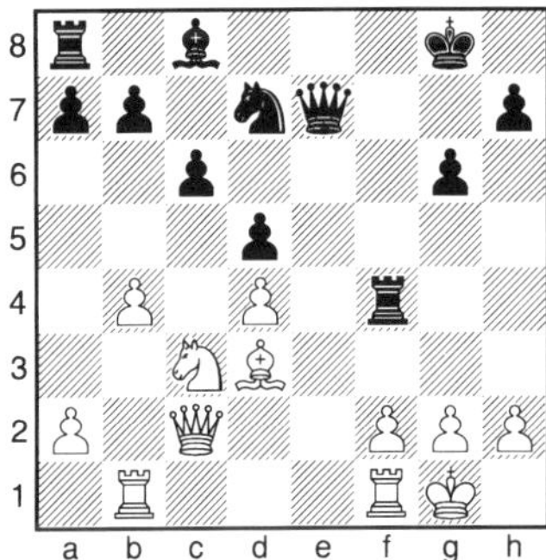

1) Die naheliegendste Reaktion **16.♘e2** ist nach **16...♖f7 17.b5 cxb5** kaum für ein Spiel auf nennenswerten Vorteil geeignet, wie aus zwei denkbaren Abspielen hervorgeht:

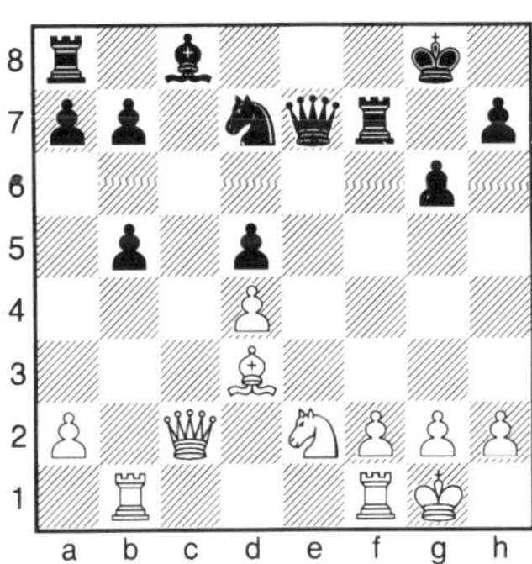

a) 18.♖xb5 ♘b6 19.♘c3 ♗e6 Δ♖c8; **19...♕d6**

b) 18.♘c3 a6!? (18...♘b6; 18...♘f6) **19.♘xd5 ♕d6 20.♘c7 ♖b8 21.♘e8 ♕c6**

2) Nach **16.♖fe1** stellt sich die Beobachtung des Bauern f2 mit **16...♕f7!** als lästig heraus; z.B. **17.b5 Δ17...♖xd4?** (⌓17...♘b6) **18.bxc6**

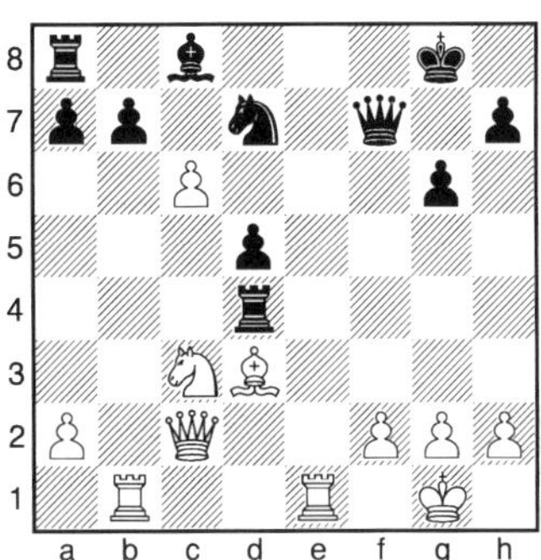

18...♘c5 (18...bxc6? 19.♘e2+−) **19.cxb7** (16.♘e2!?) **19...♗xb7 20.♗f1!** (Δ♘b5) **20...♖c8 21.♕b2!** Δ♘b5-d6

3) Nach der etwas besseren Wahl **16.♖be1** (16...♕xb4? 17.♗xg6) und der Folge **16...♕d6 17.b5** kann Weiß sich Hoffnung auf Minimalvorteil machen.

4) Das Bauernopferangebot **16.b5!** ist zwar nicht unbedingt stärker als die Alternativen, wohl jedoch giftiger.

a) So wäre der weiße Vorteil nach **16...♖xd4?! 17.♘e2 ♖b4 18.♖xb4 ♕xb4 19.bxc6 ♘e5 20.♖b1 ♕e7 ♘d4 ...**

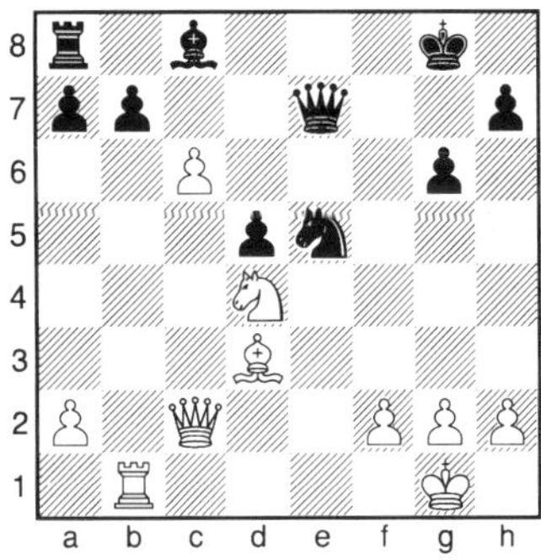

... vor allem angesichts der unsicheren schwarzen Königsstellung bereits aus dem Minimalbereich heraus.

b) Und auch nach **16...♕d6 17.♖fe1** oder **17.♘e2±** könnte von Ausgleich noch keine Rede sein.

99

Navara – Adams

Biel 2015

1.c4 e6 2.♘c3 d5 3.d4 ♘f6 4.cxd5 exd5 5.♗g5 c6 6.e3 h6 7.♗h4 ♗e7 8.♕c2 ♘bd7 9.♗d3 ♘h5 10.♗xe7 ♕xe7 11.♘ge2 ♘b6 12.0-0 0-0 13.♖ae1 ♗e6 14.♘c1 ♖ad8 15.♘b3 ♖fe8 16.♘c5 ♗c8 17.b4

Der flexible weiße Aufbau ermöglicht sowohl die Fortsetzung des Minoritätsangriffs als auch Spiel im Zentrum mit f3 nebst e4. Derweil könnten sich auf schwarzer Seite im Falle unpräzisen Spiels beide Springerposten als nachteilig herausstellen.

Die Verteidigung mit **17...a6?** ist eindeutig zu passiv.

In der Partie wählte Schwarz die aktive Verteidigung 17...♘c4!∞ Δ18.♗xc4 dxc4 19.♕e2 ♕g5.

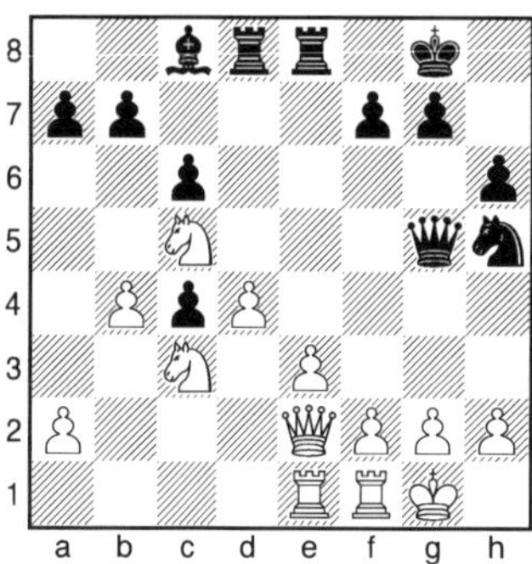

Nachdem der eine Springer den weißen Läufer gekostet hat, steht der andere angesichts des gefesselten e-Bauern noch halbwegs sinnvoll, und wenn alle Stricke reißen, kann der Bauer c4 auch noch mit b7-b5 gedeckt werden.

Wenn Weiß konsequent mit **18.a4** nachsetzt (20.♕e2!?), könnte die Partie mit **18...♘c4** weitergehen, da kein wirklich sinnvoller Verstärkungs- bzw. Vorbereitungszug zu sehen ist.

19.♗xc4 dxc4 20.a5

Wie bereits weiter oben, würde 20.♕e2? auch hier erfolgreich mit 20...♕g5!∞ (Δ♗h3; Δb5) Δ21.♘3e4 ♕g6 pariert.

Nun könnte Schwarz die latente Unterversorgung des Turms e1 auf zweierlei Weise auszunutzen versuchen.

1) Nach der weniger guten **20...♖xd4?!** und der Folge **21.exd4 ♕xe1 ...**

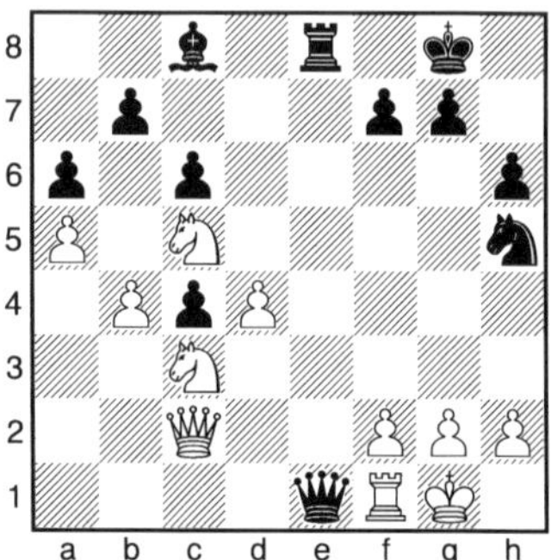

... würde die Parade **22.♘5e4!** die Antwort **22...♖xe4** erzwingen – mit Vorteil zwischen ± und ~+– in den Abspielen:

a) 23.♘xe4 ♕xb4 24.♕d2; 24.♕c3

b) 23.♕xe4 ♕xc3 24.♕e8+ ♔h7 25.♕xc8 ♕d3 26.♕g4 Δ♕d1

2) Und auch nach der besseren **20...♘f4** ...

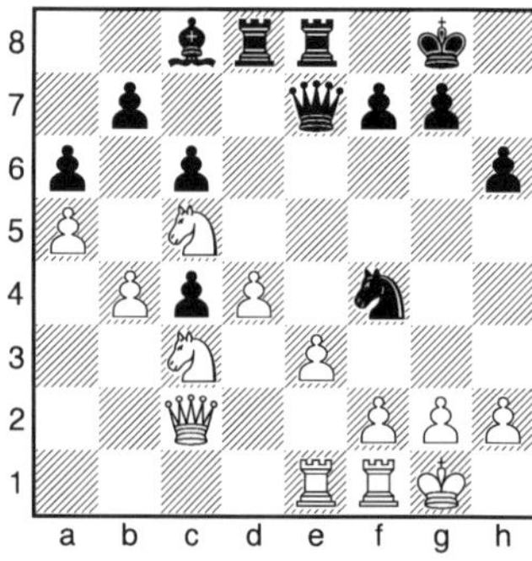

... erzielt Weiß wohl schon mehr als nur Minimalvorteil in den Abspielen:

a) Nach **21.♘3e4 ♘d3 22.♖a1 ♘xb4**

23.♕xc4 ♘d5 verfügt Schwarz bei Bedarf über die Notbremse ♘c7–b5.

b) 21.♕d2

– 21...♘d3 22.♘xd3 cxd3 23.♘a4; 23.♖b1

– 21...♘d5 22.♘e2; 22.♘3a4

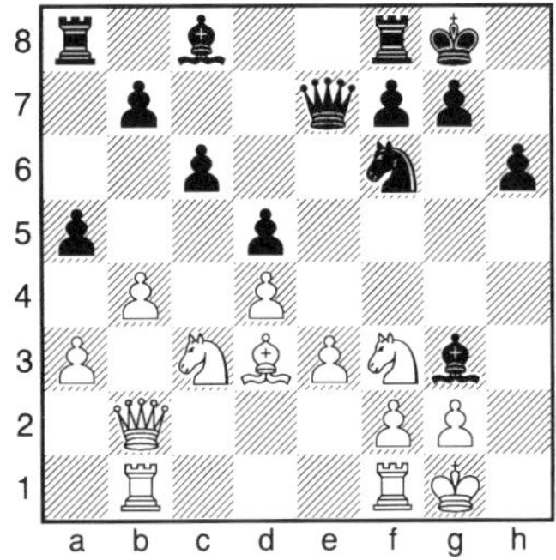

100

Zwardon – Kochetkova

Rapid, Pardubice 2016

1.c4 e6 2.♘c3 d5 3.d4 ♘f6 4.cxd5 exd5 5.♗g5 c6 6.♕c2 ♗e7 7.e3 ♘bd7 8.♗d3 h6 9.♗f4 ♘h5 10.♗e5 ♘hf6 11.♗g3 ♘h5 12.♘f3 ♘xg3 13.hxg3 ♘f6 14.♖b1 a5 15.a3 0-0 16.0-0 ♗d6 17.b4

Die Entscheidung, am Damenflügel weiterzuspielen, war prinzipiell verfehlt (besser 17.♖fe1 Δe4 oder auch gleich 17.e4 mit jeweils unklarem Spiel). Dafür gibt es einen offensichtlich und einen weniger offensichtliche Grund: zum einen genießt dieser Bereich noch keinen genügenden Figurenschutz und zum anderen kann am anderen Flügel ein Motiv geschaffen werden, dessen Ausnutzung auf der Überlastung des Bauern f2 beruht.

In der Partie ließ Schwarz dies allerdings ungenutzt und musste sich nach **17...axb4 18.axb4** 18...♕e7 19.b5 mit einer ausgeglichenen Stellung zufriedengeben.

Stärker (und giftiger!) war **17...♕e7!** mit Blick nicht nur nach b4, sondern auch nach e3. Hier ein Überblick über die wesentlichen Varianten:

1) Nach **18.♕b2??** ermöglicht der ungedeckte Läufer d3 den sofortigen Einschlag **18...♗xg3!** ...

... mit annähernder Gewinnstellung, weil die vorher supersolide Rochadestellung durch den Verlust des vorderen g-Bauern plötzlich verletzlich wird.

2) 18.bxa5

a) Hier muss Weiß sich vor der naheliegenden Ungenauigkeit **18...♗xa3?!** hüten. Zwar kann der vordere a-Bauer nicht weglaufen, wohl jedoch kann er mit **19.a6!** seinen Freitod mit einer empfindlichen Schwächung der schwarzen Bauernstruktur verknüpfen.

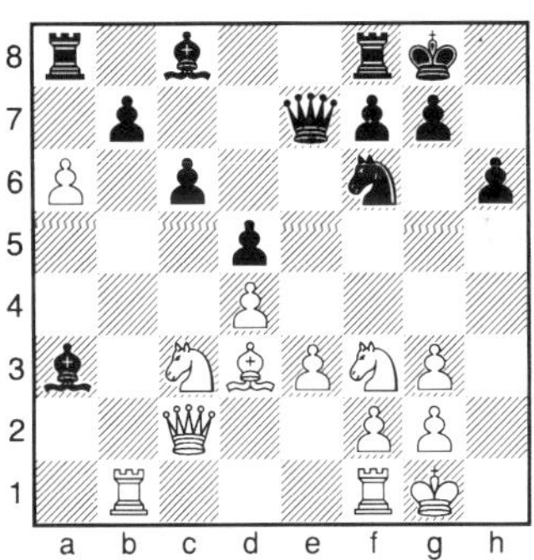

– 19...bxa6 20.♘a4⩲; 20.♖b6; 20.e4!?

– 19...b5 20.e4!⩲ Δ20...b4?! 21.e5 ♘d7 22.♘e2 ♗xa6 23.♗xa6 ♖xa6 24.♘f4±

b) 18...♖xa5 19.a4 ♖e8 (19...♗b4 20.♘a2∞) mit mehr oder weniger kräftigem Minimalvorteil in den Abspielen 20.♘d2 ♗b4 – 20.♖a1 ♗g4 – 20.♖b3 ♖a7 – 20.♖fe1 ♗b4

3) 18.b5

a) Nach **18...♗xa3 19.bxc6 bxc6 20.♘a4** kommt Schwarz mit **20...♗d6!** ...

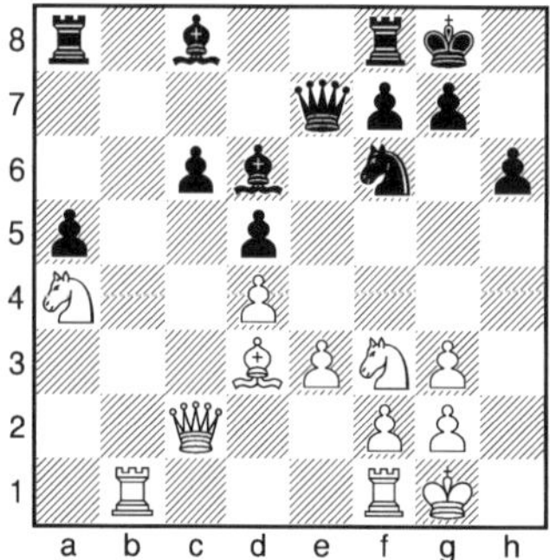

... erneut auf das Thema e3/g3 zurück und sichert sich somit zumindest Minimalvorteil in folgenden Abspielen:

– 21.♕xc6? ♗d7 22.♕c2 ♖fc8 23.♕d1 ♗xa4 24.♕xa4 ♗xg3∓

– 21.♘b6 ♖a7 22.♕xc6 ♗e6∓

– 21.♖b6 ♗d7∓

b) 18...c5 19.dxc5 ♗xc5 20.a4 ♗e6∓ Δ♖ac8

101

Santiago – L. Vajda

Golden Sands 2014

1.d4 ♘f6 2.c4 e6 3.♘c3 d5 4.cxd5 exd5 5.♗g5 ♗e7 6.e3 ♘bd7 7.♕c2 c6 8.♗d3 ♘b6 9.♘ge2 ♘h5 10.♗xe7 ♕xe7 11.h3 g6 12.0-0-0 ♘g7 13.g4 ♗d7 14.♔b1 0-0-0 15.♕b3 h5

Der kürzlich geschehene Vorstoß des g-Bauern diente offenbar dem Zweck, den gegnerischen Leichtfiguren das Feld f5 zu nehmen. Allerdings zeigt sich nun die Schattenseite, zumal damit auch eine Angriffsmarke für einen Hebelangriff geschaffen wurde. Entsprechend muss Weiß sich nun zwei Fragen stellen: Was könnte man für den g-Bauern tun? – Was sonst könnte man tun, wenn man sich *nicht* um den g-Bauern kümmert?

Ein Blick auf die stark eingeschränkten Möglichkeiten, überhaupt etwas für den g-Bauern zu tun, führt zu der Erkenntnis: Man sollte besser gar nichts für ihn tun, weil beide Abspiele zu gewissem Nachteil führen.

– 16.gxh5?! ♘xh5 (16...♖xh5 17.♘f4 Δa4) 17.a4 ♘f6∓ (17...♗e6)

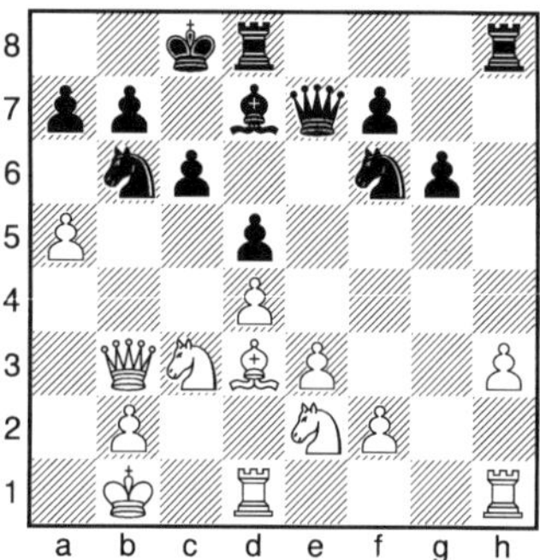

18.a5 18...♘c4! 19.♗xc4 dxc4 20.♕xc4

– 16.♖hg1?! hxg4 17.hxg4 ♖h2∓ (17...♖h4!?) 18.a4 (18.♖df1 ♘e6) 18...♖xf2 19.a5 ♘a8 20 ♘a4 ♘e6

Entsprechend geschah in der Partie die aktive Verteidigung **16.a4!**, nur dass Weiß sich nach **16...hxg4** den schweren Fehler **17.a5?** zuschulden kommen ließ.

Zunächst musste unbedingt 17.hxg4 die Entstehung eines starken gegnerischen Freibauern verhindert werden – mit unklarem Spiel bzw. ausreichender Kompensation in folgenden Abspielen:

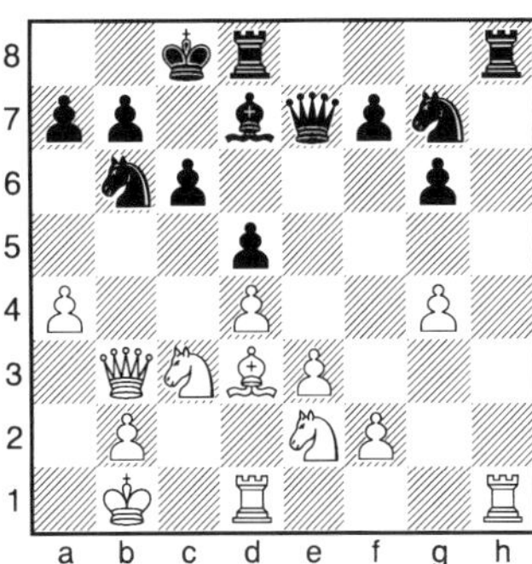

– 17...♖xh1 18.♖xh1 ♗xg4 19.a5

– 17...♗xg4 18.♖xh8 ♖xh8 19.a5 ♘d7 20.♖c1; 20.a6

– 17...♔b8 18.a5 ♘c8 19.♘a2!? (19.♖hg1) 19...♗xg4 20.♘b4 Δ♘a6+; Δa6

17...♘c4!∓

So wird der weiße Widerstand schnell gebrochen. (17...♘a8? 18.a6∞ Δ16...b6? 17.♘xd5±)

18.♗xc4

18.a6 b5; 18...b6

18...dxc4 19.♕xc4

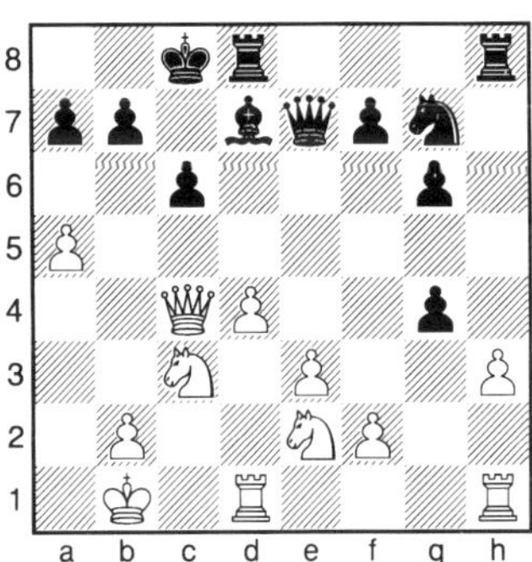

Und hier wäre (statt 19...gxh3 20.d5) 19...♗f5+ 20.♔a1 gxh3 Δ21.d5 ♕c7 wesentlich genauer gewesen.

102

Flach – J. Schröder

Schwäbisch Gmünd 2013

1.d4 d5 2.c4 e6 3.♘c3 ♘f6 4.cxd5 exd5 5.♗g5 ♘bd7 6.e3 ♗e7 7.♗d3 c6 8.♕c2 ♘h5 9.♗xe7 ♕xe7 10.♘ge2 ♘b6 11.h3 g6 12.0-0-0 ♗d7 13.♔b1 0-0-0 14.♖c1 ♔b8 15.♕b3 ♘g7 16.♘a4 ♘xa4 17.♕xa4 ♗f5 18.♕b3 ♗xd3+ 19.♕xd3 ♘f5 20.♔a1 ♘d6 21.♘c3 f5 22.♘a4 ♕e4

Abgesehen von der verbesserungsbedürftigen Springerposition fehlt der schwächenlosen weißen Stellung absolut nichts. Allerdings wäre es (vor allem – wie in der Partie – gegen einen stärkeren Gegner) ein grobes Missverständnis, wenn man die ausgeglichene Stellung jetzt durch Damentausch einem Remisschluss näherbringen wollte.

23.♕xe4?

Der Rückzug 23.♕f1 ist nicht etwa peinlich, sondern einfach nur zweckmäßig, denn nach Deckung des g-Bauern kann der Springer über c5 und d3 a tempo rezentralisiert werden. Und nach der Sprengungsaktion 23...f4 mit der möglichen Folge 24.♘c5 ♕f5 25.exf4 ♖he8 26.g3 ...

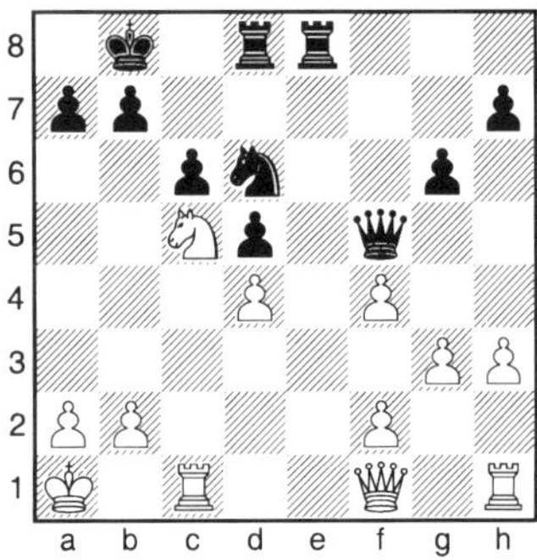

... 26...♘b5 oder 26...♘e4 bliebe Schwarz auf 'genügend Kompensation' eingeschränkt.

23...fxe4

Das ist viel stärker als 23...♘xe4?! 24.♖hf1 mit nur minimalem Nachteil, weil im Anschluss mit ♘c5 das Problem des deplatzierten Springers aus der Welt geschafft werden könnte.

Nach dem Textzug bleibt der Sorgenspringer hingegen dominiert, weil er sich nicht mehr via d3 an die Gegenschwäche e5 heranpirschen kann.

24.b3 ♖hf8∓

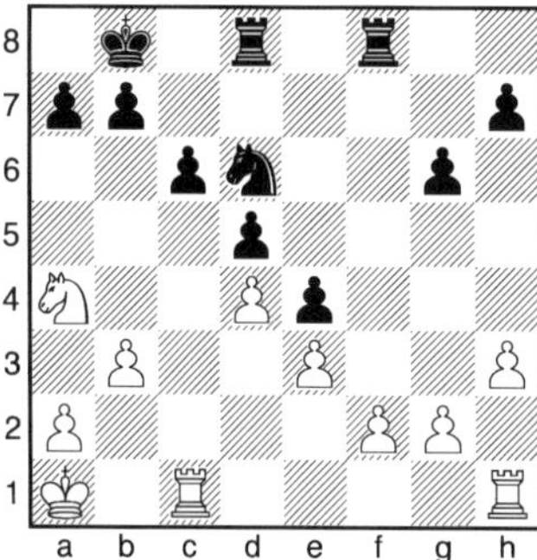

Damit legt Schwarz den Finger auf die Wunde f2 und kann nunmehr die rein technische Vorteilsverdichtung in Angriff nehmen.

103

Tregubov – Konaplev

Rapid, Sotschi 2015

1.d4 d5 2.c4 e6 3.♘c3 c6 4.cxd5 exd5 5.♘f3 ♗f5 6.♗f4 ♘f6 7.e3 ♗d6 8.♗d3 ♗xd3 9.♕xd3 0-0 10.0-0 ♖e8 11.♖ab1 ♕c7 12.♗xd6 ♕xd6 13.b4 b5 14.a4 a6 15.♘d2 ♘bd7 16.a5 ♕e6 17.♘b3 ♖e7 18.♖fc1 ♘e8 19.♘e2 ♘df6 20.♘f4 ♕c8 21.♕c3 ♖c7 22.f3 ♘d6 23.♘c5 ♖e7 24.♖e1 ♕e8 25.♖e2 g5 26.♘h3 h6 27.♖be1 ♖aa7 28.♘f2 ♘h5

Am Damenflügel ist die Lage insofern geklärt, als der weiße Vorpostenspringer eine wertvollere gegnerische Figur an die Bewachung der Schwäche a6 bindet, während ein eventuell auf c4 auftauchender schwarzer Springer allenfalls die weitere Schwäche c6 abschirmen könnte. Und da im Zentrum die Option e3–e4 noch nicht aus der Welt ist, und da der gegnerische König deutlich luftiger steht, sollte Weiß zumindest tendenziell auf Gewinn stehen.

1) In der Partie waren beide Seiten der irrigen Ansicht, nach **29.♘g4?!** sei der Verteidigungszug **29...♔g7** erzwungen. Und anschließend versäumte Weiß es, mit 30.e4! ♘f4 ...

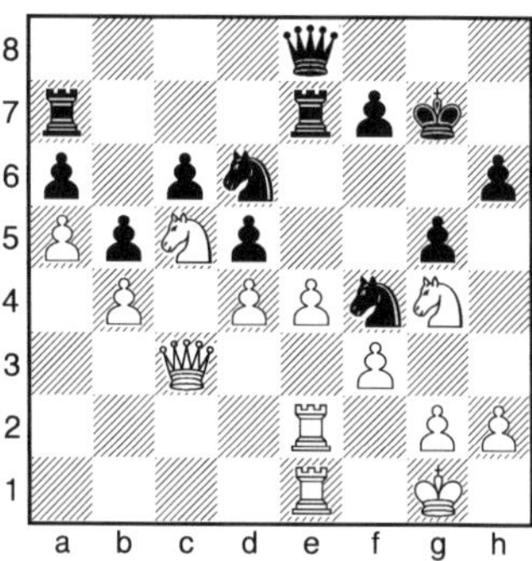

... 31.e5! ♘xe2+ 32.♖xe2+− Δ♘e3; Δ♖f2 nebst f4 ein durchschlagendes positionelles Qualitätsopfer anzubringen.

Schon vorher hatte allerdings der Schwarze es versäumt, mit **29...f5!!** sein Heil in wüsten Verwicklungen zu suchen.

a) So wäre Weiß nach **30.♘xh6+ ♔g7 31.g4 ♔xh6 32.gxh5** noch weit von einer Gewinnstellung entfernt, ...

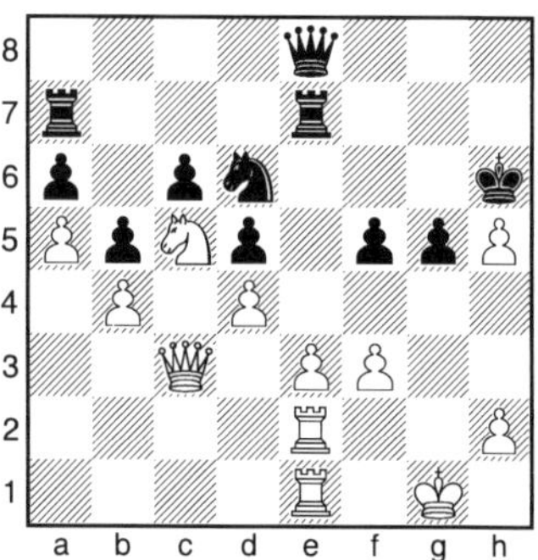

... wenn Schwarz sich mit **32...♖a8!** auf eine Abwartestrategie verlegt.

b) Ähnliches gilt auch für **30.♘e5 ♘c4 31.♘cd3** Δe4 (31.g4 ♘xe5 32.dxe5) **31...♘f6** Δ♖ac7 nebst ♘d7 z.B. **32.♖f1 ♖ac7 33.h3 ♘d7** usw.

Hier ein Blick auf die möglichen Konsequenzen der beiden Gewinnkandidaten:

2) 29.g3 (Δe4) **Δ29...f5 30.e4** (Δ♕d3 positioneller Zugzwang) **30...♘g7 31.♕d3**~+− Δexd5

3) 29.♕d3 (Δ♘g4) **Δ29...f5 30.g4**~+−

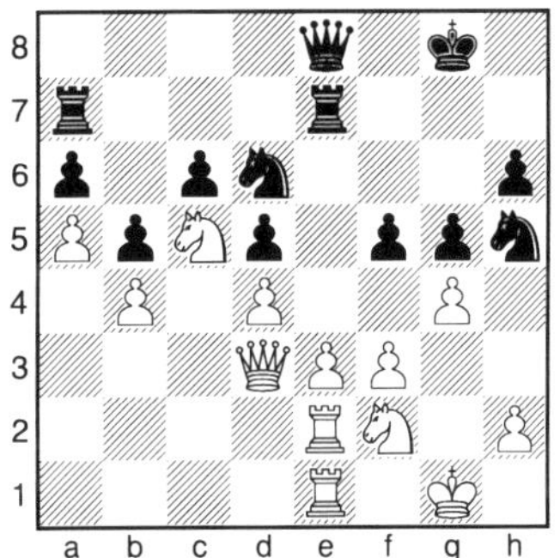

30...fxg4 31.♘xg4; 30...♘g7 31.gxf5 ♘gxf5 32.♘g4

104

Rustemov – Chebotarev

Internet 2004

1.d4 e6 2.c4 d5 3.♘f3 ♘f6 4.♘c3 ♘bd7 5.cxd5 exd5 6.♗f4 c6 7.h3 ♗b4 8.e3 ♕a5 9.♕b3 ♘e4 10.♖c1 ♘b6 11.♗d3 ♗f5 12.♗e2 ♘a4 13.0-0

Es ist klar, dass die Beantwortung dieser Frage vorneweg etwas mit einem potenziellen Einschlag auf b7 zu tun hat. Obwohl dies interessanterweise nicht der einzige taktische Faktor ist, dem Schwarz Rechnung tragen muss.

Vorab sei erwähnt, dass Schwarz tatsächlich auf die ein oder andere Weise auf c3 schlagen muss, da der Versuch, sich mit 13...♘b6? aus der Affäre zu ziehen, nach 14.♘xe4 ♗xe4 15.a3 ♗e7 16.♘e5 0-0 17.♘d3! Δ♘c5 zu bedeutendem Positionsvorteil führt.

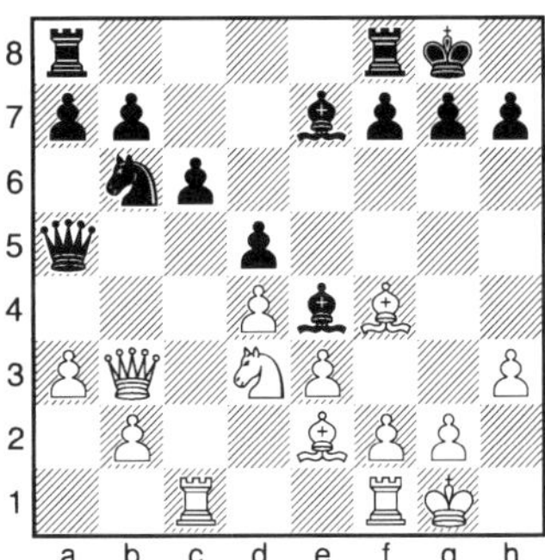

Denn entweder wird sich die Schwäche b7 früher oder später doch noch bemerkbar machen, oder Schwarz muss seinem Gegner das Läuferpaar überlassen.

I) In der Partie folgte auf den Fehler **13...♘axc3? 14.bxc3** gleich noch ein weiterer.

A) Und zwar **14...♘xc3?**, denn darauf wartete Weiß mit dem ebenso subtilen wie starken Qualitätsopfer **15.♖xc3!! ♗xc3** auf.

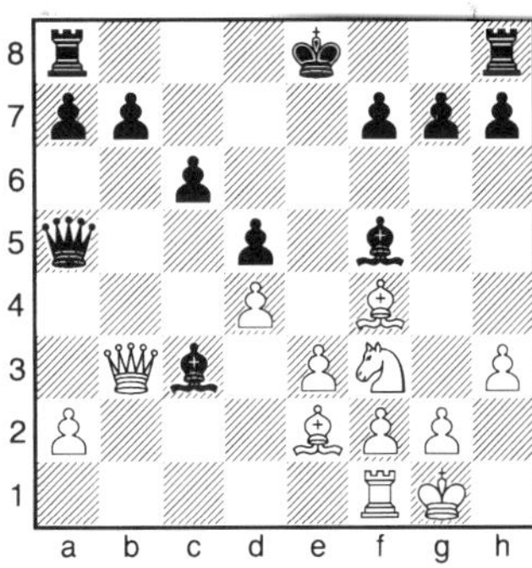

1) Allerdings interpretierte er die resultierende Stellung mit **16.♕xb7? 0-0** vollkommen falsch.

2) Richtig war nämlich **16.a3!** Δ♖c1 und Spiel auf Gewinn des ♗c3.

a) 16...♗d2? 17.♕xb7 (17.♖d1?! ♕b6!) 17...0-0 18.♗d6+−

b) 16...0-0 17.♖c1 c5 18.♖xc3 c4 19.♕b2

B) Die Qualität der Alternative **14...♗a3** hängt nach der forcierten Folge **15.♕xb7 0-0 16.♗c7 ♕a4 17.♗d1** von der Bewertung zweier Abspiele ab:

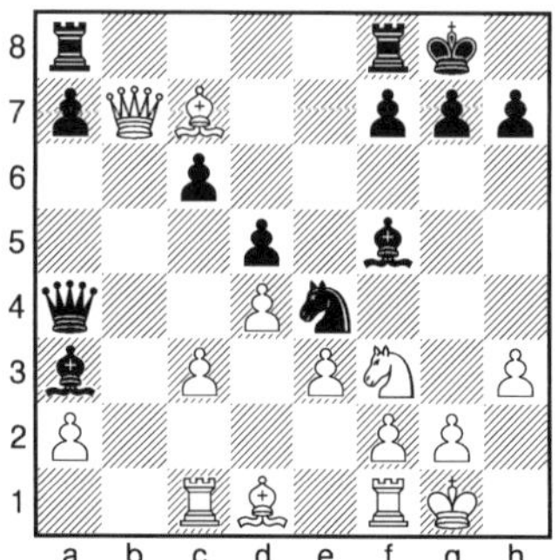

1) 17...♕b5 18.♖b1 ♕xb7 19.♖xb7 ♘xc3 20.♖b3

2) 17...♕c4

a) 18.♖b1 Δ18...♘xc3? 19.♖b3+−

b) 18.♗b3!? ♕b5 19.♕xb5 cxb5 20.♗xd5 ♖ac8 21.♗a5 ♗xc1 22.♖xc1

Insgesamt scheint der auf ± veranschlagte Vorteil in Abspiel **A)** deutlich kräftiger auszufallen als bei Abspiel **B)**.

II) In Kenntnis des unter **I)** Gesagten ist klar, dass auch **13...♘exc3? 14.bxc3 ♘xc3** (14...♗xc3 15.♕xb7+−) mit **15.♖xc3!!** widerlegt wird.

III) Folglich kann Schwarz nur mit **13...♗xc3** die Balance halten; wie ein Blick auf die wichtigsten Abspiele bestätigt.

14.bxc3

14.♕xb7 0-0 15.bxc3 ♘axc3

A) 14...♘axc3? 15.♗d3 (Δ♖xc3) **Δ15...♗c8**

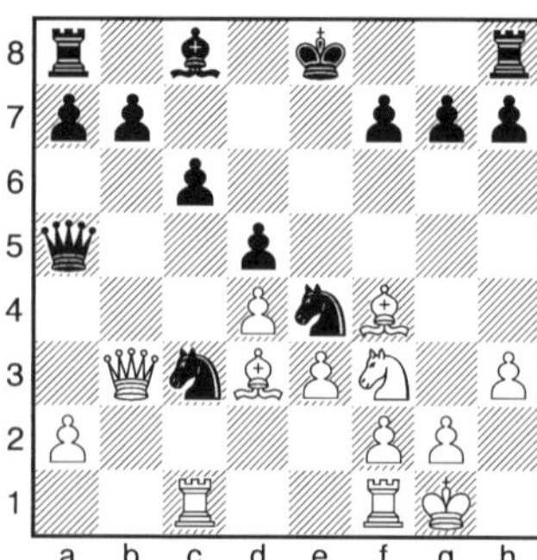

1) 16.♘e5? ♕xa2 17.♖xc3 ♕xb3 18.♖xb3 ♘d2

2) 16.♖c2 (Δ♘e5 nebst f3) 16...♘b5 17.♘e5 (Δ♘xc6) 17...0-0 18.♗xe4 dxe4 **19.a4 ♘d6** (19...♘c7 20.♘c4) **20.♘xc6 bxc6 21.♗xd6~+−**

B) 14...♘exc3?! 15.♗d1!

1) 15...0-0 16.♗d6 ♘xd1 17.♗xf8 ♘dc3 18.♗d6 ♘e2+ 19.♔h1 ♕a6 (19...♘xc1? 20.♕xb7) 20.♖a1±

2) 15...♘xd1 16.♕xb7 0-0 17.♖fxd1±

C) 14...0-0∞

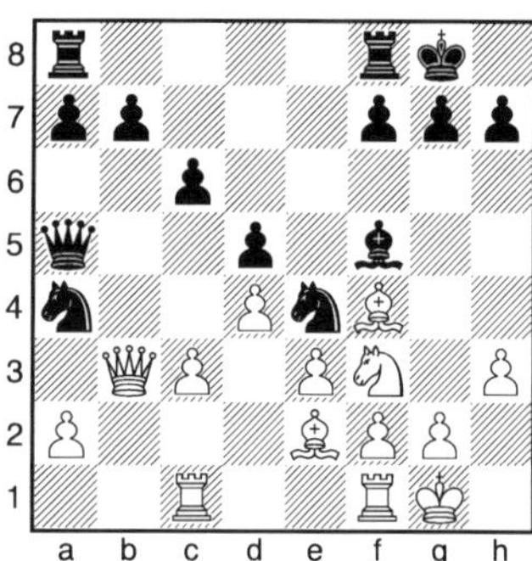

15.c4 (15.♕xb7 ♘axc3) **15...♘ec3 16.♖fe1 ♘xe2+ 17.♖xe2 ♕a6**

105

Krasenkow – Seirawan

Istanbul 2000

1.♘f3 ♘f6 2.c4 e6 3.♘c3 d5 4.d4 ♘bd7 5.cxd5 exd5 6.♗f4 c6 7.h3 ♗b4 8.♕b3 ♕a5 9.♗d2 0-0 10.e3 ♖e8 11.♗d3 ♕b6 12.♕c2 ♗d6 13.0-0 ♕d8 14.♖fe1 h6 15.♖ab1 ♘b6 16.b4 a6 17.a4 ♗e6 18.♘e5 ♘fd7 19.f4 ♘f8 20.a5 ♘c8 21.f5 ♗d7

Weiß hat eine brettumfassende Angriffsstellung aufgebaut und den Gegner quasi in die Schützengräben zurückgedrängt. Allerdings droht jetzt auf e5 nicht nur der Vorpostenspringer eliminiert zu werden, sondern auch ein Bauer verloren zu gehen.

1) Man hat Mühe, den Abtausch **22.♘xd7?** von einem nicht in Zeitnot befindlichen GM mit Elo 2700 allen Ernstes für möglich zu halten, führt dieser doch statt zu einer annähernden Gewinnstellung zu annäherndem dynamischem Ausgleich.

Hier lohnt es sich, ausnahmsweise auch mal einen Blick hinter die Kulissen zu werfen, um sich vor Augen zu führen, worum es in dieser Partie ging. Sie stammt aus der Begegnung Polen USA bei der Schach-Olympiade in Istanbul im Jahr 2000. Dabei wurde an den letzten drei Brettern remisiert, während der polnische Spitzenspieler die vorliegende Partie sogar verlor, so dass es am Ende statt möglicherweise 2,5-1,5 ganz im Gegenteil 1,5-2,5 hieß.

Hinzu kommt, dass selbiger Spieler ursprünglich aus der Sowjetunion stammt. Gar nicht auszudenken, mit welchen Konsequenzen er hätte rechnen müssen, wenn die Partie bei einem Wettkampf Russland - USA unter solch peinlichen Umständen verloren gegangen wäre.

Wie auch immer, wäre nach **22...♘xd7 23.e4** (statt 23...♕h4!?) am solidesten **23...dxe4 24.♘xe4 ♗c7** geschehen.

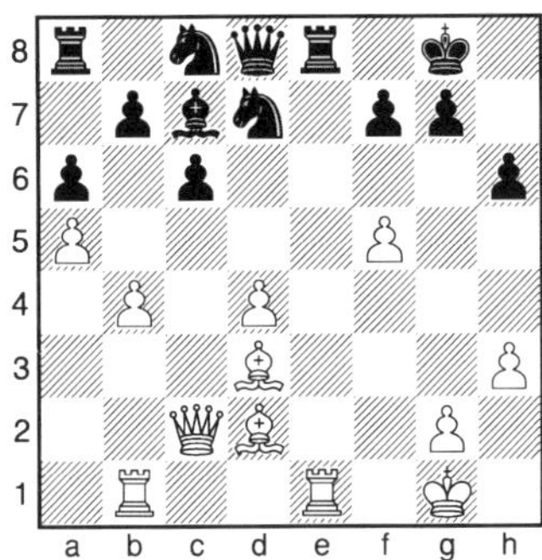

Δ25.f6 ♖xe4! nebst ♘xf6 mit ausgezeichneter Kompensation.

2) Von den deutlich besseren Zügen ist natürlich vorneweg **22.e4!** zu nennen, schließlich führt die Annahme des Bauernopfers zur schlagartigen Stellungsöffnung, wonach für Weiß quasi *garantiert* etwas drin sein *muss*.

a) So führt **22...dxe4? ...**

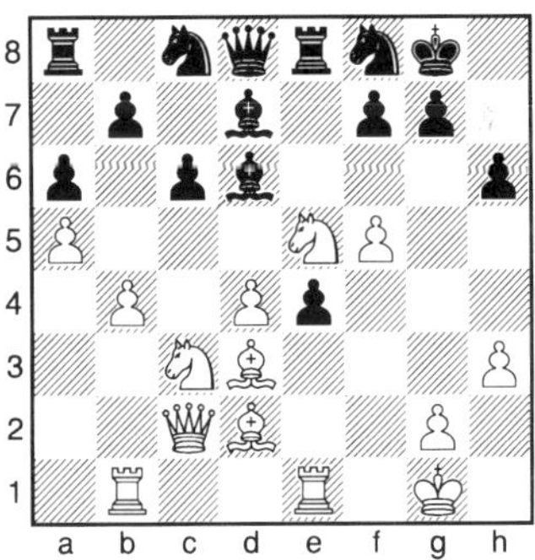

... 23.♘xf7! Δ23...exd3 24.♕b3 augenblicklich zu einer aufgabereifen Stellung.

b) Und nach **22...♗xe5 23.dxe5 dxe4** (23...♖xe5 24.♗f4+-) **24.♗xe4** (24.e6!?) **24...♖xe5 25.♗f4+-**; **25.♖bd1** ist der weiße Positionsdruck schier überwältigend.

3) Auch **22.♘a4!?** Δ♘c5 führt zu bedeutendem Vorteil, vor allem nach **22...♗xe5? 23.dxe5 ♖xe5 24.♗c3 ♖e8 25.f6 g6 26.e4**+−.

4) Und selbst **22.f6?! ♕xf6 23.♖f1** ist noch für Vorteil in der Größenordnung ± gut.

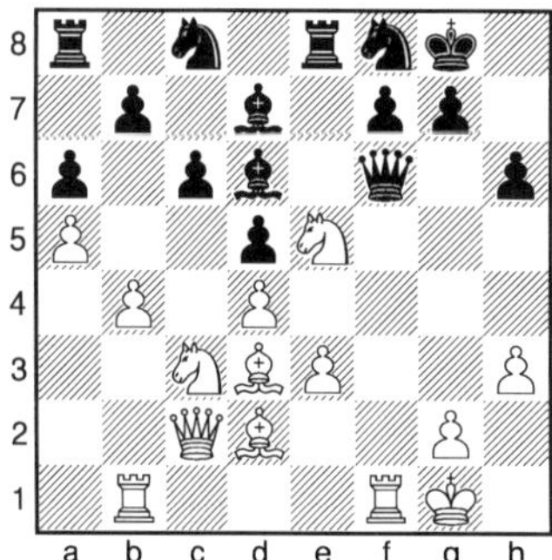

23...♗xe5

23...♕h4 24.♘xf7 Δ24...♗xh3? 26.♗e1!+−

24.♖xf6 ♗xf6 25.♖f1 ♘d6 26.♖xf6! gxf6 27.e4 dxe4 28.♗xe4!

106
Svidler – Nisipeanu
Baku 2015

1.c4 e6 2.♘c3 d5 3.d4 ♘f6 4.cxd5 exd5 5.♗g5 c6 6.♕c2 ♗e7 7.e3 ♘bd7 8.♗d3 h6 9.♗h4 ♘h5 10.♗xe7 ♕xe7 11.♘f3 ♘hf6 12.0-0 0-0 13.♖ab1 ♘b6 14.h3 a5 15.♘e5 ♘fd7 16.f4 ♘xe5 17.fxe5 f6 18.♕f2

Die schwarze Stellung krankt offenbar an drei Dingen: der offensichtlich fehlenden Turmverbindung und Deplatziertheit des Springers sowie der (weniger offensichtlichen) latenten Schwäche der zum König führenden Diagonale b1−h7

I) In der Partie thematisierte Weiß nach der Ungenauigkeit **18...♗e6?!** mit **19.♕g3!** Δ♕g6 die Gefahr, die auf der besagten Diagonale lauert.

A) Mit **19...♔h8** fand Schwarz den einzigen Zug, der den Nachteil im Minimalbereich hält, wonach die Partie folgenden weiteren Verlauf nahm.

20.exf6

Nach 20.♕g6 ♗g8 und den Vereinfachungen 21.exf6 ♖xf6 22.♖xf6 ♕xf6 23.♕xf6 gxf6 ...

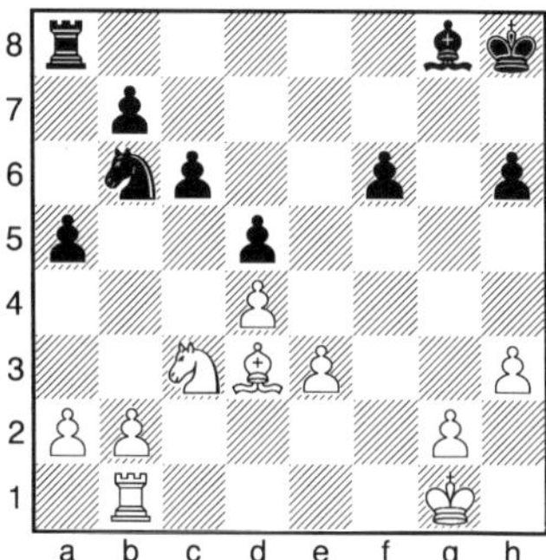

... geht es mit 24.b4! an ganz anderer Stelle weiter und nach 24....axb4 25.♖xb4 ♖a3 26.♖xb6 ♖xc3 27.♗b1 ♖xe3 28.♖xb7 ♖c3! Δ♖c4 hat Schwarz den Ausgleich so gut wie in der Tasche.

20...♖xf6 21.♖xf6 ♕xf6

Und hier hätte Weiß nach 22.b4 axb4 23.♖xb4 ♖a3 24.♕e1 oder wohl noch besser 22.♖f1 Δ♕g5 23.♕xg5 hxg5 24.b3 Minimalvorteil behalten.

B) Der entscheidende Unterschied zwischen der Läuferstellung auf e6 zu der auf d7 wird in dem Abspiel **19...fxe5? 20.♕g6 e4** deutlich, wonach nämlich **21.♘xe4!** zu bedeutendem Vorteil führen würde.

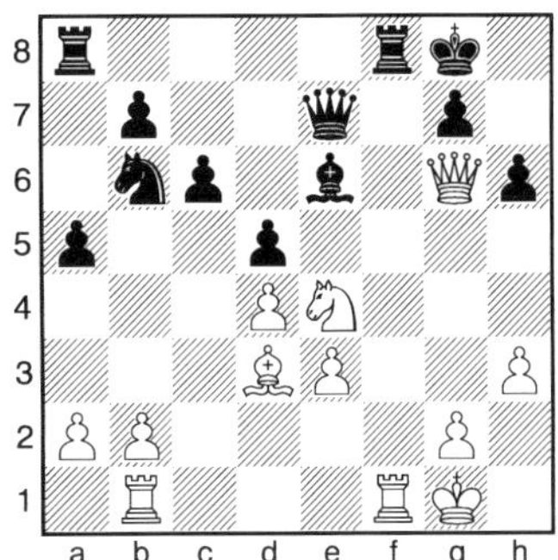

1) 21...dxe4?? 22.♗xe4+− 22...♖xf6 23.♖xf6 ♕xf6 24.♕h7+ nebst ♖f1

2) 21...♖xf1+?? 22.♖xf1

a) 22...♖f8 23.♘f6+! ♖xf6 24.♖xf6 ♕xf6 25.♕e8+ ♕f8 26.♗h7+

b) 22...♘d7 23.♘g5! ♘f6 24.♖xf6 ♕xf6 25.♘xe6

3) 21...♗f5 22.♖xf5 ♖xf5 23.♕xf5 ♖f8 24.♕g6 dxe4 25.♗xe4 ♖f6 26.♕h7+ ♔f7

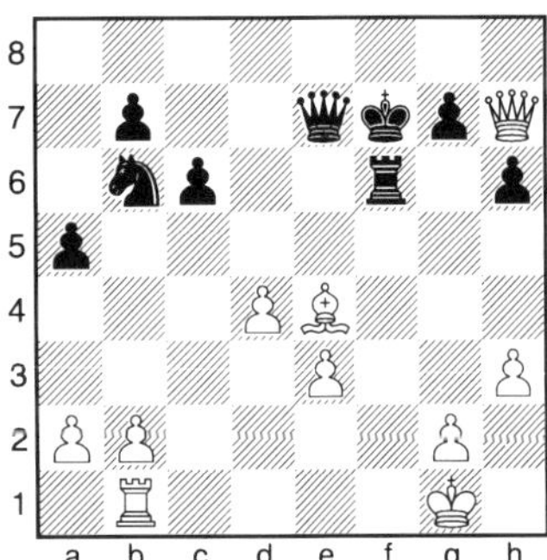

27.♖f1~+−; 27.♖e1

C) Mit **19...f5??** könnte Schwarz zwar die Gefahr auf der Diagonale b1−h7 aus der Welt schaffen, allerdings um den Pries der Gewährung eines gedeckten Freibauern. Entsprechend würde Weiß mit beispielsweise **20.♖f2+−** (20.b3; 20.h4) **Δ20...♕g5 21.♕f3 ♘c4 22.b3**! **Δ22...♘xe3 23.h4** eine Gewinnstellung erreichen.

II) Zum Vergleich ein Blick auf die korrekte Spielweise **18...♗d7 Δ19.♕g3 fxe5 20.♕g6**

20.dxe5?! ♖xf1+ 21.♖xf1 ♕g5; 20...♕g5

20...e4 21.♘xe4 ♖xf1+

(21...♗f5? siehe Variante **I**)

22.♖xf1 ♖f8!

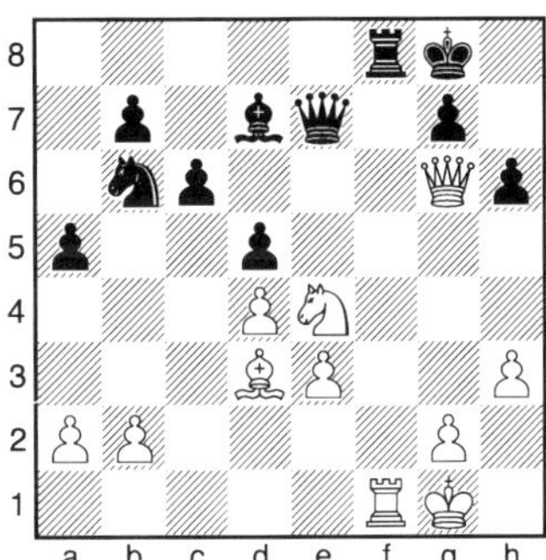

Mit der möglichen Folge **23.♘f2** (23.♕d6) **23...♕xe3 24.♕h7+ ♔f7 25.♔h2** und ausreichender Kompensation sogar nach **25...♕xd4 26.♖e1** mit absehbarem Remisschluss durch Zugwiederholung oder Dauerschach.

107

Kottnauer − Euwe

Amsterdam 1950

1.c4 e6 2.♘c3 d5 3.d4 ♘f6 4.♗g5 ♘bd7 5.e3 c6 6.cxd5 exd5 7.♗d3 ♗e7 8.♕c2 ♘h5 9.♗xe7 ♕xe7 10.♘ge2 g6 11.0-0 0-0 12.♘g3 ♘xg3 13.hxg3 ♘f6 14.♖fe1 ♕d6 15.a3 ♔g7 16.b4 a6 17.♘a4 h5 18.♕c5 ♕e6 19.♘b6 ♖b8 20.f3 ♖d8

Die Blockade des Damenflügels ist mehr eine leere Demonstration, solange Weiß dort nicht effektiv Druck aufbauen kann. Und wenn Schwarz genügend Zeit zur Schaffung von Gegenspiel bekommt, könnte Weiß sich unversehens mit einer Belagerung auf der e−Linie konfrontiert sehen.

Vor der Beschäftigung mit dem seinerzeit (völlig zu Unrecht) gerügten Textzug lohnt sich ein Blick auf die Kon−

sequenzen, wenn Weiß versucht, am Damenflügel 'effektiv Druck aufzubauen'. Zu diesem Zweck folgen wir einer längeren Computervariante, in der es zwar (bis auf eine kleine Ausnahme) nicht von 'typischen Computerzügen' wimmelt, die jedoch durch die Klarheit und Präzision besticht, mit der vollkommener Stellungsausgleich herbeigeführt und wie dabei das Feld d5 zum Brennpunkt des Geschehens wird.

21.a4 ♘d7 22.♘xd7 ♗xd7 23.e4 dxe4 24.♖xe4 ♕d5 25.♗c4

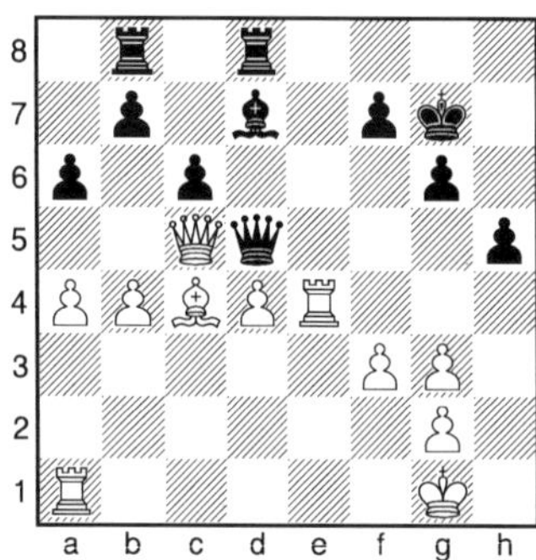

25...b6! 26.♕xd5 cxd5 27.♗xd5 ♗f5 28.♖e5 ♔f8! (Δf6) 29.♗e4 f6 30.♖d5 ♖xd5 31.♗xd5 ♖d8 32.♗c4 ♖xd4 33.♗xa6 ♖xb4 34.a5 bax5 35.♖xa5=

In der Partie folgte auf **21.e4** zunächst der positionell forcierte Abtausch **21...dxe4 22.fxe4**.

22.♗xe4? ♕d6∓

22...♘g4

Natürlich steht der Springer hier phantastisch, allerdings nicht für lange. Außerdem darf nicht vergessen werden, dass auch die weißen Leichtfiguren mit dem Feld c4 einen äußerst nützlichen Aktivposten hinzugewonnen haben.

23.♗c4

In dem Bestreben, diesen sogleich zu nutzen, treibt Weiß letztlich nur die gegnerische Entwicklung voran. Der Läufer hätte sich besser mit 23.♗e2! um den imposanten Springer kümmern sollen.

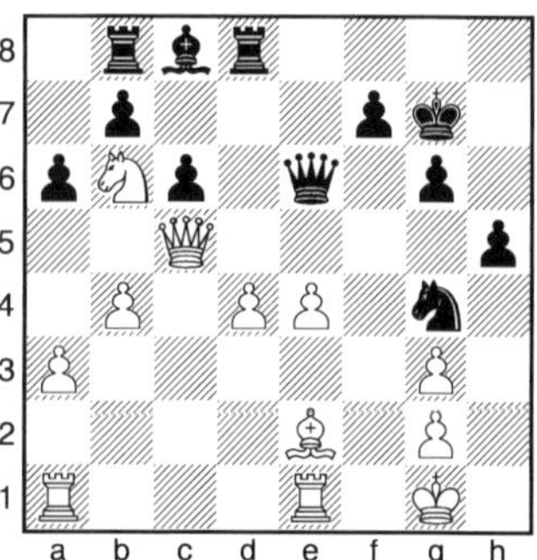

1) Das stellt zunächst die Falle 23...♕xe4?? 24.♗xg4 ♕xg4 25.♕e5+ ♔g8 26.♕xb8 ♕xd4+ 27.♔h2 ♕xb6 28.♖e7 mit tendenzieller Gewinnstellung.

2) Und auf 23...♕d6 oder andere Damenzüge folgt am einfachsten 24.♗xg4.

23...♕d6 24.♕xd6 ♖xd6 25.♖ad1 ♗e6

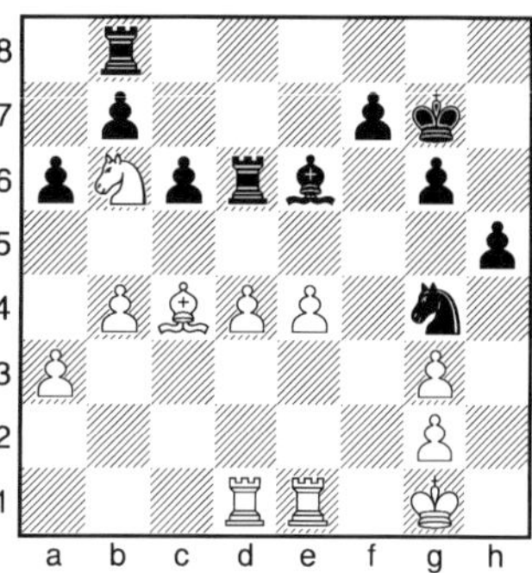

26.♖d3?

Erst Zug verdient ganz zu Recht ein Fragezeichen und sollte besser durch die eigentlich naheliegende Alternative 26.e5 ♖dd8 27.♗xe6 fxe6 ersetzt werden.

26...♖bd8 (26...♖e8) **27.♖ed1 ♗xc4 28.♘xc4 ♖e6∓** Δ29.e5 f6 30.exf6+ ♔xf6!

108

Rotstein – Bönsch

Österreich 2003

1.c4 e6 2.♘c3 d5 3.d4 ♘f6 4.cxd5 exd5 5.♗g5 ♗e7 6.♕c2 c6 7.e3 ♘bd7 8.♗d3 ♘h5 9.♗xe7 ♕xe7 10.♘ge2 g6 11.0-0 0-0 12.♖ae1 f5 13.a3 ♘df6 14.♘a4 ♗e6 15.♘c5 ♗f7 16.b4 a6 17.♘f4 ♘g7 18.♗e2 ♖fc8 19.♕b2 ♘ge8 20.♘fd3 ♘d6 21.♘e5 ♗e8 22.f3 a5 23.bxa5 ♖xa5

Zwar ist die von Weiß am Königsflügel bewirkte Linienöffnung noch nicht überwältigend, aber da die schwarzen Leichtfiguren (allen voran der Läufer e8!) schlechter stehen als ihre weißen Gegenspieler, kann Weiß ungestört an der Vorteilsverdichtung arbeiten, wenn er dafür die nötige Zeit erhält. Und eben dieser Zeitfaktor hängt davon ab, ob Schwarz der Vorstoß b7–b5 gelingt, weil damit das Gegenspiel ♘c4 thematisiert werden könnte.

I) In der Partie wählte Weiß mit **24.♕b4?** eine Trickfortsetzung, die bei präziser Verteidigung den ganzen schönen Vorteil vergeben hätte – und zwar **24...♖aa8!** (statt 24...♖aa7? 25.♗d3±) **25.♘xb7 ♖cb8! 26.♕xd6 ♖xb7 27.♕xe7 ♖xe7 28.♖c1**

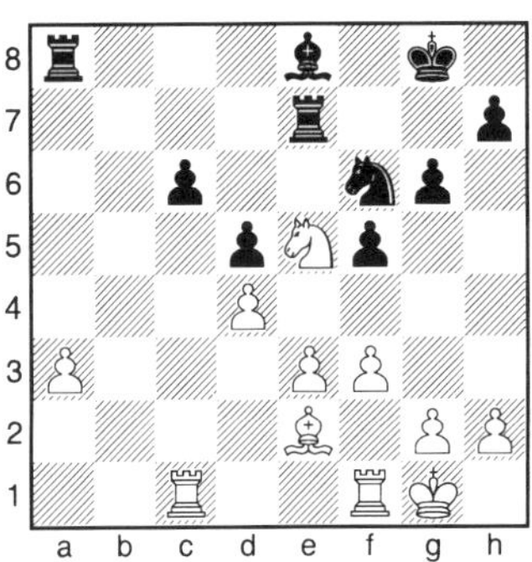

28...♘d7!≅ (28...♖xa3?! 29.♔f2±)

II) Eine ganz andere Sprache hätte der pointierte Vorstoß **24.e4!** gesprochen (24.♗d3!? Δe4). Dieser führte in folgenden Varianten (in denen es allerlei Übergänge und etliche Nebenlösungen gibt) zu mehr oder weniger massivem Vorteil:

A) 24...dxe4 25.fxe4+−

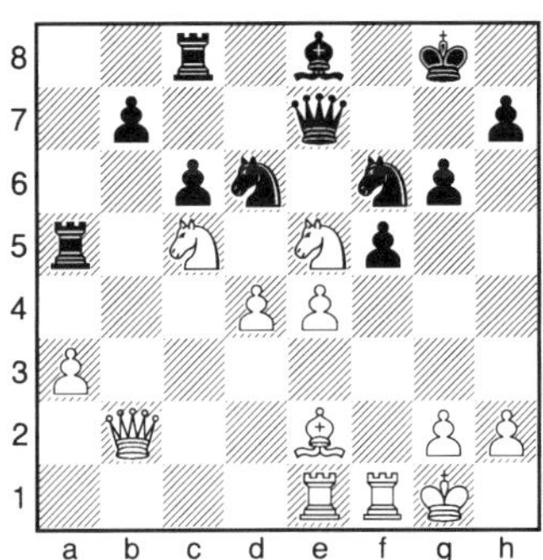

1) 25...♘dxe4 26.♗c4+ 25...fxe4 26.♘g4

2) 25...♘fxe4 26.♗f3; 26.♗d3

3) 25...♖xc5 26.dxc5 ♘dxe4 27.♗c4+ ♔f8 28.♘d3

B) 24...fxe4 25.fxe4+−

1) 25...♘fxe4 26.♗d3

2) 25...dxe4 26.♘g4

3) 25...♖xc5 26.dxc5 ♘dxe4 27.♘g4! (27.♗d3) 27...♘xg4 28.♗xg4

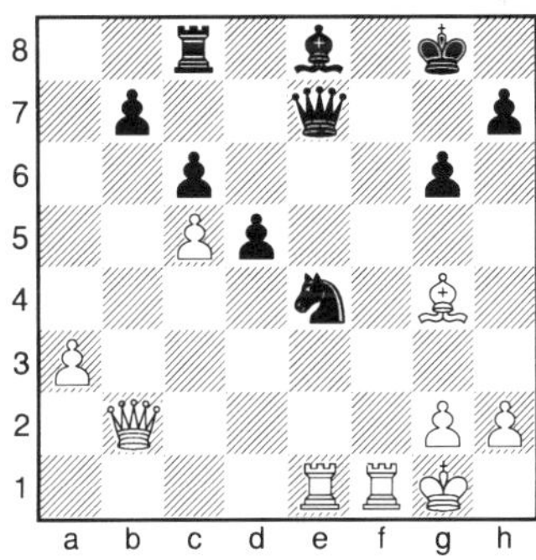

a) 28...♕xc5+? 29.♔h1 u.a. Δ♗e6+

b) 28...♖a8 29.♕d4 Δ♗f3

4) 25...♘dxe4 26.♘xe4 ♘xe4 27.♗d3; 27.♗c4 bzw. 26...dxe4 27.♗c4+

C) Besser wäre jedoch der Zwischenzug **24...b6!** gefolgt von **25.♕xb6 ♕a7** mit 'nur' kräftig ± nach **26.♕b2!** oder **26.♕xa7**.

109

Ivelinov – Legky

Varna 2011

1.d4 d5 2.c4 e6 3.♘c3 ♘f6 4.cxd5 exd5 5.♗g5 c6 6.e3 ♗e7 7.♕c2 ♘bd7 8.♗d3 ♘h5 9.♗xe7 ♕xe7 10.♘ge2 g6 11.0-0-0 ♘b6 12.h3 ♗e6 13.g4 ♘g7 14.♔b1 0-0-0 15.♘a4 h5 16.♘xb6+ axb6 17.f3 ♘e8 18.♘c3 ♘d6 19.♕b3 ♔c7 20.♘a4 ♘c8 21.♘c3

Weiß hat die Bauernstellung in der rechten Hälfte großzügig gelockert, ohne seinem Spiel dadurch eine Spitze gegeben zu haben. Für Schwarz stellt sich jetzt die Frage, ob und wie diese Lockerung ausgenutzt werden könnte.

I) In der Partie hatte Schwarz ganz richtig erkannt, dass die Strafmaßnahme auf schwarzen Feldern erfolgen und von der Dame ausgeführt werden müsste. Allerdings ging er mit **21...hxg4? 22.hxg4 ♕g5** zu direkt vor, wohl weil er davon ausgegangen war, dass Weiß die Verteidigung der Bauern nicht mit dem Kampf um die einzige offene Linie unter einen Hut bringen könnte.

Allerdings war ihm der nicht nur trickreiche, sondern auch starke Verteidigungszug **23.♗e2!** entgangen.

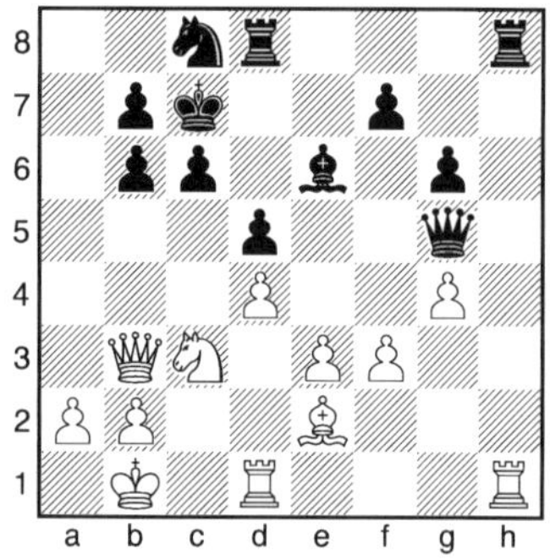

Danach ist e3 taktisch gedeckt und es droht die Vertreibung der Dame mit f3-f4. Und auf 23...♔b8 würde 24.♘a4 für ausreichendes Gegenspiel sorgen.

II) Viel stärker war das Anpirschmanöver **21...♕h4!**, wonach nicht nur die kritische Zudringlichkeit ♕f2 droht, sondern unter Umständen auch hxg4, wonach Weiß antipositionell mit dem f-Bauern zurückschlagen müsste, weil andernfalls zwei schwarze Türme seiner Dame überlegen wären (siehe Variante A).

Hier ein Blick auf den wesentlichsten Verteidigungsansatz **22.a3**, der zu allerlei trickreichen Varianten führen kann.

(22.e4 dxe4 23.d5 ♗xd5∓; 23...exd3)

A) 22...hxg4 23.hxg4? (⌓23.fxg4 ♔b8∓) **23...♕xh1 24.♖xh1 ♖xh1+ 25.♔a2 ♖dh8−+**

B) Nach **22...♕f2** ist vor allem die Variante **23.♕c2** von Interesse.

(23.♖hf1 Δ23...♕xe3? 24.♗xg6!∞; ⌓23...♕g2!∓)

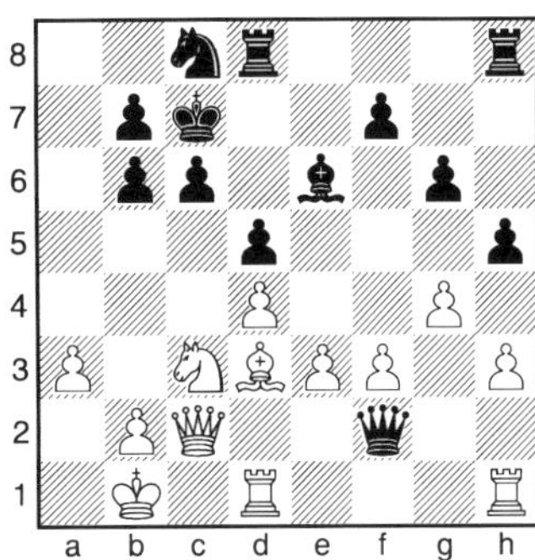

1) 23...♕xf3? 24.♘b5+!

a) 24...♔d7 25.♕h2! Δ25...cxb5?? (⌓25...♕f6∞)

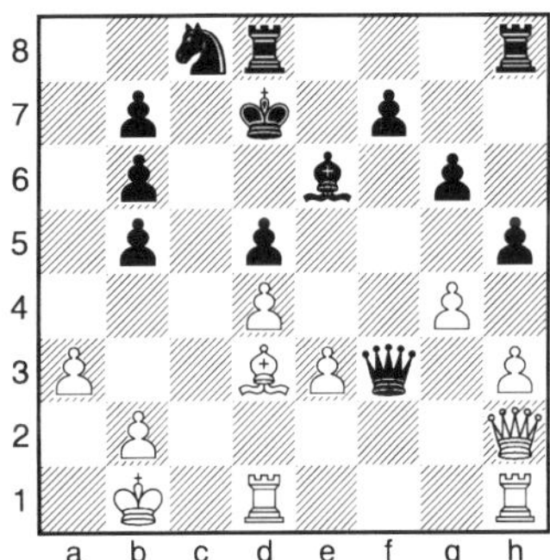

26.♖hf1!+− Δ26...♕xe3 27.♗xb5+ ♔e7 28.♕c7+ ♖d7 29.♗xd7 ♗xd7 30.♖de1

b) 24...♔b8 25.♕h2+! ♔a8 26.♘c7+ ♔a7 27.♘xe6 fxe6 28.e5⩲

2) 23...♕xe3! 24.♘b5+! ♔b8 (24...♔d7? 25.♕h2!⩲) **25.♕h2+ ♔a8 26.♘c7+ ♔a7 27.♖he1 ♕xf3 28.♘xe6 fxe6∓**

110

Gretarsson – Pavasovic

chess.com INT 2018

1.d4 d5 2.c4 e6 3.♘c3 c6 4.cxd5 exd5 5.♕c2 ♘f6 6.♗g5 ♗e7 7.e3 g6 8.♗d3 ♘bd7 9.♘ge2 ♘h5 10.♗xe7 ♕xe7 11.0-0-0 f5 12.♔b1 ♘df6 13.♖he1 0-0 14.♘g1 ♘e4 15.♘a4 ♘hf6 16.f3

Auch dies ist eine Stellung vom Typ 'Pseudo-Stonewall' mit allen dazugehörigen Vor- und speziell auch Nachteilen (♗c8; Feld e5). Der gravierendste Unterschied besteht jedoch darin, dass in herkömmlichen holländischen Varianten weder auf weißer noch auf schwarzer Seite eine lange Rochade anzutreffen ist.

Die korrekte Antwort müsste lauten: Der angegriffene Springer könnte den Rückzug antreten (in der Partie folgte 16...♘d6 17.♘h3∞ Δf4 nebst h4), aber von *müssen* kann keine Rede sein, da auch der Gegenangriff **16...b5!?** durchaus infrage kommt, wie aus folgenden Varianten hervorgehen mag:

1) 17.♘c5 ♘xc5

a) Nach **18.dxc5?! a5∓** ist der Bauer c5 schwach, während die Schwäche c6 keine Rolle mehr spielt.

b) Und auch nach dem besseren Ansatz **18.♕xc5 ♕xc5 19.dxc5** (Δ♘e2-d4) **19...♖e8** hat Weiß noch gewisse Schwierigkeiten zu bewältigen.

2) Auch nach den beiderseitigen Rückzügen **17.♘c3 ♘d6** Δ♗d7 nebst ♖ae8; Δ♘c4 hat Schwarz nicht die geringsten Sorgen.

3) Und nach **17.fxe4 fxe4** ergibt sich folgendes Bild:

a) 18.♗e2?! bxa4 19.♕xc6 a3!∓ Δ20.♕xa8?? ♕b4−+

b) 18.♗xb5 cxb5 **Δ19.♕c5??** (⌓19.♘c5) **19...♕d7 20.♘c3 ♖b8~−+** Δb4 nebst ♗a6 bzw. ♘g4-f2-d3

c) 18.♕c5 ♕xc5 (18...♕d7 19.♗c2) **19.♘xc5 exd3 20.♘xd3 ♗f5 21.♘f3**

111

Flohr – Dobias

Prag 1930

1.d4 ♘f6 2.c4 e6 3.♘c3 d5 4.♗g5 ♘bd7 5.cxd5 exd5 6.e3 ♗e7 7.♗d3 c6 8.♕c2 ♘h5 9.♗xe7 ♕xe7 10.♘ge2 g6 11.0-0-0 f5 12.h3 ♘df6 13.♖de1 ♗d7 14.♘f4 ♘g7 15.g4 ♕d6 16.f3 b6

Der Grund dafür, dass der einst als WM-Kandidat gehandelte Salo Flohr die relativ einfache Lösung nicht fand (und selbstverständlich trotzdem gewann), mag darin bestanden haben, dass er die Stellung nur mit 'Positionsblick' betrachtete. Und dabei beruhte der Gewinnzug auf dem taktischen Detail, dass die ungedeckte schwarze Dame für eine fiese Abzugsdrohung erreichbar ist.

I) Auf den Partiezug **17.♔b1** zeigte auch Schwarz sich mit seiner Wahl **17...0-0?!** taktisch nicht auf der Höhe bzw. einfach nur rechenfaul, denn angesichts des bereits angelaufenen weißen Bauernsturms wäre 17...0-0-0!? wohl die prinzipiell sicherere Option gewesen. Nach dem womöglich befürchteten 18.♘b5 und der keineswegs peinlichen, sondern einfach nur zweckmäßigen Antwort 18...♕b8 ...

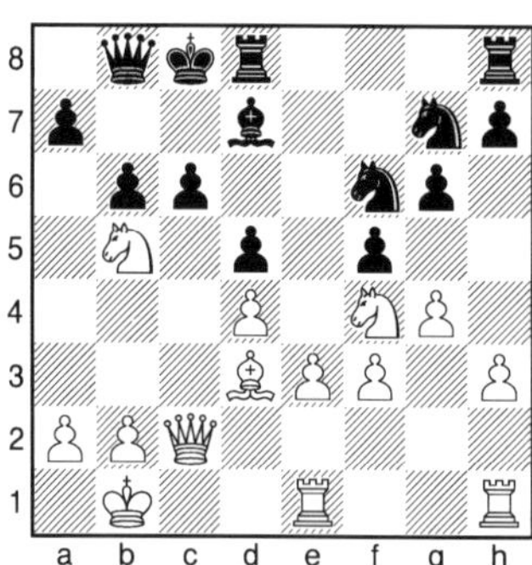

... gefolgt von ♔b7, ♖he8 usw. wäre der weiße Vorteil nämlich noch nicht weit aus dem Minimalbereich heraus gewesen.

II) Nach **17.♕h2!** mit der – wie schon erwähnt – *fiesen* Abzugsdrohung ♘fxd5 hätte Schwarz angesichts des zusätzlichen Überraschungsfaktors kaum eine Chance gehabt, eine Verluststellung zu vermeiden. Der folgende Überblick beginnt mit den ganz schlechten Varianten.

A) 17...♕e7? 18.e4+–; **18.gxf5** nebst e4

B) 17...♔f7? 18.♘xg6 ♕xh2 19.♘xh8+ +–

C) Nach **17...0-0-0?** hätte Weiß sogar noch die Chance, kräftig danebenzugreifen.

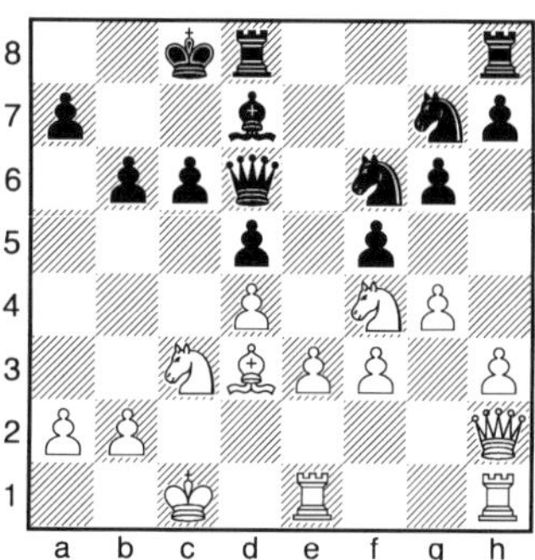

1) 18.♘fxd5?? ♕xh2 19.♘e7+ ♔c7 20.♖xh2 ♖he8–+

2) 18.♘xg6! ♕xh2 19.♘e7+ ♔c7 20.♖xh2+–

Sodann folgen zwei Varianten, bei denen das Urteil irgendwo zwischen 'kräftig ±' und ' tendenziell +–' liegt.

D) Nach **17...0-0!? 18.♘fxd5 ♕xh2 19.♘xf6+ ♖xf6 20.♖xh2** muss Weiß vor allem noch der möglichen Öffnung der f-Linie Rechnung tragen.

E) Nach dem Motto 'Ungewöhnliche Stellungen erfordern ungewöhnliche

Züge' macht die wahrlich ungewöhnliche künstliche Rochade mit **17...♔d8!** nebst ♔c7-b7 noch den besten Eindruck.

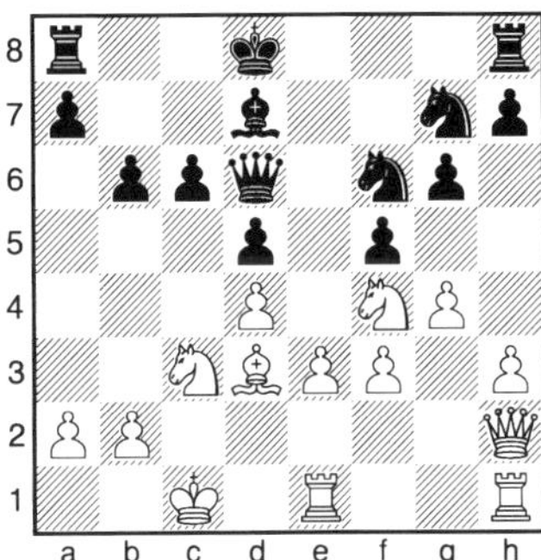

Nach **18.gxf5 ♘xf5?!** (⌓18...gxf5 19.♕g3; 19.♖eg1) **19.e4** wird es mit **19...♘h5!** noch einmal hochinteressant.

1) Nach dem Fehler **20.♘xh5? ♕xh2 21.♖xh2 ♘xd4 22.♖g2** hätte Weiß nicht mehr als ±.

2) Und nach **20.e5 ♕e7 21.♘xh5 gxh5 22.e6 ♗xe6 23.♖hg1** ...

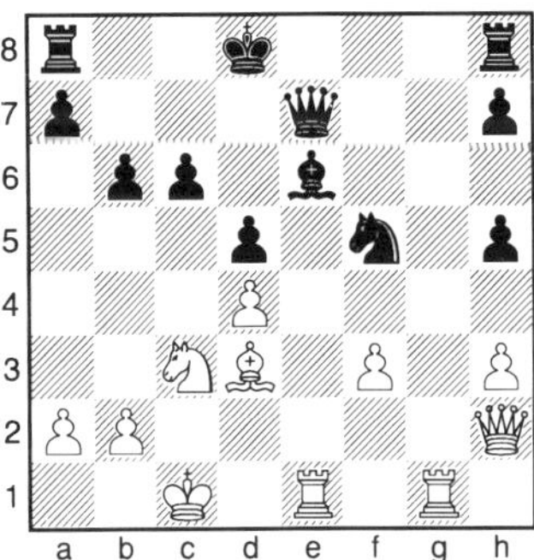

... hängt viel von der Bewertung des folgenden Endspiels ab: **23...♖f8 24.♗xf5 ♖xf5 25.♖g8+ ♗xg8 26.♖xe7 ♔xe7 27.♕c7+ ♔f8 28.♕xc6**, wobei sich die Dame angesichts des ungeschützten schwarzen Königs langfristig doch durchsetzen sollte.

112

Jurcik – Moor

Brno 2006

1.d4 e6 2.c4 ♘f6 3.♘c3 d5 4.cxd5 exd5 5.♗g5 c6 6.e3 ♗e7 7.♗d3 ♘bd7 8.♕c2 ♘h5 9.♗xe7 ♕xe7 10.♘ge2 g6 11.0-0-0 ♘b6 12.♘g3 ♘g7 13.♔b1 ♗e6 14.♘a4 ♕b4 15.♘c5 ♘d7 16.a3 ♕b6

Die beiderseits ungeschwächte Stellung wird durch die Deplatziertheit der beiden Springer am Königsflügel charakterisiert, die sich beispielsweise auf f3 bzw. f6 deutlich wohler fühlen würden. Weiß könnte nun an der Behebung dieses Missstandes arbeiten oder sich nach einem Plan umschauen, für den der Königsspringer eigentlich genau richtig steht.

1) In der Partie demonstrierte Weiß mit dem Abtausch **17.♘xd7?! ♗xd7** eine Mischung aus Rat- und Einfallslosigkeit.

Selbst 17...♔xd7?! nebst künstlicher Rochade käme quasi 'aus Spaß' in Betracht.

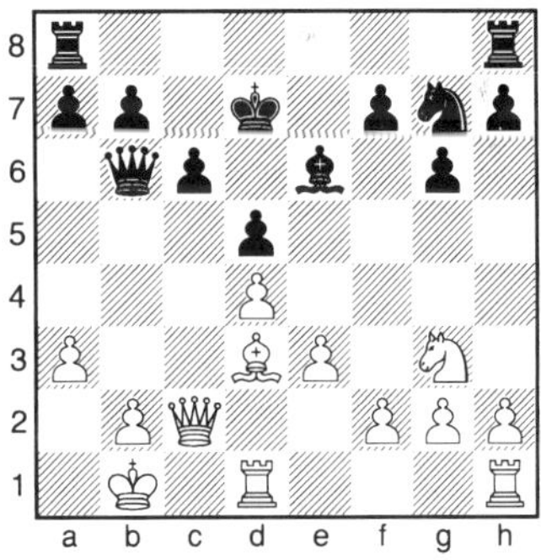

Allerdings hat der Textzug den Vorteil, dass dem verbleibenden Springer das erstklassige Feld e6 freigeräumt wird.

Auf den Korrekturzug **18.♘e2** folgte **18...0-0-0** mit annäherndem Ausgleich.

Vermutlich hatte Weiß erkannt, dass 18.h4 durchaus mit 18...h5 beantwortet werden könnte, weil 19.♗xg6 fxg6 20.♕xg6+ ♔f8 21.♕d6+ ♔e8 ...

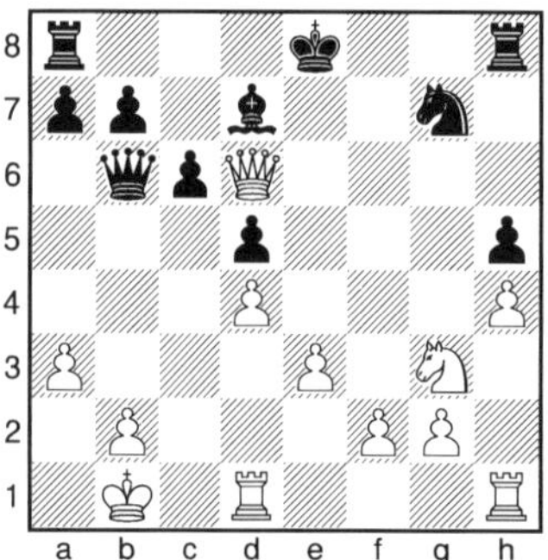

... kaum mehr als Dauerschach ergibt.

2) Der Abtausch **17.♘xe6 ♘xe6** wäre etwas sinnvoller. Zwar wird der Springer auf ein sehr gutes Feld gezogen, aber wenigstens wäre bei Gefallen der Flügelangriff **18.h4** möglich (18.♘e2!?⩲), da ja **18...h5??** (⌓18...0-0-0) offensichtlich an **19.♗xg6!+–** scheitert.

3) Nach der logischen Folge **17.h4!** ergibt sich folgendes Bild:

a) 17...h5?? scheitert offenbar an **18.♘xe6 ♘xe6 19.♗xg6!+–**

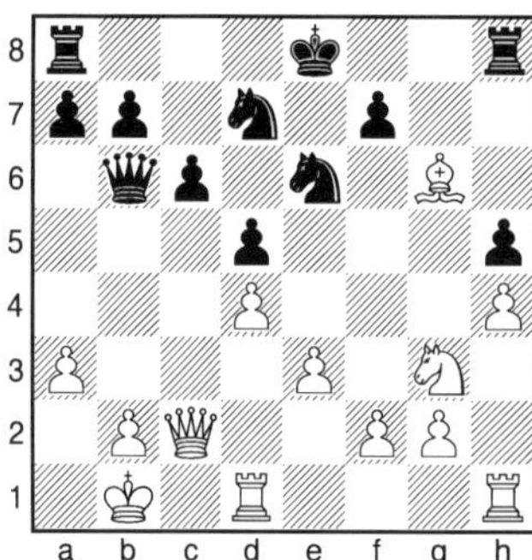

19...fxg6 20.♕xg6+ ♔e7 21.♘f5+

b) Und nach anderen Zügen sichert Weiß sich jeweils Minimalvorteil; z.B. **17...♗g4**

17...0-0-0 18.h5; 17...♕c7 18.h5

18.f3 (18.♖de1) **18...♕c7 19.♕f2 ♘xc5 20.dxc5 ♗d7 21.e4** bzw. **20...♗e6 21.h5**

113

Lenderman – Homa

Chicago 2013

1.d4 e6 2.c4 ♘f6 3.♘c3 d5 4.cxd5 exd5 5.♗g5 c6 6.♕c2 ♗e7 7.e3 ♘bd7 8.♗d3 ♘h5 9.♗xe7 ♕xe7 10.♘ge2 g6 11.0-0-0 ♘b6 12.♘g3 ♘g7 13.♔b1 ♗d7 14.h4 h5 15.♕b3 0-0 16.♔a1 ♗e6 17.♘ge2

Mit dem König am Damenflügel muss Weiß dort früher oder später mit einem 'Majoritätsangriff' rechnen. Also bleibt seine Suche nach Spielmöglichkeiten auf Zentrum und Königsflügel eingeschränkt. Allerdings müsste ernstzunehmendes Spiel im Zentrum wohl mit dem auch schwächenden Zug f2–f3 vorbereitet werden. Und selbst wenn am Königsflügel der Einsatz des Hebels g2–g4 bewerkstelligt werden könnte, hätte der schwarze König dank des 'Fianchetto-Springers' nichts zu befürchten.

Aus dieser Bestandsaufnahme hätte Schwarz eigentlich schließen müssen, dass es keinerlei Grund gibt, die Dinge zu überstürzen, wie es mit **17...c5?** dann doch geschah.

– Eine der soliden Ausgleichsmöglichkeiten bestand in 17...♗d7 Δ♘e6.

– Ungenau war hingegen 17...♘f5?! wegen 18.♕c2! Δ♘f4 (18.♘f4) ...

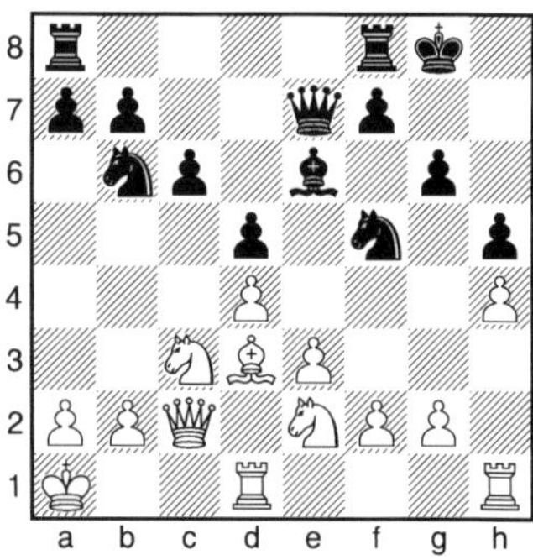

... mit mehr oder weniger großem Vorteil in den Abspielen:

– 18...♘xh4 19.♘f4; 19.♖h2 Δ♖dh1

– 18...♘d6 19.♗xg6 fxg6 20.♕xg6+ ♔h8 21.♕xh5+

– 18...♕f6 19.♖dg1; 19.e4

18.♕a3!

Auf 18.dxc5?? d4∓ dürfte Schwarz gegen einen GM wohl kaum gehofft haben. Allerdings dürfte dieser sich gewundert haben, dass einem FM das diagonale Fesselungsmotiv nicht bekannt ist, das in vielen Varianten des Orthodoxen Damengambits zum Standard gehört.

18...♖fc8 19.♘f4 ♕f8

Stark infrage kam auch 19...♔f8!? (und somit wiederum der Standardzug aus den erwähnten Varianten des Damengambits), denn der vermutlich befürchtete Einschlag 20.♗xg6?? scheitert an 20...cxd4 21.♕xe7+ ♔xe7 22.♖xd4 fxg6 23.♘xg6+ ♔f6 24.♘f4 ♗f7 mit kräftig ±.

20.dxc5

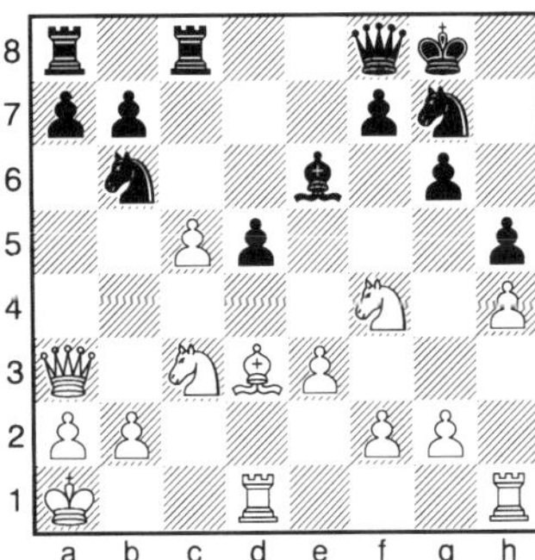

20...♖xc5

Diese zwiespältige Entscheidung beruht auf der Faustregel, als Besitzer eines Isolanis möglichst kein Material abzutauschen. Andererseits könnte jedoch nach Verschwinden der Damen alsbald der König zur Verteidigung eingesetzt werden; z.B. 20...♕xc5!? 21.♕xc5 ♖xc5 22.♗c2 (Δ♗b3) 22...♔f8 usw.

21.♗e2 Δ♗f3

114

Galyas – Michalczak

Stein am Rhein 2014

1.d4 d5 2.c4 e6 3.♘c3 ♘f6 4.cxd5 exd5 5.♗g5 ♘bd7 6.e3 c6 7.♗d3 ♗e7 8.♘ge2 ♘h5 9.♗xe7 ♕xe7 10.♕c2 g6 11.0-0-0 ♘b6 12.♔b1 ♘g7 13.♔a1 ♗f5 14.♘f4 ♗xd3 15.♘xd3 ♘f5 16.♖c1 ♘d6 17.h4 h5 18.g3 ♘d7 19.♖ce1 ♘f6 20.♘e5 ♘d7

Nach beispielsweise 20...0–0–0 hätte Schwarz eine wunderbar spielbare Stellung gehabt, da Weiß seinem Spiel gegen die kräftig zentralisierten schwarzen Figuren keine Spitze hätte geben können. Hingegen führt das Umschalten auf die 'Nummer sicher'-Abtauschstrategie zu gehörigem Nachteil, schließlich hält sich gegenüber von König und Dame auch ein *gegnerischer Turm* auf der e-Linie auf. Alles klar?

21.e4! dxe4 22.♘xe4 ♘xe5

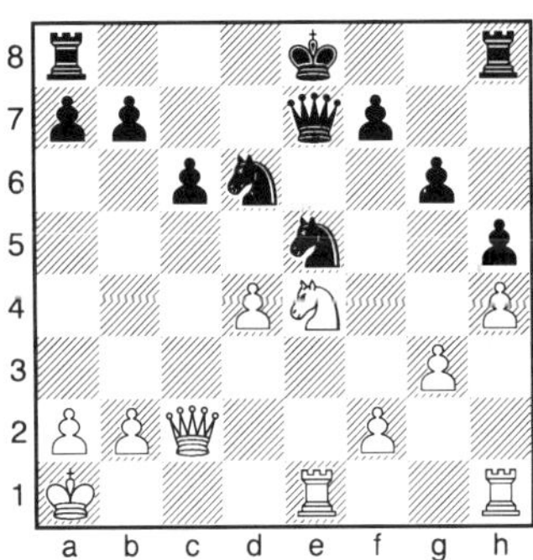

23.♘f6+!

Fast alle unerwarteten Zwischenzüge haben eines gemeinsam: Sie tun richtig weh! Vergleichsweise schmerzfrei wäre Schwarz hingegen nach 23.♘xd6+? ♕xd6 24.♖xe5+ (24.dxe5? ♕e6∞) 24...♔f8 25.♖he1⩲ davongekommen.

23...♔f8 24.dxe5

Δ25.exd6 ♕xf6 26.d7

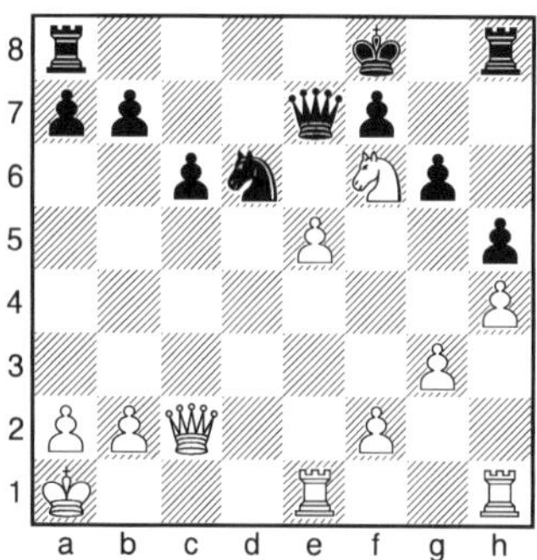

24...♘e8?

Der zweite fatale Springerzug geschieht im Einklang mit der altbekannten Geschichte von dem ersten Fehler, dem der zweite auf dem Fuße folgt. Schwarz ist zu sehr angeschlagen, um noch nach pfiffigen Ressourcen zu suchen – wie z.B. 24...♖d8! 25.g4!.

25.♕c3?

Und diese entgegenkommende Nachlässigkeit geschieht im Einklang mit der altbekannten Erkenntnis, dass man in Gewinnstellungen häufig dem Irrglauben erliegt, quasi jeder Zug würde gewinnen. Tatsächlich ergab hier einzig und allein 25.♘e4!+– Δ25...♕xe5 26.♘g5 ♕f6 27.♕c5+ nebst ♖e7 eine klare Gewinnstellung.

25...♔g7

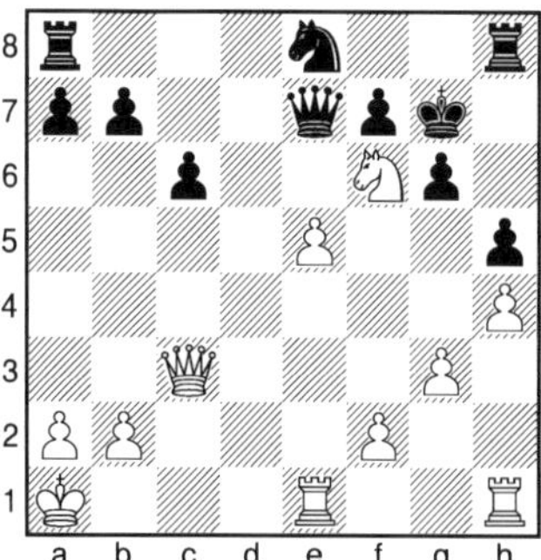

26.♘e4?

Statt dieser weiteren Nachlässigkeit war 26.♘d7! Δe6+ angebracht, denn jetzt hätte 26...♘c7! den weißen Vorteil im Bereich gehalten.

115

Baciu – Berescu

Rumänien 2012

1.d4 d5 2.c4 e6 3.♘c3 ♘f6 4.♗g5 c6 5.e3 ♘bd7 6.cxd5 exd5 7.♕c2 ♗e7 8.♗d3 ♘f8 9.h3 ♘e6 10.♗xf6 ♗xf6 11.♘f3 g6 12.0-0 a5 13.♘e2 0-0 14.♖ab1 ♘g7 15.a3 a4 16.♘c3 ♕a5 17.♕d2 ♗f5 18.g4 ♗xd3 19.♕xd3 ♖fe8 20.♕c2 ♖e6 21.♔g2 ♘e8

Nachdem Weiß im Vorfeld mit dem g-Bauern vorgeprescht war, um den Gegner (zum ohnehin geplanten) Abtausch der weißfeldrigen Läufer zu zwingen, steht er nun mit einer entsprechend geschwächten Rochadestellung da. Und nicht nur das, denn außerdem ist nicht zu sehen, in welchem Brettabschnitt er überhaupt auch nur einen Hauch von Initiative entwickeln könnte.

I) In der Partie setzte er mit dem Positionszug **22.♘e1?!** so fort, als sei diese Sache mit dem g-Bauern überhaupt nie passiert. Und nach **22...♘d6** ließ er konsequent **23.♘d3** folgen – vermutlich um einer gegnerischen Expansion am Damenflügel vorzubeugen. Allerdings hat der Gegner vollkommen andere Absichten.

Tatsächlich handelt es sich hier um einen der gar nicht so seltenen Fälle, in denen die Einsicht gefordert war, dass man sich geirrt hatte und einen Korrekturzug folgen lassen musste – nämlich 23.♘f3! mit der möglichen Folge 23...b5 24.♖fe1 Δ♘e2-f4-d3 (24.♘e2 ♘c4 Δ♖xe3) 24...♖ae8∓ und nur geringem Nachteil.

23...♘c4 (Δ♖xe3) **24.♖be1 b5**

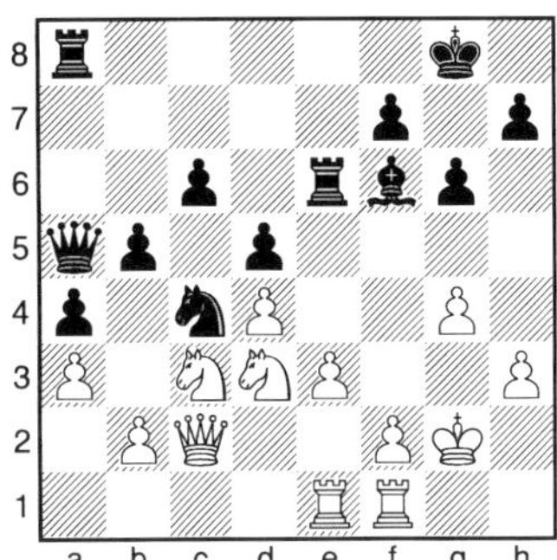

Nach Absicherung des Damenflügels wird die Dame nach c7 zurückkehren, um den Bauern c6 zu schützen und gleichzeitig einen ersten Blick auf die geschwächte gegnerische Königsstellung zu werfen. Und nach den weiteren Vorbereitungszügen ♖f8 und ♗h4 steht alles bereit für den entscheidenden Vorstoß des f-Bauern.

II) Offenbar hatte Weiß nicht erkannt, der er quasi Glück im Unglück hatte und durchaus den weiteren Bauernsturm **22.h4!** Δ♖h1 nebst h5 folgen lassen konnte. Denn es gibt keine schwarze Figur, die die Schwäche g4 schnell genug angreifen könnte. Hier ein Blick auf die möglichen Folgen:

A) 22...♘d6

1) 23.h5 Δ23...gxh5 24.♖h1 hxg4 25.♕xh7+ ♔f8 26.♘e5⩲

2) 23.♖h1 (Δh5) 23...♘c4 (Δ♖xe3) 24.♖be1

B) 22...♗g7 (Δ♘f6) **23.h5!∞** (23.♖h1?! ♘f6∓)

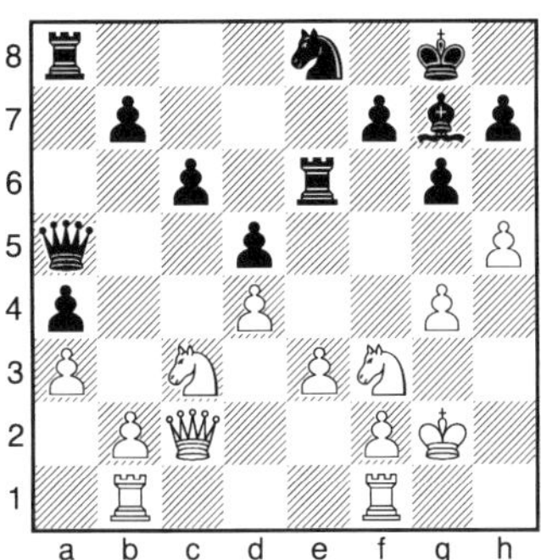

1) 23...gxh5 24.g5 Δ♖h1 oder 24.gxh5 Δ♖h1 nebst ♖bg1!

2) 23...♘f6

a) 24.♘e5? ♖xe5! 25.dxe5 ♘xg4∓

b) 24.♕e2! Δ24...gxh5

– 25.♘g5 ♖ee8 26.gxh5

– 25.g5 ♘e4 26.♖h1

116

Eljanov – Lu

China 2018

1.d4 ♘f6 2.c4 e6 3.♘c3 d5 4.♗g5 c6 5.e3 ♘bd7 6.cxd5 exd5 7.♗d3 ♗e7 8.♕c2 ♘f8 9.0-0-0 ♘e6 10.♗xf6 ♗xf6 11.f4 g6 12.♘f3 ♘g7 13.h3 ♗f5 14.g4 ♗xd3 15.♖xd3 ♗e7 16.♔b1 ♕d6 17.♖e1 0-0 18.♘e5 f6 19.♘f3 ♖ae8

Offenbar verfügt Weiß über mehr Raum in der rechten Hälfte und hat das entsprechend freiere Figurenspiel. Allerdings darf die der schwarzen Auffangstellung innewohnende Defensivkraft nicht unterschätzt werden.

So erhielt Schwarz in der Partie nach dem ungenauen Vorstoß **20.h4?** das nötige Tempo, um seine Stellung mit **20...♕e6!** nebst ♗d6 zu konsolidieren.

Damit ließ er die letzte Gelegenheit verstreichen, mit **20.e4!** im Zentrum die Initiative zu ergreifen.

I) Dabei ist kaum anzunehmen, dass ein Spieler mit über 2600 Elo vor **20...♕xf4?** zurückschreckte, zumal doch nach **21.exd5±** vor allem die Misere des total dominierten 'Fianchetto-Springers' deutlich würde.

II) Die naheliegendste Antwort besteht wohl in **20...dxe4** mit folgenden Möglichkeiten:

A) 21.♘xe4? Δ21...♕xf4? (⌓21...♕d5) **22.♕b3+ ♔h8 23.♕xb7 ♗d8 24.♕xc6 f5 25.gxf5 ♘xf5**

25...gxf5? 26.♘ed2~+−; 26.♘c5

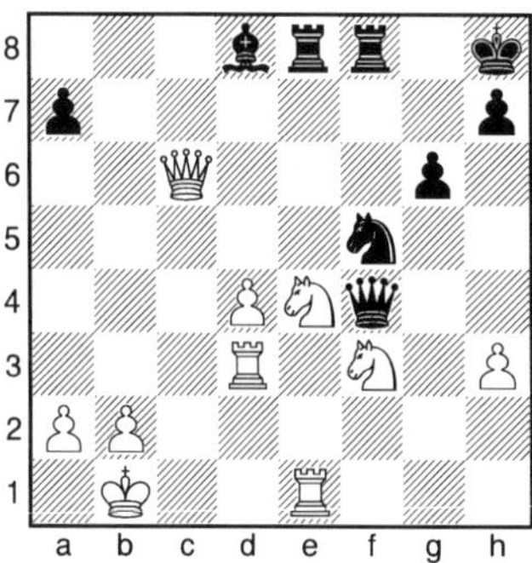

Und jetzt weist der kleine Randbauernzug **26.a3!±** darauf hin, dass Weiß außer über den Mehrbauern auch über die deutlich sicherere Königsstellung verfügt.

B) ⌓**21.♖xe4±** (Δ♕b3+; Δd5; Δ♖de3) **Δ21...f5 22.gxf5 gxf5 23.♖e1** bzw. **22...♘xf5 23.♕b3+** nebst ♕xb7

III) Von großem Interesse ist auch der Gegenangriff **20...b5** mit folgenden Abspielen:

A) 21.e5? (21.♕b3? b4∞) **21...fxe5 22.dxe5** (22.fxe5? ♕d7∞) **22...♕d7 23.♘e2 ♘e6 24.♘fd4!**

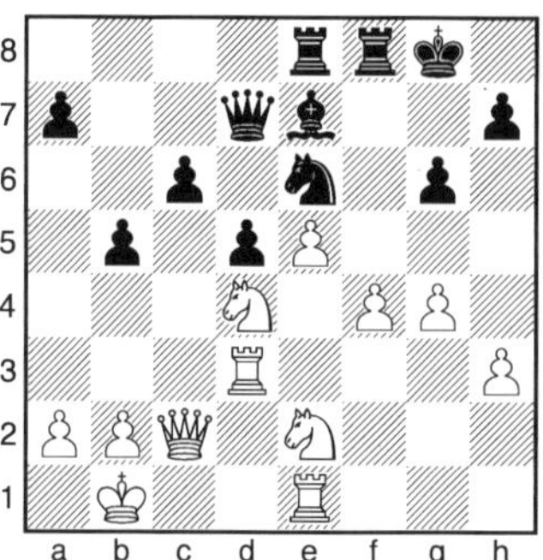

1) 24...♘xf4? 25.♘xf4 ♖xf4 26.♕xc6 ♕xc6 27.♘xc6±

2) 24...c5! 25.♘xe6 ♕xe6 Δ26.♖ed1 ♖d8! (26...d4 27.b4!) 27.♖3d2

a) 27...b4 28.♕b3! Δ28...c4 ♕e3±

b) 27...d4 28.b4! g5!∞

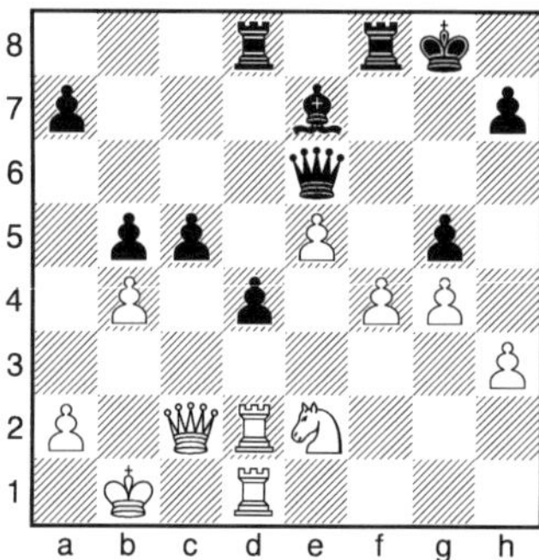

Ein skurril 'symmetrisches' Stellungsbild von subtiler Eleganz! Beide Seiten demonstrieren in unmittelbarer Folge perfekte Bauernkettenstrategie – und zwar jeweils ungeachtet der Tatsache, dass für die entscheidende Sprengungsmaßnahme ein Rochadebauer eingesetzt wird.

B) Nach **21.exd5? b4∞** führt das Opferkonzept **22.dxc6 bxc3 23.♕xc**3 nur zu guter Kompensation.

C) Zu verbessern ist dies allerdings durch die Vorschaltung von **21.a3! Δ21...a5 22.exd5 b4 23.dxc6! bxc3 24.♖xc3** Δ♕b3+ nebst d5; Δ♖ce3.

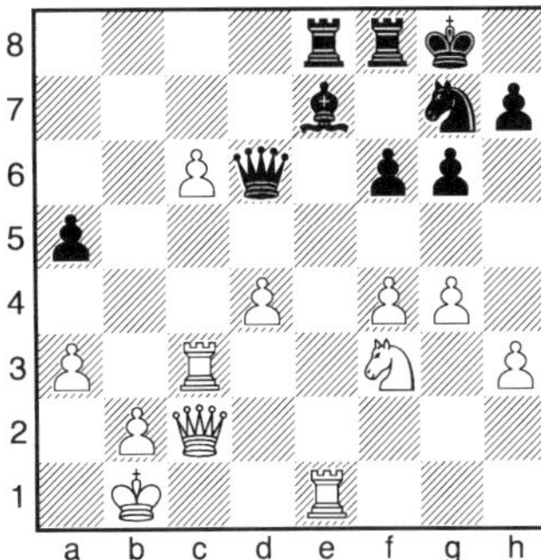

Weiß hat zumindest kräftigem Minimalvorteil, denn durch das eingeschaltete Zugpaar hat der König ein Luftloch erhalten und der schwarze a-Bauer ist in greifbare Nähe gerückt.

117

S. Foisor – Ciobanu

Rumänien 2006

1.d4 d5 2.c4 e6 3.♘c3 ♘f6 4.cxd5 exd5 5.♗g5 ♗e7 6.♕c2 0-0 7.e3 c6 8.♗d3 ♘bd7 9.♘ge2 ♖e8 10.f3 ♘f8 11.♗h4 ♘g6 12.♗f2 ♗e6 13.0-0 ♖c8 14.♖ad1 ♗d6 15.♔h1 ♖c7

Zwar ist Schwarz zu Ende entwickelt, aber vor allem der Springer g6 steht verkehrt und insgesamt leidet die Stellung an Gegenspiellosigkeit. Hingegen strotzt die weiße Stellung nicht nur vor Harmonie und Flexibilität, sondern alle Figuren sind auch bestens zentralisiert. Entsprechend deutet alles auf eine baldige Aktion im Zentrum hin.

1) Zum besseren Verständnis, welche Schattenseiten der sofortige Vorstoß des e-Bauern hat, werfen wir zunächst einen Blick auf diese Möglichkeit: **16.e4? dxe4 17.fxe4 ♘g4** und nun würde der positionell eigentlich erforderliche Rückzug **18.♗g1??** ...

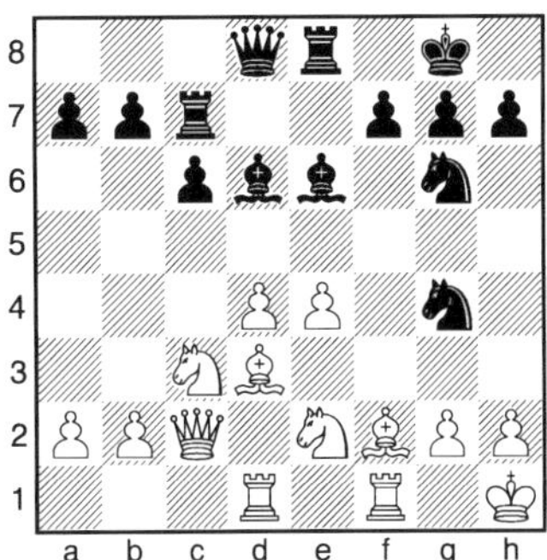

... an dem tödlichen Überfall **18...♗xh2! –+** scheitern. Und nach **18.e5 ♘xf2+ 19.♖xf2 ♗e7** wäre nicht nur das Läuferpaar futsch, sondern auch die Zentrumsbauern wären blockierbar und somit entwertet.

2) Der Partiezug **16.a3?!** ist höchstens in dem Sinne verständlich, dass die weiße Stellung so stark ist, dass man sich ruhig den ein oder anderen Abwartezug erlauben zu dürfen scheint. Tatsächlich antwortete Schwarz nicht minder schwer verständlich **16...♗c8?** und gab Weiß somit die Gelegenheit, mit **17.♗g1!** Δe4 doch noch auf den richtigen Weg zurückzufinden.

Korrekt war die scheinbar einfallslose Nachahmung **16...a6** (Δc5), die sich jedoch nach **17.b4 b6!!** (Δa5) ...

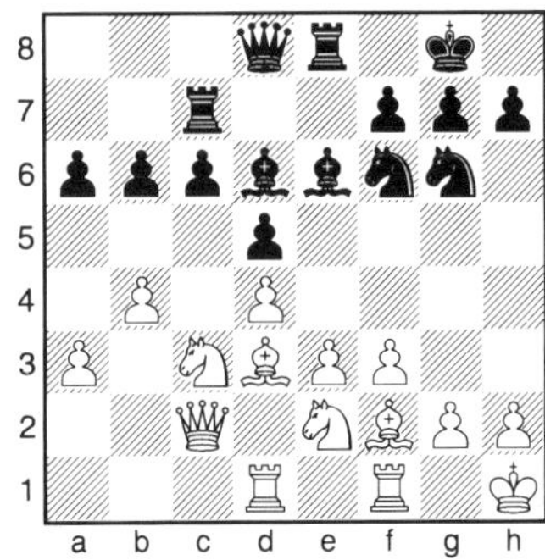

... als tief angelegtes Gegenspiel herausstellt; z.B. **18.♗xa6 ♖a7**

a) Auf **19.b5** geschieht nicht etwa 19...♗xa3? wegen 20.♖a1±, sondern subtil **19...♖f8!** Δ♘e8–c7 mit nur minimalem Nachteil.

b) Und nach **19.♗d3 ♖xa3 20.♘b1** ...

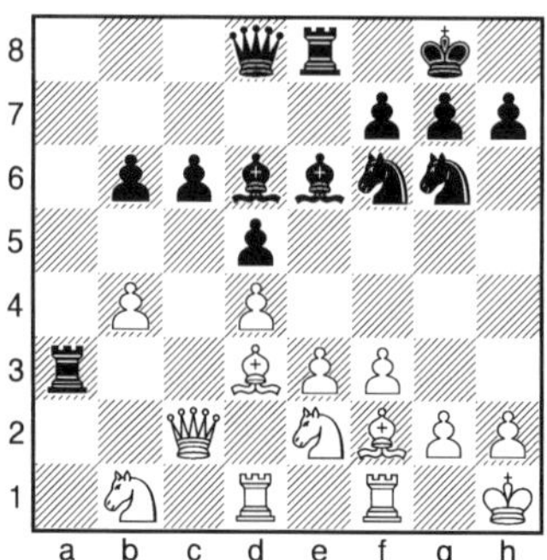

... sorgt das Qualitätsopfer **20...♖xd3! 21.♕xd3 ♗xb4** Δc5 dafür, dass der weiße Vorteil sich in engen Grenzen hält.

3) Der Vorbereitungszug **16.h3⩲** kommt in Betracht, obwohl die Schwächung des Feldes g3 sowie mögliches Opferspiel auf h3 besser vermieden werden sollte; z.B. **16...♕d7 17.e4 ♗xh3! 18.e5 ♘xe5 19.dxe5 ♖xe5 20.♘g3 ♖g5 21.♘ge2 ♘h5!** usw.

4) Die sicherste Vorteilsverwertung fußt auf dem prophylaktischen Rückzug **16.♗g1!** Δe4; z.B. **16...a6** (Δc5) **17.e4 dxe4 18.fxe4 ♗e7 19.♘g3** ...

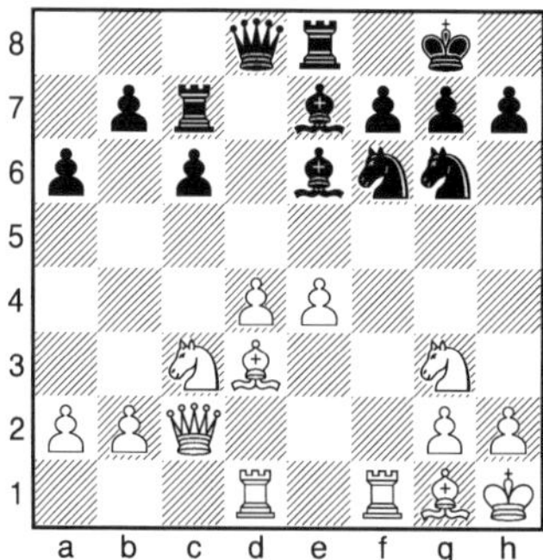

... mit bedeutendem Vorteil aufgrund des ungefährdeten Zentrumsduos.

118

K. Georgiev – Bellia

Zaragoza 2011

1.d4 d5 2.c4 e6 3.♘c3 ♘f6 4.cxd5 exd5 5.♗g5 ♗e7 6.e3 c6 7.♗d3 0-0 8.♕c2 ♘bd7 9.♘ge2 ♖e8 10.0-0 ♘f8 11.f3 g6 12.♖ae1 ♘e6 13.♗h4 ♗d7 14.♔h1 ♖c8 15.♕b1 a5

Die Vorbereitungen für den thematischen Zentrumsvorstoß sind abgeschlossen, aber kann er auch tatsächlich schon sorgenfrei ausgeführt werden? Immerhin steht der Läufers h4 'lose' und erreichbar für einen möglichen Abzugsangriff.

Um zu veranschaulichen, wie präzise der Partiezug **16.e4!** berechnet war, hier zunächst ein Blick auf die weitestgehend forcierte 'Fressvariante', in der es mehrere nicht auf der Hand liegende 'einzige Züge' zu finden gilt.

I) 16...♘xe4 17.♗xe7 ♘xc3 18.♗xd8 ♘xb1 19.♗xa5 b6!

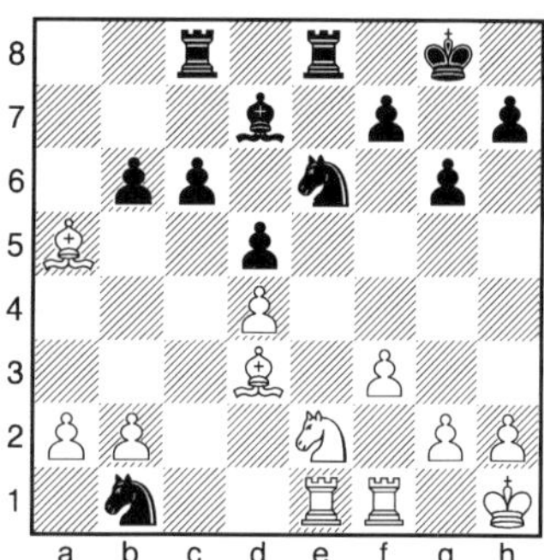

A) 20.♖xb1?! bxa5

B) 20.♖b4 c5 21.dxc5 bxc5∞ Δ22.♖a5? ♖a8∓

C) 20.♗xb6 ♘d2

1) 21.♖f2?? ♘f4–+ Δ22.♗a6 ♘c4!

2) 21.♖g1

a) 21...♖b8? 22.♗a5

– 22...♖xb2? 23.c3 ♖xa2 24.♘c1+–

– 22...♘c4 23.♗xc4 dxc4 24.♗c3∓

b) 21...♖a8! (Δ♖eb8) 22.♖d1 ♘c4 23.♗xc4 dxc4

II) In der Partie machte Schwarz sich die Sache mit **16...dxe4?!** unnötig schwer, denn nach **17.fxe4** ist der weiße Positionsvorteil schwer zu neutralisieren. Zu diesem Zweck versuchte er **17...♘g4**.

Nunmehr würde 17...♘xe4?? sogar zum Verlust führen, denn nach 18.♗xe7 ♘xc3 19.♗xd8 ♘xb1 20.♗xa5 b6! 21.♗xb6 ♘d2 22.♖g1 Δ♖d1 fehlt dem verlaufenen Springer die Rückzugsmöglichkeit nach c4.

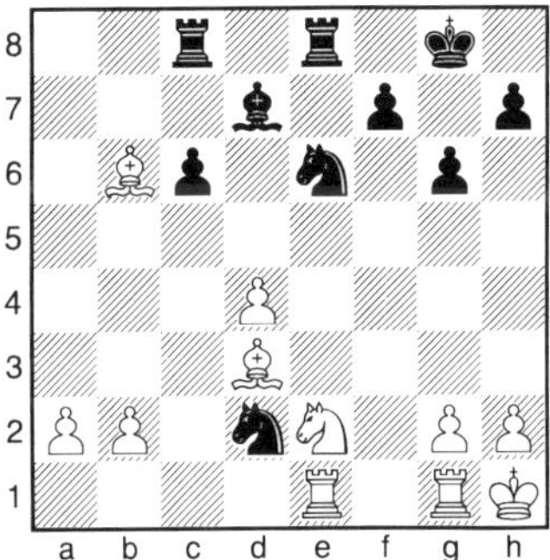

Hier noch ein Blick auf die unterhaltsamen Gewinnvarianten: 22...♖a8 23.♖d1 ♖eb8 24.d5! ♘g5

1) Hier gewinnt profan 25.♗e3 ♘ge4 26.♖xd2! ♘xd2 27.♗xd2 ♖xb2 28.♗c3 (28.♗c1) 28...♖bxa2 29.d6 usw.

2) Einen Hauch besser und deutlich amüsanter ist jedoch 25.♗d4! ♘ge4 26.♖xd2! ♘xd2 ...

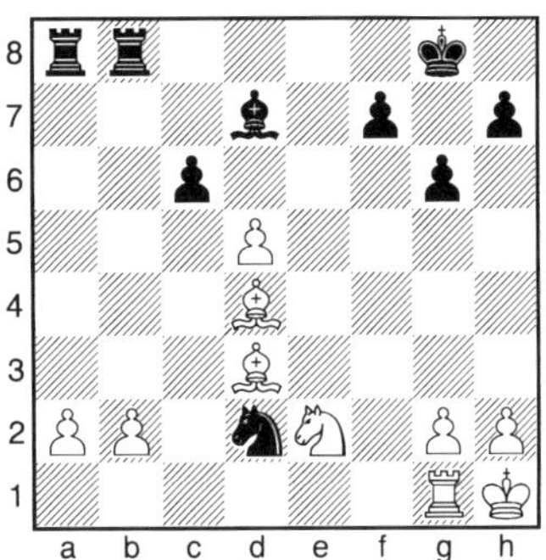

... gefolgt von dem Déjà-vu-Erlebnis 27.♖d1 ♖xa2 28.♖xd2 (28.dxc6) 28...♖a1+ 29.♘g1 (29.♗g1) 29...cxd5 und nun führen 30.h3 und 30.b4 die Liste der Gewinnzüge an.

18.♗xe7 ♕xe7 19.h3 ♕h4 20.♔g1! ♘h6?

Damit gerät Schwarz endgültig ins Hintertreffen.

1) Unzureichend war auch das Opferspiel 20...♘e3? 21.♖f3 ♘xg2 22.♔xg2 ♘g5, welches in einer längeren forcierten variante zu einer äußerst bizarren Stellung führt – und zwar 23.♖g3 ♗xh3+ 24.♔f2 f5 25.♕c1 f4 26.♘xf4 ♖f8 27.♘ce2 ♖xf4+ 28.♕xf4 ♖f8 29.♕xf8+ ♔xf8 30.♖h1.

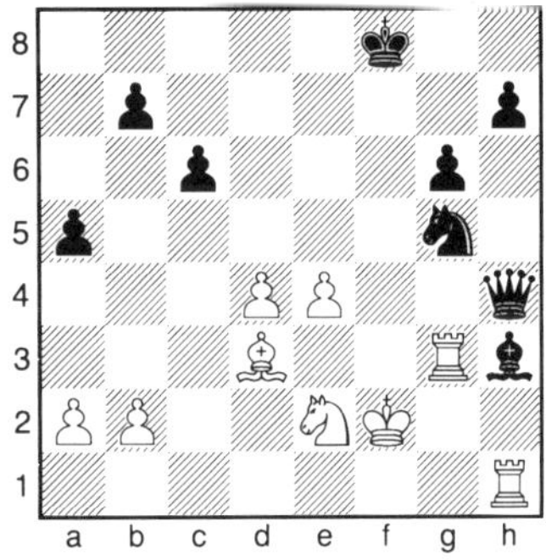

Entstanden ist nämlich eine (für Weiß zumindest deutlich vorteilhafte) Zugzwangsituation wie in einem Bauernendspiel – nur dass noch *sieben* Figuren auf dem Brett unterwegs sind!

2) Relativ am besten war noch 20...♘f6 21.♕c1! Δ♕e3; Δ21...♘h5 22.♕h6!; 21.g3 ♕g5 22.♕c1 mit nur geringem weißem Vorteil.

Nach **21.♕c1±** (21.e5) gelangte die Dame zum Königsflügel und Schwarz konnte den Nachteil nicht mehr abschütteln, wobei die folgenden taktischen Scharmützel nicht mehr von Bedeutung sind.

119

Aleksandrov – Madhurima

Mumbai 2011

1.d4 d5 2.c4 e6 3.♘c3 ♘f6 4.cxd5 exd5 5.♗g5 ♗e7 6.e3 c6 7.♗d3 ♘bd7 8.♕c2 ♘h5 9.♗xe7 ♕xe7 10.0-0-0 ♘df6 11.♔b1 ♗e6 12.f3 g6 13.♘ge2 0-0-0 14.♖he1 ♕c7 15.h3 ♔b8 16.♖c1 ♖he8 17.g4 ♘g7 18.♘f4 ♕d6 19.h4 ♗c8

Als kleine Lösungshilfe möge der Hinweis auf eine Bemerkung dienen, die in Kommentaren häufig anzutreffen ist: Lange Damenzüge werden am häufigsten übersehen. – Dem könnte man im gegebenen Fall nur noch hinzufügen: ... und zwar ganz besonders dann, wenn es sich um eine Art aus langen Damenzügen bestehenden 'Winkelhaken' handelt.

Der Partiezug **20.g5** taugt positionell herzlich wenig, aber wenn man sage und schreibe 700 Elopunkte mehr auf die Waage bringt und trotzdem mit Weiß absolut nichts aus der Eröffnung herausgeholt hat, lässt man schon mal Fünfe gerade sein und verlegt sich aufs Fallenstellen. Tatsächlich geht es um die Ablenkung des Springers f6 von der Deckung das Bauern d5, was nach **20...♘fh5 21.♘fxd5** deutlich wurde.

1) Bestimmt schüttelte Schwarz (zumindest innerlich) den Kopf und prüfte gewissenhaft alle möglichen Gefahren auf der c-Linie, bevor er beherzt und guten Gewissens mit **21...cxd5??** einen erfolgreichen Selbstmordversuch unternahm. Nach **22.♘b5 ♕b6 23.♕h2+ ...**

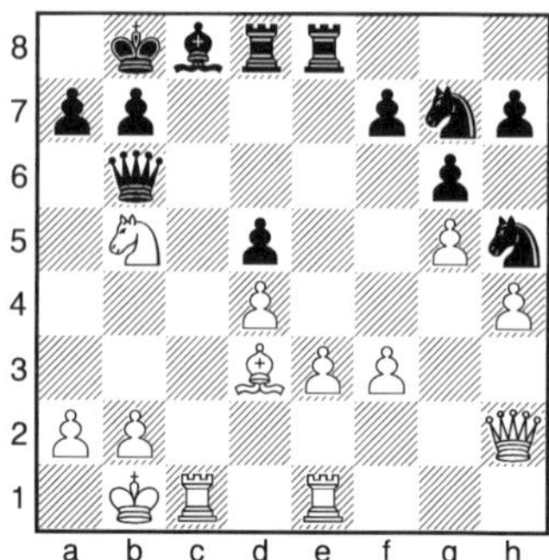

... warf er augenblicklich das Handtuch, wobei er diesmal bestimmt auch äußerlich eine ganze Weile fassungslos den Kopf schüttelte.

Dabei konnte das weiße Herangehen auf gleich zweierlei Art entkräftet werden.

2) 21...♘f5 22.♗xf5

a) 22...gxf5 23.♘f6 ♘xf6 24.gxf6 ♕xf6

b) 22...♗xf5 23.e4 ♗e6

3) Nach **21...♗d7** würde Weiß mit **22.♘e4??** seine Kombinationskünste dann doch überziehen (◯22.♘f6∞), denn nach **22...♕xd5 23.♕h2+ ♔a8 24.♖c5 ♕e6 25.♖e5 ...**

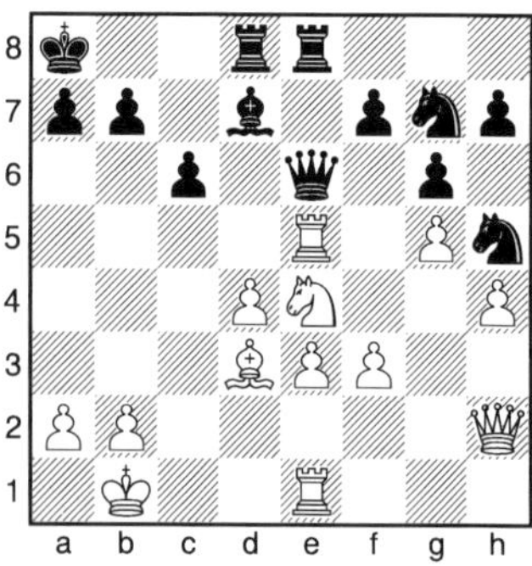

... hat die schwarze Dame zwar nur noch *ein* Feld, aber das reicht ja vollkommen: **25...♕h3–+**.

120

Akhsharumova – Starr

Thessaloniki 1988

1.d4 d5 2.c4 e6 3.♘c3 ♘f6 4.cxd5 exd5 5.♗g5 ♗e7 6.e3 0-0 7.♗d3 ♘bd7 8.♘ge2 ♖e8 9.♕c2 c6 10.f3 h6 11.h4

Na klar! Wenn man bei einer Olympiade die Vereinigten Staaten vertritt (Home of the Brave!) und es mit einer 200 Elo-Punkte schwächeren Gegnerin zu tun hat, dann lässt man schon mal Fünfe gerade sein und lässt sich überraschen, was dabei herauskommt.

1) Leider ist nicht bekannt, nach welcher Zeitspanne Schwarz mit **11...♘f8?** die Standardantwort in diesem Stellungstyp folgen ließ. Wie auch immer, lag dieser Entscheidung vermutlich nicht viel mehr als die Überlegung zugrunde 'Nehmen ist zu gefährlich, weil die h-Linie aufgeht'.

Tatsächlich wäre diese nur korrekt gewesen, wenn die gegnerischen Dame in der Batterie *vor* dem Läufer gestanden hätte. In der gegebenen Konstellation hingegen hätte Schwarz nach 11...hxg5! 12.hxg5 ...

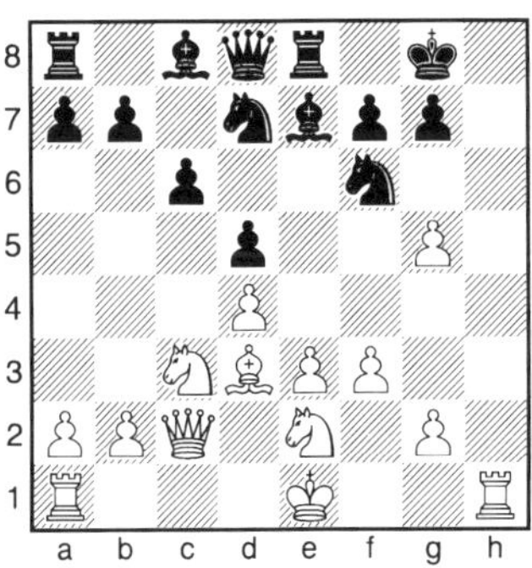

... 12...♘g4! 13.fxg4 ♗xg5 nebst ♘f6 zwar keine Mehrfigur besessen, zum Trost jedoch über eine Gewinnstellung verfügt.

In der Partie ging es nach **12.0-0-0** mit dem besten Zug **12...♘e6!** und einem Hauch von Vorteil weiter – wozu Schwarz womöglich angemerkt hätte: 'Wieso? So geht es in dieser Variante doch *immer* weiter!'

Hier ein Blick auf die nunmehr veränderten Konsequenzen der Annahme des Opfers.

12...hxg5 13.hxg5 g6

Die Wegzüge 13...♘g4 oder 13...♘6d7 kommen offenbar wegen 14.♗h7+ usw. einem Remisangebot gleich.

14.gxf6 ♗xf6

1) 15.e4 dxe4 16.♘xe4 (16.♗xe4) Δ**16...♗xd4??** (⌓16...♗g7) **17.♗c4+−**

a) 17...♗e3+ 18.♔b1 ♕e7 19.♕c3

b) 17...c5 18.♘xd4 cxd4 19.g4 Δ♕h2

2) 15.♕d2 ♕e7 16.♔b1! (16.e4?! dxe4∓ Läuferpaar!) **16...♕xe3 17.♘e4! ♖xe4 18.fxe4 ♕xd2 19.♖xd2 dxe4 21.♗xe4 ♗g4 Δ22.♗f3 ♗f5+ 23.♔a1 ♗g5 24.♖dd1 ♗c2** mit ausreichender Kompensation, denn nach ♖d8 und ♘e6 geht auch noch der Bauer d4 verloren.

Quellenverzeichnis

Konikowski, Jerzy, Bekemann, Uwe: 1.d4 siegt!
(2. Auflage), Joachim Beyer Verlag 2020
Konikowski, Jerzy: Schnellkurs der Schacheröffnungen – Theorie
(7. Auflage), Joachim Beyer Verlag 2021
Konikowski, Jerzy, Bekemann, Uwe: Eröffnungen; lesen – verstehen – spielen; Damengambit, Joachim Beyer Verlag 2020

Elektronische Medien:
Mega Database 2021
ChessBase News
ChessBase 16
Stockfish 14
Komodo 13

Zeitschriften:
Rochade Europa
ChessBase Magazin
Schachmagazin 64

Über den Autor

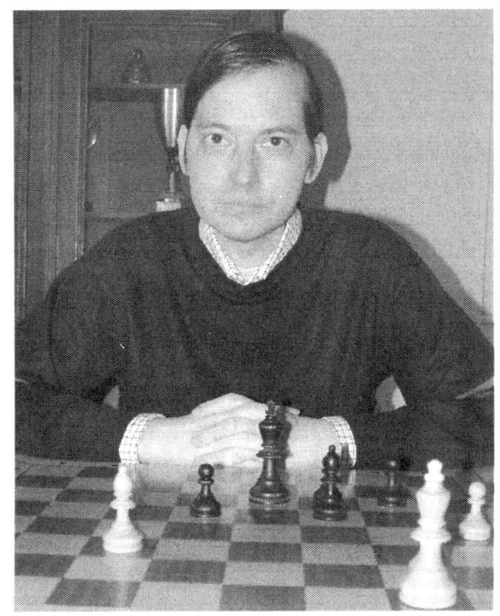

GM Dr. Karsten Müller wurde am 23. November 1970 in Hamburg geboren. Er studierte Mathematik und promovierte 2002. Von 1988 bis 2015 spielte er für den Hamburger SK in der Bundesliga und errang den Großmeister–Titel 1998. Zusammen mit Frank Lamprecht ist er Autor der hochgeschätzten Werke *Secrets of Pawn Endings* (2000) und *Fundamental Chess Endings* (2001), mit Martin Voigt *schrieb er Danish Dynamite* (2003), mit Wolfgang Pajeken *How to Play Chess Endgames* (2008), mit Raymund Stolze *Zaubern wie Schachweltmeister Michail Tal* und *Kämpfen und Siegen mit Hikaru Nakamura* (2012).

Aufmerksamkeit fand außer Müllers Buch *Bobby Fischer, The Career and Complete Games of the American World Chess Champion* (2009) be-sonders auch seine exzellente Serie von ChessBase-Endspiel-DVDs Schachendspiele 1-14. Müllers beliebte Rubrik *Endgame Corner* erschien unter www.ChessCafe.com von Januar 2001 bis 2015, seine Rubrik *Endspiele* im ChessBase Magazin seit 2006. Der vielbeschäftigte, weltweit anerkannte Endspiel–Experte wurde 2007 als „Trainer des Jahres" vom Deutschen Schachbund ausgezeichnet.

Im Joachim Beyer Verlag sind bereits die nachstehenden 21 Titel von ihm erschienen:

Karsten Müller – Verteidigung (2016) (zusammen mit Marijn van Delft)

Karsten Müller – Positionsspiel (2017)

Karsten Müller – Schachstrategie (2017) (zusammen mit Alexander Markgraf)

Karsten Müller – Schachtaktik (2018)

Karsten Müller – Endspielzauber (2023)

Italienisch mit c3 und d3 (2017) (zusammen mit Georgios Souleidis)

Magie der Schachtaktik (2018) (zusammen mit Claus Dieter Meyer)

Magische Endspiele (2020) (zusammen mit Claus Dieter Meyer)

Spielertypen (2020) (zusammen mit Luis Engel)

Die Endspielkunst der Weltmeister Band 1 – von Steinitz bis Tal (2021)

Die Endspielkunst der Weltmeister Band 2 – von Petrosjan bis Carlsen (2021)

Schach-WM 2021 (2022) (zusammen mit Jerzy Konikowski und Uwe Bekemann)

Die besten Kombinationen der Weltmeister Band 1 – Von Steinitz bis Tal (2022) (zusammen mit Jerzy Konikowski)

Die besten Kombinationen der Weltmeister Band 2 – Von Petrosjan bis Carlsen (2022) (zusammen mit Jerzy Konikowski)

Schachtraining mit Matthias Blübaum (2022) (zusammen mit Matthias Blübaum und Matthias Krallmann)

Bobby Fischer – 60 beste Partien (2022)

Typisch Sizilianisch (2022)

Spielertypen – das Testbuch (2022) (zusammen mit Luis Engel und Makan Rafiee)

Magnus Carlsen – Die Schach-DNA eines Genies (2023)

Karsten Müller – Angriff (2023)

Karsten Müller – Endspielzauber (2023) (zusammen mit Jerzy Konikowski)

sowie weitere 11 Übersetzungen in englischer Sprache:

Magical Endgames (2020, together with Claus Dieter Meyer)

The Human Factor in Chess (2020, together with Luis Engel)

The Best Endgames of the World Champions Vol 1 – From Steinitz to Tal (2021)

The Best Endgames of the World Champions Vol 2 – From Petrosian to Carlsen (2021)

World Chess Championship 2021 (2022) (together with Jerzy Konikowski and Uwe Bekemann)

The Best Combinations of the World Champions Vol 1 – From Steinitz to Tal (2022) (together with Jerzy Konikowski)

The Best Combinations of the World Champions Vol 2 – From Petrosian to Carlsen (2022) (together with Jerzy Konikowski)

Bobby Fischer 60 Best Games (2022)

Chess Training with Matthias Blübaum (2022)

(together with Matthias Blübaum and Matthias Krallmann)

Typical Sicilian (2023)

The Human Factor in Chess – The Testbook (2023) (together with Luis Engel and Makan Rafiee)